V&R Academic

T0150494

Diagonal
Zeitschrift der Universität Siegen

Jahrgang 2016

Herausgegeben vom Rektor der Universität Siegen

Gero Hoch / Hilde Schröteler-von Brandt /
Volker Stein / Angela Schwarz (Hg.)

Vielfalt als Chance

Mit 53 Abbildungen

V&R unipress

Bibliografische Information der Deutschen Nationalbibliothek

Die Deutsche Nationalbibliothek verzeichnet diese Publikation in der Deutschen
Nationalbibliografie; detaillierte bibliografische Daten sind im Internet über
http://dnb.d-nb.de abrufbar.

ISSN 0938-7161
ISBN 978-3-8471-0688-3

Bildrechte: Die Autorinnen und Autoren der Beiträge haben sich darum bemüht, die Inhaber von
Bildrechten zu ermitteln und erforderliche Abdruckgenehmigungen einzuholen. Sollten weitere
Ansprüche bestehen, werden die Berechtigten gebeten, sich mit den Autorinnen und Autoren in
Verbindung zu setzen.
Druck und Bindung: CPI buchbuecher.de GmbH, Zum Alten Berg 24, D-96158 Birkach

Gedruckt auf alterungsbeständigem Papier.

Inhalt

Gero Hoch, Hilde Schröteler-von Brandt, Angela Schwarz &
Volker Stein*

Vielfalt als Chance. Zur Einleitung in das Heft

Was ist nicht schon alles über Vielfalt geschrieben worden – über ihre Defini-
tionsversuche, ihre Ausprägungen, ihre Wirkmächtigkeit, ihre Begrenzungen,
ihre Bedrohungen in der Gegenwart ebenso wie in der Vergangenheit, kurz: über
ihre eigene Vielfältigkeit. Vielfalt stellt eine Grundkonstante des Lebens dar. Sie
zu vermeiden, auch das eine historische Erfahrung, war kaum möglich und wird
es auch in Zukunft nicht sein – höchstens sie zu verdrängen oder zu ignorieren.
Ob dies aber ein gutes Rezept ist, um den Herausforderungen einer vielfältigen
Welt gerecht zu werden, kann getrost bezweifelt werden. Denn es hat sich in der
Vergangenheit schon nicht bewährt und erscheint auch in aktuellen Situationen
als wenig sinnvoll. Zumindest ist dies der Standpunkt vielfältiger Forschung,
darunter jene, die sich etwa mit der Steuerbarkeit komplexer Systeme auseinandersetzt (vgl. z. B. Ashby 1956; Buckley 1968).

Als soziale Konstruktion der Realität (vgl. Berger/Luckmann 1966) unterliegt
auch die Vielfalt einer kollektiven Betrachtung und Bewertung. Selbst wenn man
sich im Ergebnis darüber einig werden möchte, dass man die Chancen der
Vielfalt im Bewusstsein ihrer Risiken wahrnehmen möchte, so setzt ein Vielfalts-
Diskurs zunächst drei wichtige Stufen voraus:

(1) *Vielfalt sehen.* In vielen Kontexten wie beispielsweise Soziopolitik (z. B.
    Wiener 2008), Sprachenlernen (z. B. Forsman 2010) oder Wirtschaftsko-
    operation (z. B. Scholz/Stein 2013) wird eine Aufmerksamkeit für Vielfalt,
    Vielfältigkeit, Unterschiedlichkeit, Abweichungen, Anderssein, Diversität

---
* Univ.-Prof. Dr. Gero Hoch, Universität Siegen, Fakultät III (Wirtschaftswissenschaften –
  Wirtschaftsinformatik – Wirtschaftsrecht), vormals Lehrstuhl für Unternehmensrechnung.
  Univ.-Prof. Dr.-Ing. Hildegard Schröteler-von Brandt, Universität Siegen, Fakultät II (Bildung
  – Architektur – Künste), Department Architektur, Stadtplanung und Planungsgeschichte.
  Univ.-Prof. Dr. Angela Schwarz, Universität Siegen, Fakultät I (Philosophische Fakultät),
  Geschichte – Neuere und Neueste Geschichte.
  Univ.-Prof. Dr. Volker Stein, Universität Siegen, Fakultät III (Wirtschaftswissenschaften –
  Wirtschaftsinformatik – Wirtschaftsrecht), Lehrstuhl für Betriebswirtschaftslehre, insb.
  Personalmanagement und Organisation.

etc. als Voraussetzung für eine gelingende Interaktion zwischen Menschen angesehen. Es gibt umfangreiche Forschungen zu den Methoden, so z. B. zum Einsatz des Mediums Film (z. B. Lee/Priester 2015), wie auch zu den Prozessen des Aufmerksamkeitserwerbs, der bereits frühkindlich beginnen kann (z. B. Eisbach 2004).

(2) *Vielfalt verstehen und erklären.* Sehr spannend wird die Darstellung der Wirkweisen rund um den Umgang mit Vielfalt. So werden vielfältig Begriffe definiert und voneinander abgegrenzt (z. B. Qin/Muenjohn/Chhetri 2014) sowie Modelle – vereinfachte Abbilder der Realität – dazu entworfen, wie Vielfalt in unterschiedlichen Kontexten wirkt (z. B. Lambert 2016), um letztlich in die »Black Box« der Vielfalt hineinzusehen.

(3) *Vielfalt gestalten.* In der konkreten Bewältigung von Vielfalt oder zumindest der gedanklichen Durchdringung ihrer Bewältigbarkeit werden Handlungsempfehlungen gegeben, wie erwünschte Ergebnisse im Umgang mit Vielfalt erreicht werden können (z. B. Dass/Parker 1999), bis hin zu Vorschlägen, wie man Vielfalts-Konflikten begegnet (z. B. Friedman/Davidson 2001) oder wie man den Umgang mit Vielfalt über kontextuale Grenzen hinweg transferiert (z. B. Syed/Ozbilgin 2009).

Wie herausfordernd und schwierig der Umgang mit den Chancen von Vielfalt tatsächlich ist, zeigt ein kurzer Blick auf die früher immer wieder angesprochene und wiederholt in die Realität umgesetzte Mischung, was heute allerorts unter dem Stichwort der »Synergie« angestrebt wird. Während Akkulturation nicht selten eine einseitig vollzogene Anpassung an ein Anderes beschreibt und Symbiose das gemeinsame Wahrnehmen von Chancen mehrerer Akteure als interdependente und überlebenswillige Zweckgemeinschaft beinhaltet, geht Synergie als Integrationsziel einen Schritt weiter, da hier tatsächlicher Mehrwert, hervorgerufen durch kollektives Handeln vielfältiger Akteure, angestrebt wird (Stein 2014, S. 72). Synergie bedeutet gemäß griechischem Wortursprung (»syn«/»ergon«) »Zusammenwirken« und wird landläufig als »das Ganze ist mehr als die Summe seiner Teile« oder »2 + 2 = 5-Effekt« (Kitching 1967, S. 92) apostrophiert. Sie wird in der Regel im Sinne eines »Collaborative Advantage« (Huxham/Macdonald 1992, S. 51) gebraucht, bei dem Partner zur gegenseitigen Nutzensteigerung zusammenarbeiten. Während Lerneffekte aus der Wiederholung gleichartiger Tätigkeiten resultieren, entsteht bei der Synergie durch Kombination ähnlicher beziehungsweise verschiedenartiger Eignungen zusätzliches Wissen. Dennoch: »Der Begriff der Synergie ist ebenso populär wie unscharf« (Wiendieck 2004, S. 392). Denn die Identifikation von Synergie und die Quantifizierung von Synergieeffekten stellen Problemfelder dar, die auch heute noch in Theorie und Praxis als weitgehend ungelöst gelten. So bemerkt schon der Managementforscher Michael E. Porter: »Glaubt man den Jahresberichten der Unternehmen, so hängt praktisch alles mit allem zusammen! Doch eingebildete Synergie ist sehr viel häufiger als tatsächliche Synergie« (Porter 1999, S. 149). Dies liegt nicht zuletzt an der Schwierigkeit, aus Vielfalt eine wertigere Ganzheit zu erschaffen, wobei sowohl die Mechanismen der additiven Zusammensetzung von Verschiedenheit wie auch der Schaffung von neuer »Gestalten« als nichtadditive Komplexe noch nicht durchschaut werden. Zudem kann man nicht von vornherein davon ausgehen, dass vielfältige Akteure ihre Schwächen gegenseitig ausgleichen, wie das Phänomen des »Social Loafing« (Latané/Williams/Harkins 1979; Comer 1995), des Trittbrettfahrerverhaltens in Gruppen, beschreibt. Es ist also offensichtlich alles andere als einfach, den Umgang mit Vielfalt vom Sehen über das Verstehen und Erklären in das Gestalten zu überführen.

Doch gerade dies fordert zu intensiverer Forschung heraus. DIAGONAL hat sich als interdisziplinäre wissenschaftliche Jahreszeitschrift der Universität Siegen etabliert. Das Leitbild der Universität Siegen »Zukunft menschlich gestalten« verlangt geradezu von den Universitätsangehörigen einen Brückenschlag von ihrer disziplinären Forschung zur individuellen und gesellschaftlichen Lebenswirklichkeit. Es ist erfreulich, dass viele Forschende aus allen Fakultäten das für die 37. Ausgabe gesetzte Jahresthema »Vielfalt als Chance« vor dem Hintergrund ihrer eigenen wissenschaftlichen Heimat beleuchten. Die möglichen Betrachtungsweisen auf »Vielfalt« und die Diskussionen um Prozesse der Ausdifferenzierung werden aus unterschiedlichen Disziplinen und im Kontext »vielfältiger« Fragestellungen und somit entlang der Fächervielfalt der Universität Siegen aufgezeigt, unter anderem von der Philosophie, Geschichtswissenschaft, Erziehungswissenschaft, Informatik, Sozialwissenschaft, Naturwissenschaften, Politikwissenschaft, Sprachwissenschaft, Medienwissenschaft, Ingenieurwissenschaft, Kunst- und Musikwissenschaft, Wirtschaftswissenschaft. Inhaltlich wird der Diskurs zur Vielfalt auf Zusammenspiel, Synergie und Nutzen hin gelenkt, wobei ebenso die Grenzen von »Vielfalt als Chance« ausgelotet werden.

Eine solch große und facettenreiche Resonanz auf die Einladung, sich mit diesem Thema intensiver zu beschäftigen, führt selbst zu Vielfalt und der Chance, die insgesamt 26 Beiträge in eine Reihung zu bringen, die ihre eigene Geschichte erzählt. Wir haben uns für eine Narration entschieden, in der Vielfalt keine Norm ist, zu der sich jeder aufgrund aktueller Vorgaben bekennen muss, kein Problem, das eine langwierige Suche nach Lösungen und geeigneten Bewältigungsstrategien erfordert, nicht einmal eine Frage, nach der es mindestens noch eine andere Realität, eine scheinbar klarere, sicherere, gleichförmige geben könnte. Vielfalt war immer da und wird es in menschlichen Gemeinschaften immer sein: eben eine Grundkonstante. Was uns als Forscherinnen und Forscher ebenso wie als Menschen fasziniert, ist die Frage, wie mit ihr umgegangen wird. Und so wird unsere Geschichte gerahmt von einem Blick zurück und einem nach vorn: zurück in ein antikes Reich, das als über jahrhunderte stetig expandierender Vielvölkerstaat immer wieder aufs Neue auf Vielfalt zu reagieren hatte, nach vorn in eine sich weiter wandelnde Gesellschaft in Deutschland und ihren langen Lernprozess hin zu der Erkenntnis, dass Vielfalt mehr ist als nur gegeben. Die Narration lautet innerhalb dieses Rahmens in etwa so:

> *Lasst uns, inspiriert durch die historischen Erfahrungen gelingender Integration, mit Vielfalt in der Literaturwissenschaft und anderen Medienformen beginnen, bevor die fiktionale Realität langsam in die reale Realität übergeht: Hier berühren wir ein Feld menschlicher Interaktion, das gemeinhin nicht mit Wirtschaft und Vermarktung verbunden wird, nämlich die Ökonomisierung der Hoffnung auf Liebe. Darauf folgt der Übergang in die vertrauteren Bereiche des Ökonomischen, in Finanzwirtschaft und volkswirtschaftliche Methodik, wonach sich die Themen langsam in die Welt der Daten und der Produktion weiterbewegen. Wo wir dann gerade bei Fahrzeugen sind, liegen Überlegungen zu Urbanität und zum Mobilitätsverhalten nicht fern. Diversität wird danach als Element der künstlerischen Gestaltung aufgegriffen, die – einer Universität entsprechend – vor allem Konzepte der Vermittlung von Vielfalt darstellt. Damit sind wir bei der erziehungswissenschaftlichen Perspektive, die zunächst allgemein, dann mit Fokus auf die Universität, die Schulen, noch konkreter die Grundschulen und schließlich die Kindergärten eingenommen wird. Grundsätzliche Diskussionen der Grenzen einer Berücksichtigung von Vielfalt leiten über zu allgemeinen Fragen der Identität, hier insbesondere der Identität von Nationen. Die gesellschaftliche Bewertung von Vielfalt, so lassen es die einzelnen Kapitel dieser Geschichte erkennen, gehört ebenso wie das Phänomen selbst dazu und ist eben nicht nur ein Thema inmitten der aktuellen Zuwanderungswelle, die unter der Bezeichnung von der Flüchtlingskrise diskutiert wird.*

Der hier entfalteten Geschichte liegt demnach eine Verkettungslogik zugrunde, die einen weiten Bogen spannt – und an jeder anderen als der von uns gewählten Stelle hätte beginnen können. So steht es der Leserschaft, die diese Ausgabe von DIAGONAL hoffentlich auch in diesem Jahr wieder in großer Zahl finden wird, völlig frei, sich vielfältige eigene Wege durch die Vielfalt zu suchen. Die Herausgeberinnen und Herausgeber, Autorinnen und Autoren dieses Bandes würden sich darüber sehr freuen.

Literatur

Ashby, William R. (1956): An introduction to cybernetics. London.

Berger, Peter L./Luckmann, Thomas (1966): The social construction of reality. A treatise in the sociology of knowledge. Garden City, NY.

Buckley, Walter (1968): Society as a complex adaptive system. In: Buckley, Walter (Hrsg.), Modern systems research for the behavioral scientist: A source book. Chicago, IL, S. 490–521.

Comer, Debra R. (1995): A model of social loafing in real work groups. Human Relations 48 (6), S. 647–667.

Dass, Parshotam/Parker, Barbara (1999): Strategies for managing human resource diversity: From resistance to learning. Academy of Management Executive 13 (2), S. 68–80.

Eisbach, Anne O'Donnell (2004): Children's developing awareness of diversity in people's trains of thought. Child Development 75 (6), S. 1694–1707.

Forsman, Liselott (2010): EFL education in the new millennium: Focus on the promotion of awareness of difference and diversity. Scandinavian Journal of Educational Research 54 (5), S. 501–517.

Friedman, Raymond A./Davidson, Marin N. (2001): Managing diversity and second-order conflict. International Journal of Conflict Management 12 (2), S. 132–153.

Huxham, Chris/Macdonald, David (1992): Introducing collaborative advantage: Achieving interorganizational effectiveness through meta-strategy. Management Decision 30 (3), S. 50–56.

Kitching, John (1967): Why do mergers miscarry? Harvard Business Review 45 (6), S. 84–101.

Lambert, Jason (2016): Cultural diversity as a mechanism for innovation: Workplace diversity and the absorptive capacity framework. Journal of Organizational Culture, Communications & Conflict 20 (1), S. 68–77.

Latané, Bibb/Williams, K. D./Harkins, Stephen (1979): Many hands make light the work: The causes and consequences of social loafing. Journal of Personality and Social Psychology 37 (6), S. 822–832.

Lee, Othelia Eun-Kyoung/Priester, Mary Ann (2015): Increasing awareness of diversity through community engagement and films. Journal of Social Work Education 51 (1), S. 35–46.

Porter, Michael E. (1999): Vom Wettbewerbsvorteil zur Unternehmensstrategie. In: Porter, Michael E. (Hrsg.), Wettbewerb und Strategie. München, S. 127–162.

Qin, John/Muenjohn, Nuttawuth/Chhetri, Prem (2014): A review of diversity conceptualizations: Variety, trends, and a framework. Human Resource Development Review 13 (2), S. 133–157.

Scholz, Christian/Stein, Volker (2013): Interkulturelle Wettbewerbsstrategien. Göttingen.

Stein, Volker (2014): Integration in Organisationen. München – Mering.

Syed, Jawad/Ozbilgin, Mustafa (2009). A relational framework for international transfer of diversity management practices. International Journal of Human Resource Management 20 (12), S. 2435–2453.

Wiendieck, Gerd (2004): Gruppenverhalten und Gruppendenken. In: Schreyögg, Georg/Werder, Axel von (Hrsg.), Handwörterbuch Unternehmensführung und Organisation. 4. Aufl. Stuttgart, Sp. 388–398.

Wiener, Antje (2008): European responses to international terrorism: Diversity awareness as a new capability? Journal of Common Market Studies 46 (1), S. 195–218.

Jürgen Strothmann[*]

Identität als Frage von Recht und Kultur. Das Römische Reich als »Vielvölkerstaat«

Römische Hegemonie und Identität. Einleitende Bemerkungen

Die Geschichte Roms ist bereits in ihren mythischen Anfängen ein Bericht von Vielfalt, Inklusion und Akkulturation. Es ist aber nicht die Geschichte von Nationalismus und Rassismus. Beides scheint wohl eine Errungenschaft der Moderne zu sein. Hier steht insbesondere das 19. Jahrhundert in Verdacht, aus Völkern Rassen und aus Staaten Glaubensgemeinschaften gemacht zu haben. Das ist unser Erbe. Wenn wir aber unseren Blick über diese Grenze zurück in die Vormoderne werfen, werden wir neben vielen Dingen, die wir nicht für erstrebenswert halten werden, auch einen normalen, das heißt grundsätzlich möglichen Umgang mit anderen Völkern beobachten können.

Die Vorgeschichte Roms begann mit dem Krieg der Griechen gegen Troja, die in der Ilias sehr wohl als eine eigene, den Trojanern gegenüberstehende Größe dargestellt werden. Und obwohl die Griechen sich zur Zeit der Abfassung im 8. Jahrhundert womöglich besonders über die Sprache definierten, scheinen sie mit den Trojanern ohne große Mühe kommuniziert zu haben und mit ihnen – so griechisch diese Götter in der Folge auch immer wurden – die Götter geteilt zu haben. Der griechische Historiker Herodot schrieb dazu im 5. Jahrhundert, dass auch die Perser diese Geschichte erzählen würden, nur eben aus anderer Perspektive (Herodot I, 1–5). Man kann diese Geschichte der Griechen vor Troja und die anschließende Heimreise des Odysseus als Gründungsmythos der Mittelmeerwelt deuten, wie sie uns fortan begegnet, einer Welt, die unzählige politische Gemeinschaften, kulturelle und religiöse Besonderheiten und verschiedene äußere politische Formen kennt.

Auch für die Römer war diese Geschichte der Beginn ihres Mythos, nämlich mit dem Trojaner Aeneas, der, nachlesbar in der Meistererzählung des augusteischen Dichters Vergil, nach dem Fall seiner Heimatstadt einen Ort sucht, an

* PD Dr. Jürgen Strothmann, Universität Siegen, Fakultät I (Philosophische Fakultät), Geschichte – Alte Geschichte.

dem er eine neue politische Gemeinschaft begründen kann (Vergil, Aeneis). Es
störte in Rom niemanden, dass dieser Aeneas aus dem damals fernen Osten kam,
im Gegenteil: So wurde Rom Teil der großen Geschichte.

Roms Gründer und erster König, Nachkomme des Aeneas, scheint nach
Ausweis frühkaiserzeitlicher Quellen sehr inklusionsfreudig gewesen zu sein. Er
lud wohl allerlei heimatlose – männliche – Gestalten ein, an der neuen Stadt
mitzuwirken, die ihrerseits einen gewissen Frauenbedarf hatten, um die Stadt
dauerhaft am Leben erhalten zu können. Der augusteische Geschichtsschreiber
Livius berichtet davon, dass man also die benachbarten Sabiner zu einem Fest
einlud, und bei dieser Gelegenheit die Frauen – wohl vor allem Töchter – an sich
nahm. Es kam zum Krieg. Die Frauen aber hatten sich an ihre neuen Begleiter
gewöhnt und wollten nicht zurück. Das Ergebnis des Krieges schließlich war,
dass Römer und Sabiner sich zu einer neuen politischen Gemeinschaft zu-
sammenschlossen, deren Hauptort nun Rom sein sollte (Livius, Ab urbe condita
I,9–13). So gehörten die Sabiner zur römischen Identität, obwohl sie, anders als
die Bevölkerung der römischen Mutterstadt Alba Longa, die im Ganzen in die
römische Gesellschaft und städtische Topographie eingefügt wurde (Livius I,
29–30), eben nicht gänzlich inkludiert worden waren. Niemanden störte das an
der römischen Geschichte.

Rom wuchs in den folgenden Jahrhunderten um eine Vielzahl eroberter und
oder inkludierter politischer Gemeinschaften, bis nach Griechenland und
Spanien. Die Auseinandersetzung mit den Griechen, die ja in gewisser Weise
eine Auseinandersetzung mit den alten Gegnern aus dem trojanischen Krieg
war, war bei aller Fähigkeit, den Anderen bestehen zu lassen, aber dennoch eine
Angelegenheit von hochachtender Geringschätzung der Römer gegenüber der
entwickelteren, aber auch verspielteren Kultur der Griechen und eine Angelegenheit geringschätzender Hochachtung der griechischen Poleis gegenüber den
wenig philosophierenden und eher pragmatisch militärisch auftretenden Römern. Es findet sich – obwohl von Historikern des 19. Jahrhunderts immer
wieder beschworen – keine Spur von kollektiver staatlich bezogener Aggression
oder kollektiver Ausgrenzung aufgrund von Fremdheit, Animositäten aufgrund
kultureller Divergenz aber allemal. In der militärisch und diplomatisch erreichten Erweiterung der römischen Hegemonie über das Mittelmeer wurde auf
eine besondere Weise inkludiert, nämlich ohne Unterwerfung fremder Kulturen
und unter Beibehaltung bestehender politischer Formen (Eck 1999).

Es war kein Siegeszug römischer Lebensart, die Römer wollten kassieren und
Ruhe haben. Sie wollten und konnten eben nicht einen kulturell und politisch
einheitlichen Staat begründen. Sie vergaben dafür aber auch zunächst keine
politische Teilhabe an ihrem Tun, bis die Bundesgenossen in Italien in den
Jahren 91 bis 89 v. Chr. eben dies militärisch erstritten, das römische Bürgerrecht
nämlich. Damit wurden die meisten Leute in Italien politisch und rechtlich

Römer. Aber waren sie deswegen nun keine Cumaner oder Tusculaner mehr? Doch, waren sie, sowohl rechtlich als auch politisch.

Bereits seit dem 3. Jahrhundert v. Chr. hatten die Römer in Italien verstärkt Kolonien gegründet. Die Bürger dieser Kolonien waren Römer, rechtlich und politisch, zugleich aber hatten auch diese Römer eine Teilhaberschaft, also ein Bürgerrecht an der politischen Gemeinde. Das Römische Reich war schon vor Beginn der Kaiserzeit mit Augustus eine Art »überstaatliche Ordnung«.

In diesem Reich, das besser mit dem Begriff des Imperiums bezeichnet ist, weil es eben nicht das Reich eines Königs ist, sondern seine Ordnung auf der obersten vor allem militärischen Befehlsgewalt vom Volk gewählter römischer Magistrate beruhte, bestanden Hunderte politischer Gemeinschaften, die im Laufe der Zeit eine doppelte Identität entwickelten: eine ausgeprägte regionale und eine unter Bezug auf die politischen Zentrale in Rom. Beide hatten vor allem politische und rechtliche Qualität. Vielleicht aber ist das auch der Grund, warum die Verhältnisse zwischen diesen vielen Gruppen eben klar waren und es wohl kaum zu größeren Feindseligkeiten kam, eben weil kein Identitätsdefizit durch überzogene Abgrenzung ausgeglichen werden musste. Konflikte zwischen einzelnen Substaaten des Römischen Imperiums sind nur im Rahmen normaler Nachbarschaftskonflikte überliefert. (Seltene) Bürgerkriege resultierten in aller Regel nicht aus identitätsstiftender kollektiver Frustration politischer Gemeinden gegenüber Nachbarn oder der Zentrale, sondern aus wirtschaftlichen, sozialen und ordnungspolitischen Gründen. Das genau aber ist das Problem unserer Gegenwart. Fremdenfeindlichkeit, also sowohl die Feindlichkeit Fremden gegenüber als auch die Feindlichkeit der Fremden, basiert doch wesentlich auf einem Eskalationsszenario von Frustration, künstlicher Identitätskonstruktion auf der Basis bestehender Unterschiede, der Erwartung von Aus- beziehungsweise Abgrenzung und der daraus resultierenden weitergehenden Abgrenzung und Identitätsstiftung bis hin zur kompletten Exklusion. Voraussetzung dafür ist aber ein theoretisches Konstrukt, das der modernen Nation nämlich und weiterer künstlich hergestellter, vermeintlich absoluter Gruppenidentitäten, die wegen ihrer Totalität nicht überlagert werden können von anderen Identitäten. Das war in der antiken Welt grundsätzlich anders. Der Bürger einer beliebigen Stadt – und das bedeutet in der Antike in der Regel Staat – im römischen Imperium konnte exklusiv Bürger seiner Stadt sein und ebenfalls exklusiv römischer Bürger, weil beide Systeme einander ergänzten und nicht miteinander konkurrierten. Er war aber in aller Regel nicht auch Bürger der Nachbarstadt, aus eben diesem Grund. Gleichzeitig konnte dieselbe Person kulturell Grieche sein und dennoch Teilhaber am römischen Reich. Auch das kollidierte nicht, weil auch die Identitäten einander ergänzten und nicht miteinander konkurrierten. Besonders spannend wird diese Frage im Hinblick auf Religion, was wegen der totalitär veranlagten monotheistischen Religionen, die allesamt nur ihren eigenen Gott als universale Größe ansehen und denen jede andere Religion deshalb immer existenziell bedrohende Konkurrenz ist, heute eines der Hauptprobleme von Vielfalt darstellt.

Römische Religion war eben nicht nur römisch, sondern bestand aus allen Kulten des Mittelmeerraumes, die einander ergänzten, sich niemals aber gegenseitig in ihrer Existenz bedrohten. Während das Judentum lange Zeit als erlaubte Religion galt, dies aber wegen der Exklusivität dieser Religion für die staatlich organisierten Juden, die die Religion eben als Teil ihrer Staatlichkeit betrachteten und deshalb für das römische Reich ungefährlich schienen, machte das Christentum von Anfang an Probleme, weil es eben nicht davor zurückschreckte, Anhänger unter den römischen Bürgern zu werben, die damit – wegen der Exklusivität des christlichen Gottes – den Kulten verloren gingen. Die Teilnahme aber an der Pflege der Götter – darin besteht der Kult – ist eine die politische Gemeinschaft tragende Aufgabe. So gab es dann nur eine mögliche Lösung, nämlich die Christianisierung des römischen Imperiums. War das einmal geschehen, konnte auf dieser Basis, aber auch unter dieser Einschränkung, kulturelle Vielfalt weiterhin ohne grundsätzliche Probleme organisiert werden.

1.   Die Voraussetzungen für Inklusion in der Mittelmeerreligion

Religion steht immer im Zusammenhang mit sozialen und gesellschaftlichen Bedingungen. Es gibt dabei Hin- und Rückwirkungen. Dabei geht es nicht nur um die Frage, ob Polytheismus oder Monotheismus herrscht, sondern auch darum, wie die gedachten sozialen und eventuell hierarchischen Verhältnisse unter den Gottheiten jeweils beschaffen sind (vgl. Dux 2005; Strothmann 2010).

Der uns allzu selbstverständliche Monotheismus befördert offensichtlich Gesellschaften, die in ihrer Lebensweise eine gewisse Alternativlosigkeit erblicken, was für die mittelalterliche Christianitas unmittelbar einsichtig sein dürfte und uns im Hinblick auf die islamische Welt allgemein mit einer gewissen Sorge erfüllt. Das gilt aber ebenso für das Land, das sich als moderne Wiege der Demokratie begreift, die Vereinigten Staaten von Amerika, mit ihren nationalreligiösen Attitüden. Für die meisten europäischen Staaten des (ausgehenden) 19. Jahrhunderts ist ein Zusammenhang zwischen Monotheismus und monarchisch-autoritärem Herrschaftssystem evident. Seine Auflösung setzte voraus, dass der Monarch seine religiöse Legitimation verlor, wie das für Frankreich schon am Ende des 18. Jahrhunderts mit der Französischen Revolution zu beobachten ist. Es mag sein, dass für die Gegenwart der Beweis für diese These kaum zu führen sein dürfte, etwa wenn man auf die polytheistischen Gesellschaften der Gegenwart sieht, die auf den ersten Blick mit einer ähnlich exklusiven Arroganz daherkommen, wie der christlich geprägte Westen. Dazu gehört zum Beispiel China, das sich jedoch – ähnlich wie das römische Reich – durch monotheistische und damit im Kern totalitäre religiöse Bewegungen bedroht sieht und vor allem durch eine von der Regierung verwaltete pseudomarxistisch-mehrwertorientierte und damit monotheistische Ersatzreligion geführt wird. Ein Blick in die Antike kann hier aber Aufklärung bringen. Wir haben mit den Juden im Mittelmeerraum ein Beispiel für vollendeten Monotheismus, mit Ägypten ein Beispiel für eine Gesellschaft mit sowohl monotheistischen Zügen als auch ausgeprägtem Polytheismus, und wir haben die Poleis des Mittelmeerraumes, die rein polytheistisch geprägt waren, deren Götter aber mehr oder weniger hierarchisiert waren.

Bei den Juden fallen Staat und Religion idealiter in eins. Die Könige des Alten Bundes handelten meist mit Gottes Willen, sogar im Gespräch mit ihm. Diese Gesellschaft, die sich deshalb noch keineswegs immer einig war, war exklusiv. Ihre Teilnehmer waren grundsätzlich Teilnehmer aus Abstammung, ihr Kreis blieb geschlossen. So war die Identität zwischen politischer und religiöser Ordnung zwar gegeben, sie wurde jedoch nicht als universales Programm verstanden, da man selbst in aller Exklusivität das auserwählte Volk darstellte. Das heißt, Gott galt zwar als universal, war aber dennoch in seiner Hinwendung zu den Menschen der Gott der Israeliten. Zwar hatte der König nicht dieselbe absolute Gewalt wie Gott, dennoch war das Königtum aus dem Grund der Monarchie als Prinzip der Ordnung die Regel.

In Ägypten gab es zwar viele Götter, aber immer wieder wurden einzelne Götter so bedeutend, dass sie als absolute Herren des Himmels gelten konnten und damit dem Pharao die Möglichkeit gaben, sich ihnen nachzugestalten und sich als ihr Sachwalter zu verstehen. Das galt vor allem für Amun, zeitweise auch für Aton, wie etwa unter Echnaton. Ägypten lebte wesentlich von der logistisch anspruchsvollen Aufgabe der Nutzung des Nils und seiner Überschwemmungen zur Bewässerung. Das setzte eine zentrale organisierende Herrschaft voraus, was die Voraussetzung für Ägyptens Wohlstand bildete. Und nur daher und wegen der damit korrespondierenden Gottesnähe des Herrschers war es möglich, dass dieser als zuständig für die Zyklen von Überschwemmung und Ernte angesehen werden konnte. Der Pharao wurde so zum Garanten des Wohlstands (Bickel 2006).

Die normale Mittelmeergesellschaft der Antike sah aber anders aus. Die Mittelmeerküsten waren übersät von Siedlungen, deren Bewohner sich von kleinräumiger Landwirtschaft ernährten und die zunehmend dafür sorgten, dass der mäßige Wohlstand gegen Übergriffe von Nachbarn gesichert werden konnte, und die unter anderem auch aus diesem Grund begannen, politische Systeme auszubilden. Diese Systeme bestanden zunächst aus Bauern, die zwar sozial abgestuft, aber eben in der Regel nicht von ihren Nachbarn unterworfen

waren. Die Basis der politischen Systeme des Mittelmeerraumes war die An-
teilseignerschaft. Grundbesitzer taten sich zusammen und organisierten ein
Miteinander, trieben bald auch zunehmend Handel über das Mittelmeer, was
ihnen selbst und ihren Gemeinschaften zu einigem Wohlstand verhalf. Dabei
kam es zwar zu stärkeren sozialen Stratifizierungen, auch zum Ausschluss
Einzelner aus der Anteilseignergemeinschaft. Das Prinzip blieb aber bestehen.
Die Polis als politische Gemeinschaft, das, was wir Stadtstaat nennen, war dem
Prinzip nach eine Politeia aus Bürgern, die selbst daraus definiert waren, dass sie
eben Anteilseigner waren (vgl. Eder 1995, S. 16; vgl. grundsätzlich zur griechischen Polis Welwei 1998). In den allermeisten Poleis führte das zu aristokrati-
schen Formen der politischen Verfassung, weil eben diejenigen, die über mehr
Anteil verfügten, auch mehr zu sagen hatten. Die soziale Differenzierung dieser
Gesellschaften kannte je nach Wohlstand der Gemeinschaft vom konsensge-
bundenen König bis zum Unfreien alle Abstufungen. Wir heute hingegen nehmen meist die Freien und Besitzenden wahr, die Anteil an der Gemeinde hatten
und also über Bürgerrecht verfügten. Das ist ja auch unser Blick auf die Stadt
Athen, deren Demokratie wir als vorbildlich betrachten und dabei leicht übersehen, dass es eine Gesellschaft war, in der eben nur eine verhältnismäßig kleine
Gruppe der Bewohner schließlich demokratisch agierte. Und diese Demokratie
ist ein Sonderfall, der nur funktionierte, weil die Bürger durch öffentliche Ämter
versorgt und durch Aufwandsentschädigungen unterstützt wurden, so dass sie
an den zahlreichen politischen Versammlungen teilnehmen konnten (Busolt
1926, S. 897; vgl. aber Welwei 1998, S. 217, der darin zumindest in perikleischer
Zeit keine Alimentierung der Bürgers sieht, die sie zu Rentnern gemacht haben
würde).

In einer solchen Gesellschaft wurden auch die Götter nicht allzu sehr hierarchisiert. Ihnen entsprach ein klassischer Polytheismus, der zwar gegebenenfalls
einen Göttervater kannte, der meist mit einem – vielleicht längst abgeschafften –
Königtum korrespondierte, der aber als Handelnder Einen unter Vielen darstellte. Götter waren überall, überall dort nämlich, wo Menschen soziale und
politische Gemeinschaften bildeten. Die Götter der Mittelmeerwelt waren
zudem allesamt den Menschen ähnlich, erschienen meist in Menschengestalt
und hatten menschliche Eigenschaften. Nur besaßen sie ungleich mehr Macht.
Sie verfügten zum Teil über die Naturkräfte, und es war geboten, sich mit ihnen
gut zu stellen (Linke 2014, S. 6). Das aber galt nicht nur für den Einzelnen und
seine Familie, sondern auch für politische Gemeinschaften, die ihrerseits
ebenfalls Kultgemeinschaften darstellten und einen im Kern meist relativ festen
Kanon von Göttern pflegten, zu dem die Ehrerbietung für Quell-, Orts-, Wege-,
und sonstige Götter hinzutrat. Dieser Götterkanon war grundsätzlich im Mittelmeerraum kompatibel und fand seine Kanonisierung in den olympischen
Göttern, die in Ilias und Odyssee verbindlich wurde, der griechischen Ökumene

nämlich, die sich über die Intensivierung der Kommunikation und die Gründung griechischer Kolonien am gesamten Mittelmeer über den ganzen Raum erstreckte. Diesem Kanon griechischer Götter wurden später auch die römischen Götter äußerlich nachgestaltet, nur dass diese weit weniger menschlich waren. Dennoch: Jupiter war der römische Zeus, der mächtigste unter den Göttern, Juno die römische Hera, die aber zumindest in Rom noch weit mehr bildete als eine mythologische Größe. Sie war nämlich die Gottheit, die der weiblichen Seite der Familie zugeordnet wurde. Und auch Minerva, die Dritte im Bunde der drei Hauptgötter römischer politischer Gemeinschaften, war natürlich nicht in jeder Hinsicht Athena. Dennoch wurden Identitäten gebildet und kommuniziert. Dabei erkannten die Zeitgenossen diese Identitäten, waren aber dennoch vorsichtig und verzichteten meist auf eine absolute Gleichsetzung. So gebrauchten sie oft einen Namenszusatz, um den Besonderheiten der Götter jeweils gerecht zu werden.

Schon vor der großen Karriere Roms gab es eine gemeinsame Geschichte der Gesellschaften im Mittelmeerraum, die durchaus kulturell unterschiedliche Konzepte mit einer großen Klammer versah. So identifizierte Alexander der Große Zeus mit dem ägyptischen Gott Amun und stellte sich zu diesem Zeus-Amun in eine Vater Sohn-Beziehung. Dahinter steckte offensichtlich ein Gedanke von der Universalität des eigenen gesellschaftlichen Konzepts, das sich bei allen zivilisierten Völkern finden lassen kann. Anders stand es mit den Barbaren. Zunächst waren Barbaren einfach die Nichtgriechen, mit zunehmender Erfahrung im Umgang mit anderen Gesellschaften aber geriet auch der Barbarenbegriff in Bewegung, wenngleich die Römer in gewisser Weise aus griechischer Sicht immer Barbaren blieben. In einem eigentlichen Sinn aber waren dann die Barbaren diejenigen, die an der gemeinsamen Geschichte des Mittelmeerraums nicht teilhatten, die sich nicht mit Ilias und Odyssee identifizierten, wie die Römer das ebenfalls taten, indem sie Aeneas, ihren Urahn, Trojaner sein ließen, und die eben nicht den gräkisierten Götterkanon besaßen, sondern (immer noch) irgendwelche Naturgötter verehrten. Herodot, der zwei Generationen nach dem Ende der großen griechischen Kolonisation des Mittelmeerraumes schrieb, hatte für solche Gesellschaften einige Beispiele parat.

Wenn aber die Zugehörigkeit wesentlich an der Teilnahme an einer gemeinsamen Geschichte hing, sowohl am Mythos als auch am gemeinsamen Handeln der Gegenwart, so an der Teilnahme der panhellenischen Spiele, etwa an den olympischen Wettkämpfen, und natürlich an den vergemeinschafteten Kulten, dann war es auch für Barbaren möglich, sich zu solchen Teilnehmern zu entwickeln, zunächst einzeln, aber prinzipiell auch als Gesellschaft. Zu solchen Barbaren gehörten in gewisser Weise schon recht früh die Römer, wobei wir bei den Geschichten der Römer über ihre Identität nie so genau wissen, wann die einzelne Geschichte in welcher Form erzählt wurde, denn unsere Quellen dazu sind zu großen Teilen augusteisch.

Die Stadt Rom war ein Stadtstaat, der seine Hegemonie über Italien und den gesamten Mittelmeerraum ausweitete, sie blieb aber ein Stadtstaat mit der politischen Kommunikation einer mehr oder weniger typischen Mittelmeergesellschaft, weshalb sie das Zusammenspiel dieser kompatiblen Gesellschaften ebenso für ihre politische und bald auch kulturelle Hegemonie nutzen konnte. Die Offenheit dieses Systems für verhältnismäßig fremde religiöse Formen zeigte sich in dem am Ende des 3. Jahrhunderts aufgenommenen Kult der Magna Mater, der Kybele, einer östlichen Gottheit, die den Römern durchaus suspekt war, aber dennoch eine solche Anhängerschaft fand, dass sie unter die regulären Gottheiten aufgenommen wurde (Versnel 1981, S. 51). In der Kaiserzeit etwa machten weitere Mysterienkulte Karriere, denen sich dann auch der Kaiser selbst zuwandte, womöglich aus gesellschaftlichem Druck. Solche Geheimkulte waren nicht ungefährlich, mussten schließlich aber ebenso wie der Isis-Kult inkludiert werden, der mit Ägypten einen ebenso fremden Hintergrund hatte wie die anderen genuin östlichen Kulte (Merkelbach 1995). Die größte Karriere aber machte Mithras, der ebenfalls aus einem östlichen, vermutlich persischen Zusammenhang stammte und dessen Verehrung zu einem der am weitesten verbreiteten Kulte im römischen Reich aufstieg. Dieser Kult war seinerseits ein Mysterienkult, der verschiedene Grade der Einweihung in die Geheimnisse kannte. Zentrale Gestalt bildete der Gott Mithras, der den Stier opfert. Die erhaltenen Altäre sind sofort erkennbar als Altäre dieses Kultes, weil diese zentrale Handlung auf ihnen dargestellt ist (Merkelbach 1984). Ein solcher Kult eignete sich schließlich in besonderer Weise zur Inklusion, weil er Personen und Bedürfnisse ansprach, die eben nicht unmittelbar aus der griechisch-römischen Welt stammten, oder solche, die später aus der römischen Welt selbst erwuchsen. Solche Kulte reagierten auf Migration und waren Teil eines verhältnismäßig offenen Akkulturationsprozesses. Es waren eben Kulte und keine ganzen Religionen, weshalb sie so leicht in die römische Religion integrierbar waren. Mit ihnen kam eben nicht ein absolutes Konzept, sondern eine Macht unter vielen, die in aller Regel keine Exklusivität kennt.

Ebensowenig ein eigentlich römischer Gott war *sol invictus*, der Sonnengott, der wohl zunächst in der Gestalt Apolls daherkam, der besonders von Augustus gepflegt wurde, als der Gott des Sieges von Aktium über Marcus Antonius (31. v. Chr.), aber auch als ein Gott, der ein hohes Definitionspotenzial besaß, bis hin eben zum Sonnengott, der dann der persönliche Gott Konstantins des Großen war und den Vorteil bot, dass er nicht der Herrscher unter den Göttern war, wie Jupiter, sondern – wie und als die Sonne – schlicht alle anderen Götter überstrahlte.

Dann kam das Christentum. Christus erhielt den Geburtstag des *sol invictus* und seinen Feiertag, den Sonntag, und trat also seine Nachfolge als Gott des Kaisers an. Obwohl Konstantin anfangs versuchte, das Christentum als einen Kult zu pflegen, erkannte er dennoch die Möglichkeiten, die im Monotheismus lagen, so dass er nun der eine Vertreter des einen allmächtigen Gottes sein konnte, was in besonderer Weise kompatibel war, weil auch das Kaisertum zunehmend absolut wurde, zumindest in der öffentlichen Kommunikation.

2. Die Bedingungen einer hierarchisierten Elitengesellschaft und das politische System auf der Basis sozialer Realität

Überall im Mittelmeerraum finden wir aristokratische Gesellschaften, die in aller Regel im Laufe ihrer Entwicklung einmal monarchische politische Formen annahmen, in den allermeisten Fällen aber auf die Idee der Demokratie als politische Alternative nicht gekommen wären. Aus der politischen Organisation von Kleinräumen erwuchs die genannte Anteilseignergesellschaft, die sich aber mit zunehmendem Wohlstand auch immer stärker stratifizierte. Wohlstand führt grundsätzlich immer dann zur Ungleichheit, wenn in engen sozialen Systemen keine starke politische Kraft das Handeln der Wohlhabenden kontrolliert. In der Antike war das nicht vorgesehen. Der starke Staat, der Demokratie durchsetzen könnte, ist als solcher eine Entdeckung der Moderne und moderner Methoden und Techniken der Herrschaftsverdichtung. Für Rom – übrigens auch für Athen – sind Konflikte überliefert, die genau dieses Problem betreffen. Die ärmeren Bauern waren wehrpflichtig – als kleine Anteilseigner ohne viel politische Teilhabe – und mussten für Kriegszüge im Sommer ihre Felder unbestellt lassen, sofern sie nicht über Sklaven verfügten. Das führte zu Ernteeinbußen und zur Aufnahme von Krediten, die relativ hoch verzinst wurden, und zur Abgabe des beliehenen Landes. In letzter Konsequenz entstand daraus Schuldknechtschaft, die Arbeitskraft des Schuldners ging dann in das Eigentum des Gläubigers über. Diese Situation führte zur Organisation dieser prekären Gruppen, die aber in Rom im Verbund mit anderen, wohlhabenderen Akteuren mit eingeschränkten Rechten, zusammen als Plebeier bekannt, erst nach Jahrhunderten die Fähigkeit erstritten, verbindliche politische Beschlüsse außerhalb der patrizischen politischen Formen zu fassen. Ursprünglich hatte die aktive Teilnahme eben nur den Patriziern, den alten und wohlhabenden Familien zugestanden.

Neben den Schuldknechten kannten antike Gesellschaften die Sklaverei als Prinzip der Kriegsgefangenschaft. Kriegsgefangene wurden zudem gehandelt und bildeten im Wesentlichen die Gruppe der Sklaven, die aber nicht homogen war. Wenn wir heute an Sklaverei denken, denken wir an die Sklaverei des 19. Jahrhunderts mit ihrem zentralen rassistischen Aspekt. Sklaven sind nach dieser Sicht ›Untermenschen‹. Das gilt nicht für die Antike. Sklaven waren zwar rechtlich eine Sache, sozial aber ist wiesen sie als Gruppe ebenfalls eine starke Stratifizierung auf, was man an der mächtigen Sondergruppe der kaiserlichen Freigelassenen leicht erkennen kann. Es blieb dem Freigelassenen zwar ein Makel und zunächst eine eingeschränkte Autonomie. Diese konnten aber in der folgenden Generation der uneingeschränkten Teilhabe nach den üblichen Regeln unter römischen Bürgern weichen, sofern der Freilasser des Vaters Römer war.

Unter den Freien gab es nicht nur soziale Abstufungen, sondern auch Patronageverhältnisse, die dazu führten, dass trotz der Inhaberschaft des aktiven Wahlrechts, das meist nach Vermögen abgestuft war, eine große Zahl römischer Bürger in Familienverbände eingebunden war, die lange Zeit eine Instanz darstellten, die zwischen dem Privaten und dem Staat selbst ordnungspolitische Aufgaben hatte. Das bedeutet, dass in einer solchen Elitenkultur neben der Kategorie des Rechtes als Zugehörigkeitsbestimmung der soziale Rang eine entscheidende Kategorie darstellte, die bei der Aufnahme eines Nichtrömers unter die römischen Bürger eine erhebliche Rolle spielte. Die Welt wurde durch die Römer eben nicht nur mit Gewalt römisch, sondern vor allem über soziale und kulturelle Affinitäten.

Die Gallier waren aus römischer Sicht die größte Gefahr für den Staat, seit sie 387 die Stadt eingenommen hatten, sie galten als roh und gewalttätig, den Römern eigentlich als so etwas wie später die Germanen nach der Niederlage des Varus. Gallien war zwar nicht im eigentlichen Sinne barbarisch, da die Gallier über zahlreiche eigene politische Ordnungen, Münzprägung und Hauptorte verfügten. Die Eroberung Galliens durch Caesar muss für die Römer dennoch ein gewaltiger Befreiungsschlag gewesen sein. Nachdem Gallien zum römischen Reich hinzugefügt war, übrigens ebenfalls mittels einer Mischung aus Gewalt und Attraktion, wurden die Bewohner Galliens besonders schnell Römer. Von einer keltischen Kultur in einem eigentlichen Sinne ließ sich bald nicht mehr viel sehen. Was blieb, waren regionale Kulte, wie etwa der der auf einem Pferd sitzenden Epona und der der Matronen, dreier Frauen, die sich allesamt gut in das römische Pantheon einfügten. Die politischen Gemeinschaften Galliens wurden systematisch zu römischen *civitates*, zu Stadtstaaten ausgebaut, massiv gefördert in ihrer infrastrukturellen Entwicklung, zahlreiche Orte wurden dabei als römische Städte neu gegründet, zum Teil unter der Führung römischer Bürger, oft Veteranen. Hier wurde ganz nach Mittelmeerart Mehrwert produziert und politische Selbstverwaltung praktiziert. Straßen wurden gebaut und nach und nach wurden die Gallier auch in ihrer Gesamtheit zu römischen Bürgern. Gallien wurde trotz anfänglicher kultureller Abweichung Teil der römischen Welt und nicht wie in einem modernen Sinn als nachgeordnetes Gesamtsystem, sondern auf eine zunehmend höchst integrierte Weise, wie zuvor schon Italien. Rom wurde von einem von der Stadt aus beherrschten Raum zu einem integrierten Reich, in dem seit 212 mit der allgemeinen Bürgerrechtsverleihung durch die Constitutio Antoniana des Kaisers Caracalla nahezu jeder Bewohner das volle römische Bürgerrecht hatte. Schwierig gestaltete sich die Inklusion von Gesellschaften überall dort, wo die Abweichungen vom sozialen und politischen Prinzip der Mittelmeergesellschaften größer waren, wie etwa im Norden und Westen von Spanien, wo Naturkulte dominierten, der Wohlstand gering und die politische Ordnung wenig differenziert war. Von solchen Räumen berichtet Strabon in seiner Geographie (III, 6–8) mit dem entsprechenden Unverständnis.

3. Das römische Reich als Kommunikationsraum

Das Prinzip römischer Herrschaft beruhte neben einer ausgebauten Infrastruktur nicht so sehr auf einer ebenfalls vorhandenen Befehlsstruktur, sondern zu guten Teilen auf Kommunikation, und zwar auf einer intensiven kommunikativen Vernetzung von einzelnen Akteuren und politischen Systemen mit der Zentrale, sowohl mit dem Kaiser selbst als auch mit den römischen Eliten und dem kaiserlichen Haus. Dieses Prinzip folgte nicht der Funktionsweise einer preußischen Beamtenhierarchie mit klar geregeltem Dienstweg, sondern einer sozialen Ordnung, in der die Eliten je nach ihrem Rang miteinander in Beziehung traten, vor allem natürlich die regionalen Eliten mit denen der Zentrale, aber wohl auch die regionalen Eliten unter sich regen Austausch pflegten.

Ein wesentliches Instrument und zugleich eine gute Quelle für das ausgewogene Verhältnis zwischen den zentralen und den regionalen Eliten stellt der römische Kalender dar, in dem der lokalen Größe je nach ihrer rechtlichen Qualität mehr oder weniger Beachtung von reichsweiten Terminen und Feierlichkeiten vorgegeben wurde, vieles aber in der lokalen Kompetenz blieb und sie so die lokale Identität zu pflegen in der Lage war (Rüpke 1995). Lokale Kulte und ihre Verankerung im Kalender waren Ausdruck bestehender Vielfalt. Es wurde in aller Regel gar nicht versucht, die lokale Größe zu kontrollieren und womöglich in ihrer Gestalt zu determinieren. Es wurden zwar vor allem im Westen römische Stadtstaaten gegründet, dies an den Orten bestehender politischer Gemeinden, oft jedoch eher als Rangerhöhung einer Stadt denn als Ausdruck römischer Dominanz; diesen wurde dann aber eine politische Struktur gegeben, die möglichst wenig in die innere Ordnung eingriff und zugleich für eine gewisse Anschlussfähigkeit an das römische politische System sorgte. Diese Gemeinden, oft gegründet zur Aufnahme von Veteranen, mussten in ihrer Kultordnung wenige absolute Termine berücksichtigen, etwa die Verehrung der kapitolini-

schen Trias, Jupiter, Juno und Minerva. Die Gemeinde konnte und sollte sich
einen Patron erwählen, der sie informell bei den römischen Eliten akkreditierte.
Die gewählten Amtsträger hatten ihre Pflichten bei den verstorbenen und ver-
göttlichten Kaisern und bei dem Schutzgott des lebenden Kaisers zu beeiden, in
ihrem Handeln für die Gemeinde waren sie aber voll und ganz ihre Vertreter. In
der Gestaltung des Kalenders, was weitere Kulte, Feiertage und Gerichtstage
betraf, war die Gemeinde weitgehend frei, was schließlich aber auch die Möglichkeit schuf, aus eigenem Antrieb weitere Termine in den Kalender aufzunehmen, die der Verehrung des Kaisers und seiner Familie dienten (vgl. Wolf
2011). Je größer die Nähe zur Zentrale, desto besser die Voraussetzungen für
Wohlstand und Anerkennung in Rom, von der natürlich zunächst die Eliten
profitierten. Die gemeinsame Idee der römischen Städte und der einzelnen
Bewohner des Reiches, die neben ihrem heimatlichen Recht das römische
Bürgerrecht verliehen bekommen hatten, sowie zugleich der (noch) nicht römischen Eliten des Reiches manifestierte sich etwa in der Göttin Roma, die in
den Provinzen zusammen mit Augustus verehrt wurde (Mellor 1975). Es scheint
gar nicht oder kaum der Eindruck entstanden zu sein, dass Rom eine hegemoniale Macht gewesen sei, vielmehr hatte man Anteil an der Idee Rom und an
seinem reichsweiten sozialen System aus Eliten und Gemeinden. Zwar dauerte es
eine Weile, bis jeweils dem regionalen Bedürfnis nach vollgültiger Teilhabe von
Seiten der Zentrale nachgekommen wurde, wie das nach dem Bundesgenos-
senkrieg (91–81 v. Chr.) für Italien geschah und wie es durch Kaiser Claudius in
der Mitte des ersten Jahrhunderts n. Chr. wohl grundsätzlich favorisiert wurde.
Von ihm ist eine Rede überliefert, mit der er begründete, warum er den römischen Bürgern der Gallia Lugdunensis den Zugang zum römischen Senat ermöglichen wollte (Inschrift Nr. 34, in: Freis 1984, S. 59–62). Und lange dauerte es
nicht, bis die ersten Kaiser aus einer außeritalischen Provinz, nämlich aus
Spanien stammten, wohl jeweils mit italischer Herkunft, aber dennoch mit einer
hohen Identifikationssymbolik für die lokalen Eliten des Reiches.

4.   Fremde Völker und ihre Akkulturation im römischen Reich

Rom war vor allem eine Idee, zu der nahezu jede Gruppe im Reich Zugang
erhielt; und sie funktioniert überall dort, wo nicht eine bestehende absolute
Identität dem entgegenstand, wie etwa bei den Juden, mit denen es in den Jahren
66–70 n. Chr. zu einem erbitterten Krieg kam, von dem der römische Jude Flavius Josephus berichtete, der in römische Kriegsgefangenschaft geraten und
dann von Kaiser Vespasian freigelassen worden war und damit das römische
Bürgerrecht erlangt hatte. Es gibt zwar Gruppen im Mittelmeerraum beziehungsweise in der Peripherie, die geringere Akzeptanz genossen, dies aber nicht

aufgrund fremder Herkunft in einem genetischen Sinn, sondern wegen kultureller und vor allem zivilisatorischer Merkmale, die aber von Einzelnen und ihren Familien leicht römisch zu überformen waren. Voraussetzung für Inklusion war soziale Kompatibilität, das heißt, jede Zuordnung zum System fand auf der Basis sozialen Ranges statt.

Und das blieb auch so, nachdem das Reich christlich geworden war. In diesem Reich gab es zunächst durchaus noch Platz für pagane Kulte, die aber zunehmend weniger geduldet wurden. Im christlichen Kontext funktionierten die Prinzipien von Inklusion und Akkulturation nach denselben Mechanismen wie im paganen Reich, selbst nach dem vermeintlichen Ende der römischen Welt im Westen übrigens. Die Inklusion germanischer Völker, wie schon die Karriere des Cheruskers Arminius zeigt, ist kein grundsätzliches Problem, wie sich im frühen Frankenreich sehen lässt. In Gallien kam es im Laufe des 6. Jahrhunderts zu einer sehr erfolgreichen Akkulturation der fränkischen Eliten, die schließlich gemeinsam mit den alten romanischen Eliten aus Gallien das Frankenreich entstehen ließen (Hägermann/Haubrichs/Jarnut 2004). Voraussetzung bildete die gemeinsame Religion und auch Konfession. Die Franken waren seit Chlodwigs Taufe, um etwa 500 katholisch (Meier/Patzold 2014), während andere barbarische Gentes auch bei der Übersiedlung in das ehemalige Römische Reich zunächst arianisch blieben bzw. wurden. Das Bild von germanischen Horden, die die Kultur der Antike in Gallien beendeten, die dann mühsam nach der Merowingerzeit durch die sogenannte Karolingische Renaissance wiederbelebt werden musste, scheint falsch zu sein und auf einer Rückprojektion eines Volksbegriffes des 19. Jahrhunderts zu beruhen, das in nationalen und auch genetischen Kategorien dachte. Ein absoluter Zusammenhang von Volk, Abstammung und Kultur, wie im 19. Jahrhundert durchaus grundsätzlich postuliert, besteht nicht. Das zeigen Forschungen zur Ethnogenese während der Völkerwanderungszeit, bei der Völker eben erst entstanden. Und Blut war in Antike und Frühmittelalter zwar eine verwandtschaftliche Kategorie, galt aber nicht als real überprüfbare Größe zur Definition eines Volkes.

Zum modernen Umgang mit Vielfalt. Abschließende Bemerkungen

Vielfalt ist an sich kein Problem, solange es keine exklusiven Identitäten gibt und ein Angebot besteht, bei aller Unterschiedlichkeit eine gemeinsame Identität zu bilden. Unser Problem ist nun, dass wir Europäer zwar keine exklusive religiöse Identität mehr haben, dennoch aber die Kategorien des 19. Jahrhunderts nicht gänzlich haben abschütteln können. Wir sind eben mehrheitlich nicht Europäer, sondern Deutsche, Polen, Ungarn oder Engländer, und dies, obwohl wir in diesen Systemen als Einzelne ebenfalls wenig zu sagen haben. Es ist eine Illusion der Beteiligung, die auf der Egalität beruht, nach der wir beteiligt sind. Das ist der Preis für das Verschwinden einer reinen Elitenkultur; und bezahlt wird er mit Nationalismus, einer Erfindung der Eliten, um uns, die wir mehrheitlich Nichteliten sind, an ihr Handeln zu binden.

Wir machen vielleicht auch den Fehler, zu präzise Anforderungen zu definieren, nach denen Inklusion stattzufinden hat. Und vielleicht sollten wir das System, das uns alle – wer immer auch das sein wird – binden kann, nicht zu eng werden lassen. Müssen wir Demokratie verlangen? Bekommen tun wir dann auch so etwas wie die aktuelle Türkei, in der die demokratische Wahl zur rechtsstaatlichen Katastrophe führt.

Sind die Anderen denn überhaupt alle inklusionsfähig? Es ist nicht nur unser Problem, dass wir noch nicht ganz aus dem 19. Jahrhundert herausgekommen sind. Kann man sich eine Weltgesellschaft vorstellen, in der traditionelle Gesellschaften und nationalreligiöse Systeme geduldet werden? Und kann man die territoriale Integrität Europas aufrechterhalten, wenn die europäischen Regeln kulturell nicht allen Bewohnern vermittelbar sind?

Das Beispiel Rom wirft aber nicht nur Fragen auf. Eine mögliche Antwort könnte auch darin liegen, dass man ein Narrativ findet, das nicht Europa und Demokratie zu leitenden Ideen macht, sondern etwas Gemeinsames, etwa Rechtsstaatlichkeit, in welchem Rechtssystem auch immer. Das setzte aber voraus, dass man die Systeme nicht zu eng gestalten darf, um auch Europa seinen politischen Raum zu lassen. Wir brauchen vor allem ein Narrativ, das imstande ist, weltweit den einstmals von uns gelernten Nationalismus zu überwinden, trotz der erstrebten Egalität.

Literatur

Bickel, Susanne (2006): Die Verknüpfung von Weltbild und Staatsbild. Aspekte von Politik und Religion in Ägypten. In: Kratz, Reinhard Gregor/Spieckermann, Hermann (Hrsg.), Götter Gottesbilder Weltbilder. Polytheismus und Monotheismus in der Welt der Antike, Bd. 1. Tübingen, S. 79–99.
Busolt, Georg (1926): Griechische Staatskunde, Bd. 2: Darstellung einzelner Staaten und der zwischenstaatlichen Beziehungen, bearbeitet von Heinrich Swoboda. München (Nachdruck 1972).
Dux, Günter (2005): Die Genese der Sakralität von Herrschaft. Zur Struktur religiösen Weltverständnisses. In: Erkens, Franz-Reiner (Hrsg.), Das frühmittelalterliche Königtum. Ideelle und religiöse Grundlagen. Berlin – New York (Ergänzungsbände zum Reallexikon der germanischen Altertumskunde 49), S. 9–21.
Eck, Werner (1999): Zur Einleitung. Römische Provinzialadministration und die Erkenntnismöglichkeiten der epigraphischen Überlieferung. In: Eck, Werner (Hrsg.),

Lokale Autonomie und römische Ordnungsmacht in den kaiserzeitlichen Provinzen vom 1. bis 3. Jahrhundert. München, S. 1–15.

Eder, Walter (1995): Die athenische Demokratie im 4. Jahrhundert v. Chr. Krise oder Vollendung? In: Eder, Walter (Hrsg.), Die athenische Demokratie im 4. Jahrhundert v. Chr. Vollendung oder Verfall einer Verfassungsform? Stuttgart, S. 11–28.

Flavius Josephus (1980): Bellum Iudaicum – Der jüdische Krieg, übersetzt von Hermann Endrös. München [1964].

Freis, Helmut (Hrsg.) (1984): Historische Inschriften zur römischen Kaiserzeit von Augustus bis Konstantin. Darmstadt.

Hägermann, Dieter/Haubrichs, Wolfgang/Jarnut, Jörg (Hrsg.) (2004): Akkulturation. Probleme einer germanisch-romanischen Kultursynthese in Spätantike und frühem Mittelalter. Berlin – New York (Ergänzungsbände zum Reallexikon der germanischen Altertumskunde 41).

Herodot (2001): Historien. Griechisch und Deutsch, 2 Bde., hg. v. Josef Feix. Düsseldorf.

Linke, Bernhard (2014): Antike Religion. München 2014 (Enzyklopädie der griechisch-römischen Antike 13).

(Titus) Livius (2007): Ab urbe condita, = T. Livius, Römische Geschichte, Buch 1–3, Lateinisch und Deutsch, hg. v. Hans Jürgen Hillen. 4. Aufl. Düsseldorf – Zürich [1987].

Meier, Mischa/Patzold, Steffen (2014): Chlodwigs Welt. Organisation von Herrschaft um 500. Stuttgart.

Mellor, Ronald (1975): Thea Roma. The Worship of the Goddess Roma in the Greek World. Göttingen.

Merkelbach, Reinhold (1984): Mithras. Königsstein/Taunus.

Merkelbach, Reinhold (1995): Isis regina – Zeus Serapis. Die griechisch-ägyptische Religion nach den Quellen dargestellt. Stuttgart – Leipzig.

Plinius (2007): Historia naturalis = Die Naturgeschichte des Caius Plinius Secundus, übersetzt v. G. C. Wittstein (1881), hg. v. Lenelotte Möller und Manuel Vogel, 2 Bde. Wiesbaden.

Rüpke, Jörg (1995): Kalender und Öffentlichkeit. Die Geschichte der Repräsentation und religiösen Qualifikation von Zeit in Rom. Berlin – New York.

Strabo (2005): Geographica, in der Übersetzung von A. Forbiger [1856]. Wiesbaden.

Strothmann, Meret (2010): Himmel und Erde im Einklang. Augustus und der eine Gott. In: Linke, Bernhard/Meier, Mischa/Strothmann, Meret (Hrsg.), Zwischen Monarchie und Republik. Gesellschaftliche Stabilisierungsleistungen und politische Transformationspotentiale in den antiken Stadtstaaten. Stuttgart, S. 213–229.

Vergil (1983): Aeneis. Lateinisch-Deutsch, hg. und übersetzt von Johannes Götte. 6. Aufl. München – Zürich [1955].

Versnel, Henk S. (1981): Römische Religion und religiöser Umbruch. In: Vermaseren, Maarten J. (Hrsg.), Die orientalischen Religionen im Römerreich. Leiden, S. 41–72.

Welwei, Karl-Wilhelm (1998): Die griechische Polis. Verfassung und Gesellschaft in archaischer und klassischer Zeit. 2. Aufl. Stuttgart.

Wolf, Joseph Georg (Hrsg.) (2011): Die Lex Irnitana. Ein römisches Stadtrecht aus Spanien. Lateinisch und Deutsch. Darmstadt.

Petra Lohmann[*]

Einheit und Vielheit. Miscellen zur Chiffre des Turms bei Michel de Montaigne und seinem Einfluss auf Thomas Bernhard

I.

Das Motto der vorliegenden Zeitschrift DIAGONAL, »Vielfalt als Chance«, soll in diesem Beitrag mit dem Bezug auf Michel de Montaigne (1533–1592) und Thomas Bernhard (1931–1989) aus architekturphilosophischer Perspektive angegangen werden. Das Thema »Vielfalt« hat in der Philosophie eine lange Tradition. Es reicht unter der Fragestellung nach dem Verhältnis von Einheit und Vielheit bis auf Emanationslehren der Antike zurück (vgl. Dörrie 1976). Mit Gottfried Wilhelm Leibniz (1646–1716) gewinnt dieses Verhältnis für die Aufstellung einer Universalwissenschaft eine neue, weitere Bedeutung (vgl. Mensching 2006). In der Moderne wird es vor allem von der Existenzphilosophie und diversen Protagonisten der Theorie des Selbstbewusstseins, wie zum Beispiel Johann Gottlieb Fichte (1762–1814), Friedrich Hölderlin (1770–1843), Friedrich Nietzsche (1844–1900) bis hin zu Jean-Paul Sartre (1905–1980) und andere mehr, veranschlagt (vgl. Frank 1977). Grob gesagt, wird das Verhältnis von Einheit und Vielheit in diesen letztgenannten Theorien in Rücksicht auf Bedingungen der Möglichkeit der Einheit des Selbst in der Vielheit der Ausgestaltungen der Facetten seiner jeweiligen Persönlichkeit und seiner mannigfaltigen Weisen, in der Welt zu sein, reflektiert. Diese Aspekte markieren auch das zentrale Anliegen dieses Beitrags. Das Thema »Vielfalt als Chance« wird, was die Architektur angeht, auf folgenden Punkt konzentriert: Die der Wissenschaft der Architektur eigentümliche hohe Komplexität, die vom praktischen Spezialistenwissen bis hin zu Verbindungen zu soziokulturellen, naturwissenschaftlichen und medizinischen Handlungsfeldern reicht, ist auf den angeführten geisteswissenschaftlichen Bereich zu begrenzen, das heißt die Architektur wird hier vor allem darauf hin hinterfragt, zu welcher bewusstseinstheoretischen Einheit

---

[*] apl. Prof. Dr. Petra Lohmann, Universität Siegen, Fakultät II (Bildung – Architektur – Künste), Lehrstuhl Baugeschichte und Denkmalpflege.

der Vielfalt eines Selbst ein durch die Architektur gestifteter Sozialraum jeweils führt.

Der architektonische Gegenstand, an dem dieser Bezug auf die Architektur entwickelt wird, ist der Turm. Ein Turm ist immer ein Zeichen einer besonderen Situation (vgl. Hoell 1998) und ist allein deswegen schon typologisch besonders gut geeignet, um eine bestimmte Eigenheit zu manifestieren. Man denke zum Beispiel an den Elfenbeinturm, den Narrenturm, den Schuldturm, an den Mythos des Turmbaus zu Babel oder auch schlicht an den Wachturm, so wie er zum Beispiel von Michel de Montaigne auf seinem Landsitz zur Bibliothek umfunktioniert wurde. Darüber hinaus ist der Turm auch häufig Gegenstand von Architekturutopien (vgl. Conrads/Sperlich 1983) und in der Literatur kommt er, wie beispielsweise bei Hugo von Hofmannsthal (1874–1929), Franz Grillparzer (1791–1872) und Thomas Bernhard, im Kontext von Architekturfiktionen vor.

Mit Michel de Montaigne und Thomas Bernhard wurden zwei Denker ausgewählt, mit denen sich auf ausgezeichnete Weise das ideelle Themenfeld Einheit–Vielheit–Selbst und der architektonische Gegenstand des Turms verbinden lassen. Der französische Renaissancephilosoph Michel de Montaigne gilt Begründer der literarischen Form des Essays. Etymologisch betrachtet lassen sich aus dem Essay Tätigkeiten wie etwas versuchen, sich annähern oder sich herantasten ableiten. Der Essay markiert damit eine völlig offene Form des Denkens, das heißt eine Form, die weder durch ein Prinzip begründet noch auf eine bestimmte Zielsetzung hin ausgerichtet ist. Die Offenheit eines solchen Denkens ist geradezu paradigmatisch für die Beschreibung einer Haltung, die man zum Thema »Vielfalt als Chance« einnehmen kann. Und so kann denn auch Michel de Montaigne die großen und kleinen Gegensätze des Lebens wie etwa Krieg und Frieden, Liebe und Tod, Gesundheit und Krankheit, aber auch Interesse und Langeweile, Schönheit und Hässlichkeit und vieles andere mehr völlig ungezwungen in ein und demselben Gedankengang in Beziehung bringen, ohne in Widerstreit zu geraten.

Der Österreicher Thomas Bernhard hingegen zählt zu den bedeutendsten Schriftstellern der Gegenwart. Berühmtheit erlangte er nicht zuletzt wegen der Radikalität seines Denkens. Der Gegenwart begegnete er mit einer »Sprache des Zerfalls« und der »totalen Überwucherung des Lebens durch Irritation, Wahnsinn und Tod« (Schweikert 1974, S. 4–5). Angesichts dieser Negativität scheint es nur schwer vorstellbar, dass Thomas Bernhard Michel de Montaigne als seinen philosophischen Orientierungspunkt bezeichnet (vgl. Bernhard 2010, S. 43). Dennoch verhält es sich so und daran zeigt sich nicht zuletzt, dass intellektuelle Modelle der Tradition nicht bloß von historischem Wert sind, sondern durchaus wirklichkeitsbezogen spekulative Kraft haben und es daher sinnvoll ist, sie unter veränderten Vorzeichen auf Fragestellungen der Gegenwart zu beziehen, wie etwa die nach dem gelungenen Verhältnis zwischen der Einheit des Selbst und der Vielheit seiner geistigen und sinnlichen Ausprägungen.

II.

Michel de Montaigne ist der Denker der Vielheit par excellence. Charles-Augustin Sainte Beuve (1804–1869) hat im »Port Royal« diese Eigenheit Michel de Montaignes trefflich pointiert: »Scharfsinnige [...] Geister [...]« könnten in einem so »tiefsinnigen Autor« wie Michel de Montaigne »alles [...] finden« oder alles »in ihn hineinleg[n]« (Sainte Beuve 1953, S. 815). Der Grundcharakter seiner »Essais« (1572–1592), die vornehmlich als Selbstbeschreibung Michel de Montaignes zu verstehen sind, besteht darin, durchgehend durch »Auflösungs- und Diversifizierungstendenzen der physischen und geistigen Realität« (Egel 2008, S. 8) bestimmt zu sein. Michel de Montaigne hat diesen Grundcharakter programmatisch in den Deckeninschriften der Holzbalken seiner Bibliothek festgehalten. Auf dem 37. und 48. Balken spiegeln dies entsprechende Zitate von Sextus Empiricus: »Jedem Grunde steht ein gleicher gegenüber« (Hypot., I, 6; 37. Balken) und »Ich bestimme nichts (setze nichts fest). Ich verstehe nicht. Ich enthalte mich des Urteils. Ich erwäge« (I, 22, 23, 26; 48. Balken). Obgleich sich Michel de Montaigne einem festen Standpunkt, der ihm als Prinzip einer Weltanschauung dient, enthält, heißt das nicht, dass er sich selbst in seinem vielfältigen Denken verlieren würde. Bei ihm ist der Gedanke Blaise Pascals (1623–1662), der seinerseits von Michel de Montaigne beeinflusst war (vgl. Pascal 1655) und bei dem es heißt »Vielfalt, die sich nicht zur Einheit ordnet, ist Verwirrung. Einheit, die sich nicht in Vielheit gliedert, ist Tyrannei« (Pascal 1982, Fr. 872), zwar nicht so deutlich ausgeprägt, aber er strebt durchaus eine gewisse Einheit der Vielheit an. Das Instrument dafür ist für ihn das sogenannte »Hinterstübchen« (Stilett 1998, S. 125), und das ist sowohl rein spekulativ als auch in eins lebenspraktisch gemeint. Ersteres meint den Status der inneren Ruhe des Bewusstseins beziehungsweise der Besonnenheit oder das »Pathos der Distanz« (Gerhardt 1989, S. 199–200), mit der man sich der Vielheit vom Standpunkt des äußeren Beobachters aus zuwendet; Letzteres meint einen realen Ort, das heißt seine Turmbibliothek, die er ausdrücklich als sein Zuhause bezeichnet und in der er sich aus den vielfältigen Wirrungen des Lebens herausnimmt, um in der Abgeschiedenheit eines Studiosus über sie zu spekulieren (vgl. Stilett 1998, S. 413).

Das sich solchermaßen bei Michel de Montaigne abzeichnende Verhältnis von Einheit und Vielheit ist für unsere Gegenwart von ungebrochener Aktualität (vgl. Gessmann 1997, S. 1), »parce qu'il peint un homme libre« (Strowski 1971, Préface), wie es bei Fortunat Strowski heißt. Michel de Montaigne konnte sich die Unabhängigkeit und Eigenständigkeit seines Denkens in einer Zeit bewahren, die im Übergang vom ausgehenden Mittelalter zur Renaissance von vielen hochproblematischen Umbrüchen bestimmt war. Es gab Bürgerkriege, die ständische Gesellschaft war im Übergang zur bürgerlichen Gesellschaft inbegriffen und die Verblendung der Glaubenskriege zwischen Katholiken und Protestanten führte zu mehr als drei Jahrzehnte dauernder Intoleranz mit Ketzerjagden und Hexenverbrennungen. Er lebte in einer Zeit, in der es keine Gewissheit mehr gab, weder eine politische noch eine religiöse. Michel de Montaignes »Essais« sind eine Reaktion auf eine Wirklichkeit, die sich jedem dauerhaften Zugriff entzieht und deren Hauptmerkmal der Weg eines ständiges Wandels in eine ungewisse, jederzeit anders seiend könnende Zukunft ist. Dem begegnete Michel de Montaigne mit seinem Skeptizismus und seiner Rückbesinnung auf das eigene Leben und das eigene Selbst.

Blickt man auf die Gegenwart, so scheint sie nicht grundsätzlich in allem von der Zeit Michel de Montaignes unterschieden. Der Mensch der Gegenwart erlebt seine Zeit ähnlich ungewiss. Er erkennt, dass die aufklärerischen Erfolge der Moderne durchaus ambivalent sind. Denn das vergangene Jahrhundert war auch das Jahrhundert zweier Weltkriege und totalitärer Ideologien und infolgedessen der zunehmenden Absage an metaphysische Spekulationen über mögliche Einheitsgründe der Vielfalt des Lebens, weil man in ihnen neue Dogmen vermutete. Fehlende intelligible Gründung, sich auflösender sozialer Schutz, labile Selbstverhältnisse, fragwürdiger Sinn und mangelnde Vorstellung vom Woraufhin der gesellschaftlichen Entwicklung waren die negativen Folgen dieser Sorge. Sie lassen den Einzelnen in einer nahezu bestimmungslosen Welt leben, in der Modelle der Einheit des Subjekts in der Vielheit bestenfalls Gegenstände historischer Betrachtungsweisen sind. Wenn die Rationalität der Aufklärung eines gezeigt hat, dann das, dass es keine Gewissheit und damit auch keine Verbindlichkeit gibt. Was bleibt, ist ein fraktales Subjekt, das von seiner blinden Lebenskraft getrieben wird, sich ständig neu zu konstruieren, ohne dass diese mannigfachen Selbstverhältnisse durch einen Einheitsgrund für es sein können.

Dass es möglich ist, einen Weg zu denken, der die Einheit des Subjekts in der Vielheit ohne Rückfall in ein Dogma eröffnet, zeigt Michel de Montaigne. Darin liegt seine Bedeutung »für Krisenzeiten« (Egel 2008, S. 4–5). In genau dieser Hinsicht ist Michel de Montaigne für den zeitgenössischen Autor Thomas Bernhard, der wie kaum ein anderer höchst eindringlich die existenziellen Krisen des Menschen beschrieben hat, ein Vorbild. Das heißt aber nicht, dass Thomas Bernhard diese Krisen mit Michel de Montaigne bewältigt hat. Er bezeichnet Michel de Montaigne zwar als Philosophen, »mit welchem ich auf so innige und tatsächlich erleuchtende Weise verwandt bin, wie mit keinem anderen« (Bernhard 2010, S. 33), und in seinem »Lieblingstext« (Mittermayer o.D.) »Amras« (1964) verarbeitet er das berühmte Turmmotiv Michel de Montaignes in allen wesentlichen Bestimmungsstücken, aber anders als bei Michel de Montaigne, bei dem sich mit dem Turmmotiv das Ansinnen von der Einheit in der Vielheit der mannigfachen Seinsweisen des Menschen leben lässt, ist dieses Ansinnen bei Thomas Bernhard ein Ideal, das der Mensch leben will, aber nicht leben kann. Sein ganzes Dasein ist Fragment. Das bleibt bei Thomas Bernhard letztlich unauflösbar und für ihn kann es für den Menschen keine Erlösung geben.

III.

1571 ist Michel de Montaigne achtunddreißig Jahre alt. In diesem Jahr legt er sein Richteramt nieder und zieht sich auf seinen FamiliensitzChateau de Montaigne in der Dordogne im Südwesten Frankreichs zurück. Der Rückzug ist eine Art Einkehr in sich selbst (vgl. von Thadden 2005). Er kommentiert diesen Impuls so: »Genug nun für andere gelebt – leben wir zumindest dies letzte Stück des Lebens für uns« (Stilett 1998, S. 126). Der zentrale Ort auf seinem Anwesen ist für ihn seine Turmbibliothek. Im Turm verbrachte er mit Unterbrechungen neun Jahre. Dort verfasste er seine »Essais« und dort starb er auch 1592.

Michel de Montaignes Bibliotheksturm ist der Wachturm seines schloss-ähnlichen Anwesens aus spätgotischer Zeit. Das Schloss steht auf einem kleinen Hügel. Dorthin führt eine lange Allee, die den Blick freigibt auf viele kleinere schiefergedeckte Türme und den festungsartigen Wachturm, der unweit der Toreinfahrt fest in die Schutzmauer eingefügt ist (Abb. 1).

Im Turm befinden sich auf unterschiedlichen Etagen eine Kapelle, ein »Schlafgemach mit Nebenraum, wo ich mich oft hinlege, um allein zu sein« (Stilett 1998, S. 412), und die Bibliothek, die zu seinem »zu Hause« (Stilett 2008, S. 29) wurde (Abb. 2).

Sein Leben in der Bibliothek charakterisiert er wie folgt: »Hier verbringe ich die meisten Tage meines Lebens und die meisten Stunden der Tage. Nachts aber halte ich mich dort nie auf. Daneben liegt ein recht wohnliches kleines Arbeitszimmer, das wohltuend licht ist und in dem winters Feuer gemacht werden kann. Ich könnte, wenn ich die mit einem Umbau verbundnen Plackereien nicht noch mehr als die Ausgaben fürchtete, leicht auf jeder Seite und gleicher Höhe eine Galerie anbringen lassen, hundert Schritt lang und zwölf breit. […] Jeder Ort der Zurückgezogenheit braucht einen Wandelgang. Meine Gedanken schlafen ein, wenn ich sitze; mein Geist rührt sich nicht, wenn die Beine ihn nicht bewegen – wie es allen ergeht, die ohne Buch studiern. Die Form der Bibliothek ist rund (außer einem geraden Stück Wand, das für Tisch und Stuhl so eben ausreicht). Daher läßt sie mich mit einem Blick all meine in fünf Reihen übereinander aufgestellten Bücher sehn« (Stilett 1998, S. 412–413) Der Bibliotheks-

Abb. 1: Tour de Montaigne. http://www.wikiwand.com/de/Michel_de_Montaignes_Turmbiblio
thek (abgerufen am 29.06.2016). Credit: Henry Salomé. 05.08.2009. License: GNU Free
Documentation License. https://de.wikipedia.org/wiki/Datei:St_Michel_de_Montaigne_Tour
01.jpg (abgerufen am 29.06.2016)

bestand belief sich auf circa tausend Bücher und hatte damit eine Größe, die wie
Michel de Montaigne bemerkt, sich durchaus mit den großen Bibliotheken
seiner Zeit messen konnte. Die Bücher stammten größtenteils aus dem Erbe
seines Freundes Étienne de La Boëtie (1530–1563) (vgl. Nestmeyer 2005,
S. 201–210). Im Unterschied zur baulichen Erweiterung der Bibliothek durch
eine Galerie kam es ihm nicht darauf an, den Bücherbestand zu vergrößern (vgl.
Werle 2007, S. 136–170). Während die Bücherregale nicht mehr vorhanden sind,
sind die siebenundfünfzig Inschriften auf den Deckenbalken der Bibliothek
noch gut lesbar. Ähnlich wie in seinen »Essais«, tilgte er auch hier hin und wieder
einzelne Gedanken und ließ eine Inschrift durch eine neue ersetzen. Aus den
Fenstern der Bibliothek erfasst man »mit einem Blick [...] mein ganzes Haus-
wesen – vom Garten bis zum nahen Schlossgebäude« (Stilett 1998, S. 412) –
Wiesen, Felder und den Wirtschaftshof. Der Bezug zur kultivierten Landschaft
war ihm nicht zuletzt wegen ihrer Symbiose mit dem Menschen sehr wichtig.
Hans Stilett weist in diesem Zusammenhang auf die »synästhetische [...] Sensibilität« (Stilett 2008, S. 150) hin, mit der Michel de Montaigne die Landschaft
wahrnimmt und dabei, wie zum Beispiel in seinem Reisetagebuch (vgl. Stilett
2013), »das Ideal einer âme à divers étages (Seele mit mehreren Stockwerken)«

Abb. 2: Montaignes Arbeitszimmer ohne die Bücherregale, in der dritten Etage. http://www.wikiwand.com/de/Michel_de_Montaignes_Turmbibliothek (abgerufen am 29.06.2016). Credit: Codex. 04.07.2012. License: Creative Commons Attribution-Share Alike 3.0; https://de.wikipedia.org/wiki/Datei:Montaigne-chambre.jpg (abgerufen am 29.06.2016)

(Stilett 1998, S. 409) mit der terrassenförmigen Gliederung bestimmter Landschaften in Bayern, Tirol und Italien in Einklang bringt (vgl. Stilett 2008, S. 147–148).

Der Turm bot ihm damit insgesamt ein Zuhause, in dem Michel de Montaigne eine Haltung entwickeln konnte, nach der »es gilt, die Gesetze unseres Menschseins zu ertragen« (Stilett 1998, S. 550). Das heißt, er hat diesen Turm als Ort verstanden, in dem er die Einheit in der Vielheit denken und leben konnte. Der zentrale Begriff, an dem sich seine Einstellung dazu festmachen lässt, ist der des »Hinterstübchen« beziehungsweise der »arrière-boutique«. Dazu schreibt er im Essay »Über die Einsamkeit«: »Wir müssen uns ein Hinterstübchen zurückhalten, ganz für uns, ganz ungestört, um aus dieser Abgeschiedenheit unseren wichtigsten Zufluchtsort zu machen, unsre wahre Freistatt. Hier gilt es, den alltäglichen Umgang mit uns selbst zu pflegen« (Stilett 2008, S. 27).

Die wörtliche Übersetzung von »arrière-boutique« bedeutet »Hinterladen«. Dazu muss man nach Hans Stilett wissen, dass zu Michel de Montaignes Zeit der so genannte Hinterladen dem vorderen Verkaufsraum nicht nachstand. Es war vielmehr der Raum, in dem man die kostbarsten Dinge aufbewahrte. Insofern verwundert es nicht, wenn Michel de Montaigne »ihn im übertragenen Sinne zum Zufluchtsort vor dem als muße- und musenfeindlich empfundnen Alltagstreiben mach[t], auf daß seine Seele sich hierin dem ihm Wertvollsten widmen könne: der nachdenklichen Beschäftigung mit sich selbst« (Stilett 2008, S. 28). Michel de Montaigne kommentiert dies so: »doch gerade, daß [der Turm] abgelegen und ein bißchen mühsam zu erreichen ist, gefällt mir, weil [er] mir so die Leute vom Leib hält und die körperliche Anstrengung mir guttut. Hier also bin ich ganz zu Hause, hier suche ich ganz mein eigner Herr zu sein und diesen einzigen Winkel sowohl der ehelichen und töchterlichen als auch der gesell-schaftlichen Gemeinschaft zu entziehn« (Stilett 2008, S. 29 f.). Die Vielheit der Welt avanciert Lionel Sozzi zufolge nunmehr zu einer Vielheit des eigenen in-neren Bewusstseinsraums (vgl. Sozzi 2004, S. 66/I; Stilett 2008, S. 32). Das Hinterstübchen ist im doppelten Sinne zu verstehen. Es ist als Turm und als Bewusstseinsmodus des Turmbewohners in eins »Schlupfwinkel und Höhle, Zufluchtsort und Freistatt zugleich« (Stilett 2008, S. 33).

Das Leben Michel des Montaignes vollzieht sich im Turm als Prozess der Ablösung von den äußeren politischen, sozialen und wirtschaftlichen Ge-schehnissen, an denen er zumindest, was sein eigenes Anwesen betrifft, durch Ausblicke aus den Fenstern teilnimmt; vor allem vollzieht es sich aber als Pro-zess der zunehmenden Selbstaufklärung (vgl. Friedrich 1993, S. 18 ff.). Von der schier unendlichen Vielheit der Verfassungen des Individuums und seiner möglichen Standpunkte in der Welt, die er an sich selbst und an seinen Mit-menschen beobachtet hat, zeugen seine Essais, die ganze Dichtergenerationen von Voltaire (1694–1778) über Johann Wolfgang von Goethe (1749–1832) zu Friedrich Nietzsche (1844–1900) beeinflusst haben (vgl. Ortlepp 1992, S. 236–239; Kramer 2009) und die nach Jean Starobinsky als Versuch der Stif-tung von »Identität« (Starobinsky 1986, S. 24 ff.) beziehungsweise als Erschrei-bung des Selbst (Starobinsky 1986, S. 19 ff.) zu verstehen sind. Das Fundament dieser Identität, in der die Vielheit nicht aufgehoben, wohl aber zum Gleichge-wicht kommt, ist das »Hinterstübchen« (Stilett 1998, S. 125).

IV.

Für Georg Simmel (1858–1918) ist Michel de Montaignes Denken »zeitlos [...], weil die Probleme, auf die es Antworten sucht, zur Existenzbedingung des Menschen gehören, der sein Leben im Bewusstsein der eigenen Endlichkeit und Bedingtheit leben muss, im ewigen Zustand des niemals Fertigseins, das zwi-schen Wissen und Nichtwissen gebannt« (Simmel 1918, S. 105) ist. Michel de Montaigne, der mit Gelassenheit und Besonnenheit die Ambivalenzen des Le-bens zur Einheit in der Vielheit bewältigt, ist für Thomas Bernhard ein großes Vorbild gewesen. Ähnlich wie sein Großvater, so hat auch Thomas Bernhard »sein ganzes Leben lang [... zu] [s]einer Lektüre Notizen gemacht«, die sich allerdings nicht auf die Interpretation des jeweiligen Werks, sondern mehr auf die Bedeutung der Inhalte des Werks für die eigene Existenz bezogen (vgl. Mittermayer 1999, S. 161). Von Michel de Montaigne sagt er, »habe ich mich lenken und leiten, ja auch führen und verführen lassen. Montaigne ist immer mein Retter und Erretter gewesen«. Zu ihm »bin ich [...] geflüchtet, wenn ich in Todesangst gewesen bin« (Bernhard 2010, S. 43). Im Unterschied zu Michel de Montaigne lösen sich die Existenzkrisen des Subjekts bei Thomas Bernhard nicht auf, sondern spitzen sich regelrecht zu. Insofern bleibt für ihn Michel de Montaignes Bestimmung des Individuums ein regulatives Ideal, weil es letztlich nicht in seiner Wirklichkeit lebenspraktisch werden kann.

Dabei verkehrt Thomas Bernhard das von Michel de Montaigne angegebene Selbstverhältnis am Beispiel des Verhältnisses von Geist, Natur, Gesellschaft und Krankheit sowie von Innen- und Außenräumen ins Gegenteil. Ein Beispiel dafür ist seine Erzählung »Amras«. Auch hier spielt ein Turm eine wesentliche Rolle (vgl. Tismar 1973, S. 113; ferner Foucault 1977) Allerdings wird er mit ganz anderen Motiven verbunden. Das Thema der Erzählung ist eine Familienkatastrophe. Zwei hochgebildete Brüder, einer Naturwissenschaftler, der andere Musiker und Musiktheoretiker, überleben das »Selbstmordkomplott« (Bernhard 2006, S. 27) der Eltern, die angesichts der im Oberinntal um sich greifenden »Tiroler Epilepsie« (Bernhard 2006, S. 65) die gesamte Familie auslöschen wollten. Nach dem Tod der Eltern bringt ein Onkel die beiden Brüder »in einem vorstädtischen Turm in Sicherheit«. Denn die stumpfsinnige Bevölkerung will die Brüder in einer »Irrenanstalt« wissen. Im Turm verbringen sie »zweieinhalb Monate« (Bernhard 2006, S. 9) mehr oder weniger unfreiwillig, aber zu ihrem eigenen Schutz in fast durchgehender Isolation von der Außenwelt, die nur durch gelegentliche Fahrten zum Arzt unterbrochen wird, den der an Epilepsie erkrankte Bruder Walter aufsuchen muss. Durch die Tragödie aneinander gebunden, verlieren die Geschwister zunehmend ihre Fassung. Walter begeht schließlich Selbstmord, indem er sich aus dem Turmfenster stürzt. Der Bruder, der ihre gemeinsame Leidensgeschichte aufgezeichnet hat – »ein Buch über alle Wahrnehmungen, die ich im Turm gemacht habe« (Bernhard 2006, S. 46) –, ist unfähig den Tod Walters zu überwinden, und geht nach einem kurzen Aufenthalt in der Forstwirtschaft seines Onkels fort, um sich ausschließlich seinen Studien in selbstgewählter Einsamkeit zu widmen. Doch auch er zerbricht am Leben, denn seine letzte Aufzeichnung nimmt er in der Irrenanstalt Schermberg vor. Die Erzählung endet mit dem Satz: es »herrschen in unseren Irrenhäusern uns alle beschämenden Zustände« (Bernhard 2006, S. 81).

Das Vorbild für den Turm in der Erzählung »Amras« ist ein reales, zum Schloss Ambras gehörendes Gebäude (Abb. 3), das tatsächlich in Amras, einem Stadtteil von Innsbruck, mit Blick auf das Karwendelgebirge, steht. Der Turm ist den Brüdern zwar eine Zuflucht vor den Übergriffen der Bevölkerung, aber er ist ihnen kein Zuhause. Er ist ein bloßer Verwahrungsort (Abb. 4).

Abb. 3: Schloss Ambras. Foto: Verfasserin, August 2014

Abb. 4: Turm von Schloss Ambras. Foto: Verfasserin, August 2014

Der Turm war ihnen »aus der Kindheit wie kein anderes Gebäude vertraut«. Dieses Vertrauen bot ihnen jedoch keinen psychischen Halt. Denn »auf der obersten wie auf der unteren Treppe gehorchten wir ständig, tappend und frierend, in unseren aus den Himmelrichtungen bodenlos impulsiv zerstörten, unserem heillosen, wenn auch höherem Geschwisterwahnsinn. [...] Unsere Wachsamkeit drückte auf unser Gemüt und beschränkte unseren Verstand. [...] Wir schauten nicht aus den Fenstern hinaus, wir hörten aber genug Geräusche, um Angst zu haben. [...] Unsere Köpfe waren, streckten wie sie ins Freie, der Bösartigkeit der Föhnstürme ausgesetzt, in den Luftmassen konnten wir kaum mehr atmen« (Bernhard 2006, S. 10). Zentral ist »das Unvermögen« der Brüder

»zur ästhetischen Wahrnehmung« (Marquardt 1990, S. 91) der Natur. Sie ver-
menschlichen die Natur. Es gibt »denkende Berge«, »denkende Flüsse« und eine
Natur die den Menschen vereinnahmt, wie zum Beispiel in die »Gehirne der
Menschen vorgerückte[s] Gestein[…]«. Die Brüder erleben im Turm diese
»Versteinerung«(Marquardt 1990, S. 93)als Folge des Erlebens der »verdrußer-
zeugende[n] Hochgebirgslandschaft« (Bernhard 2006, S. 15) (Abb. 5).

Abb. 5: Ausblick aus dem Turm auf Gebirgslandschaft. Foto: Verfasserin, August 2014

Die Bestimmung des Selbstverhältnisses des Individuums konzentriert Thomas
Bernhard auf ein existenzielles Phänomen und das ist der »Schmerz« (Eickhoff
1998, S. 39; 1999, S. 115–162), der sich in seinen Erzählungen als Angst, Agonie,
Verzweiflung und Wahnsinn äußert. Dennoch fliehen seine Figuren nicht vor
dem Schmerz, sondern sie vertiefen sich darin mit höchster intellektueller
Anstrengung. Das »extreme Geistesleben« (Eickhoff 1998, S. 42) fördert den
»Auflösungsprozeß« (Tismar 1973, S. 112) ihrer Persönlichkeit bis zu dem
Punkt, an dem ihnen mit größtmöglicher Klarheit deutlich wird: »Im Turm
waren wir uns plötzlich des Finstersten voll bewußt geworden, [...] da schauten
wir uns, zum ersten Male, von außen und innen an« (Bernhard 2006, S. 35).
Solchermaßen isoliert auf sich selbst zurückverwiesen, »durch nichts als durch
uns von uns abgelenkt« (Bernhard 2006, S. 15), erkranken die Brüder zuneh-
mend »an ihrem starren Geschwisterzusammenhang«, was zumindest bei
Walter mit seiner »doppelten Todeskrankheit« (die Epilepsie der Mutter und die
eigene Epilepsie) »zum Tode führt« (Bernhard 2006, S. 27). Angesichts dieser
Lage ist ihnen alles »Fragment«. Das trifft auf ihr bisheriges Leben ebenso zu wie
auf das Leben in ihrer Gegenwart – »das Bewußtsein, daß du nichts bist als
Fragmente« (Bernhard 2006, S. 64). So lässt Thomas Bernhard den Bruder über
Walter sagen: »Er kommt in den Turm und stürzt gleich ans Fenster [...] seine
Gestalt, die dann lauter Gestalten zurückläßt, er, der mit keiner dieser Gestalten
mehr übereinstimmt. [...] Es gibt aber keine erste und keine letzte Gestalt des
Bruders [...] keinen Bruder [...] Walter ist« (Bernhard 2006, S. 62).

An den Ausführungen Thomas Bernhards zeigt sich der hohe Wert von Michel de Montaignes »Hinterstübchen«. Hat ein Mensch kein »Hinterstübchen«, verliert er sich in der Vielheit und löst sich darin auf. Ohne ein »Hinterstübchen« (Stilett 1998, S. 125), das physisch und psychisch eine Einheit der Vielheit gründet, läuft man Gefahr, in ein Selbstverhältnis zu geraten, dessen tiefe Not Thomas Bernhard eindrücklich beschrieben hat: »Ich war eine ungeheure Anzahl von Existenzen, eine ungeheure Anzahl verheerender, alles bedeutender Existenzmöglichkeiten [...] die gehende und die anscheinend gehende, hüpfende, springende, blitzartig stehenbleibende, halb verrückte ... ich bin alle existierenden Existenzen zusammengewesen, ich bin gewesen« (Bernhard 2006, S. 50). Thomas Bernhard folgt zwar dem Vorhaben Michel de Montaignes, wenn er vorgibt. »ich bin begierig darauf, mich zu erkennen zu lassen, in welchem Maße, ist mir gleichgültig, wenn es nur wirklich geschieht« (Bernhard 1975, S. 126–127) und wenn er die Auffassung vertritt, dass es »nichts Schwierigeres, aber auch nichts Nützlicheres, als die Selbstbeschreibung« gibt. Man müsse »sich prüfen, [...] sich selbst befehlen und an den richtigen Platz stellen« (Bernhard 1975, S. 127). Doch letztlich bleibt ihm Michel de Montaignes erlösende Einsicht lebenspraktisch verschlossen, der »auf der Suche nach dem eigenen Selbst [...] die humaine condition« entdeckt und mit Gelassenheit und Achtung vor den schier unendlichen Möglichkeiten des Daseins anerkennen kann, dass »jeder Mensch [...] die ganze Gestalt des Menschsein in sich [trägt]« (Stilett 1998, S. 399; vgl. Stilett 2008, S. 6).

Literatur

Bernhard, Thomas (1975): Die Ursache. Eine Andeutung. Salzburg.
Bernhard, Thomas (2006): Amras. Frankfurt am Main.
Bernhard, Thomas (2010): Montaigne. Eine Erzählung. In: Bernhard, Thomas (Hrsg.), Goethe stirbt. Frankfurt am Main, S. 33–47.
Conrads, Ulrich/Sperlich, Hans G. (1983): Phantastische Architektur. Stuttgart.
Dörrie, Heinrich (1976): Emanation. Ein unphilosophisches Wort im spätantiken Denken: In: Dörrie, Heinrich (Hrsg.), Platonica Minora. München, S. 70–88.
Egel, Nikolaus (2008): Montaigne. Die Vielheit der Welt im Spiegel des Selbst. Magisterarbeit. München.
Eickhoff, Hajo (1998): Schmerz als Architektur des Seins. Thomas Bernhard und die Physis. In: Höll, Joachim/Honold, Alexander/Luers-Kaiser, Kai (Hrsg.), Eine Einschärfung. Berlin.
Eickhoff, Hajo (1999): Die Stufen der Disziplinierung. Thomas Bernhards Geistesmensch. In: Honold, Alexander (Hrsg.), Thomas Bernhard. Die Zurichtung des Menschen. Würzburg, S. 155–162.
Foucault, Michel (1977): Wahnsinn und Gesellschaft. Frankfurt am Main.

Frank, Manfred (1977): Das individuelle Allgemeine. Frankfurt am Main.

Friedrich, Hugo (1993): Montaigne. Tübingen.

Gerhardt, Volker (1989): Pathos der Distanz. In: Ritter, Joachim/Gründer, Karlfried/Gabriel, Gottfried (Hrsg.), Historisches Wörterbuch der Philosophie, Bd. 7. Basel, S. 199–200.

Gessmann, Martin (1997): Montaigne und die Moderne. Zu den philosophischen Grundlagen einer Epochenwende. Hamburg.

Hoell, Joachim (1998): Die Bücher des Geistesmenschen. Thomas Bernhards Bibliothek des bösen Geistes. In: Hoell, Joachim/Honold, Alexander/Luers-Kaiser, Kai (Hrsg.), Eine Einschärfung. Berlin, S. 26–31.

Kramer, Jane (2009): Me, Myself, and I. What made Michel de Montaigne the first modern man? In: The New Yorker, 07. 09. 2009. http://www.newyorker.com/magazine/2009/09/07/me-myself-and-i (zuletzt abgerufen am 26. 06. 2016).

Marquardt, Eva (1990): Gegenrichtung. Entwicklungstendenzen in der Erzählprosa Thomas Bernhards. Tübingen.

Mensching, Günther (2006): Die Einheit in der Vielheit. Von der metaphysischen Einheit im Kopf eines Universalgenies. https://www.uni-hannover.de/fileadmin/luh/content/alumni/unimagazin/2006/06_3_4_32_34_mensching.pdf (zuletzt abgerufen am 08. 09. 2016).

Mittermayer, Manfred (1999): Johannes Freumbichler – Thomas Bernhard. Eine Beziehung. Linz.

Mittermayer, Manfred (o.D.): Artikel zu »Amras«. In: Thomas Bernhard. Das Leben. Das Werk. Die Häuser. Thomas Bernhard Archiv. Thomas Bernhard Privatstiftung. Internationale Thomas Bernhard Gesellschaft. http://www.thomasbernhard.at/index.php?id=280 (zuletzt abgerufen am 26. 06. 2016).

Nestmeyer, Ralf (2005): Der Turm des Philosophen. Montaigne in Montaigne. In: Nestmeyer, Ralf (Hrsg.) Französische Dichter und ihre Häuser. Frankfurt am Main, S. 201–210.

Ortlepp, Gunar (1992): »Ich tauge nur für mich selbst«. In: Der Spiegel 38/1992, S. 236–239.

Pascal, Blaise (1655): Entretien avec M. de Saci sur Épictète et Montaigne.

Pascal, Blaise (1982): Pensées, hrsg. v. Francis Kaplan. Paris.

Sainte Beuve, Charles-Augustin (1953): Port-Royal, hrsg. v. Maxime Leroy, 3 Bde. Paris.

Schweikert, Uwe (1974): Im Grunde ist alles, was gesagt wird, zitiert. Zum Problem von Identifikation und Distanz in den Rollenprosa Thomas Bernhards. TEXT + KRITIK, Heft 43, S. 36–44.

Simmel, Georg (1918): Lebensanschauungen. Vier Metaphysische Kapitel. München – Leipzig.

Sozzi, Lionel (2004): Arrièrre-Boutique (Hinterstübchen). In: Desan, Philippe (Hrsg.), Dictionnaire de Michel de Montaigne. Paris, S. 66/I.

Starobinski, Jean (1986): Denken und Existenz. Darmstadt.

Stilett, Hans (1998): Michel de Montaigne. Essais. Erste moderne Gesamtübersetzung. Frankfurt am Main.

Stilett, Hans (2008): Von der Lust, auf dieser Erde zu leben. Wanderungen durch Montaignes Welten. Berlin.

Stilett, Hans (2013): Michel de Montaigne. Tagebuch der Reise nach Italien über die Schweiz und Deutschland von 1580–1581. Übersetzt aus dem Französischen, mit einem Essay, Anmerkungen und Register. Berlin.

Strowski, Fortunat (1971): Montaigne. New York.

Tismar, Jens (1973): Einsamkeitszellen. In: Tismar, Jens (Hrsg.), Gestörte Idyllen. Eine Studie zur Problematik der idyllischen Wunschvorstellungen am Beispiels Jean Paul, Adalbert Stifter, Robert Walser und Thomas Bernhard. München, S. 106–138.

von Thadden, Elisabeth (2005): Das rettende Gespräch mit sich selbst. In: zeit.de, 15.12. 2005 (zuletzt abgerufen am 01.04.2015).

Werle, Dirk (2007): Copia librorum: Problemgeschichte imaginierter Bibliotheken 1580–1630. Tübingen.

Marijana Erstić[*]

Vielfalt in einem deutschsprachigen »Dalmatien«-Narrativ. Der Roman *Olivas Garten* (2013) von Alida Bremer

Die Welle an deutschsprachigen, aus den Ländern Ex-Jugoslawiens stammenden Erzählerinnen und Erzählern scheint nicht nachzulassen. Literaten wie Alida Bremer, Marica Bodrožić, Saša Stanišić, Nicol Ljubić, Adriana Altaras oder Filmemacher wie Damir Lukačević katapultierten sich in den vergangenen Jahren durch ihre literarischen Auseinandersetzungen mit dem Zerfall Jugoslawiens oder das Verhandeln des »Gastarbeiter«-Themas an die Spitze der deutschsprachigen Kulturlandschaft. Davon zeugen nicht nur die bei renommierten Verlagen erschienenen Publikationen – zumeist Romane – oder die prämierten (Fernseh-)Filme. Einen Beweis für die Bedeutung dieser zeitgenössischen Werke liefern auch die internationalen wissenschaftlichen Publikationen, die sich den besagten Narrativa zumeist in der Art und Weise nähern, dass sie eine Neudefinition der »Interkulturalität« einfordern (vgl. z. B. Lovrić 2016). Denn die Erzählerinnen und Erzähler aus der zweiten oder gar dritten »Ausländer«-Generation, die ehemaligen Flüchtlinge, die Kinder aus deutsch-südosteuropäischen Ehen müssten das Fremde und das Eigene, die Sprachen und die Länder offener, »interkultureller« und damit auch vielfältiger denken. Was früher als »Gastarbeiterliteratur« bezeichnet wurde, entzieht sich nunmehr scheinbar den meisten Klassifizierungen. Der Diskurs zur Vielfalt wird in diesen Texten zumeist als ein Zusammenspiel jenseits von (sprachlichen) Grenzen verstanden, die Interkulturalität wird als ein Modus der Vielfalt zelebriert. Gleichwohl geraten auch die Schwierigkeiten eines grenzüberschreitenden Zusammenlebens nie gänzlich aus den Augen. Mehr noch: Häufig bilden sie das eigentliche Thema, wie dies beispielsweise der Roman *Meeresstille* von Nicol Ljubić (2010) zeigt, eine unmögliche, vor der Folie der Den Haager Kriegsverbrecherprozesse erzählte Liebesgeschichte eines Deutsch-Kroaten und einer Serbin.

Im nachfolgenden Artikel wird beispielhaft der Text *Olivas Garten* (2013) von Alida Bremer vorgestellt. Das Werk ist der erste Roman dieser kroatischstäm-

---

[*] PD Dr. Marijana Erstić, Universität Siegen, Fakultät I (Philosophische Fakultät), Germanistik.

migen und auf Deutsch schreibenden Autorin, die in Deutschland nicht nur als Schriftstellerin, sondern auch als promovierte Literaturdozentin, Literaturscout und Übersetzerin bekannt ist und die jahrelang an der kroatischen Präsentation während der Buchmessen in Leipzig und in Frankfurt am Main mitgewirkt hat. Im Jahr 2008 leitete sie den Länderschwerpunkt *Leipzig liest kroatisch.*

Für die Vorbereitung ihres Romans nutzte Alida Bremer ein Grenzgänger-Stipendium der Robert-Bosch-Stiftung, das auch einige weitere der zu Beginn angeführten Literaten bereits innehatten, namentlich Marica Bodrožić und Saša Stanišić. Das Stipendium und viele der Werke, die in seinem Zuge entstanden sind, scheinen wie dafür geschaffen, das Thema der Vielfalt auf der Ebene der Literatur zu diskutieren. Eine buchstäbliche und vielfältige Grenzgängerin ist auch die Autorin Bremer, wie dies unter anderem anhand ihres größtenteils autobiographischen Textes erfahren werden kann. So heißt die Hauptfigur und Ich-Erzählerin des Romans ebenfalls Alida, auch sie stammt aus Dalmatien, auch sie ist seit Jahrzehnten mit einem deutschen Mann verheiratet und lebt, wie die Autorin, in Münster, die Eltern wohnen jeweils in Split. Anders freilich als die Autorin erbt ihr Alter Ego zu Beginn des Romans einen Olivenhain von der Großmutter Oliva, Olivas (Oliven-)Garten eben (vgl. auch den Titel von Bassani 1962; 1963). So entspinnen sich um das Erbe, die Herkunft, das Heimatland Geschichten von Jetzt und die Erinnerungen von Ehemals, erzählt als die Geschichte(n) einer Familie im 20. und zu Beginn des 21. Jahrhunderts. Die Familie er- und überlebt innerhalb der erzählten Zeit sieben Staatsformen: die K.u.K.-Monarchie, den Staat der Serben, Kroaten und Slowenen, das Königreich Jugoslawien, die italienische/deutsche Besatzung beziehungsweise den (faschistischen) Unabhängigen Staat Kroatien, die Sozialistische Föderative Republik Jugoslawien und die heutige Republik Kroatien. Ferner fünf politische Systeme: österreichisch-ungarische Monarchie, absolutistische Monarchie im Königreich Jugoslawien, faschistische Diktatur, kommunistische Diktatur und schließlich die Demokratie im heutigen Kroatien. Schließlich auch drei Kriege: den Ersten und den Zweiten Weltkrieg sowie den Kroatienkrieg (der im Roman nur sporadisch erwähnt wird). Und sie überlebt auch eine schier unzählige Reihe an Schicksalsschlägen wie an Triumphen. Mit diesem historischen Aufriss *und* mit der geradezu mythischen Komponente des Textes, der der geschilderten Gegend Dalmatiens inmitten der zyklischen Wiederkehr der Ereignisse eine hohe Vitalität bescheinigt, nähert sich die Autorin Bremer den großen sizilianischen Erzählern Giovanni Verga (1840–1922) und Giuseppe Tomasi di Lampedusa (1896–1957) an, auf die sie auch in ihren weiteren Werken immer wieder verweist. Buchstäblich kommt dies in der Geschichte »Der Gattopardo« (Bremer 2015) zum Vorschein, die denselben (deutschen) Titel trägt wie die letzte Übersetzung des Bestsellers von Tomasi di Lampedusa (2011). Und fast würde in Bremers Texten, so auch in *Olivas Garten*, der Eindruck des Anachronistischen und Epigonenhaften entstehen, wenn es nicht den Witz und die Leichtigkeit der aktuellen Blickweise gäbe. So entsteht in *Olivas Garten* oft ein Staunen über die bürokratischen Strukturen des heutigen Kroatiens, das sich von der Erzählerin auf die Leserin und den Leser überträgt. Gleichwohl: Auch diese kafkaeske undurchschaubare Bürokratie unterstützt ja geradezu den unbezwingbaren, jahrhundertalten Mythos des Ortes. Erahnen kann man dies bereits zu Beginn des Romans:

> »*Münster, Frühjahr 2008*
> *Der Brief war in Zadar aufgegeben worden. ›Der rosarote Traum‹, ein schlafender Frauenakt, Öl auf Leinwand von Vlaho Bukovac, zierte die Briefmarke. Der Stempel verkündete: Pošta Zadar – Republika Hrvatska.*
> *Mein Mann sammelt Briefmarken – nur Männer können sich mit so etwas beschäftigen! – und da Briefe rar geworden sind, war er entzückt. [...]*
> *Der Briefkopf trug ein Logo, in dem der Schriftzug ›Rechtsanwälte und Notare Dalbello, Gracin, Marković und Matić‹ eingearbeitet worden war, schwarz und silbern. Herr Marković schrieb, dass meine vor achtzehn Jahren verstorbene Großmutter Oliva mich als Erbin eines Olivenhains benannt habe, wobei die Rechtmäßigkeit erst noch festzustellen sei, da die Parzelle, auf der sich der Olivenhain befinde, zwar in der Vergangenheit mit amtlichen Kennziffern versehen, aber bis dato noch nicht in die Grundbücher des neuen Staates eingetragen worden sei. Wenn ich mich unter Angabe meiner Identifikationsnummer bei ihm melde, wolle er mich über das Prozedere aufklären. Man werde nicht ohne ein Gerichtsverfahren auskommen, in dessen Verlauf ich alle Personen, die in die Akte zu diesem Grundstück eingetragen worden seien, aus den Büchern werde streichen lassen müssen. Bei den Verstorbenen würde ich den Nachweis über deren Ableben beizubringen haben und bei den noch Lebenden eine Erklärung, dass sie von ihrem Anspruch auf diesen Besitz Abstand nähmen, andernfalls würde ich sie verklagen müssen, was der einzige Weg sei, alle Namen aus dem Grundbuch streichen zu können.*«
> (Bremer 2013, S. 11, S. 12–13)

Zunächst wird also nichts aufgeklärt, stattdessen verstrickt sich auf der Ebene der aktuellen Geschichte, die chronologisch erzählt wird, die Ich-Erzählerin Alida immer mehr in ein Netz aus Bürokratie, Intrigen und Machtkämpfen, es drängt geradezu alles nach einem Kompromiss. Die Besitzverhältnisse des Olivenhains sind zu Beginn schier unentwirrbar, auch das nahe gelegene, baufällige Familienhaus im Ort Vodice müsste eigentlich gerettet werden, doch ein Teil der Familie sträubt sich dagegen, aus dem Familienbesitz ein Hotel zu machen. Ein Weingarten wird von einem ausländischen Hotelunternehmen nicht immer ganz legal angeworben. Soweit die Ausgangslage der Gegenwartsgeschichte.

Auf der zweiten Erzählebene wird in Rückblicken, die wie Erinnerungsstücke scheinbar zufällig angeordnet sind, die Geschichte der dalmatinischen Familie vor, während und nach der italienischen Besatzung Dalmatiens im Zweiten Weltkrieg (1941–1943) erzählt. Als bruchstückhafte Erinnerung, in mal längere, mal kürzere Kapitel verteilt, sprunghaft und ungewiss, korrespondiert der Text hier mit den historischen und aktuellen Gedächtnistheorien, namentlich mit jenen von Henri Bergson (1859–1941) und Aleida Assmann (geb. 1947). Hier wie dort ein Erinnern, das sich als virtuell und nie ganz zuverlässig entpuppt und manchmal an Träume gekoppelt ist (vgl. Bergson 1991, S. 66 ff.; Bremer 2016, S. 142–147). Hier wie dort eine »rumorende Erinnerung«, die das im Zweiten Weltkrieg Geschehene nicht zu einer leeren Formel erstarren lässt (vgl. Assmann 2009, S. 329–337). Im Roman von Alida Bremer wird nämlich ein literarisches und subjektives Erinnern einer eher unbekannten Familiengeschichte präsentiert, befasst sich doch der Text mit einem Tabuthema der Geschichtsschreibung: Während des Zweiten Weltkrieges und nach dem Zusammenbruch des Königreichs Jugoslawien wird in Kroatien im Jahr 1941 das von den Nationalsozialisten, vor allem aber von den italienischen Faschisten geförderte kroatische Ustascha-Regime installiert. Die kroatischen Faschisten überlassen dem faschistischen Italien im Gegenzug für ihre Unterstützung einen Großteil der Küste Dalmatiens und die Inseln (vgl. Steindorff 2001, S. 173–189), wieder einmal ändern sich die Machtstrukturen auf dem Gebiet dramatisch. In Dalmatien und auf den Inseln entsteht eine starke Widerstandbewegung, an der, dem autobiografischen Roman zufolge, auch Olivas Familie beteiligt ist. Die Frauen, unter anderen auch Oliva, geraten im Zuge des Krieges in italienische beziehungsweise deutsche Lager, Teile der Familie landen in El Shatt in Nordafrika. Ca. 30.000 Kroaten aus Dalmatien werden nämlich von den Briten im Sommer 1944 in die Nähe des Suezkanals evakuiert. Dort bauen sie eine »veritable sozialistische Kleinstrepublik in britischen Militärzelten mitten in der Wüste« auf (Bremer in Lange 2013). In der Rezension von Nadine Lange aus dem *Tagesspiegel* heißt es hierzu:

> »Die beiden Tanten der Autorin waren als Kleinkinder in dem ägyptischen Lager, ihre Mutter nicht [...]. Die Schwestern erzählten Bremer in Interviews von dieser Zeit, wobei sich die promovierte Literaturwissenschaftlerin der mangelnden Belastbarkeit ihrer Quellen stets bewusst war. ›Eine Tante erzählte von Afrika, als sei sie damals 30 gewesen, dabei war sie gerade mal drei.‹ Auch die Details, an die sich ihre Mutter zu erinnern meint, bezweifelt Bremer. ›Erinnerung mischt sich mit den Erzählungen von anderen. Das alles wurde so oft erzählt, dass es gar nicht mehr wahr ist‹, sagt sie. Auch deshalb habe sie die Romanform gewählt.« (Lange 2013)

So wird literarisch und nicht dokumentarisch inmitten der Wüste eine (nicht dauerhafte) Utopie des Zusammenlebens und des Friedens unter den widrigsten Umständen entworfen. Olivas Töchter Viola und Mirta wachsen hier nicht nur ohne ihre Schwester Flora (Alidas Mutter), sondern auch ohne ihre Mutter Oliva (Alidas Großmutter) heran. Im Roman heißt es zu El Shatt:

> »Die Flüchtlinge waren daran gewöhnt, Blattgemüse, Zucchini, Auberginen und Tomaten mit Fisch und Olivenöl zu essen. Hier gehörten plötzlich fettige Fleischkonserven

und eine gesalzene Margarinesorte zu den Grundnahrungsmitteln. Zu einem der schönsten Kunstwerke in El Shatt wurde der Friedhof in Form des kommunistischen Sterns, in dessen Mitte der Bildhauer Ante Kostović aus Margarine und Erde die Skulptur einer trauernden dalmatinischen Frau formte. Mit Hilfe des Direktors der Zementfabrik in Suez wurde sie in Beton gegossen. Eine Rosmarinhecke, wie man sie von Friedhöfen in der Heimat kannte, war hier nicht möglich.
Man wartete auf die Rückkehr. Die fleißigen Frauen aus Dalmatien bastelten Blumen aus Papier, Draht und Stoff, sie bemalten sie und schmückten damit ihre Zelte, die sie an ihre Terrassen erinnerten. So versuchten sie, den Tag der Rückkehr zu beschwören. Da niemand zu Hause geblieben war, um die Blumen zu gießen, würden sie alles neu pflanzen müssen, denn auf die Deutschen, die jetzt dort hausten, war kein Verlass. Oder hatte man je deutsche Soldaten aus ihren Panzern und Lastwagen aussteigen sehen, um Rosen, Basilikum und Geranien zu gießen?« (Bremer 2013, S. 276–277)

Die beiden Töchter kommen 1946 nach Vodice zurück. Die Mutter Oliva hat sich ein Jahr zuvor nach der Rückkehr aus dem deutschen Lager auf ihre Ottomane gelegt, die sie bis zu ihrem Tode kaum mehr verlässt (vgl. Bremer 2013, S. 9). Anders als ihre Mutter Paulina und ihr im Zweiten Weltkrieg gefallener Bruder Benedikt, die auf der Seite der Partisanen stehen, ist die Titelfigur Oliva während des Zweiten Weltkrieges unpolitisch und überfordert, nach dem Krieg traumatisiert und depressiv. Sie ist keine (vorläufige) kommunistische Siegerin, wie ihre Mutter Paulina. Vielmehr ist ihr Oliven-Garten die dalmatinische Landschaft schlechthin, ihr Schicksal eine an den Mythos des Ortes gebundene Metapher, die für den ewigen Schlaf der mediterranen Gegend steht. Das Olivenhain-Erbe, jenes reale der Erzählerin, wie auch jenes fiktionale der Autorin, ist die Kulturgeschichte Dalmatiens. Das wird bis in die Schrift hinein verdeutlicht: Die Kapitel, die Oliva gewidmet sind, erscheinen in olivfarbener Schrift, sie sind deutlich abgesetzt. Gedanken, Gefühle, Erinnerungen, mediterrane Kochrezepte wechseln sich ab. All das repräsentiert eine Zeit, die stehen bleibt, weil das Ewiggleiche in immer neue Uniformen verkleidet wiederkehrt. Es verwundert kaum, dass Oliva »1991 – als ein neuer Krieg ausbricht – verwirrt [ist], da sie glaubt, in die Vergangenheit versetzt worden zu sein« (Bremer 2013, S. 9). Im Text heißt es später:

»Oliva erinnert sich, wie die italienischen Soldaten mit Paradeschritt durch Vodice marschierten, sie trugen Federn an ihren Mützen und rasselten mit ihren Gewehren. Und sie erinnert sich an die Frankovci, daran, wie sie H-L-A-P riefen: ›Hoch lebe Ante Pavelić‹ [Ustascha Führer, Anm. d. Verf.]. Sie erinnert sich, dass dieser Ante Pavelić schwarz trug, wie die Italiener, die das Haus ihres Bruders in Brand gesetzt haben. Es riecht nach Brand. Und dann erinnert sie sich an die deutschen Soldaten, die die Frauen auf das Schiff trieben. Und sie erinnert sich an die Tschetniks, mit ihren langen Haaren und hämischen Gesichtern. Und dann erinnert sie sich an die Partisanen, wie sie nach der Befreiung tanzten, und die Handgranaten, die an ihren Ledergürteln hingen und gefährlich hüpften. Oliva will sich an all das nicht erinnern. Sie will schlafen. Ich bin

Dalmatien, träumt Oliva. Ich bin das kroatische Dalmatien, das in der alten romani-
schen Sprache Dalmato Gebete spricht, die ich nie gehört habe.« (Bremer 2013, S. 282)

Doch das Erzählte bleibt nicht am Mythos der ewigen Wiederkehr haften,
vielmehr bricht die Globalisierung heran. *Olivas Garten* bietet nämlich auch
einen rezenten Vergleich zwischen der mediterranen Lebensweise Dalmatiens/
Kroatiens und der Lebensweise des Westens/Deutschlands. Als eine Brücke
zwischen den beiden Welten fungiert die Ich-Erzählerin. Von viel Einsicht, Witz,
aber auch Ironie zeugen vor allem ihre Unterhaltungen mit dem deutschen
Ehemann:

>*»Münster, 2008*
>*›Bei mir fügt sich alles zusammen‹, sagte ich, als ich mich in der Tiefgarage ins Auto*
>*setzte: ›Wie Puzzlesteinchen. Weißt du, man muss die Zusammenhänge mindestens bis*
>*zur Hinrichtung von Petar Zrinski und Fran Krsto Frankopan zurückverfolgen, wenn*
>*man die kroatischen Verhältnisse begreifen will. Den beiden wurden 1671 in der Wiener*
>*Neustadt die Köpfe abgeschlagen. Danach ging es in Kroatien nur noch bergab.‹*
>*›O Gott‹, stöhnte mein Mann und ließ den Motor an, ›geht es nicht ein paar Jahrhunderte*
>*später?‹ […]*
>*Gerne hätte ich detaillierter berichtet und mit dramatischer Stimme erklärt, wie die*
>*Zerstörung des Adels das Land geschwächt hatte, aber ich hatte nicht den Eindruck, dass*
>*mein Mann aus der Niederlage dieser Männer Schlüsse ziehen konnte. Meine Begeis-*
>*terung flaute langsam ab. Ich hatte geglaubt, eine Erklärung für verschiedene Miss-*
>*stände im neuen kroatischen Staat aus der Geschichte herausarbeiten zu können, aber*
>*mein Mann wirkte nicht nur skeptisch, er war auch gelangweilt.*
>*›Hm‹, sagte er nach einer längeren Pause. ›Ich dachte, du bist deinem Olivenhain näher*
>*gekommen und hättest auch andere Erbschaftsfragen geregelt. Ich habe mal alles zu-*
>*sammengerechnet, allein dein Anteil am gesamten Erbe könnte schon ein hübsches*
>*Sümmchen abwerfen, wenn man alles nach geltendem Recht abwickeln und erfolgreich*
>*verkaufen würde. Und alle anderen Verwandten würden ähnlich gut abschneiden.‹«*
>(Bremer 2013, S. 315–316)

Deutsche Nüchternheit und kroatische Sehnsucht prallen hier aufeinander, der
Dialog und die Kontrastierungen des Ehepaares sind witzig und ironisch, eben
weil sie mit Klischees arbeiten, nachvollziehbar sind. Zum Schluss erbt Alida
Olivas Garten und entschließt sich dazu, ihn zusammen mit ihrem deutschen
Ehemann zu behalten und zu kultivieren, auch weitere Familien-Grundstücke
– wie der Weingarten – werden nicht verscherbelt. Olivas Mutter Flora und die
Tanten Mirta und Viola werden aus dem Familienhaus eine Pension machen. Wie
in dem Roman *Il Gattopardo/Der Leopard/Der Gattopardo* muss auch hier sich
alles ändern, damit alles beim Alten bleibt (vgl. Tomasi di Lampedusa 2011,
S. 41). Zum Schluss ein nochmaliger Dialog mit dem gerade in Dalmatien an-
gekommenen Ehemann:

»*Mein Mann lachte jetzt auch. Er hatte seine gute Laune, mit der er angereist war, wiedergefunden.*

›*Ich dachte, nun, da alles geregelt ist, schaue ich mir deinen Olivenhain genauer an. Wenn man in die Ölproduktion einsteigen möchte, dann ist jeder verlorene Tag einer zu viel. Ich habe schon alles durchkalkuliert. Schade, dass ich nichts von der Insel gewusst habe, sonst hätte ich mir auch über den Wein Gedanken machen können. Einfach so, damit deine Mutter und ihre Schwestern und ihre Cousine erfahren, was so etwas einbringen könnte. Na ja, das kann ich ja immer noch machen. Wie heißt es so schön: Eile mit Weile. Die Prozessakte um das ›Hotel International‹ werde ich mir in Ruhe anschauen.‹*

›*Und ich hatte mich gerade entschieden, dass ich die Wetterverhältnisse in Deutschland endlich akzeptieren werde. Es gibt auch hier nicht immer nur Sonnenschein.‹*

Die Fähre erschien hinter der langen Mole aus weißem Stein. Im grauen, öligen Wasser zeigten sich die ersten blauen Streifen und vereinzelt glitzerten auf der Oberfläche Wassertropfen wie Kristalle. Die düstere Wolkendecke im Himmel hatte schmale Risse bekommen. Eine Brise brachte den Duft von Algen und den schwachen Ruf einer Möwe.«
(Bremer 2013, S. 315–316)

Ein Riss der Hoffnung für eine Gegend also, die auf die historischen Unruhen und Unwetter stets stoisch geantwortet hat.

Denn: Mit der Vielfalt zu leben bedeutet immer auch, mit den Problemen zu leben, die nicht ausschließlich die eigenen sind. Nicht zuletzt deshalb müssen sowohl diese Vielfalt als auch ihre Bedeutung für die Gesellschaft offensiv diskutiert werden. Sie darf nicht einfach nur postuliert werden – das war eines der Probleme des kommunistischen Vielvölkerstaates Jugoslawien. Denn die Vielfalt zu diskutieren gilt es in Kroatien, in dem die Geschichte des Zweiten Weltkrieges nachgearbeitet werden sollte. Das gilt freilich auch in Deutschland, in dem die so genannte *political correctness* nicht zu einer leeren Formel erstarren darf. Eine demokratisch gelebte Vielfalt widersetzt sich jedem Dogma. Und solche Vielfalt kann nicht zum Untergang ihres Ursprunges, nämlich der Demokratie führen. Das bescheinigt der Roman von Alida Bremer auf eine eindrückliche Art und Weise; ein Roman einer Schriftstellerin, die – wie einige andere ihrer Generation – nicht in ihrer Muttersprache, sondern in ihrer Zweit- und Wahlsprache *ihre* Geschichte Dalmatiens verfasst hat.

Literatur

Assmann, Aleida (2009): Erinnerungsräume. Formen und Wandlungen des kulturellen Gedächtnisses. 4. Aufl. München.
Bassani, Giorgio (1962): Il giardino dei Finzi-Contini. Turin.
Bassani, Giorgio (1963): Die Gärten der Finzi-Contini. Roman. München.
Bergson, Henri (1991): Materie und Gedächtnis. Eine Abhandlung über die Beziehung zwischen Körper und Geist. Philosophische Bibliothek. Bd. 441. Hamburg.

Bremer, Alida (2015): »Der Gattopardo«. Erzählung. Lichtungen – Zeitschrift für Literatur, Kunst und Zeitkritik 36 (144), S. 5–7.

Bremer, Alida (2013): Olivas Garten. Roman. Köln.

Lange, Nadine (2013): »Olivas Garten« von Alida Bremer. Der Traum, von Jugoslawien. Der Tagesspiegel. 19.11.2013. http://www.tagesspiegel.de/kultur/olivas-garten-von-alida-bremer-der-traum-von-jugoslawien/9099192.html (zuletzt abgerufen am 24.07. 2016).

Ljubić, Nicol (2010): Meeresstille. Roman. Hamburg.

Lovrić, Goran (2016): Kontinuitäten und Diskontinuitäten in deutschsprachigen Familiennarrativen kroatischstämmiger Autorinnen. In: Lovrić, Goran/Jeleč, Marijana (Hrsg.), Familie und Identität in der Gegenwartsliteratur. Frankfurt am Main, S. 85–101.

Steindorff, Ludwig (2001): Kroatien. Vom Mittelalter bis zur Gegenwart. München.

Tomasi di Lampedusa, Giuseppe (2011): Der Gattopardo. Roman. Hrsg. von Gioacchino Lanza Tomasi. Aus dem Italienischen neu übersetzt und mit einem Glossar von Giò Waeckerlin Induni. Zürich.

Sandra Nuy[*]

Film als politisches Probehandeln? Über den israelischen Spielfilm *Ajami* (2009)

Dass Film unter anderem auch ein politisches Phänomen ist, kann als historisch konstanter Konsens einer lang anhaltenden, disziplinübergreifenden Diskussion über die komplexe Beziehung zwischen Politik und Film gelten. Schon in der Frühzeit des Films setzte ein Diskurs ein, der das Medium auf politische Funktionen überprüfte: Ästhetik, Dramaturgie und filmische Praxis standen (und stehen) gleichermaßen in Rede, wenn der Film als Möglichkeitsraum gesellschaftlicher Selbstverständigung beschrieben werden soll. Filmische Bilder des Politischen und des Sozialen (re-)konstruieren kollektive Wertvorstellungen und bieten Kriterien an, anhand derer Wirklichkeit verstanden und bewertet werden kann. Insbesondere der Spielfilm stellt narrativ Zusammenhänge her, die sich einfügen in Konstruktionen sozialer und politischer Realität. Filmische Erzählungen vermögen es, politisches und soziales Handeln zu thematisieren, zu kritisieren oder zu legitimieren. Durch den Vorgang der filmischen Anverwandlung wird das Politische seiner Abstraktion enthoben und mitteilbar, ja mehr noch: politische Ereignisse, Machtbeziehungen und Handlungspraxen werden Deutungen unterzogen, die sinnstiftende Bewertungen vornehmen. Als Teil der ästhetischen Repräsentationsordnung eines Kollektivs reflektiert und kommentiert der Spielfilm politische und gesellschaftliche Prozesse. Dies gilt umso mehr, wenn es sich um einen Film handelt, der unter aktiver Beteiligung von Laiendarstellern entstanden ist. Dieser Spielart des politischen Films soll im Folgenden am Beispiel der deutsch-israelischen Koproduktion *Ajami* (2009) nachgegangen werden, um fiktionale Dramaturgien zum Umgang mit einer konflikthaften gesellschaftlichen Pluralität aufzuzeigen.

Filme, die ihren Anspruch, politisch zu sein, durch Modelle der Teilhabe formulieren, setzen in der Regel auf Authentizität, die durch eine Identität von Rolle und Darsteller hergestellt werden soll. Dieses Vorgehen ist keineswegs so neu, wie es die anhaltende Mode der Partizipation in den Künsten nahelegt.

* PD Dr. Sandra Nuy, Universität Siegen, Fakultät I (Philosophische Fakultät), Politikwissenschaft – Politische Systeme und vergleichende Politikwissenschaft.

Nicht-professionelle Darsteller traten bereits im russischen Revolutionsfilm der 1920er Jahre vor die Kamera und der Filmtheoretiker Siegfried Kracauer formulierte die These, dass politische Umbruchphasen ein Kino der Amateure begünstigten, insofern es darum gehe, »allgemeine soziale Zustände zu dramatisieren« (Kracauer 1964/1985, S. 142). Laiendarsteller fungieren dann als Experten ihrer Lebenswirklichkeit, sie verkörpern für Kracauer Typen, keine Individuen: »Diese Hinwendung zum Laienschauspieler geht Hand in Hand mit einem starken Interesse an Themen, die nicht so sehr individuelle Geschicke als soziale Verhältnisse betreffen« (ebd.).

An dieser Klassifizierung hat sich nichts Wesentliches geändert. Immer noch scheinen die abgebildeten sozialen Verhältnisse glaubwürdiger, wenn in diesen Verhältnissen Lebende an ihrer Verkörperung beteiligt sind. Das Zusammenfallen von Rolle und Darstellerbiografie beglaubigt die Darstellung. Zudem ermöglicht eine Besetzung mit Laien dem Publikum, das sich in der Filmrezeption mit den »sozialen Verhältnissen« auseinandersetzt, eine intensivere Begegnung mit sich selbst, da das Identifikationspotenzial mit Laiendarstellern aufgrund der unterstellten Wahrhaftigkeit hoch ist. Die Entgrenzung von narrativer Fiktion und Lebenswelt durch partizipative Ästhetiken findet eine Variante in der Improvisation, wenn also die Darsteller an der Ausformulierung der Dialoge beteiligt sind. So oder so kann sich für die Laiendarsteller die Arbeit an einem Film als ein politisches Probehandeln erweisen. Für *Ajami* haben die beiden Filmemacher Yaron Shani und Scandar Copti – jüdischer Israeli der eine und arabischer Christ sowie Bürger des israelischen Staates der andere – mit in Tel Aviv-Jaffa lebenden Amateuren gearbeitet und sie in zehnmonatigen Workshops auf ihre Rollen vorbereitet. Den Darstellern wurden dabei keine Dialoge vorgegeben; die einzelnen Szenen wurden mit wenigen Vorgaben improvisiert, ohne dass den Darstellern das komplette Drehbuch bekannt war. Erklärtes Ziel war es, mit Hilfe der theatralen Produktionspraxis eine parallele Wirklichkeit entstehen zu lassen, die den konflikthaften Alltag in Israel in Form eines »absoluten Realismus« (Gutmair 2010) verarbeitet.

Im Kern ein Territorialkonflikt, der mit der jüdischen Einwanderung nach Palästina ab Ende des 19. Jahrhunderts begann, wurde und wird der Konflikt zwischen Israelis und Palästinensern durch verschiedene Streitfelder überlagert und ausgeweitet. Die Besatzungspolitik, Nationalismus, religiöse Kontroversen, ökologische, wirtschaftliche und soziale Ungleichheiten sowie Gewalttätigkeiten bestimmen – historisch durchaus variierend – nicht nur den Konflikt selbst, sondern auch die Rede darüber, das heißt die Wahrnehmung und Ausdeutung der langjährigen Auseinandersetzung. Die von Israelis und Palästinensern ausgebildeten, stark divergierenden Narrative des Konflikts prägen die jeweiligen Diskurse in Politik, Gesellschaft und Medien. Sowohl in den Diskursen als auch im Alltag nehmen die 1,7 Millionen arabischen Israelis (20,8 % der Gesamtbevölkerung, vgl. CBS 2016) eine Sonderrolle ein. Trotz israelischer Staatsbürgerschaft definieren sie sich national und kulturell als Palästinenser; in religiöser Hinsicht differenziert sich die Gruppe in Muslime, Christen und Drusen. Das Zusammenleben gestaltet sich schwierig, trotz einer in der israelischen Unabhängigkeitserklärung verbrieften Gleichheit sehen sich die arabischen Israelis als Staatsbürger zweiter Klasse und bezeichnen sich selbst als Palästinenser mit israelischem Pass (vgl. Dachs 2010, S. 20). Vor diesem Hintergrund ist die personelle Konstellation einer arabisch-jüdischen Zusammenarbeit nicht nur ungewöhnlich. Die interkulturelle Kooperation und die produktionsästhetische Synthese von Film und Theater, durch die sich *Ajami* auszeichnet, erweisen sich vielmehr als eine Transformation der Spannung zwischen dem Konflikt und seiner medialen Darstellung.

Reenactment als populärkulturelles und künstlerisches Prinzip

Die inszenatorische Strategie einer filmischen Wiedergabe von Alltagswirklichkeit durch teilnehmendes Erleben, die in *Ajami* zur Anwendung kommt, erinnert an Konzepte des Reenactments zur Aneignung historischer Ereignisse. War damit zunächst in den 1960er Jahren das hobbymäßige Nachspielen historischer Schlachten in der Freizeit gemeint, wird Reenactment als Begriff wie als Prinzip nunmehr inflationär und mit unscharfen Konturen verwendet (vgl. dazu den Band von Roselt/Otto 2012). Einigkeit besteht allerdings darüber, dass es um wahlweise populärkulturelle oder künstlerische Prozesse geht, die etwas bereits Vergangenes durch Verkörperung vergegenwärtigen. Grundfigur des Reenactments ist also die Wiederholung, die allerdings nicht identisch ist mit dem, was da wiederholt wird. Als performative Praxen unterliegen Reenactments einer Gestaltung und sind selbst dann als ästhetische Ereignisse gerahmt, wenn die Verwischung der Grenzen von Fiktion und Realität angestrebt wird. Das in diesen Fällen der Camouflage ohnehin unübersichtliche Verhältnis erfährt eine Komplexitätssteigerung, wenn es – wie bei *Ajami* – nicht um vergangene und also abgeschlossene Begebenheiten geht, sondern wenn es das Leben selbst ist, das nachgestellt werden soll. Die Filmemacher haben nichts Geringeres angestrebt als eine filmische Kopie der Wirklichkeit: »Die meisten Ereignisse im Film sind auch in Wirklichkeit passiert. Für uns war die Wirklichkeit das Wichtigste, wir wollten uns keine künstlerischen Freiheiten nehmen. Wir wollten nichts erfinden, was bedeutete, sehr viel Zeit für die Recherche aufzubringen« (Shani, zit. nach Presseheft 2010, S. 16).

Insgesamt haben Shani und Copti sieben Jahre an dem ambitionierten Projekt gearbeitet, welches vom ZDF koproduziert wurde (zum deutsch-israelischen Filmabkommen und zur Filmgeschichte vgl. allgemein Ebbrecht-Hart-

mann 2014, vgl. auch Shohat 2010). Nach dem ersten Kontakt 2002 dauerte es
rund vier Jahre, den Plot zu entwickeln. Die Geschichten, die es zu erzählen galt,
wurden dabei nicht, wie üblich, dialogisch ausformuliert, sondern in einer Art
Wette auf ihre Anschlussfähigkeit an die Lebenswirklichkeit der Darsteller bei
den Dreharbeiten deren Improvisation überlassen: »Wir wussten, dass die
Darsteller sich so stark mit den Charakteren im Film identifizierten, dass sie
spontan genau das tun würden, was wir auch im Drehbuch geschrieben hatten«
(Shani, zit. nach Presseheft 2010, S. 16).

Gedreht wurde chronologisch, was bei wechselnden Drehorten logistisch sehr
aufwändig ist, es den Darstellern jedoch erlaubt, die Entwicklung einer Figur
nachzuvollziehen. Es gab nur 23 Drehtage, aber 88 Stunden Filmmaterial. Die
Montage, das heißt die Auswahl und Anordnung des Materials, hat dann noch
einmal anderthalb Jahre gedauert. Jede Szene, jede Schnittfolge wurde so lange
diskutiert, bis beide Regisseure damit einverstanden waren (vgl. Presseheft 2010
und Bonusmaterial der DVD). Diese deliberative Konsensfindung trägt insbesondere vor dem Hintergrund des Nahost-Konflikts fast schon utopische Züge
einer möglichen Verständigung über die Deutung von Wirklichkeit und suggeriert, dass sich Pluralität in ein friedliches Miteinander überführen lässt. Allerdings steht die kooperative Praxis der Filmemacher in einem Kontrast zu den
im Film erzählten Geschichten, die geprägt sind von struktureller und physi-
scher Gewalt. In einer dialektischen Wendung sorgt die Spannung aus konsen-
suell-partizipativer Produktion und hochgradig konflikthaftem Inhalt für die
Beglaubigung des intendierten Realismus. Dabei war den Filmemachern die
grundsätzliche Schwierigkeit einer objektiven Wirklichkeitserfahrung sehr wohl
bewusst: »Die Grundidee bestand darin, einen Film darüber zu machen, wie
verschiedene Menschen mit verschiedenen Hintergründen in grundsätzlich
verschiedenen Welten zusammenleben und die Realität auf unterschiedlichste
Weise wahrnehmen. Wenn diese Leute dann in gewissen Situationen aufeinander treffen, erleben wir, wie unterschiedlich die Dinge wahrgenommen werden
und wie sie darauf reagieren« (Shani, zit. nach Presseheft 2010, S. 15).

Authentizität, Wahrhaftigkeit und Echtheit bestimmen als normative Leitli-
nien sowohl das künstlerische Selbstverständnis als auch die Integration der
Laiendarsteller in die Produktion. Deren emotionale Involvierung stand im
Zentrum der Dreharbeiten. Im Verhaltensmodus der Probe, das heißt unter
Suspendierung tatsächlicher Konsequenzen, konnten (und sollten!) diejenigen
Gefühle ausagiert werden, die das konflikthafte Zusammenleben in Israel be-
gleiten. Therapeutischer Nebeneffekt dieser ästhetischen Transformation von
Alltag war – folgt man den Aussagen der Produktionsbeteiligten – ein neues
Verständnis für die Lebenswirklichkeit des jeweils anderen (vgl. Bonusmaterial
der DVD).

Gemeinsamer Bezugspunkt für die differierenden Alltagserfahrungen ist Ajami, ein Viertel im Süden der Altstadt von Jaffa. Bis zur israelischen Staatsgründung wurde die Hafenstadt als kulturelle Metropole Palästinas angesehen. Die *Nakba*, die Katastrophe, wie der israelische Unabhängigkeitskrieg von 1948 von den Palästinensern genannt wird, hat hier starke Spuren hinterlassen, wurde doch Jaffa von jüdischen Milizen annektiert und fast die gesamte arabische Bevölkerung vertrieben. 1950 schließlich wurde Jaffa von Tel Aviv eingemeindet und ist heute im von Segregation bestimmten Israel einer der wenigen gemischten Orte. Zur Zeit der Dreharbeiten von *Ajami* lebten in Jaffa etwa 40.000 Menschen, 22.000 jüdische und 18.000 arabische Israelis, davon 12.000 Moslems und 6.000 Christen (vgl. Gutmaier 2010). Das titelgebende – überwiegend arabische – Viertel Ajami galt trotz beginnender Gentrifizierung als ein Drogenumschlagplatz, verarmt, heruntergekommen und gewalttätig.

Dramaturgie der Konflikte

Insofern ist es nur konsequent, wenn der Film mit einem Mord an einem Jungen auf offener Straße beginnt – eine fatale Verwechslung. Der Angriff galt eigentlich Omar, der von der Rache eines Beduinenclans verfolgt wird, weil sein Onkel sich gegen eine Schutzgelderpressung gewehrt und einen Beduinen erschossen hat. Omar sucht Rat bei Abu Elias, einem bestens vernetzten christlichen Geschäftsmann, der vor einem islamischen Gericht ein Schuldgeld aushandelt. Die Summe ist jedoch so hoch, dass Omars Familie sie nicht auftreiben kann. In seiner Verzweiflung versucht Omar, zusammen mit seinem Freund Malek, der illegal in Ajami arbeitet und Geld für die Operation seiner Mutter benötigt, mit Drogen zu dealen. Ihr Weg kreuzt sich mit dem des jüdischen Polizisten Dando, der den Tod seines Bruders arabischen Extremisten anlastet und Rache nehmen will.

Neben den hier anklingenden Genremustern von Krimi und Thriller bedient *Ajami* auch die Erzählstrukturen einer Liebesgeschichte, die dem Romeo-und-Julia-Motiv folgt: Omar ist heimlich mit Hadir, der Tochter von Abu Elias, liiert. Als die Beziehung durch einen Zufall aufgedeckt wird, verbietet Abu Elias, der ansonsten die Rolle des Schlichters und Vermittlers innehat, seiner Tochter den Umgang – als Muslim kommt Omar für eine christliche Familie als Schwiegersohn nicht in Frage. Deutlich wird: Das Miteinander der verschiedenen Religionen ist trotz räumlicher Nähe und nachbarschaftlicher Beziehungen nur ein scheinbares. Allerdings wird der Konflikt nicht aufgelöst, die Narration hat ein offenes Ende, was dramaturgisch nur konsequent ist, schließlich bleibt auch der lebensweltliche Alltag prinzipiell unabgeschlossen. Erzählt wird in *Ajami* jedoch nicht nur fragmentarisch, sondern auch unzuverlässig und multiperspektivisch. Die unübersichtliche israelisch-palästinensische Wirklichkeit wird in eine ebenso unübersichtliche Narration transformiert. Oder wie es Scandar Copti ausdrückt: »Unser größtes Anliegen war, diese Realität in der aufrichtigsten Art und Weise darzustellen. Das zusammen mit der dokumentarisch inspirierten Art des Filmens zeigt, wie überraschend echt Fiktion sein kann« (Copti, zit. nach Presseheft 2010, S. 20).

Strukturell ist der Film in fünf Kapitel gegliedert, die sich handlungslogisch jeweils an der subjektiven Erlebensperspektive einer anderen Figur ausrichten. Jedes Kapitel fügt neue Informationen über die zentralen Ereignisse der Handlung hinzu. Die Verknüpfung der verschiedenen Perspektiven ist dabei kontrapunktisch organisiert: Im dritten Kapitel gibt es mit einer tödlich endenden Undercover-Aktion der Polizei einen tragischen Höhepunkt, ehe der Plot zeitlich zurückspringt und erneut auf dieses Zusammentreffen zusteuert. Die hier angewendete Dramaturgie der Personalisierung erzwingt eine Rezeption, die auf Gewissheiten verzichtet: Vorgenommene Deutungen, Bewertungen und Schuldzuweisungen erweisen sich als brüchig, wenn nicht gar schlicht als falsch, sobald das Ereignis aus einer anderen Perspektive vermittelt wird. Ein Beispiel: In einem Kapitel wird der Tod einer (arabischen) Figur namens Binj als Folge von (israelischer) Polizeigewalt kommuniziert, in einem anderen Kapitel erfährt der Zuschauer jedoch, dass Binj ohne Fremdeinwirkung an einer Überdosis Kokain gestorben ist.

Die Pluralität der Erlebensperspektiven in *Ajami* korrespondiert mit der Vielfalt der Meinungen, Weltanschauungen und Religionen der außerfilmischen Wirklichkeit. Die konsequente Subjektivierung verhindert allerdings auch die Erfassung von Gesellschaft als ganzer. Fragmentarisierung und elliptisches Erzählen zeigen zwar deutlich auf, dass es eine für alle verbindliche Wahrnehmung nicht geben kann, lassen damit aber zugleich die Möglichkeit eines Überblicks zweifelhaft werden. Trotzdem oder gerade deswegen stellen Dramaturgien der Ambiguität, die sich der Eindeutigkeit verweigern, Annahmen über politische Normalität im Sinne klarer Feindbilder und weltanschaulicher Abgrenzungen in Frage. Die Zuschauer müssen ohne die Hilfe einer klar markierten Identifikationsfigur aus den Deutungsangeboten der filmischen Narration wählen. Das filmische Reenactment des arabisch-jüdischen Alltags in Jaffa bietet keine Konfliktlösungsstrategien, sondern macht zunächst einmal die Kontingenz menschlicher Erfahrung sichtbar und plädiert für wechselseitige Empathie, dass sich nämlich »ein Polizist im Kino in einen Jungen aus den Palästinensergebieten hineinversetzt oder dass ein Araber aus Jaffa an der jüdischen Familie Anteil nimmt, die ihren Sohn verloren hat« (Copti, zit. nach Encke 2010). Dass dieses Konzept der Filmemacher aufgegangen ist, zeigen nicht zuletzt die zweistellige Zahl der Preise, die der Film bekommen hat, und die überaus positiven Pressekritiken. So berichtet *Spiegel-Online,* dass der Film in Israel »hymnisch gefeiert« wurde, und zitiert zugleich die Tageszeitung *Haaretz,* dass noch nie »ein israelischer Film so mutig den Schlamm gezeigt (habe), in dem die israelische Gesellschaft versinke« (Putz 2010).

Realismus und Pluralität

Produktionspraxis und dramaturgische Struktur des Films *Ajami* generieren Mehrdeutigkeiten und Ambivalenzen, welche nicht nur die Widersprüche und inneren Probleme Israels aufgreifen, sondern auch Möglichkeiten einer Narrativierung des Konflikts zwischen Israelis und Palästinensern reflektieren. Lineares Erzählen in etablierten Mustern wird dabei als Option verworfen zugunsten einer Form der Bricolage, die der Vielfalt von Wirklichkeitserfahrungen Rechnung trägt. Insofern erweist sich der von den Filmemachern intendierte Realismus als »ästhetische Methode, mit der man einer immer widersprüchlicheren Welt noch beikommen kann« (Stegemann 2015, S. 11). Die Involvierung von Laiendarstellern führt durch das Arbeitsprinzip des Reenactments von Alltag zu einem immersiven Realismus, der als Verständnishilfe für die Lebenswelt der jeweils Anderen fungiert. Zugleich wird damit Politik unter der Maßgabe diskursiviert, dass Schuldzuweisungen nicht zur Lösung von Konflikten beitragen: die Verhältnisse bringen auf beiden Seiten Todesopfer, Unglück und Leid hervor. Der Film plädiert für eine Anerkennung dieses Umstandes. Darin unterscheidet sich *Ajami* deutlich von anderen Filmen über den Nahostkonflikt beziehungsweise das Leben der arabischen Minderheit in Israel – auch von solchen, an denen ebenfalls Laiendarsteller partizipativ beteiligt sind, wie etwa in den Arbeiten des Autorenfilmers Elia Suleiman. Insbesondere in *Divine Intervention* (2002) setzt Suleiman Kriterien der Plausibilität außer Kraft und verknüpft alltägliche Szenerien übergangslos mit surrealen Fantasien, in denen ein siegreicher Widerstand gegen die israelische Besatzung imaginiert wird (vgl. dazu Nuy 2014).

Gemeinsam ist den beiden Filmen jedoch, dass sie nicht nur im Sinne Kracauers soziale Verhältnisse abbilden, sondern dass sie damit auch eine Privatheit schildern, die durch Politik bestimmt wird. Die Staatsgründung Israels, die verschiedenen Kriege und die Besatzung ragen tief in die Biografien der Filmemacher und Darsteller hinein, insofern das Leben des Einzelnen unter anderem durch die allgemeine Wehrpflicht beziehungsweise die Sicherheitspolitik unmittelbar mit dem politischen Geschehen verknüpft ist. Die familiäre Bindungskraft ist hoch und Religion im »Heiligen Land« omnipräsent. In *Ajami* wird ein Viertel porträtiert, das zwar eine nachbarschaftliche Heterogenität an Religionen und Kulturen aufweist, aber kein interkonfessionelles Miteinander zulässt. Die Zugänge zum jeweils Anderen sind versperrt; Figuren, die Grenzen überschreiten wollen, scheitern: Eine jüdisch-arabische Beziehung wird ebenso sanktioniert wie eine innerarabische, aber muslimisch-christliche Liebe. Die dargestellte Intoleranz, die sich durchaus auch gewaltsam entlädt, wird durch das Erzählkonzept des Films deutlich kritisiert. Die ästhetische Reformulierung von Alltag, die *Ajami* partizipativ vornimmt, zeigt entstehende Paradoxien in der Bewältigung von Vielfalt deutlich auf. Die Multiperspektivität des Films verweist auf diskursive Muster zur Konstruktion von Wirklichkeit und reflektiert zugleich die widersprüchliche Parteilichkeit in der narrativen Bewältigung des Konflikts zwischen Israelis und Palästinensern. Da sich eine Lösung des sogenannten Nahost-Konflikts gegenwärtig nicht abzeichnet, spiegelt der offene Schluss von *Ajami* einen offenen Prozess.

Literatur

CBS (2016): Central Bureau of Statistics Israel. http://www.cbs.gov.il/www/hodaot2016n/ 11_16_134e.pdf. 09.05.2016 (zuletzt abgerufen am 30.06.2016).

Copti, Scandar/Shani, Yaron (2009/2010): Ajami. Stadt der Götter. DVD. good!movies. Berlin.

Dachs, Gisela (2010): israel kurzgefasst. Hrsg. von der Bundeszentrale für politische Bildung. Bonn.

Ebbrecht-Hartmann, Tobias (2014): Übergänge. Passagen durch eine deutsch-israelische Filmgeschichte. Berlin.

Encke, Julia (2010): Oscar-Kandidat »Ajami«. Leben im Ausnahmezustand. Frankfurter Allgemeine Zeitung, 07.03.2010. http://www.faz.net/aktuell/feuilleton/kino/oscar-kandidat-ajami-leben-im-ausnahmezustand-1951721.html (zuletzt abgerufen am 20.06.2016).

Gutmair, Ulrich (2010): Thriller aus Nahost. Das Leiden am Kollektiv. die tageszeitung, 11.03.2010. http://www.taz.de/1/archiv/digitaz/artikel/?ressort=ku&dig=2010%2F03 %2F11%2Fa0016&cHash=f455dddbe1 (zuletzt abgerufen am 20.06.2016).

Kracauer, Siegfried (1964/1985): Theorie des Films. Die Errettung der äußeren Wirklichkeit. Vom Verfasser revidierte Übersetzung von Friedrich Walter und Ruth Zellschan. Hrsg. von Karsten Witte. Frankfurt am Main.

Nuy, Sandra (2014): Magie des Widerstandes. Elia Suleimans Yadun 'Ilahiyya (Divine Intervention). montage/av. 23.02.2014, S. 135–151.

Presseheft »Ajami« (2010). www.mm-filmpresse.de/download.php/Ajami/PH_Ajami_ screen_2.pdf (zuletzt abgerufen am 20.06.2016).

Putz, Ulrike (2010): Oscar-Kandidat »Ajami«: Blutrache unter Kleingangstern. Spiegel Online, 06.03.2010. www.spiegel.de/kultur/kino/0,1518,681743,00.html (zuletzt abgerufen am 20.06.2016).

Roselt, Jens/Otto, Ulf (Hrsg.) (2012): Theater als Zeitmaschine. Zur performativen Praxis des Reenactments. Theater- und kulturwissenschaftliche Perspektiven. Bielefeld.

Shohat, Ella (2010): Israeli Cinema. East/West and the politics of representation. 2. Aufl. London – New York.

Stegemann, Bernd (2015): Lob des Realismus. Berlin.

Tobias Scheidt[*]

»Man kommt in eine andere Welt« – Historische Grenzen und regionales Wissen in »Südwestfalen«

1. Einleitung: Die Region in den Köpfen

»Der Urknall des ›Riewekooche‹« überschrieb im Mai 2016 die *Siegener Zeitung* ihre Ankündigung des zweihundertjährigen Bestehens der Kreise Siegen und Wittgenstein (Abb. 1). Das im Jahr 2017 anstehende Jubiläum feiert die historische Neuordnung der Kreise in der preußischen Provinz Westfalen, in deren Zuge Siegerland und Wittgenstein erstmals in einen gemeinsamen Verwaltungsbereich fielen. Der preußische Verwaltungsakt wird dementsprechend als geschichtlicher Ursprung des heutigen Kreises Siegen-Wittgenstein wahrgenommen, der 1975 durch die Zusammenlegung der beiden Kreise entstand. Die Bezeichnung des Jubiläums als »Urknall des ›Riewekooche‹« durch die auflagenstärkste Lokalzeitung im Kreis verweist allerdings über den Bereich des Politischen, Administrativen, der Kreisgrenzen und Gebietsreformen hinaus: Über die Gleichsetzung regionaler Speisekultur in Form des beliebten Kartoffelbrots mit der vermeintlichen Entstehung des heutigen Kreises, die hyperbolisch als ein singuläres Naturereignis in ferner Vergangenheit dargestellt wird (»der Urknall«), wird ein Wissensfeld des Regionalen bedient und erzeugt. Dieses bildet die Basis zur Ausformung ortsbezogener Identitätsentwürfe und ist dazu in der Lage, Emotionen hervorzurufen. Aktiviert werden damit Vorstellungen von der »Region in den Köpfen«.

Doch was ist eigentlich eine Region? Wie lässt sie sich definieren? Die alltägliche Verwendung des Begriffs lässt Region als eine beinahe selbstverständliche Kategorie zur Aufteilung des Raumes erscheinen. Auch in der Wissenschaft diente »Region« lange Zeit als bloßer Behälterbegriff, mit dem der jeweilige Untersuchungsgegenstand eingegrenzt werden konnte. Seit Mitte der 1980er Jahre werden Regionen demgegenüber zunehmend als etwas »Gemachtes« aufgefasst, deren Entstehung an verschiedene historische Bedingungen und

---

[*] Tobias Scheidt, M.A., Universität Siegen, Fakultät I (Philosophische Fakultät), Geschichte – Neuere und Neueste Geschichte.

Faktoren geknüpft war, die von der Forschung hinterfragt und selbst analysiert werden können (vgl. Steber 2012, Abs. 4).

Der Urknall des „Riewekooche"

GRUND   Hilchenbach ist Gastgeber des Jubiläums „200 Jahre Kreise Siegen und Wittgenstein"

Der offizielle Festakt soll im Rahmen des Kultur-Pur-Festivals auf der Ginsberger Heide am 31. Mai 2017 stattfinden.

sz ■ Die Kreise Siegen und Wittgenstein bestehen am 1. Juni 2017 seit 200 Jahren. Dieses Ereignis soll angemessen gewürdigt werden.

Der offizielle Festakt des Kreisjubiläums wird den Planungen zufolge im Rahmen des Kultur-Pur-Festivals auf der Ginsberger Heide am 31. Mai 2017 stattfinden. Gleichzeitig werden dann voraussichtlich bis Pfingstmontag rund um die Ginsburg eine Zeltstadt und eine Bühne errichtet. Der Heimatbund Siegerland-Wittgenstein hat dafür eine Projektpart-

und die Pflege von Traditionen sehr wichtig für die Zukunft unserer Dörfer sind. Viele Vereine setzen daher zu Recht auf das Einbeziehen junger Menschen in ihre Arbeit und geben auf diesem Wege Sitten und Gebräuche weiter, die das Leben im Siegerland und Wittgenstein in den vergangenen 200 Jahren geprägt haben. Bei den Jubiläumsfeierlichkeiten auf der Ginsburg 2017 können wir unsere Stärken vielen Besuchern näher bringen und die Vereine damit für sich werben."

Mit Blick auf die Zukunft hat der Heimatbund daher auch großes Interesse, Schulen und Kindertagesstätten für ein Mitwirken zu gewinnen. Dies könne auch in Zusammenarbeit mit den jeweiligen

Ansprechpartner

Ansprechpartner für Fragen und

heimatkundlichen Vereinen der Ortschaft geschehen. Als Programmangebote sind Vorführungen zu traditionellem Handwerk sowie Ausstellungen, die einen Eindruck aus dem Leben der vergangenen 200 Jahre geben, erwünscht und vorgesehen.

Der Heimatbund möchte dabei gemeinsam mit der Bevölkerung auch der Geschichte des „Riewekooche" bzw. Kartoffelbrotes auf den Grund gehen und den genauen Ursprung erforschen. Fachleute gehen davon aus, dass diese bekannte Siegerländer, aber auch in Wittgenstein beliebte Spezialität in den vergangenen 200 Jahren in Zeiten schlechter Getreide-Ernten erfunden wurde und sich verbreitete.

Neben der Zeltstadt bietet eine Bühne die Möglichkeit, dass sich die Vereine und sonstige Teilnehmer in einem Rahmenprogramm zusätzlich oder nur dort präsentieren können.

Abb. 1: Artikel zur Ankündigung des zweihundertjährigen Kreisjubiläums Siegens und Wittgensteins 2017 (o. V., Siegener Zeitung vom 02.05.2016, S. 4)

Raumkonzepte wie Regionen werden durch kommunikative Praktiken erzeugt. Diese reflektieren einerseits bestehende räumliche Strukturen, beeinflussen und dynamisieren jedoch auch weitere Ausformungsprozesse (vgl. Geppert/Jensen/ Weinhold 2005, S. 16). Regionale Identitätsvorstellungen resultieren aus diesem Kommunikationszusammenhang. Regionen können damit, ähnlich wie Nationen, als vorgestellte Gemeinschaften aufgefasst werden, die sich mittels Repräsentationssymboliken, Charakterzuschreibungen, Bräuchen und Traditionen über sich selbst verständigen (vgl. Küster 2002, S. 18–19; Anderson 2005, S. 15). Spätestens seit dem 19. Jahrhundert mit seinen Ideen des Fortschritts verknüpfte sich regionale Identität aufs Engste mit historischem Wissen: In Zeiten schneller Veränderungen galt es nachzuweisen, dass es sich bei der eigenen Region um etwas Dauerhaftes handelte (vgl. Briesen/Gans 1992, bes. S. 67). Die Imagination von Kontinuität sollte das menschliche Bedürfnis nach Orientierung befriedigen: Geschichts- und Heimatvereine suchten akribisch nach Zeichen früher Besiedlung und nach den Ursprüngen von Siedlungen: je älter, desto besser. Die Formulierung von einem regionalen »Urknall« knüpft an diese Vorstellungen an und verweist auf die Verbindung von Raum- und Geschichtsbewusstsein. Eine Fortsetzung dieser Motive scheinen auch hinter der Neuentdeckung des »nahen Raums« seit dem letzten Drittel des 20. Jahrhunderts zu stehen: Globalisierungsphänomene in Industrie und Politik, der Verlust nationalstaatlicher Bezugsrahmen und hohe Mobilitätsanforderungen beförderten Wünsche nach Übersicht und lokalen Handlungsmöglichkeiten, wie sie parallel dazu in der Forderung nach einem »Europa der Regionen« zum Ausdruck kamen (vgl. Brunn 1993).

Diese mentalitäts- und ideengeschichtlichen Entwicklungen spielten und spielen sich nicht etwa in einem luftleeren Raum ab, sondern sind stets eng gebunden an lokale und regionale Personen- und Trägergruppen, wie sie schon am Beispiel des hier vorgestellten Zeitungsartikels einfach ablesbar sind: Sie sind unter anderem zu suchen in Vereinen, Interessenverbänden, unter Autorinnen und Autoren und im (Lokal-)Journalismus.

2. Agenten des Regionalen im Interview: Ansätze und Methoden

Was also verbinden Menschen mit ihrer Region? Welche Elemente regionalen Wissens können einer Identitätsbildung förderlich sein? Und welche Rolle kommt bei diesem Prozess der spezifischen Regionalgeschichte zu? Inwiefern basiert regionale Identität auf historischen Vorstellungen? Die Untersuchung solcher Fragen bedarf eines methodisch vielfältigen Ansatzes, was die Erhebung von Quellen und Daten wie deren Auswertung betrifft. Die Hinwendung zum Raum durch den *spatial turn* in den Kulturwissenschaften seit den 1990er Jahren hat auch die Geschichtswissenschaft beeinflusst (vgl. Bachmann-Medick 2006, S. 313). Standen oftmals dabei Raumdiskurse im Mittelpunkt, also die Art und Weise, wie Raumkonzepte sprachlich strukturiert und hergestellt werden, rückte die Forschung der letzten Jahre demgegenüber die Bedeutung von handelnden Subjekten wieder in den Mittelpunkt, eine Tendenz, die auch die neue Regionalgeschichte eingeschlagen hatte (vgl. Flender/Pfau/Schmidt 2001, S. 28). Möchte man etwas über die Entstehung und Ausdifferenzierung von Regionalität erfahren, gilt es bei den Akteurinnen und Akteuren anzusetzen, die das Reden über die Region (mit)bestimmen. Neben diskursgeschichtlichen Ansätzen empfiehlt es sich daher, nach den sozio-kulturellen Hintergründen und Weltbildern sowie den Interessen und Motiven dieser »Agenten des Regionalen« (Steber 2012, Abs. 3) zu fragen. Die Techniken der *Oral History* können dabei von großer Hilfe sein, ermöglichen sie doch über narrative Zeitzeugeninterviews mit Akteurinnen und Akteuren, deren Konzepte von Regionalität zu erfragen.

Von Mai 2015 bis Januar 2016 wurden durch den Lehrstuhl für Neuere und Neueste Geschichte der Universität Siegen über 70 derartige Interviews mit Menschen geführt, die in den Kreisen Olpe, Siegen-Wittgenstein sowie dem Märkischen Kreis und dem Hochsauerlandkreis leben. Das Kriterium bei der Auswahl der Interviewpartnerinnen und -partner stellte deren Engagement in verschiedenen Arbeitsfeldern dar, welche auf unterschiedliche Weise mit der Ausgestaltung und Repräsentation der Region verknüpft sind. Dazu gehören Tätigkeiten in touristischen oder kulturellen Angeboten, Gastronomie, Kulturvereinen oder sozialen Initiativen. Durch den Kontakt mit Besucherinnen und Besuchern, Schülerinnen und Schülern oder in der Vereinsarbeit fungieren sie bewusst oder unbewusst als Vermittler von regionalem Wissen und tragen so dazu bei, das Bild der Region in den Köpfen zu prägen. Anhand der verschiedenen Handlungsfelder wird dabei deutlich, wie diese Akteurinnen und Akteure bei der Verbreitung und Herstellung dieser Bilder kooperieren oder mit unterschiedlichen Konzepten gegeneinander agieren (vgl. Cornelißen, S. 389). Die narrativen Interviews dauerten zumeist zwischen 30 und 90 Minuten, so dass die Befragten Gelegenheit hatten, ihre Erfahrungen und Eindrücke ausführlich zu schildern und Meinungen und Wertungen zu begründen. Anstelle von Repräsentativität und statistischer Genauigkeit liegt also die Stärke dieses Ansatzes in den subjektiven Einschätzungen engagierter Personen, die häufig als Multiplikatoren ihres Regionalbewusstseins agieren. Die folgenden Ausführungen stellen einige der Projektergebnisse dar.

Das Gebiet des Siegerlandes, Wittgensteins und des südlichen Westfalens, hier zunächst pragmatisch definiert durch die erwähnten Kreise, bietet sich in besonderer Weise für eine Untersuchung von Regionalisierungsprozessen an. Hier überlappten sich, koexistierten und konkurrierten über die Jahrhunderte verschiedene Raumvorstellungen, die diese Gebiete politisch oder administrativ trennten oder zusammenfassten (vgl. z. B. Trox 2007). Wichtige Stationen aus den letzten beiden Jahrhunderten wären beispielsweise die Formation der preußischen Provinz Westfalen 1815 und die Gründung des Landes Nordrhein-Westfalen 1946. Letzterem haftet als »Bindestrich-Bundesland« notorisch der Ruf an, sich auf keine gemeinsame Geschichte stützen zu können und deswegen besondere Schwierigkeiten bei der Entwicklung eines landesweiten Regionalbewusstseins zu haben (vgl. Heil 1997, S. 58; Cornelißen 2007, S. 388). Als neueste Entwicklung in dieser Reihe kann die Etablierung der Handlungsregion »Südwestfalen« ab dem Jahr 2007 angesehen werden: Dieser Zusammenschluss der Kreise Olpe, Siegen-Wittgenstein, Soest sowie dem Märkischen Kreis und dem Hochsauerlandkreis (Abb. 2) zu einer Arbeitsgemeinschaft erfolgte mit Aussicht auf das NRW-Strukturförderungsprogramm *Regionale*. Zur Koordination verschiedener Projekte erfolgte die Gründung einer »Südwestfalen Agentur«, die seitdem eine zentrale Rolle im Regionalmarketing zur Stärkung der »Marke Südwestfalen« übernommen hat (vgl. Krajewski 2014, S. 11). Die Initiative fand insbesondere bei Wirtschaft und Politik Anklang, denn dem Image von Städten und Regionen wird seit der zweiten Hälfte des 20. Jahrhunderts als so genanntem »weichen Standortfaktor« zunehmend Bedeutung im

Wettbewerb um Fachkräfte und im Kampf gegen das demografische Schrumpfen eingeräumt (vgl. Fleiß 2010, S. 17–18; Schwarz 2013, S. 85–86).

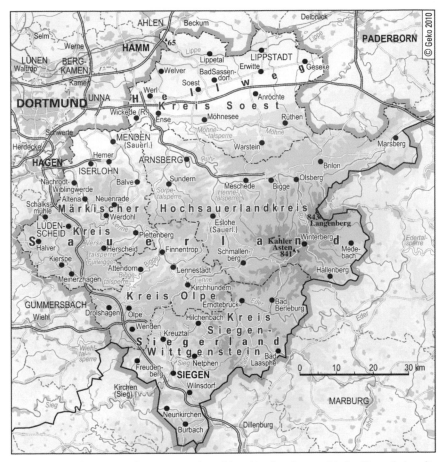

Abb. 2: Karte der *Regionale*-Region Südwestfalen (Quelle: Geographische Kommission für Westfalen – Projekt Westfalen Regional)

Als erkenntnisleitende These kann festgehalten werden, dass derartige Initiativen zu Kooperationen, Zusammenschlüssen und Neugliederungen auf politischen, wirtschaftlichen und kulturellen Ebenen zur intensiven Auseinandersetzung mit regionalen Identitätsvorstellungen führen: Zugehörigkeiten werden neu verhandelt und historische Wissensbestände und Gebietskonzepte aktualisiert, die sich aber noch als Phantomgrenzen auf Interaktionsräume auswirken (vgl. zum Konzept der Phantomgrenzen Müller 2014, S. 83).

3.   Selbstbilder und Abgrenzungen

3.1.   Historische Grenzen und ihre Nachwirkungen

Bei der Herausbildung regionaler Identitäten nimmt die Auseinandersetzung mit oder die Abgrenzung von Nachbargruppen oder -Gebieten einen hohen Stellenwert ein. Im Folgenden sollen diese beiden Phänomene auf Grundlage des Interviewmaterials analysiert und in ihre historischen Kontexte und Entwicklungslinien eingeordnet werden. So beantwortete die in der Jugendarbeit engagierte Sandra Janson (Geburtsjahr 1973, Wohnort Bad Berleburg, Kreis Siegen-Wittgenstein) die Frage nach der Bezeichnung ihrer Region mit einer Abgrenzung von den angrenzenden Gebieten:

>*Wittgensteiner Land ist unsere Region und da legen wir auch Wert drauf. Also wir haben ja gekämpft dafür, dass wir wieder Wittgenstein sein dürfen und nicht nur dass Siegen bei uns auf den Ortsschildern steht. Wir dürfen jetzt auch wieder unser BLB-Nummernschild fahren, wo wir auch für gekämpft haben. Also wir sind Wittgensteiner und da sind wir auch stolz drauf und das vertreten wir auch. Wir sind keine Sauerländer, was man uns immer gerne sagt und wir sind auch keine Siegerländer, was man permanent unterstellt bekommt. Also wir sind Wittgensteiner.« (Interview Janson, Time Code (TC) 00:19:30)*

Regionales (Selbst-)Bewusstsein erscheint hier als ein Kampf um die Anerkennung von Eigenständigkeit. Ortsschilder und Kfz-Kennzeichen markieren öffentlich Zugehörigkeiten und sorgen für Unterscheidbarkeit. Viele Interviewte griffen bei Fragen nach den lokalen Charakteristiken auf den Vergleich und die Abgrenzung zu Nachbarstädten und Nachbargebieten zurück, wie der in Politik und zahlreichen Vereinen aktive Freudenberger Peter Brachthäuser (Name geändert, Jahrgang 1954, Kreis Siegen-Wittgenstein):

>*Es gibt Vor- und Nachteile, Freudenberg lebt noch immer ein Stück weit, und das finde ich historisch sehr bemerkenswert – auch im Vergleich dann mit anderen Regionen – in sehr überkommenen Auffassungen, die sich irgendwie aber auch in moderne Zeiten herüber gerettet haben. Kreis Olpe, Nachbarort Hünsborn, die sind schon durchaus lebenslustig, während in Freudenberg doch noch eine pietistische Grundeinstellung nach wie vor irgendwie diffus vorhanden ist.« (Brachthäuser, TC 00:03:28)*

Brachthäuser, der als Schüler ein Olper Gymnasium besucht hatte, beschrieb das damalige Kontrasterlebnis bei der Begegnung mit dem fremden Schulort mit der Formulierung »Man kommt in eine andere Welt« und verwies auf Mentalitätsdifferenzen, die er auf die unterschiedlichen Konfessionen zurückführte:

>*Damals spielte auch die konfessionelle Trennung noch eine stärkere Rolle [...]. Wir haben da [als evangelische Schüler, T.S.] nie Probleme gehabt, aber so war die Einstellung halt. Man hat Unterschiede gemerkt und auch gemerkt, dass Feste halt viel in-*

tensiver gefeiert wurden, also am Schützenfest war schulfrei und dergleichen mehr. Karneval war schulfrei – gab es hier überhaupt nicht! Also insofern merkt man schon, da ist eine andere Welt.« (Brachthäuser, TC 00:09:04)

Diese persönlichen Erfahrungen verweisen auf die historisch heterogene Entwicklung der Gebiete, die an dieser Stelle kurz skizziert werden soll. Erst mit den Neuordnungen des Wiener Kongresses 1815 in Europa und der preußischen Gebietsreform von 1816/17 fielen die hier im Zentrum stehenden Territorien unter eine gemeinsame Herrschaft und Verwaltung, nämlich als Teil der preußischen Provinz Westfalen. Das bisherige Nebeneinander unterschiedlicher Herrschaftsgebiete verschiedenen Ranges im Heiligen Römischen Reich hatte nicht nur auf politischer Ebene für eine bunte politische Landkarte gesorgt. Auch wenn der Landesherr entgegen der verbreiteten Formel von »Cuius regio, eius religio« (»Wessen Land, dessen Religion«) hier oftmals *nicht* sein religiöses Bekenntnis im Herrschaftsgebiet durchsetzen konnte, wirkte sich die »Kleinstaaterei« auf das kulturelle und religiöse Leben aus (vgl. Gorißen 2013, S. 226). Sie resultierte in einem Nebeneinander verschiedener Glaubensrichtungen und Bekenntnisse auf verhältnismäßig engem geografischen Raum. Bis ins 21. Jahrhundert zeugen die konfessionellen Schwerpunkte in den untersuchten Kreisgebieten von der frühneuzeitlichen Territorialstruktur und den Glaubenskriegen des 16. und 17. Jahrhunderts: Im Herzogtum Westfalen war durch seine Zugehörigkeit zum Kurfürstentum Köln der katholische Glaube dominant. Während das Herzogtum im Zuge der Säkularisierung der Territorien 1802/03 aufgelöst wurde, gilt die katholische Prägung im Hochsauerlandkreis und dem Kreis Olpe bis heute. Die Reformation lutherischer Ausrichtung erfasste die Grafschaft Mark, welche im Jahr 1614 an Preußen fiel. In Nassau-Siegen sowie den Wittgensteiner Grafschaften bekannte sich die Bevölkerung evangelisch-reformiert, wobei die Erbteilungen des 17. Jahrhunderts im Siegerland zu einer Rekatholisierung des Gebietes um Netphen führte, dem so genannten Johannland. Pietistische Ideen führten im Siegerland seit dem frühen 18. Jahrhundert zur weiteren religiösen Differenzierung (vgl. Degenhardt 1995, S. 148; Becker 2014, S. 25).

Für die Erzählungen der Interviewten bildeten diese Hintergründe häufig den Ausgangspunkt zur Schilderung regionaler Besonderheiten:

»*Das hört sich vielleicht in der heutigen Zeit merkwürdig an, aber die Prägung ist immer noch da, zwischen katholischem und evangelischem Sauerland*« (Martin-Schröder, TC 00:51:20),

berichtete beispielsweise die Plettenberger Stadtführerin Renate Martin-Schröder (Jahrgang 1940, Märkischer Kreis). Gewissermaßen auf der anderen Seite der Grenze, in Attendorn, beobachtete die Autorin von *Das Sauerland kocht!*, Hilke Pantel (Jahrgang 1973, Kreis Olpe) »feine Unterschiede« zwischen

dem »ehemaligen Erzbistum Köln und dem ehemaligen Markgräfler Land«
(Pantel, TC 00:17:25). Obwohl die Wahrnehmung religiöser Unterschiede tendenziell bei älteren Interviewten eine größere Rolle spielte, berichteten viele
Interviewte unterschiedlichen Alters von Problemen und Konflikten bei kon-
fessions- und damit häufig auch grenzübergreifenden Heiraten und Partnerschaften, die sie entweder selbst miterlebt hatten oder aus ihrem sozialen Umfeld
kannten. Für Luise Adams (Museum Besteckfabrik Fleckenberg, Jahrgang 1935,
Schmallenberg-Fleckenberg, Hochsauerlandkreis) stellte das Rothaargebirge
noch eine »Religionssperre« dar:

> »Es wurde immer erzählt, wenn die Jungs über den Rothaarkamm nach Wittgenstein
> […] gingen, da beteten hier die Mütter einen Rosenkranz, damit das nix wurde. Damit
> sie dann keine kleinen Mädchen mitbrachten. Das war ja tödlich, so eine Luther'sche zu
> heiraten. Das war nicht in Ordnung.« (Adams, TC 00:45:40).

Denkmalschützer Peter Riecke (Jahrgang 1961, Märkischer Kreis) aus »der alten
Grenzfestung« Neuenrade (Riecke, TC 00:06:18) beschrieb ähnliche Erfahrungen:

> »In den Siebzigern, als ich noch zur Schule gegangen bin, da war das noch schlimm mit
> den Konfessionen. […] Und die Generation vor mir, da war das Problem natürlich noch,
> wenn die Jungs zum Schützenfest in den Vorort gingen, die kriegten richtig was auf die
> Schnute. Und wenn die die Mädchen anfassten, wurde es doppelt schlimm. Und wenn
> dann geheiratet wurde, ob man musste oder wollte, da mussten die Katholiken, damit sie
> nicht exkommuniziert wurden, die Protestanten einwilligen lassen, dass die Kinder
> zumindest katholisch getauft wurden, beziehungsweise konvertieren. Das war bei
> meinem Onkel noch so, der hat auch eine katholische Frau geheiratet. Und das kenne ich
> noch sehr gut. Ich glaube heute ist das ganz locker, das ist zum Glück alles Schnee von
> gestern.« (Riecke, TC 00:07:44)

Augenfällig nicht nur in diesem Beispiel ist einerseits die generationenüber-
greifende Erleichterung über den Abbau dieser Hindernisse, andererseits aber
auch die Selbstverständlichkeit, mit der dieser »Schnee von gestern« erzählt und
damit aktiviert wird, um die Eigenheiten der eigenen Region zu erklären. Der
natürliche Rückgriff auf Religion und Geschichte in den narrativen Interviews
verweist auf den Stellenwert dieser Faktoren für das Raumbewusstsein.

3.2.   Verbindendendes: Übergreifende regionale Eigenarten und Stereotype

Das Interviewprojekt sollte überdies erfassen, inwieweit stereotype Vorstellungen bekannt sind und wie mit diesem Wissen umgegangen wird. Entsprechende
Fragen nach regionalen Eigenheiten und der Mentalität der Bevölkerung wurden
häufig mit einem Vergleich zu anderen Regionen beantwortet. Die befragten

Personen im Siegerland, Wittgenstein und den Sauerlandkreisen einte in diesem
Sinn der Verweis auf deutschlandweit bekanntere Regionen wie das kölnische
Rheinland oder, vor allem im märkischen Sauerland, das Ruhrgebiet. Der Vergleich erzeugte einen argumentativen Gegenpol, mit Hilfe dessen Unterschiede
und Eigenarten veranschaulicht werden konnten. So beantwortete beispielsweise Günter Sagafe (Jahrgang 1951, Lennestadt-Bilstein, Kreis Olpe) die Frage
nach den Charakteristiken der Menschen im Sauerland:

>*Ich denke der Menschenschlag hier ist etwas ruhiger, wenn ich das mit Köln vergleiche.«
(Sagafe, TC 00:24:40).*

Viele Interviewte bedienten sich neben der Aufzählung von als typisch empfundenen Eigenschaften auch Sprichwörtern und Redewendungen. Diese bezogen sich auf Verhaltensweisen und Mentalitätsunterschiede und verbalisierten
so Zugehörigkeitsgefühle. Derartige Verortungen lassen auf ein abrufbereites
regionales Wissen schließen. Schulleiter und Herbergsvater Christoph Henrichs
(Jahrgang 1965, Kirchhundem-Heinsberg, Kreis Olpe) ordnete sich beispielsweise als Sauerländer und »damit auch als Westfale« ein:

>*Man sagt ja so flachsig: Der Rheinländer, mit dem wird man sofort warm, mit dem
Westfalen muss man erst einen Sack Salz essen – oder sagen wir mal Schützenfest
mitfeiern – und dann ist aber die Freundschaft unendlich, und genauso habe ich das
auch erlebt.« (Henrichs, TC 00:40:00)*

Neben der Herausstellung von Brauchtum und kulturellen Institutionen (hier:
das Schützenfest), die regelrecht als *pars pro toto* die gesamte Region symboli-
sieren, können solche Einschätzungen in die epistemische Praktik der We-
sensbestimmungen eingeordnet werden. Zuschreibungen des »Westfälischen
Stammes« als besonders treu und bodenständig lassen sich mindestens bis in die
Zeit der Romantik im frühen 19. Jahrhundert zurückverfolgen und wurden
weiterhin im 20. Jahrhundert zu Imagebildung und Werbezwecken eingesetzt
(vgl. Ditt 2002, S. 88f.). Eine Identitätsbildung mittels Abgrenzung ist hier offensichtlich: Hier *der* verlässliche, wortkarge Westfale, dort *der* unbeständige,
beredsame Rheinländer.

Provoziert wurde der Vergleich der beiden »Volksgruppen« wohl zusätzlich
durch die Zusammenführung der beiden Begriffe im Landesnamen Nordrhein-
Westfalens. Auch Hotelier Josef Platte (Jg. 1938, Attendorn-Helden, Kreis Olpe)
bediente sich bei seinem Charakterisierungsversuch einer Kombination von
historischer Herkunftsbestimmung und einem spielerischen Einsatz von Stereotypen:

>*Dem Sauerländer wird eigentlich nachgesagt, er wäre ein bisschen stur und karg,
wortkarg und so. Das ist aber hier schon wieder das Südsauerland, das mag weiter nach
Osten schon wieder ein bisschen anders sein. [...] Wir sind ja hier eigentlich im Kreis*

Olpe, das ist ja Kurköln. Und det Kölsche, dat is ja nu' mal die rheinische Frohnatur. Wir machen natürlich auch unsere Witze darüber. Wir haben ja NORDRHEIN-WESTFALEN und ich sage natürlich auch gerne ›Wir Westfalen halten das, was die Rheinländer versprechen‹, woll?! Das ist auch eine gute Einstellung (lacht)« (Platte, TC 00:46:01).

Das Zitat »Der Westfale hält, was der Rheinländer verspricht« stammt wahrscheinlich vom SPD-Politiker Fritz Steinhoff (1897–1969), dem dritten Ministerpräsidenten Nordrhein-Westfalens (Regierungszeit 1956–1958) (Busche 2010). In Josef Plattes Ausführungen wird eine Konkurrenz von als westfälisch und rheinisch codierten Wesenszügen und Verhaltensweisen sichtbar. Diese wird aufgelöst durch einen variablen Bezug auf Identitätsangebote, der situativ je nach Gegenüber oder passendem Anlass, Anwendung finden kann. Diese tendenziell regionsübergreifenden Identitätsmuster, wie es hier am Beispiel des »Westfälischen«, das eine gewisse Durchlässigkeit und integrierende Momente aufweist, aufgezeigt wurde, korrespondierte mit der häufigen Forderung nach grenzüberschreitender Kommunikation.

4.   Alte Kommunikationsbarrieren und der Wunsch nach neuen Medienformaten

Die Existenz eines gemeinsamen Kommunikationsraums gilt als Schlüsselelement für das Zusammenwachsen verschiedener benachbarter Gebiete zu einer Region. Das Publikationsgebiet eines lokalen Mediums begünstigt die Entstehung eines Zusammengehörigkeitsgefühls und sensibilisiert für die Zugehörigkeit von Ortschaften zu einem gemeinsamen Raum (vgl. Steber 2012, Abs. 1). Im Fall des hier untersuchten Gebietes wird dabei insbesondere dem Format des WDR-Fernsehprogramms »Lokalzeit Südwestfalen« hohe Bedeutung eingeräumt (vgl. Becker, S. 24). Das Nachrichtenformat, welches im Zuge der Regionalisierung des WDR-Angebots entstand, sendet seit 1992 aus Siegen das »Neueste aus dem Sauer- und Siegerland, dem Wittgensteiner Land und der Soester Börde« (vgl. den Webauftritt des WDR 2016).

Der Einfluss auf die Bekanntheit des Begriffs »Südwestfalen« durch die gemeinsame WDR-Sendung kann kaum überschätzt werden, doch ist es gerade das Fehlen übergreifender Medienformate, das in vielen Gesprächen herausgestellt wurde. Insbesondere die Werbung für Kulturangebote fiele so schwer, da viele Zeitungen und andere Printmedien zu selten über Veranstaltungen jenseits ihres eigenen Publikationsgebiets informieren würden. »Glauben Sie, hier ständ' mal was in der Zeitung, was in Olpe für kulturelle Angebote sind?« (Martin-Schröder, TC 00:52:15), fragte beispielsweise die bereits zitierte Plettenbergerin Renate Martin-Schröder. Das Bedürfnis nach Medienformaten jenseits des unmittelbar Lokalen wird dabei deutlich. Ähnliche Diagnosen fanden sich auch in Gesprächen mit Personen, die im Medienbereich arbeiteten oder journalistisch tätig sind (vgl. Clever, TC 00:33:40). Dabei ist der Wunsch nach einem regional übergreifenden Medienformat in erster Linie gegen regionale Binnengrenzen gerichtet.

Dies tritt etwa in den Ausführungen des in Schmallenberg (Hochsauerland-kreis) lebenden, gebürtigen Niederländers Tiny Brouwers (Jahrgang 1948) hervor:

> *»[W]enn man hier in einer anderen Kommune ist, ist man fast in einer anderen Welt«* *(Brouwers, TC 00:51:20).*

Waren ähnliche Aussagen in anderen Interviews als Hinweis auf kulturelle Vielfalt gefallen, handelt es sich im Falle Tiny Brouwers um Kritik. Der Journalist stufte die seiner Ansicht nach vorherrschende kommunikative Isolation der sauerländischen Teilgebiete als höchst problematisch für die Identität und das touristische Image der Region ein: »Das bedeutet, dass das Sauerland hier nicht das Sauerland ist, sondern nur Teile vom Sauerland.« (ebd., TC 00:51:55) Eine Zeitung oder ein anderes Medienformat für »das ganze Sauerland« (ebd., TC, 00:52:11) könnte die Binnengrenzen in den Köpfen der Menschen auflösen: »Auf diese Art und Weise wächst das Sauerland viel mehr zueinander und jetzt sind es alles Inseln für sich.« (ebd., TC 00:52:32)

Fehlende Informationen über Aktivitäten in den Nachbargebieten markieren in den Gesprächen den Fortbestand von Phantomgrenzen. Der Zusammensetzung der Befragten entsprechend, traf dies insbesondere bei Akteurinnen und Akteuren im Kulturbereich zu, gleichermaßen bei Einheimischen wie bei Zugezogenen. Verweise auf das landschaftliche Erscheinungsbild des Mittelgebirges fungierten dabei sowohl als Metapher als auch als konkrete Hinweise auf die Langlebigkeit historisch gewachsener Trennlinien. So betonte die Musikerin Ulrike Wesely (Jg. 1969, Kirchhundem-Silberg, Kreis Olpe):

> *»Ich glaube, dass diese Berge, die die Länder, also die einzelnen Bereiche trennen, dass die auch die Menschen trennen. Das ist so.« (Wesely, 00:31:14)*

Ihr Hinweis auf die »extreme« Grenze in Richtung des nur wenige Kilometer entfernten Siegerlandes ist diesbezüglich besonders aufschlussreich, verlief südlich Silbergs doch die Territorialgrenze zwischen Kurkölnischem Sauerland und Nassau-Siegen in Gestalt des so genannten »Kölschen Hecks«. Die nassauischen Landesherren zielten mit dieser frühneuzeitlichen Grenzanlage, einer bis zu 60 Meter tiefen Landhecke mit Schlagbäumen an zentralen Verkehrswegen, auf die Kontrolle von Informationsaustausch und persönlicher Mobilität sowie den Schutz der eigenen Besitzungen vor feindlichen Übergriffen ab (vgl. Poggel 2009, S. 93). Im späten 17. und 18. Jahrhundert kam es aufgrund dessen nur noch selten zum Austausch der Bevölkerungen der beiden Gebiete, die sich durch ihre territoriale Zugehörigkeit, Sprache (Westfälisch/Moselfränkisch) und Konfession unterschieden und folglich einander entfremdeten und auseinanderentwickelten (zum Aspekt der Sprache vgl. Vogel 2013). Frühere Untersuchungen haben betont, dass die damit verbundenen Divergenzen der beiden Nachbargebiete durchaus noch gegen Ende des 20. Jahrhunderts in der Bevölkerung bewusst waren (vgl. Meintz 1988, S. 231). Welches Potenzial bot hier der mit der *Regionale 2013* angestoßene Prozess in den Augen der Interviewten?

5.   Spielräume für eine südwestfälische Identität? Schlussbemerkungen

Die Kreation der Handlungsregion »Südwestfalen« erzeugte seit 2007 vielfältige Reaktionen. Menschen in Tourismus, Gastronomie, Medien-, Vereins- und Kulturarbeit entwickelten infolgedessen verschiedene Strategien im Umgang mit der neuen Region. Äquivalent zu den Ergebnissen der repräsentativen »Südwestfalen-Studie« des Instituts für Demoskopie Allensbach (Südwestfalen Studie 2007, S. 6) nahm keiner der Interviewten an einer kreisübergreifenden Zusammenarbeit Anstoß. Im Gegenteil: Diese wurde ausdrücklich begrüßt und eingefordert. Bei vielen der interviewten Akteurinnen und Akteuren aus den genannten Bereichen schienen bestehende Identitätsmuster in diesem Zusammenhang kaum in Frage gestellt worden zu sein. Eine übergeordnete Identität als Südwestfalen scheint im beruflichen Alltag und der individuellen Lebenswirklichkeit bisher nur wenig Platz zu finden. Dies stellte nachdrücklich der Journalist Matthias Clever (Jahrgang 1984, Halver, Märkischer Kreis) heraus, der eine Rangfolge von Identitätsangeboten angab, von denen er im Alltag Gebrauch mache. Dieser bezeichnete sich

> »als erstes als Halverscheider, dann als Halveraner. Dann bezeichne ich mich als Sauerländer, wenn man jetzt in diesem nach oben geht, den Märkischen Kreis lass ich auch schon raus. Und nach dem Sauerländer kommt vielleicht noch Nordrhein-Westfale und dann kommt Deutscher und dann Europäer und dann Mensch vielleicht, aber ich lass zumindest den Südwestfalen definitiv raus.« (Clever, TC 00:26:50)

Neben dem Gefühl, man bekäme ein identitätspolitisches »Konstrukt« einer Großregion »übergestülpt«, waren auch die Sorge zu vernehmen, das kleinere Teilregionen in der Außenwahrnehmung beispielsweise vom tourismusstarken Sauerland überlagert werden könnten. Auf den Punkt brachte dies Kulturwissenschaftlerin Gabriele Rahrbach-Reinhold (Jahrgang 1963, Bad Berleburg, Kreis Siegen-Wittgenstein), die auf die Frage nach dem Namen ihrer Region,

Begegnungen mit Besucherinnen und Besuchern im Berleburger Schloss beschrieb:

> *»Meine Region heißt, ja, offiziell natürlich Südwestfalen, das hab ich mir jetzt auch so angewöhnt, aber den Leuten, die zu Gast sind bei uns im Schloss in Berleburg, denen sage ich, wir sind Wittgensteiner. Weil Südwestfalen beherbergt ja auch das Sauerland noch mit und ich finde es manchmal interessant, gerade im Berleburger Schloss, wenn die Leute sagen sie sind in Schmallenberg [im Hochsauerlandkreis, T.S.] untergekommen, [und] ihnen zu erklären, dass wir auf keinen Fall Sauerländer sind und dann machen sie immer ganz große Augen [...]. Ich finde das so komisch, dass ich sage: Leute, wir haben tatsächlich kulturelle Unterschiede, da die Katholiken, hier die Protestanten. Wobei ich sagen muss, ich [...] bin sehr gerne im Sauerland. Aber wir sind anders, also meine Region heißt Wittgenstein in Südwestfalen würde ich mal sagen.«* (Rahrbach-Reinhold, TC 00:24:49)

Selbstbild, touristisches Image und regionales Wissen fallen hier zusammen. Soll die »Marke Südwestfalen« nicht nur als einprägsames Außenbild fungieren, sondern auch in den Köpfen der Einwohnerinnen und Einwohner Platz finden, muss es sich um ein offenes Identitätsangebot handeln. Dabei ist die Region Südwestfalen mit ähnlichen Problemstellungen konfrontiert wie andere Gebiete Nordrhein-Westfalens (vgl. Schwarz 2008, S. 334). Sie muss sowohl Rücksicht für die unterschiedliche historische Entwicklung ihrer Gebietsteile nehmen als auch Raum für gesellschaftliche Diversifizierung bieten: eine Region vielfältiger Identitäten.

Literatur

Anderson, Benedict (2005): Die Erfindung der Nation. Zur Karriere eine folgenreichen Konzepts. 2. Aufl. Frankfurt am Main – New York.

Bachmann-Medick, Doris (2006): Cultural Turns. Neuorientierungen in den Kulturwissenschaften. Reinbek bei Hamburg.

Becker, Günther (2014): Die Region Südwestfalen aus historischer und geographischer Sicht. In: Krajewski, Christian/Otto, Karl-Heinz (Hrsg.), Zukunftsfähige Regionalentwicklung in Südwestfalen zwischen wirtschaftlicher Prosperität, demographischen Herausforderungen und Klimawandel. Münster, S. 23–29.

Briesen, Detlef/Gans, Rüdiger (1992): Regionale Identifikation als »Invention of Tradition«. Wer hat und warum wurde eigentlich im 19. Jahrhundert das Siegerland erfunden? Berichte zur deutschen Landeskunde 66 (1), S. 61–73.

Brunn, Gerhard (1993): Regionalismus im (west)europäischen Kontext. Informationen zur Raumentwicklung 11, S. 739–747.

Busche, Jürgen (2010): Im Ruhrgebiet und drum herum: Wie Rheinländer und Westfalen zu einem Bundesland zusammen wuchsen. Cicero. Magazin für politische Kultur, 19.02.2010.

Cornelißen, Christoph (2007): Die geschichtspolitische Förderung eines Raumbewusstseins in Nordrhein-Westfalen seit 1946. In: Ditt, Karl/Tenfelde, Klaus (Hrsg.), Das Ruhrgebiet in Rheinland und Westfalen. Koexistenz und Konkurrenz des Raumbewusstseins im 19. und 20. Jahrhundert. Paderborn, S. 387–403.

Degenhardt, Wolfgang (1995): Das calvinistisch-pietistische Siegerland. Interregiones 4, S. 147–161.

Ditt, Karl (2002): Was ist ›westfälisch‹? Zur Geschichte eines Stereotyps. Westfälische Forschungen 52, S. 45–94.

Fleiß, Daniela (2010): Auf dem Weg zum »starken Stück Deutschland«. Image- und Identitätsbildung im Ruhrgebiet in Zeiten von Kohle- und Stahlkrise. Duisburg.

Flender, Armin/Dieter Pfau/Sebastian Schmidt (2001): Regionale Identität zwischen Konstruktion und Wirklichkeit. Eine historisch-empirische Untersuchung am Beispiel des Siegerlandes. Baden-Baden.

Geppert, Alexander C. T./Uffa Jensen/Jörn Weinhold (2005): Verräumlichung. Kommunikative Praktiken in historischer Perspektive, 1840–1930. In: Geppert, Alexander C. T./Uffa Jensen/Jörn Weinhold (Hrsg.), Ortsgespräche. Raum und Kommunikation im 19. und 20. Jahrhundert. Bielefeld, S. 15–49.

Gorißen, Stefan (2013): Zwischen Rheinland und Westfalen. Regionale Identitäten im südlichen Westfalen im 18. und frühen 19. Jahrhundert. In: Reininghaus, Wilfried/ Walter, Bernd (Hrsg.), Räume – Grenzen – Identitäten. Westfalen als Gegenstand landes- und regionalgeschichtlicher Forschung. Paderborn – München – Wien – Zürich, S. 221–236.

Heil, Peter (1997): Warum es keine Rheinland-Pfälzer gibt. Über die Beständigkeit und Wirkung älterer Regionalidentitäten in einem neuen Land. In: Matheus, Michael (Hrsg.), Regionen und Föderalismus. 50 Jahre Rheinland-Pfalz. Stuttgart, S. 49–64.

Institut für Demoskopie Allensbach (2007): Südwestfalen. Lebensqualität und Regionalbewusstsein 2007. Ergebnisse einer repräsentativen Befragung der Bevölkerung in fünf Landkreisen. Olpe.

Krajewski, Christian (2014): Regionalentwicklung in Südwestfalen zwischen wirtschaftlicher Prosperität, demographischen Herausforderungen und Klimawandel. In: Krajewski, Christian/Otto, Karl-Heinz (Hrsg.), Zukunftsfähige Regionalentwicklung in Südwestfalen zwischen wirtschaftlicher Prosperität, demographischen Herausforderungen und Klimawandel. Münster, S. 1–22.

Küster, Thomas (2002): »Regionale Identität« als Forschungsproblem. Konzepte und Methoden der modernen Regionalgeschichte. Westfälische Forschungen 52, S. 1–44.

Meintz, Peter (1988): Das Kölnische Heck im Raum Wenden-Freudenberg. Der Einfluß einer alten Konfessionsgrenze – Zur Sozialgeschichte des Olper Landes und des Siegerlandes. Olpe.

Müller, Dietmar (2015): Geschichtsregionen und Phantomgrenzen. In: von Hirschhausen, Béatrice/Grandits, Hannes/Kraft, Claudia/Müller, Dietmar/Serrier, Thomas (Hrsg.), Phantomgrenzen. Räume und Akteure in der Zeit neu denken. Göttingen, S. 57–83.

o. V. (2016): Der Urknall des »Riewekooche«. Siegener Zeitung, 02.05.2016, S. 4.

Schwarz, Angela (2008): Ein Schluss ohne Ende: Rückblick, aktueller Stand und Ausblick im Jahr 2007. In: Schwarz, Angela (Hrsg.), Industriekultur, Image, Identität. Die Zeche Zollverein und der Wandel in den Köpfen. Essen, S. 309–334.

Schwarz, Angela (2013): »Urlaub machen, wo andere arbeiten«? Die Anfänge von Frem-
denverkehrswerbung und Regionalmarketing im Siegerland (1950–1975). In: Habscheid, Stephan/Hoch, Gero/Sahm, Heike/Stein, Volker (Hrsg.), Schaut auf diese Region! Südwestfalen als Fall und Typ. DIAGONAL Heft 34. Göttingen, S. 85–110.

Steber, Martina (2012): Region. EGO. Europäische Geschichte Online. 19.03.2012. http://
www.ieg-ego.eu/steberm-2012-de (zuletzt abgerufen am 20.07.2016).

Poggel, Markus (2009): Lebendige Zäune von Dornen – Einige Anmerkungen zu Terri-
torialgrenzen im Spätmittelalter und der Frühen Neuzeit am Beispiel des »Kölschen
Hecks«, in: Concilium medii aevi 12, S. 89–96.

Trox, Eckhard (2007): Märkisches Sauerland und märkisches Ruhrgebiet. Die Spaltung
regionalen Geschichts- und Raumbewusstseins in den 1880er Jahren. In: Ditt, Karl/
Tenfelde, Klaus (Hrsg.), Das Ruhrgebiet in Rheinland und Westfalen. Koexistenz und
Konkurrenz des Raumbewusstseins im 19. und 20. Jahrhundert. Paderborn,
S. 163–187.

Vogel, Petra M.: »Wat is dat denn!?« – Südwestfalen und die deutsche Dialektlandschaft.
In: Habscheid, Stephan/Hoch, Gero/Sahm, Heike/Stein, Volker (Hrsg.), Schaut auf
diese Region! Südwestfalen als Fall und Typ. DIAGONAL Heft 34. Göttingen,
S. 233–261.

WDR (2016): Webauftritt des WDR, Übersicht Südwestfalen. http://www1.wdr.de/ueber
sicht-suedwestfalen-100.html (zuletzt abgerufen am 28.07.2016).

Interviews geführt von Tobias Scheidt

Adams, Luise: Interview, Schmallenberg-Fleckenberg, 5. November 2015.

Brachthäuser, Peter (Name geändert): Interview, Freudenberg 4. September 2015.

Brouwers, Tiny: Interview, Schmallenberg, 26. November 2015.

Clever, Matthias: Interview, Lennestadt-Kirchhundem, 17. Juni 2015.

Henrichs, Christian: Interview, Kirchhundem-Heinsberg, 30. September 2015.

Janson, Sandra: Interview, Bad Berleburg, 7. Mai 2015.

Martin-Schröder, Renate: Interview, Plettenberg 26. Mai 2015.

Pantel, Hilke: Interview, Attendorn, 14. Oktober 2015.

Platte, Josef: Interview, Attendorn-Helden, 3. September 2015.

Rahrbach-Reinhold, Gabriele: Interview, Bad Berleburg, 7. Mai 2015.

Riecke, Peter: Interview, Neuenrade, 8. Januar 2016.

Sagafe, Günter: Interview, Lennestadt-Bilstein, 18. August 2015.

Wesely, Ulrike: Interview, Kirchhundem, 21. August 2015.

Thomas Meyer[*]

Spiel ohne Grenzen – Liebesglück im Internet

Solange wir auf Einkaufstour sind,
bleiben wir im Rennen.
Zygmunt Bauman

1.   Einleitung

Vor allem die Verheißungen auf ein Mehr an Wahlfreiheiten, Handlungsspiel-
räumen und Vielfalt haben das Online-Dating binnen weniger Jahre zu einem
Massenphänomen werden lassen. Der nachfolgende Beitrag versucht insbesondere unter Rückgriff auf die Arbeiten von Eva Illouz, den Schleier ideologischer Versprechen der digitalen Partnerbörsen zu lüften und einige der
zwiespältigen Folgen, die sich mit dem Kennenlernen und Verlieben im Internet
verbinden, bloßzulegen. Den Hintergrund der kritischen Prüfung bildet das
romantisch eingefärbte Liebesideal, welches bis heute als normativer Rahmen
moderner Intimbeziehungen dient.

2.   Das Kulturmuster »romantische Liebe«

Das romantische Liebesideal, das zuerst im 18. Jahrhundert in kleinen Kreisen
des Bürgertums aufkeimte und sich dann rasch weiter ausbreitete, wirkt immer
noch fort. Mehr noch: Prominente Stimmen, wie etwa diejenige von Ulrich Beck
(1990), glauben sogar, eine Steigerung der romantischen Sinngehalte in den
individualisierten Gesellschaften der Moderne feststellen zu können. Hier habe
die Liebe regelrecht den Rang einer »irdischen Religion« erfahren. Sie über-
nehme die Aufgabe der Sinnstiftung, indem sie die Leerstelle der Religion aus-
fülle. Je stärker die Modernisierung und Differenzierung der Gesellschaft vor-
anschreitet, so die Argumentation, desto überwältigender wird die Rolle, die der
leidenschaftlichen Liebe zufalle. Damit folgt Beck einer Sichtweise, die sich

---

[*] PD Dr. Thomas Meyer, Universität Siegen, Fakultät I (Philosophische Fakultät), Soziologie,
insbesondere Familien- und Sozialstrukturforschung.

bereits bei dem Soziologieklassiker Max Weber findet, der in der intimen Liebe – neben den Sphären der Religion und der Kunst – eine Gegenwelt zum »Gehäuse der Hörigkeit« ausmacht, in das der rationalisierte Kapitalismus die Individuen überführt habe.

Um den bahnbrechenden Stellenwert zu ermessen, der dem Kulturprogramm der romantischen Liebe für die allmähliche Durchsetzung moderner Beziehungsideale zufällt, muss es hier genügen, lediglich auf vier seiner idealtypischen Bestimmungsmerkmale zu verweisen (Lenz/Scholz 2014):

Erstens verbindet sich die romantische Liebe mit dem Versprechen auf eine Befreiung von tradierten gesellschaftlichen Konventionen und Zwängen. Nicht mehr das soziale Umfeld und die Vorgaben der ständischen Ordnung, weder Moral noch Vernunft, sondern allein die freie und wechselseitige emotionale Zuneigung, sexuelle Leidenschaft und Aufrichtigkeit, so das Ideal, solle nunmehr Paarbeziehungen begründen.

Zweitens lässt sich das Freiheitsversprechen romantischer Liebe durch seine radikale Ausrichtung auf die Unverwechselbarkeit und Individualität des Anderen charakterisieren. Um mit Georg Simmel, einem weiteren Klassiker der Soziologie, zu reden: Die romantische Liebe ermöglicht es, den jeweiligen Paarakteuren in ihrer ganzheitlichen Einzigartigkeit eine bedingungslose Anerkennung und Bestätigung zu finden, zugleich vermag sie Verzauberung, Überwältigtsein, Verschmelzung und Außeralltäglichkeit zu verheißen. Dabei verspricht die Liebe nicht bloß ein Augenblickserlebnis, sondern ewiges Hochgefühl und ewige Treue. Daher ist es nur folgerichtig, wenn die Liebe gleichsam zur wichtigsten Angelegenheit des Lebens erkoren und mit größtem Glück gleichgesetzt wird. Pathetischer noch: Liebe ist Leben, jetzt ist man ganz eins mit sich und der Welt; ergo, mit dem Entzug der Liebe verliert das Leben seinen Sinn. Die kaum zu überschätzende kulturelle Bedeutung des neuen Leitbilds liegt insofern darin, den motivationalen Nährboden dafür gebildet zu haben, leidenschaftliche Gefühle für- und miteinander zu entwickeln.

Drittens liegt der Stellenwert des neuen romantischen Kulturmusters darin, dass es die Liebe zu einer Gefühlsbeziehung aufwertet, in der sich Männer und Frauen gleichberechtigt als sinnliche, geistige und erotisch-sexuelle Einheit erleben können. Die Frau wird nun nicht mehr nur verehrt, sondern zum Gefühlsubjekt, welches ihrem männlichen Gegenüber gleichsam auf Augenhöhe zu begegnen vermag.

Schließlich ist dem romantischen Liebescode, viertens, noch ein Narrativ eingeschrieben, welches die Liebe als Reich der Innerlichkeit, Empfindsamkeit und Gefühlsseligkeit verklärt, das sich als ein Geschehen ohne eigenes Zutun schicksalhaft ereignet und nicht erzwingen lässt. Die Liebe ist einem Geschenk gleich, dessen Erwiderung nicht eingefordert werden kann. Daher lässt sich auch kein Startpunkt planen, sondern es bleibt nur die Gewissheit, dass alles auf die

Fügung des Schicksals ankommt. Mit den Romantikern lässt sich sogar sagen: Je größer der Zufall, desto größer die Bestimmung der Liebe.

Neben den Fragen nach der Fortdauer der romantischen Liebeskonzeption finden vor allem aber Fragen nach der Veränderung und dem Verlust romantischer Sinngehalte die Aufmerksamkeit der aktuellen Paarsoziologie. Einen inhaltlichen Schwerpunkt bilden hier die zunehmend auf Egalität, kommunikative Reziprozität und Offenheit gerichteten Leitbilder moderner Partnerschaften. Ein anderes Hauptaugenmerk konzentriert sich auf die wachsende Bedeutung von Selbstverwirklichungs- und Autonomieidealen, die sich gegen das symbiotische Einheitsideal romantischer Liebe richten, und einen Bruch mit der traditionellen Idee dauerhafter (Ehe-)Beziehungen ankündigen. Endlich ist der Boom der Partnerbörsen zu erwähnen, der etliche Diskurse zur Zukunft der Liebe angestoßen hat. Folgt man dem bekannten französischen Paarsoziologen Jean-Claude Kaufmann (2011, S. 12–13), gilt es, eine Entwicklung zu reflektieren, die nichts weniger als eine »Revolution« in den Mustern der gesellschaftlichen Paarbildung markiert.

3.   Partnerwahl Online

Online-Kontaktbörsen sind spezialisierte Internetseiten, »auf denen Personen sich mit einem Steckbrief (Nutzerprofil mit Foto, soziodemographischen Angaben und Selbstbeschreibungstexten) präsentieren, aktiv nach anderen Profilen suchen und über ein seiteninternes E-Mail-System miteinander in Kontakt treten können« (Skopek/Schulz/Blossfeld 2009, S. 185). Die Aktivitäten dehnen sich im Fall der Fälle sodann zumeist auf Telefonate und face-to-face-Kontakte aus, um die im Netz ermittelten Sympathien einem Wirklichkeitstest zu unterwerfen. Laut dem Bundesverband Digitale Wirtschaft (2013) suchen sieben von zehn Nutzer und Nutzerinnen von deutschen Online-Partnerbörsen im Netz nach einer festen Beziehung.

Es ist erst wenige Jahre her, dass Akteuren, die ihre Partnerschaften im Internet initiierten, das Stigma des Versagens anhaftete. Nahezu unweigerlich stand der Verdacht im Raum aufgrund persönlicher Makel im »wirklichen« Leben bei der Liebessuche gescheitert zu sein. Freilich scheinen diese Zeiten endgültig vorbei zu sein; ebenso wie diejenigen, in denen die technische Welt des Computers und die emotionale Welt der Liebe noch als strikt gegensätzliche und miteinander unvereinbare Sphären galten. Und auch die reflexartige Sorge, dass die digitalen Portale die Tore zu finanziellen und emotionalen Betrügereien öffnen und zuallererst mit Sexbörsen in Verbindung zu bringen sind, scheint der Vergangenheit anzugehören.

Der Siegeszug des Internets und entsprechender Online-Kompetenzen auf Seiten weiter Teile der Bevölkerung haben die digitalen Liebesportale binnen weniger Jahre zu einem der boomenden Sektoren der Internetökonomie des 21. Jahrhunderts gemacht. Allein für den deutschsprachigen Raum wurden bereits vor einem knappen Jahrzehnt ca. 2.700 Partnerbörsen (Geser 2006) neben Hunderten von zielgruppenspezifischen Nischenportalen ausfindig gemacht. Deutschland bildet mittlerweile nach Großbritannien den zweitgrößten Markt für digitale »Liebesbörsen«. Für das Jahr 2013 wurden – mit steigender Tendenz – monatlich über acht Millionen User auf Online-Dating-Portalen ermittelt (Wiechers/Pflitsch/Moucha 2015, S. 5). Laut Schätzungen nutzt inzwischen ungefähr die Hälfte aller Singles das Internet zur »Brautschau«. So lässt sich formulieren, dass das Internet nicht nur zu einem salonfähigen und gängigen Weg der Paarbildung geworden ist, sondern dass diejenigen, die auf das Online-Dating verzichten, sich nicht mehr auf der Höhe der Zeit befinden, da sie es versäumen, mit den modernsten Mitteln, die zur Verfügung stehen, die Liebe des Lebens zu finden. Der mit der Revolution des Internets verbundene Wandel heißt indes nicht, dass alle sozialstrukturellen Besonderheiten eingeebnet worden wären: Die typischen Online-Dater sind überdurchschnittlich häufig männlich, alleinlebend, einkommensstark, gebildet und verfügen über relativ hohe Kompetenzen im Umgang mit den modernen Medientechnologien. Außerdem noch wird die Partnerwahl durch die räumliche Nähe sowie die in der kulturellen Geschlechterordnung verwurzelten Vorstellungen hinsichtlich Alter und Körpergröße nachhaltig bestimmt. Bemerkenswert ist auch der Befund, dass sich die dem Internet gerne zugeschriebene egalisierende Wirkung auf die Paarbildung nicht nachweisen lässt. Trotz seines niedrigschwelligen Zugangs werden die traditionellen Mechanismen sozialer Ungleichheit im Netz nicht außer Kraft gesetzt. Nachweislich ist die Partnerwahl vor allem durch Ähnlichkeiten hinsichtlich Bildung, Einkommen und Lebensstil beeinflusst (Zillmann et al. 2010, S. 5–6).

Fragt man nach den Ursachen, die hinter der rasanten Popularisierung des Online-Datings stehen, liegen einige der Antworten auf der Hand. An erster Stelle ist auf die viel erörterten Prozesse gesellschaftlicher Individualisierung zu verweisen. In deren Gefolge, so die These, haben lebenslange Einbindungen in feste Paar-, Ehe- und Familienstrukturen ihren selbstverständlichen Charakter verloren. Das bedeutet aber nicht, dass die Wünsche nach Bindungen nachgelassen hätten. Im Gegenteil, die Sehnsucht nach einer erfüllenden Intim- und Paarbeziehung sind nachweislich sogar eher noch stärker als schwächer geworden.

Weiterhin führen die hohen Trennungs- und Scheidungsraten im Gefolge der gesteigerten Ansprüche an die Qualität der Paarbeziehung dazu, dass Episoden des gemeinschaftlichen Zusammenlebens immer wieder von solchen des Alleinseins und der Partner- und Partnerinnensuche unterbrochen werden. Die auf diesem Weg produzierten »sekundär Alleinlebenden« sind dann nach all dem, was man weiß, besonders diejenigen, denen es aufgrund ihres Alters oder beruflicher Einbindungen an den üblichen institutionellen Gelegenheiten zur Partnerfindung mangelt und die insofern die Sozialinnovation des Online-Datings als Glücksfall betrachten und zumeist ohne Einschränkung begrüßen. Hierzu passen Zahlen, nach denen drei Viertel der Nutzer und Nutzerinnen von Online-Partnerbörsen über 40 Jahre alt seien (Bundesverband Digitale Wirtschaft 2013).

Ein weiterer, kaum zu übersehender Grund für den raschen Attraktivitätszuwachs der digitalen Liebesmärkte ist in den enormen technischen Möglichkeiten des Internets zu suchen. Im Vergleich zu den traditionellen Formen des Beziehungsaufbaus bieten die Onlinebörsen ein leicht zugängliches, relativ erschwingliches, zeitlich unbegrenztes Angebot, welches geografische Distanzen mühelos überbrückt und gleich eine große Menge von Kontakten in kürzester Zeit unkompliziert möglich macht. Kurz gesagt: Alles scheint möglich und leicht. Die Welt im Internet präsentiert sich als eine grenzenlose Anhäufung von Optionen, die verspricht, mit den Mitteln des Computers »passende« Partner und Partnerinnen miteinander verkuppeln zu können, wobei die Anonymität und Unverbindlichkeit der Internetkommunikation es ermöglicht, viele Kontakte zugleich einzugehen, aber auch, sich jederzeit wieder ausloggen zu können. Gleichzeitig wird die Vielzahl elektronischer Bekanntschaften zum Beleg dafür, dass man existiert. Viele Kontakte, viel Leben.

Zu den Freiheiten des Internets gehört es außerdem, sich ausleben zu können, ohne kontrolliert und hinterfragt zu werden. So können User und Userinnen zum Beispiel im Sinne eines »role switching« (Geser 2006, 5) andere Identitäten annehmen oder bisher verborgene Selbstaspekte ausleben.

Weitere Hintergründe zum Boom des Online-Datings bringt Kai Dröge ins Spiel, der zur kleinen Schar sozialwissenschaftlicher Experten und Expertinnen zählt. Ihm geht es darum, die Portale als »neoromantisches Medium« (Dröge 2010, S. 86) vorzustellen. Gerade dessen eigentümliche Mischung aus Nähe und Vertrautheit, Flüchtigkeit und Kündbarkeit, so seine Argumentation, ermöglicht spezifische Formen der Intersubjektivität, die zum Kernbestand des romantischen Liebesideals zählen und den Prozessen des Sich-Verliebens einen idealen Nährboden bieten. In der für die Internetinteraktionen charakteristischen Betonung der Schriftlichkeit macht Dröge die Renaissance einer Kommunikationsform aus, wie sie bereits den romantischen Verbundenheitsbekundungen klassischer Liebesbriefe zugrunde lag. Erläuternd heißt es hierzu: Aufgrund der Anonymität der Kommunikation sowie der leichten Kündbarkeit von digitalen Beziehungen wird das Internet als eine geschützte Sphäre wahrgenommen, die enthemmt und Selbstoffenbarung begünstigt – ähnlich dem Fremden im Zug,

dem man intime Einblicke in das eigene Selbst gerade deshalb gewährt, weil man
die Person aller Wahrscheinlichkeit niemals wiedertreffen wird. Gleichzeitig
lässt die Online-Kommunikation aber auch, so Dröge, rasch Gefühle von Inti-
mität und Vertrautheit entstehen. Denn die »dünnen«, zumeist ausschließlich
textbasierten Kommunikationen fordern gerade dazu heraus, die lückenhaften
Bilder des Alter Ego durch eigene Imaginationen innerlich zu vervollständigen
und zu idealisieren (Dröge 2010, S. 87). Dröge verweist hierbei auf die Interviews
seiner Studie, in denen sogar die Rede davon sei, dass man Formen einer in-
nerlichen Emotionalität erlebe, die jene außerhalb des Netzes sogar noch an
Intensität übertreffen würde, und man sich schon vor dem ersten leibhaftigen
Kontakt verliebt habe.

4.   Liebe im emotionalen Kapitalismus

Die aktuell einflussreichste Vordenkerin in Sachen Liebe ist die in Israel lehrende
Kultursoziologin Eva Illouz. Ihre Arbeiten sind einerseits analytisch bestechend
und können andererseits durch ihre tiefgründige Sozialkritik überzeugen. In
ihrer Sicht liefern die neuen Formen der Partner- und Partnerinnensuche ein
wichtiges Indiz für eine grundlegende Veränderung der althergebrachten Lie-
besordnung, die sich nur vor dem Hintergrund der Herausbildung der kapitalistischen Konsumgesellschaft verstehen lässt. Damit bedient sich die Wissen-
schaftlerin einer Zugriffsweise, die schon in den Titeln zweier ihrer bekann-
testen Bücher, »Der Konsum der Romantik« (2003) und »Gefühle in Zeiten des
Kapitalismus« (2006), anklingen.

4.1   Rationalisierung

Das Online-Dating wird von Illouz als eine Variante der Ausbuchstabierung des
bereits von Max Weber diagnostizierten Trends einer immer umfassenderen
Rationalisierung der Lebensführung gedeutet. Unmissverständlich heißt es bei
ihr: »Ließ sich romantische Liebe als eine Ideologie der Spontaneität charakterisieren, verlangt das Internet einen rationalisierten Modus der Partner- und
Partnerinnenwahl, was der Vorstellung von Liebe als einer unerwarteten Epi-
phanie widerspricht, die gegen den eigenen Willen und gegen die eigene Vernunft ins Leben einbricht« (Illouz 2007, S. 134). Zusammen mit den Strömungen
der »Psychokultur« und des Feminismus ist es nach Auffassung von Illouz vor
allem das Internet, welches die Ideale des romantischen Liebesbegriffs in Mit-
leidenschaft zieht. In den Worten von Jürgen Habermas könnte man, allgemeiner gesagt, auch von einer »Kolonialisierung der Lebenswelt« sprechen,

welche die Liebe ihren Charakter als eine Art Gegenwelt zur rationalen Markt-vergesellschaftung immer mehr einbüßen lässt.

Zentraler Ausgangspunkt des Trends zur Rationalisierung ist laut Illouz das von der Werbung der Kontaktbörsen mit Nachdruck beförderte Versprechen, die Prozesse der Findung von einem Partner oder einer Partnerin wirkungs-voller zu gestalten. Dabei verspricht das Online-Dating nicht nur, eine Fülle an Kontaktmöglichkeiten anzubieten, sondern zugleich auch die Mittel mitzulie-fern, um den permanenten Strom an Interaktionen effizient bewältigen zu können. Die eigentliche Heilsbotschaft lautet jedoch, mit den Mitteln der Wis-senschaft die »Liebesglückwahrscheinlichkeit« (Bühler-Ilieva 2003) massiv zu steigern und den Zufall zu minimieren (Abb. 1). Den Anknüpfungspunkt bilden psychologische Theorien der »Deckungsgleichheit«, die besagen, dass Partner und Partnerinnen, die eine hohe Ähnlichkeit aufweisen, stabilere und glückli-chere Beziehungen zu leben vermögen (Dröge 2012, S. 289). Es sind nicht zuletzt Expertenstimmen aus dem Umfeld der Partnerbörsen, die in ihren Studien solcherlei Tendenzen bei den Onlinepaaren (erwartungsgemäß) bekräftigen.

Abb. 1: Webseite eines »Premiumanbieters«

Bevor jedoch die ordnende Hand des Computers für die »perfekte« Passung der Partner und Partnerinnen sorgen kann, ist es für die Online-User zwingend geboten, bestimmte Vorkehrungen in die Wege zu leiten: Es gilt, entlang der vorgegebenen Suchmasken der Plattformen eine zielgerichtete Vorauswahl zur Kontaktaufnahme mit den digitalen Traumpartnern zu treffen. Dabei ist es wichtig, für die Profildarstellung zu einer Klärung der Präferenzen und per-sönlichen Ansichten zu gelangen. Nur für denjenigen, der seine Eigenschaften und Wünsche kennt und diese zu klassifizieren vermag, so die Botschaft, bietet sich die Gelegenheit, einen passenden Partner bzw. Partnerin zu finden. Daher heißt es für alle Kandidaten, einen ausführlichen, von Psychologen entwickelten Fragebogen auszufüllen. Auch wenn die genaue Ausgestaltung der Algorithmen undurchschaubar bleibt, ist bekannt, dass der Fokus hierbei nicht nur auf Einkommen, Beruf, Hobbys und Interessen liegt. Hinzu treten tiefergehende Phänomene wie Lebenseinstellung, Werte, Belastbarkeit und Verhaltenstendenzen. Die erhobenen Daten werden zu Merkmalskomplexen und Persönlichkeitsprofilen zusammengefasst, auf deren Basis die User verschiedenen Typen zugeordnet werden können. Schließlich sind es die komplexen Filter- und Matchingalgorithmen des Computers, gepaart mit psychologischen »Passungstheorien«, die dafür Sorge tragen sollen, dass aus der unüberschaubaren Menge potenzieller Partner und Partnerinnen diejenigen Typen zusammengeführt werden, die füreinander geeignet erscheinen (Reinecke 2015). Auf diesem Weg sollen eine maximale Kontrolle über die Kontakte erreicht und die Gefahren des Scheiterns reduziert werden. Aber nicht nur das; man zeigt sich zuversichtlich, eine hohe Zufriedenheit zwischen den Partnern und eine längere Beziehungsdauer gewährleisten zu können.

Nach dem bislang Gesagten verwundert es nicht, dass Illouz die (populär-)wissenschaftlich garnierten Verheißungen und die »hyperkognitiven« (2011, S. 324) Methoden digitaler Partner- und Partnerinnenwahlen ins Visier ihrer Kritik rückt. Im gleichen Rahmen problematisiert sie, dass die Kontaktbörsen darauf abzielen, ein Alter Ego aufzuspüren, das einem nicht nur gefällt, »sondern in der Lage ist, ›immense, hochgradig differenzierte Ansprüche‹ zu erfüllen« (2011, S. 325). Getrieben von dem Selbstzweck, »den eigenen Nutzen zu maximieren und zu kultivieren« (2006, S. 329), so führt sie aus, drehe sich bei den digitalen Liebesprojekten alles darum, immer genauer definierte und »perfektere« Menschen (2006, S. 330) zu finden. Wobei das Streben nach steter Verbesserung der Partner- und Partnerinnenwahl dazu tendiert, in einer Endlosschleife zu münden, die »die Willensenergie und die Fähigkeiten auszuwählen« (2011, S. 181–182), erschöpft. Anders gesagt: Angespornt von imaginären Idealbildern entwickelt sich eine Partner- und Partnerinnenjagd, die sich schwer tut, ein Ende zu finden. Häufig scheint sich die Online-Begegnung zu einer »Droge« zu entwickeln, ohne die man nicht mehr zurechtkommt (Kaufmann 2011, S. 16).

4.2   Vermarktlichung

Da Illouz den gegenwärtigen Kapitalismus namentlich, wie bereits angedeutet, durch seine Konsumkultur bestimmt sieht, überrascht es nicht, dass sie ein feines Gespür für das Einströmen der Markt- und Konsumlogiken in die sich eigentlich als antiökonomische Gegenwelt verstehende Sphäre emotionaler Intimbeziehungen entwickelt. Sie zeigt auf, wie sich die Liebenden zur Herstellung ihres Glücks der kapitalistischen Warenangebote bedienen und sich dabei gleich in doppelter Hinsicht in die Marktstrukturen verstricken (Illouz 2003).

Auf der einen Seite analysiert die Liebestheoretikerin zunächst, wie die Subjekte dem Imperativ unterliegen, aus dem üppigen Katalog von Offerten eine der »konsumistischen Logik« der Verfeinerung des Geschmacks (Illouz 2007, S. 129) entsprechende Auswahl zu treffen. Dabei wird den Internet-Usern das Angebot wie auf einem Buffet arrangiert und lädt zu einer Form der Auswahl ein, die derjenigen der ökonomischen Sphäre ähnelt. Ähnlich einem Einkauf in einem Supermarkt animiert die dem Online-Dating eigene konsumistische Mentalität dazu, Menschen und deren »Eigenschaften« vergleichend abzuwägen und sich für die interessanteste Ware zu entscheiden. Angesichts der unerschöpflichen Auswahl erscheinen die Partnerangebote, wie Illouz pointiert schreibt, »wie Fließbandprodukte bestimmt zu schnellem, reichlichem und billigem Konsum« (2006, S. 135). Als Quintessenz lässt sich festhalten: Die spätmoderne Liebe ist alles andere als ein vor dem Marktplatz sicherer Hafen, sondern eine aufs Engste mit der Wirtschaft verstrickte Praxis.

Mit der Neigung, den Wert eines Menschen an seinem Marktwert zu messen, werden Tendenzen der Kommodifizierung von Liebespraktiken angesprochen, die vor Jahren schon der britisch-polnische Soziologe Zygmunt Bauman registriert hat. Dieser zeichnet das Bild einer postmodernen Konsumgesellschaft, in der das Shopping zu einer universalen Lebenseinstellung wird und der nicht nachlassende Konsum als Inbegriff des gelungenen Lebens gilt. Den Tausch- und Warencharakter des modernen Liebeslebens aufs Korn nehmend, heißt es bei ihm: »Partnerschaften und soziale Bindungen werden wie Dinge behandelt und wahrgenommen, die man konsumieren kann, nicht wie etwas, das erst hergestellt werden muss; man behandelt sie nach denselben Kriterien wie alle anderen Konsumgegenstände. Es gibt keinen Grund, sich mit einem minderwertigen oder veralteten Produkt abzugeben, statt in den Regalen nach einer ›neuen und verbesserten Version‹ Ausschau zu halten« (Bauman 2003, S. 192–193). Der Imperativ schaue und wähle insinuiert eben nicht nur, dass alles zu haben ist, sondern auch, dass, was immer man gerade habe, optimiert werden kann. Kurz: »Was immer wir tun und wie immer wir es nennen, alles ist Shopping, wir handeln wie Kunden eines Supermarkts« (Bauman 2003, S. 90). Zu dieser Haltung gehört es auch, Bindungen als vorläufig zu erachten, weil sie dem Ideal des allzeit bereiten und flexiblen Individuums im Wege stehen würden.

Auf der anderen Seite zieht Illouz gegen das Übermaß an Wahlmöglichkeiten innerhalb der Dating-Plattformen zu Felde. Ihnen ist es ihrer Meinung nach geschuldet, dass es den Akteuren schwer fällt, nicht mehr Optionen zu maximieren und Kosten/Nutzen zu analysieren, sondern die Suchprozesse zu beenden und sich für jemanden verbindlich zu entscheiden. Noch nie, führt sie aus, hat eine Technologie »auf so extreme Weise« den Begriff des Selbst als eines »wählenden Selbst« (Illouz 2003, S. 192–193) radikalisiert. Dabei ist es nicht ihr Ansinnen, das Wählen und Vergleichen als solches zu kritisieren. Absicht ist vielmehr, die Hoffnung, mit den Logiken der Algorithmen, der Konsummärkte und des Wettbewerbs Hingabe und Liebe kaufen zu können, als Irrglauben zu demaskieren. Wie auch immer die Rationalisierungsbestrebungen im Detail ausfallen, Illouz ist sich sicher, dass das Liebesglück sich nicht erzwingen lässt. Im Gegenteil, werden Erwartungen perfekter Intimbeziehungen geschürt, sind Enttäuschungen vorprogrammiert.

4.3 Vom privaten zum öffentlichen Selbst

Aber die Kritik von Illouz geht noch weiter. Denn das Internet drängt die Nutzer und Nutzerinnen ihres Erachtens nicht nur unter dem ideologischen Banner der »Wahlfreiheit« in die Rolle des Käufers, der seine Entscheidungen als das »Ergebnis der bestmöglichen Wahl« (2011, S. 120) trifft. Die Akteure treten außerdem als Verkäufer ihres Selbst in Erscheinung und mutieren unmerklich in die Rolle einer »öffentlich ausgestellte(n) Ware« (2011, S. 120), die sich mit zigtausenden anderen »Waren« in einer Wettbewerbssituation befindet. Folglich muss die Devise der Nutzer und Nutzerinnen der Partnersuchdienste heißen, mittels Strategien ausgeklügelter Selbstpräsentation und einer perfekten Selbstinszenierung auf den eigenen Marktwert zu achten, um den Kampf um das knappe Gut der Aufmerksamkeit bestehen zu können. Zum therapeutisch-emotionalen Habitus, der laut Illouz zum festen Bestandteil der Kultur geworden ist, gehört es dazu, sich zunächst seiner selbst zu versichern und den Sinn für das eigene Selbst zu schärfen: Wer ist man und wie will man gesehen werden? Anders gesagt, um einem virtuellen Anderen zu begegnen, müssen die Nutzer und Nutzerinnen einen Prozess reflexiver Selbstbeobachtung, Selbstbespiegelung und Selbstklassifizierung durchlaufen (Illouz 2006, S. 117–118). Danach gilt es, in Auseinandersetzung mit den vorgefundenen Eingabemasken der Seite mittels Texten und Bildern ein digitales Selbst zu entwerfen.

Aber nicht nur auf die Wahrnehmung des eigenen, sondern auf das Ideal vom anderen Selbst gilt es sich zu konzentrieren. Dabei ist es unvermeidlich, sich zum Thema zu machen und so zu präsentieren, dass man von anderen wahrgenommen wird. Infolgedessen lassen sich die Portale auch als wahre Bühnen der Selbstinszenierung beschreiben. Hier zählt nur, wer sichtbar ist und wer angesehen wird. Um nicht stillschweigend in den Weiten des Netzes zu verschwinden, führt Illouz weiter aus, ist es von Nöten, unter Rückgriff auf die etablierten kulturellen Skripte eines begehrenswerten Subjekts, sich als lohnendes Produkt auszustellen. Dies vermag auch die bisweilen eigenwillige Enthüllungsbereitschaft und grellen Inszenierungspraktiken der Nutzer und Nutzerinnen zu erklären, die in Spiralen sich permanent überbietender Selbstoffenbarung geraten und einem anonymen Publikum ihr Innerstes nach außen kehren. Der Preis, der zu entrichten ist, lautet, das private Selbst zu entblößen und in einen öffentlichen Auftritt zu verwandeln. Hierbei machen es zumal die entkörperlichten Bedingungen der Online-Kommunikation erforderlich, die in der analogen Welt der Begegnungen durch Gestik und Mimik transportierten Informationen zu kompensieren und das digitale Selbst umso theatraler in Szene zu setzen.

In Anlehnung an eine aktuelle soziologische Theoriefigur könnte man auch sagen: Das Setting der Internetliebe korrespondiert mit einem auf permanente Selbstoptimierung bedachten »unternehmerischen Selbst« (Ulrich Bröckling), welches, auf den Erhalt der eigenen Konkurrenzfähigkeit bedacht, die Kunst der marktkonformen Selbstdarstellung beherrschen muss. Nach Ansicht von Illouz ist in diesem Zusammenhang besonders auf die Psychologisierung der Gesellschaft aufmerksam zu machen, da nicht zuletzt die mit ihr verbundenen Therapie- und Beratungsdiskurse die Akteure anhalten, sich als komplexe Individuen zu begreifen, die über sich nachdenken und die Darstellung ihres Selbst entschlossen in die Hand nehmen. So erlebt und erfährt man sich als Individuum, das sein Schicksal ergreift und sich selbst erschafft. Kurzum, man schreibt sich das, was mit einem geschieht, selber zu.

Damit ist eine Problematik angesprochen, die sich im Zuge der rasanten Ausbreitung digitaler Bildtechnologien in den Partnerbörsen nochmals verschärft hat. Denn je bedeutsamer visuelle Medien werden, desto wichtiger wird auch die Sichtbarkeit und Anziehungskraft des eigenen Selbst. Jetzt zählt nur noch der, der sichtbar ist und die Blicke auf sich zu ziehen vermag (Illouz 2011, S. 119–120). An die Stelle der alten Frage »Wer bin ich?« tritt in der »Kultur der Selbstthematisierung« (Burkart 2006) die Frage: Wie muss ich mich darstellen, dass Notiz von mir genommen wird? Im Gefolge des »Performance-Druck« (Bethke/Grossarth 2016) wird den Nutzern und Nutzerinnen eine Rolle abverlangt, die nicht nur ein hohes Maß an reflexivem Bewusstsein für seine physische Erscheinung und Äußerlichkeiten voraussetzt; zugleich wird die Bereitschaft reklamiert, kritisiert Illouz, sich den standardisierten Idealen gängiger Fotopräsentation zu unterwerfen und die eigene Haut zu Markte zu tragen. Dabei bilden die uniformen Ideale der Fitness- und Schönheitsindustrie die Währung, mit der gehandelt wird. Dementsprechend bringen die Portale, wie Illouz weiter darlegt, »intensive Praktiken körperlicher Selbsttransformation« hervor, so dass sich die Individuen »buchstäblich in der Rolle von Leuten wiederfinden, die für die Schönheitsindustrie als Models arbeiten« (2006, S. 123). Identitätsarbeit mutiert hier zur narzisstischen Selbst-PR. Im Hintergrund dieser Feststellung steht die von der Soziologin kritisch diagnostizierte Herausbildung einer Kultur der »Sexyness« (2011, S. 80 ff.). Diese ist dadurch bestimmt, dass Sexualität und Erotik »mitten ins Zentrum des Projekts, ein gutes Leben mit einem gesunden Selbst zu führen« (2011, S. 89), geraten. Für Frauen, zunehmend aber auch für Männer, heißt es nun, ein auf den Äußerlichkeiten der Kleidung und des Körpers basierendes Selbst herzustellen. Gefragt ist, ein »makelloses Dasein in einer glatten Welt, die nichts mehr dem Zufall überlässt« (Bethke/Grossarth 2016). Für die Stimmigkeit dieser Argumentation spricht der Befund, dass sich die durch die Profilbilder und Selbstportraits vermittelte individuelle Attraktivität nachweisbar als zentraler Prädiktor für die Anzahl der erhaltenen Kontakte erweist (Skopek 2012, S. 38). Dies besagt aber zugleich auch, dass sich manche vor Angeboten kaum retten können, während andere »virtuell eins auf die Nase« (Kaufmann 2011, S. 15) bekommen. In einem Satz: Für all diejenigen, denen die Fähigkeit zur Selbstdarstellung Probleme bereitet, gilt es, Frustrationen einzuplanen. Erfolgreich sind im Netz nur diejenigen, so Illouz (2006, S. 125), die sich durch sprachliche Originalität und konventionelle physische Attraktivität zugleich auszuzeichnen vermögen.

Die Selbstbearbeitung, Selbstdarstellung und Selbstpreisgabe im Netz mit dem Zweck, andere Personen zu verführen, erscheint in Illouz' Darstellung als paradigmatisch für das »postmoderne Selbst«. Dieses zeichnet sich durch die Fähigkeit zum flexiblen Spiel, zur Selbsterfindung bis hin zur bewussten Täuschung und Manipulation aus (2011, S. 121). Vor allem an dem Enttäuschungspotenzial, das dem Online-Dating strukturell eingeschrieben ist, macht Illouz den Verlust romantischer Sinngehalte im digitalen Liebesgeschehen fest. In ihren Augen erweist sich die »aufgeblasene« Präsentation des Selbst (Illouz 2006, S. 143) spätestens in den realen Begegnungssituationen, wenn es nötig ist, von der Online- in die Offline-Welt zu wechseln, als heikel. Denn jetzt ist es wahrscheinlich, dass die von Idealisierungen getragene anfängliche Faszination einer Ernüchterung und Enttäuschung weicht. Aber es ist nicht nur schwierig, die online entstandene Nähe und ihre Verklärungen in die Sphäre des wirklichen Lebens zu übertragen. Hinzu tritt, dass aufgrund der typischen Häufigkeit der Begegnungen das Kennenlernen in Gefahr gerät, einen »drehbuchartigen Charakter« (2006, S. 127) zu erhalten. Einfacher gesagt, es bilden sich Routinen heraus und der Zauber verschwindet.

Dabei ist es freilich nicht allein die schiere Zahl und Geschwindigkeit der (potenziellen) Netzkontakte, die die Bereitschaft, sich auf die Erfahrung leidenschaftlicher Paarbeziehungen einzulassen, beeinträchtigen. Wichtiger noch ist für Illouz, dass letztlich nicht die Selbstpräsentation im Netz, sondern die Wirklichkeit tatsächlicher, leiblich-sinnlicher Begegnung von Angesicht zu Angesicht und nicht selten in Gestalt rascher Blitzurteile darüber entscheidet, ob sich die Magie des romantischen Liebeszaubers zu entfalten vermag oder eben nicht. Ausschlaggebend ist, so argumentiert sie, sich wechselseitig von der persönlichen Erscheinung, über Stimme, Gestik und Mimik bis hin zum Geruch wahrnehmen zu können. Nicht rationale Kriterien, sondern die Augensprache und Sprache des Körpers stehen im Vordergrund. In diesem Sinne ist es die Vielzahl teils bewusster, teils unbewusster Stimuli, die die spontanen Gefühls-reaktionen produzieren, die von intuitiver Antipathie über achselzuckende Gleichgültigkeit bis hin zu sexueller Anziehung, passionierter Hingabe und spontaner Liebe auf den ersten Blick reichen können (Geser 2006, S. 17). Anders formuliert: Liebende verstehen und lieben sich ohne Worte; oftmals vermögen beredte Blicke zu genügen. So gesehen, verwundert es nicht, dass der Wechsel von der Online- zur Offlinebeziehung oftmals als fundamentaler Bruch be-trachtet wird, welcher anfängliche Gefühle der Begeisterung durch solche der Frustration ersetzt.

5. Schluss

Folgt man dem hier vorgelegten Interpretationsrahmen, kann das Fazit ein-deutig ausfallen: Der Vormarsch der digitalen Liebesmärkte hat weitreichend Veränderungsprozesse ausgelöst, in deren Gefolge sich ein »radikaler Bruch« (Illouz 2006, S. 133) mit der Kultur der Liebe und Romantik anbahnt. Wie immer man zu den Thesen von Illouz und ihren vielschichtigen Begründungen im Detail stehen mag, unstrittig dürfte sein, dass sie gleich eine ganze Reihe von brisanten Fragen aufwirft, die es verdient, nicht nur aus paarsoziologischer, sondern auch aus zeitdiagnostischer Sicht gründlicher diskutiert zu werden:

- Welche Auswirkungen hat das Internet auf die soziale Ordnung des Intim- und Liebeslebens und inwiefern verändert es die kulturellen Ideale von Partnerschaft, Sexualität und Liebe?
- Wie weit lässt sich die sinnlich-emotionale Erlebens- und Praxisform der Liebe durch Wissenschaftlichkeit und die ordnende Hand der Algorithmen planen und rationalisieren?
- Welche Muster der Paarbildung bringen das Internet hervor? Unterscheiden sich Paare, die im Netz ihren Anfang nehmen, von jenen, die sich offline kennenlernen?
- Welche Formen der Subjektivierung haben die Inszenierungs- und Theatra-lisierungszwänge der Wettbewerbskultur der Partnerbörsen zur Folge?
- Welchen Beitrag kann die Analyse der digitalen Liebes- und Aufmerksam-keitsmärkte zum Verständnis eines zunehmend durchpsychologisierten Le-bens einerseits und der Funktionsweise des digitalen Konsumkapitalismus andererseits leisten?

Nicht nur angesichts der unbefriedigenden Forschungslage, der es vor allem an empirischen Erhebungen mangelt, wird es sicherlich nicht leicht sein, Antworten auf diese Fragen zu finden. Aber so viel steht fest: Es gibt viele Gründe, der unbesehenen Wertschätzung der in der spätmodernen Konsum- und Marktgesellschaft üblich gewordenen Freiheits- und Vielfaltsrhetorik mit Skepsis zu begegnen.

Literatur

Bauman, Zygmunt (2003): Flüchtige Moderne. Frankfurt am Main.

Bethke, Hannah/Grossarth, Jan (2016): Du sollst dir kein Bild von dir machen. Frankfurter Allgemeine Zeitung, 22.07.2016, S. 16.

Bühler-Ilieva, Evelina (2003): Einen Mausklick von mir entfernt. Die Entstehung von Partnerbeziehungen online. 14.02.2003. http://www.medienheft.ch/uploads/media/k19_BuehlerEvelina.pdf (zuletzt abgerufen am 10.04.2016).

Bundesverband Digitale Wirtschaft (2013): Online-Partnersuche steht bei deutschen Internetnutzern hoch im Kurs. 13.02.2013. http://www.bvdw.org/presse/news/article/bvdw-online-partnersuche-steht-bei-deutschen-internetnutzern-hoch-im-kurs.html (zuletzt abgerufen am 12.6.2016).

Burkart, Günter (2006) (Hrsg.): Die Ausweitung der Bekenntniskultur – neue Formen der Selbstthematisierung? Wiesbaden.

Dröge, Kai (2010): Romantische Unternehmer im Netz: widersprüchliche Identitätsangebote beim Online Dating. WestEnd: Neue Zeitschrift für Sozialforschung 7 (2), S. 82–94.

Dröge, Kai (2012): Transitorische Sozialbeziehungen oder: Wider die Ungleichheitsblindheit der Internetsoziologie. In: Stegbauer, Christian (Hrsg.), Ungleichheit. Medien- und kommunikationssoziologische Perspektiven. Wiesbaden, S. 281–299.

Geser, Hans (2006): Partnerwahl online. Soziologisches Institut der Universität Zürich. http://geser.net/intcom/t_hgeser15.pdf (zuletzt abgerufen am 19.05.2016).

Illouz, Eva (2003): Der Konsum der Romantik. Liebe und die kulturellen Widersprüche des Kapitalismus. Frankfurt am Main.

Illouz, Eva (2006): Gefühle in Zeiten des Kapitalismus. Frankfurt am Main.

Illouz Eva (2009): Die Errettung der modernen Seele. Gefühle und die Kultur der Selbsthilfe. Frankfurt am Main.

Illouz, Eva (2011): Warum Liebe weh tut. Eine soziologische Erklärung. Frankfurt am Main.

Kaufmann, Jean-Claude (2011): Sex@mour. Wie das Internet unser Liebesleben verändert. Konstanz.

Lenz, Karl/Scholz, Sylka (2014): Romantische Liebessemantik im Wandel? In: Steinbach, Anja/Henning, Marina/Arránz Becker, Oliver (Hrsg.), Familie im Fokus der Wissenschaft. Wiesbaden, S. 93–116.

Reinecke, Jochen (2015): Programmiertes Glück. Frankfurter Allgemeine Sonntagszeitung, 19.07.2015, S. 59.

Schulz, Florian/Zillmann, Doreen (2009): Das Internet als Heiratsmarkt. Ausgewählte Aspekte aus Sicht der empirischen Partnerwahlforschung. Staatsinstitut für Familienforschung an der Universität Bamberg, ifb-Materialien 4. http://www.ifb.bayern.de/ imperia/md/content/stmas/ifb/materialien/mat_2009_4.pdf (zuletzt abgerufen am 12.04.2016).

Skopek, Jan (2012): Partnerwahl im Internet. Eine quantitative Analyse von Strukturen und Prozessen der Online-Partnersuche. Wiesbaden.

Skopek, Jan/Schulz, Florian/Blossfeld, Hans-Peter (2009): Partnersuche im Internet. Bildungsspezifische Mechanismen bei der Wahl von Kontaktpartnern. Kölner Zeitschrift für Soziologie und Sozialpsychologie 61, S. 183–210.

Wiechers, Henning/Pflitsch, Dirk/Moucha, Pamela (2015): Der Online-Dating-Markt 2014–2015. http://www.singleboersen-vergleich.de/presse/online-dating-markt-2014-2015.pdf (zuletzt abgerufen am 21.05.2016).

Zillmann, Doreen/Skopek, Jan/Schmitz, Andreas/Blossfeld, Hans-Peter (2010): Liebe 2.0. Ein Portrait des Bamberger Forschungsprojektes zu Partnerwahlprozessen auf Online-Kontaktbörsen. Detecon Management Report (3), S. 4–7.

Arnd Wiedemann & Julian Quast*

Vielfalt in der Geldanlage – Chancen und Risiken für Investoren am deutschen Zertifikatemarkt

Vielfalt ist eine gute Sache, entspricht sie doch dem Streben eines jeden Individuums nach uneingeschränkter Individualität (vgl. Snyder/Fromkin 2012, S. 3). Dies gilt auch für die individuelle Geldanlage. Gerade in der aktuellen Zeit, in der Anleihen der Bundesrepublik Deutschland nur negative Renditen erwirtschaften, trägt eine erhöhte Produktvielfalt dazu bei, für jedes Anlagebedürfnis eine individuelle Lösung zu finden. Hier eröffnen Zertifikate Anlegern ein breites Spektrum an Alternativen. Insbesondere Investoren mit höherer Risikobereitschaft bieten sich Möglichkeiten, um auf die gesunkenen Ertragschancen zu reagieren (vgl. Rajan 2005a, S. 317). Vielfalt ist also grundsätzlich positiv zu bewerten. Kann Vielfalt aber auch negativ sein?

Dieser Beitrag analysiert die Chancen und Risiken des deutschen Zertifikatemarkts. Die Deutsche Bundesbank (2016) beschreibt Zertifikate als Wertpapiere, die einem Investor die Teilnahme an der Kursentwicklung eines Basiswerts verbriefen. Der Basiswert (beispielsweise eine Aktie, eine Währung, ein Zins, ein Rohstoff) dient als Berechnungsgrundlage für die Erfüllung und Bewertung des Zertifikats. Der Investor erwirbt also nicht den Basiswert selbst, sondern er schließt mit dem Emittenten (dem Verkäufer) einen Vertrag, je nach Konstruktion in bestimmter Form an der Wertentwicklung des Basiswerts teilzuhaben. Beispielsweise kann ein Anleger mit einem Zertifikat an der Kursentwicklung der BASF-Aktie partizipieren, ohne die Aktie selbst kaufen oder besitzen zu müssen. Zertifikate gehören damit zur Gruppe der Derivate, das heißt es sind Wertpapiere, deren Preise von den Preisen anderer Wertpapiere (den Basiswerten) abhängen. Sie können in ihrer Laufzeit begrenzt oder unbegrenzt sein (vgl. Deutsche Bundesbank 2016).

* Univ.-Prof. Dr. Arnd Wiedemann, Universität Siegen, Fakultät III (Wirtschaftswissenschaften – Wirtschaftsinformatik – Wirtschaftsrecht), Lehrstuhl für Finanz- und Bankmanagement. Julian Quast, M.Sc., Universität Siegen, Fakultät III (Wirtschaftswissenschaften – Wirtschaftsinformatik – Wirtschaftsrecht), Lehrstuhl für Finanz- und Bankmanagement.

Zertifikate bedienen durch ihre vielfältigen Ausgestaltungsformen die Bedürfnisse unterschiedlichster Anlegertypen. Zum einen ermöglicht ihre individuelle Ausgestaltung Investoren, ein gewünschtes Rendite/Risiko-Profil zu
generieren. Die Aussicht auf eine höhere Rendite ist allerdings stets auch mit
einem höheren Risiko verbunden (vgl. Rajan 2005b). Zum anderen können mit
Zertifikaten aber auch Risiken abgesichert werden (Hedging). Historisch betrachtet ist der Wunsch nach Risikoabsicherung auch der Auslöser für die Erfindung und den Einsatz von Zertifikaten gewesen.

1.   Historische Meilensteine des Zertifikatehandels

Die ersten derivativen Kontrakte fanden bereits um 1700 v. Chr. in Mesopota-
mien Anwendung. Schon diese Kontrakte ähnelten den heute am Kapitalmarkt
gehandelten Zertifikaten. Da die Wirtschaft zu jener Zeit stark landwirtschaft-
lich geprägt war, umfassten die gehandelten Derivate zum größten Teil Waren-
und Rohstofftermingeschäfte, mit deren Hilfe Bauern schon vor der Ernte Ver-
kaufspreise für ihre Erzeugnisse sichern konnten (vgl. Oldani 2008, S. 2–3).

Eine erste rechtliche Behandlung von Derivaten findet sich in den »Gesetzen
von Hammurabi«. Diese sind eine Sammlung babylonischer Rechtssprüche aus
dem 18. Jahrhundert v. Chr. In Paragraph 48 steht beispielsweise: »Wenn auf
einem Mann eine Schuld lastet und ein Sturmwetter sein Feld überschwemmt
und den Ernteertrag fortführt, oder aus Wassermangel kein Getreide auf dem
Felde wächst, dann zahlt er in diesem Jahre dem Gläubiger kein Getreide, seine
Schuld erlischt; auch zahlt er für dieses Jahr keine Zinsen« (vgl. Yale Law School
2008). Hierbei handelt es sich um eine frühe Form eines Wetterderivats. Sollte es
aufgrund der genannten Wetterereignisse zu einem Ernteausfall kommen, muss
der Schuldner seiner Zahlungspflicht nicht nachkommen. In den genannten
Fällen kann er von dem gesetzlich verankerten Recht Gebrauch machen und
muss nicht zahlen. Umgekehrt verfällt das Recht, wenn die Felder genug Ernte
tragen. Im Gesetz ist also eine Option verankert, dem Bauern steht ein einseitiges
Recht zu (vgl. Whaley 2006, S. 11). Derivate sind somit keine Erfindung der
jüngeren Vergangenheit. Zu Beginn wurden sie vorwiegend zur Absicherung
gegen Rohstoffpreisrisiken eingesetzt (vgl. Kummer 2012, S. 3 ff.).

Auch der erste große Finanzkollaps der Geschichte steht in Zusammenhang
mit dem Einsatz von Derivaten. Ausgelöst durch den exzessiven Handel mit
Tulpenzwiebeln kollabierte 1636/37 der Amsterdamer Finanzmarkt. Tulpen er-
freuten sich einer hohen Beliebtheit in der Bevölkerung. Die Nachfrage stieg
rasant an, wodurch die Preise für Tulpenzwiebeln stark anstiegen. Dies wollten
auch Spekulanten nutzen. In Erwartung weiter steigender Preise kauften sie
ebenfalls Tulpenzwiebeln, um diese später gewinnbringend weiterzuverkaufen.

Es wurden sogar Optionen auf zukünftige Lieferungen gehandelt. Diese verbrieften das Recht auf den zukünftigen Kauf von Tulpenzwiebeln zu einem vorab festgelegten Preis. Die Preise stiegen bis ins Frühjahr 1637. Dann setzte ein dramatischer Preissturz ein und die Optionen fielen um bis zu 95 % im Preis (vgl. Pierenkemper 2011, S. 145 ff.), weil der aktuelle Marktpreis für Tulpenzwiebeln unter dem in den Optionen festgelegten Kaufpreis lag und das verbriefte Recht damit quasi wertlos war.

2.   Die Entwicklung des Zertifikatemarkts – der rasante Aufstieg einer Anlageklasse bis zur Finanzkrise

Wichtige Meilensteine in der Entwicklung des heutigen Zertifikatemarkts in Deutschland waren die Emission des ersten Indexzertifikats im Jahre 1990 sowie die Emission des ersten Discount-Zertifikats im Jahre 1995. Seine bedeutendste Wachstumsphase erlebte der Zertifikatemarkt zu Beginn der 2000er Jahre. Rückläufige Aktienkurse sowie der Zusammenbruch des neuen Marktes führten dazu, dass vermehrt alternative Anlagemöglichkeiten gefragt waren. Insbesondere das Bedürfnis nach Sicherheit stand bei Investoren im Vordergrund (vgl. Weyand 2010, S. 67). Diesen Wunsch nach Sicherheit bedienten strukturierte Zertifikate. Sie ermöglichten es Investoren, auch in einem Umfeld stagnierender oder fallender Aktienkurse ansprechende Renditen zu erwirtschaften (vgl. Vambrie 2010, S. 103), und boten gleichzeitig attraktivere Renditechancen als festverzinsliche Anlagen (vgl. Brechmann et al. 2008, S. 13).

Wie kann das gehen – ist doch gerade der Kapitalmarkt dafür bekannt, dass man nichts geschenkt bekommt, das heißt eine höhere Rendite stets mit höheren Risiken verbunden ist? Des Rätsels Lösung liegt in der Strukturierung der Zertifikate. Vergleichbar mit einer Pizza können Zertifikate aus den unterschiedlichsten Bestandteilen von Finanzprodukten zusammengesetzt werden. Benötigt wird eine Grundkonstruktion (der Pizzateig), bevor der Financial Engineer (d. h. die das Produkt verkaufende Bank, der Koch) loslegen und das vom Kunden gewünschte Rendite/Risiko-Profil (d. h. den Belag, Schinken, Salami, Thunfisch, Zwiebeln usw.) zusammenstellen kann. Und genauso, wie der Gast zuerst eine Speisekarte gereicht bekommt, um sich die gewünschte Pizza auszusuchen, und der Koch dann weiß, was er zubereiten soll, muss auch jeder Investor im Vorfeld seine Risikopräferenzen kennen, um das geeignete Produkt auswählen zu können, denn jedes Zertifikat weist ein ganz spezifisches Risiko/Chancen-Profil auf.

Bei der Wahl einer Pizza ist die Sache vergleichsweise einfach. Wer eine scharfe Pizza mag, bestellt vielleicht eine Pizza Peperoni oder extra Chilischoten.

Und wer keine Zwiebeln mag, der sollte keine Pizza mit Zwiebeln bestellen. Doch kennt ein Investor genau die mit einem individuellen Zertifikat einhergehenden Risiken? Ist das Rendite/Risiko-Profil für ihn klar verständlich? Fakt ist, dass im Zuge der letzten Finanzmarktkrise Zertifikate gerade deshalb in die Kritik und in den Fokus der Öffentlichkeit gerieten, weil Investoren falsche Vorstellungen von den mit der Anlage verbundenen Risiken hatten (vgl. Baule/Wiedemann 2012, S. 1).

Insbesondere die Insolvenz der Investmentbank Lehman Brothers führte zu massiven Verwerfungen in der Finanzbranche. Die von Lehman begebenen Zertifikate hatten gerade risikoscheue Anleger angesprochen, da sie eine attraktive Rendite bei garantierter Rückzahlung des Kapitalbetrages am Laufzeitende boten. Was den meisten Anlegern allerdings beim Kauf nicht bewusst war: dass sie das Geschäft nicht mit dem Unternehmen abgeschlossen hatten, das im Zertifikat als Basiswert zugrunde lag, sondern mit dem Emittenten. Der Ausfall des Emittenten (hier: Lehman Brothers) führte dazu, dass die ausgegebenen Zertifikate wertlos wurden, weil dieser durch die Insolvenz nicht mehr in der Lage war, seinen Zahlungsverpflichtungen nachzukommen (vgl. Mildner/Fuchs 2010, S. 41).

Die teils sachlich berechtigte, aber mitunter auch unsachliche Kritik an Zertifikaten führte zu einem großen Imageschaden, der sich in einem rapide sinkenden Marktvolumen widerspiegelte. Hauptkritikpunkt war meist die fehlende Markt- und Produkttransparenz und die mangelnde Verständlichkeit von Zertifikaten (vgl. Knüppel 2010, S. 53 ff.). Dies führte zu einem verstärkten Vermögensabzug. Von 142 Mrd. Euro im Oktober 2007 halbierte sich das Marktvolumen fast auf 78,2 Mrd. Euro im Februar 2009. Die sinkende Nachfrage führte allerdings nicht dazu, dass sich auch die Anzahl der angebotenen Zertifikate verringerte. Im Gegenteil, die Anzahl der angebotenen Produkte stieg im gleichen Zeitraum um fast 50 % von 260.711 Stück auf 380.903 (Abb. 1).

Exemplarisch für die fehlende Produkttransparenz sei ein Bonuszertifikat dargestellt, das von Lehman Brothers im Jahr 2007 ausgegeben wurde. Das Zertifikat bezog sich als Basiswert auf den Euro Stoxx 50, einen Aktienindex, der 50 der führenden europäischen Unternehmen umfasst. Ein Bonuszertifikat ist ein Derivat, das Investoren einen Sicherheitspuffer in Form einer Bonusschwelle bietet. Steigt der Kurs des Euro Stoxx 50 oder geht der Kurs nur moderat zurück, liegt der Kurs des Basiswerts während der gesamten Laufzeit also stets oberhalb der festgelegten Schwelle, so erhält der Käufer des Bonuszertifikats am Laufzeitende mindestens das vorher festgelegte Bonusniveau. Wird die Bonusschwelle während der Laufzeit jedoch einmal unterschritten, verfällt die Chance auf den Bonusbetrag (vgl. Wiedemann et al. 2006, S. 33). Bonuszertifikate sind daher insbesondere in Marktphasen mit geringer Volatilität interessant, denn

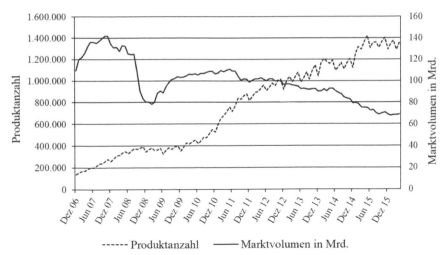

------ Produktanzahl   ——— Marktvolumen in Mrd.

Abb. 1: Entwicklung der Produktanzahl und Volumina im Zertifikatemarkt

dann kann mit ihnen eine höhere Rendite als mit einer Direktinvestition in den entsprechenden Basiswert erzielt werden.

Das von Lehmann begebene Bonuszertifikat wurde in einem 97 Seiten langen Basisprospekt beschrieben (vgl. Bundesanstalt für Finanzdienstleistungsaufsicht 2007). In diesem Prospekt wurden zunächst grundlegende Begriffe definiert, dann Risikohinweise gegeben und zuletzt die Anleihebedingungen erläutert, unter anderem die Rückzahlungsbeträge und -bedingungen (vgl. Märker/Hillesheim 2009, S. 66). Schon der schiere Seitenumfang macht die Komplexität deutlich, die mit dem Handel von Zertifikaten einhergeht. Für Privatanleger ist es daher schon eine besondere Herausforderung, die Funktionsweise eines Zertifikats vollumfänglich zu verstehen: Von welchen Marktfaktoren hängt der Wert des Produkts ab? Wie genau verändert er sich bei Veränderungen eben dieser?

3.   Vielfalt am Zertifikatemarkt

Die Vielfalt am Zertifikatemarkt kann aus unterschiedlichen Blickwinkeln betrachtet werden. Drei Perspektiven sind offenkundig (Abb. 2): Wer sind die Verkäufer der Zertifikate (Emittenten), wer sind die Käufer von Zertifikaten (Investoren) und was für Geschäfte werden gehandelt (Produkte)? Seit den 1990er Jahren bis 2007 verzeichnete der Zertifikatemarkt ein rasantes Wachstum. Umfasste der Markt zu Beginn der 1990er Jahre lediglich ein Volumen von einigen hundert Millionen Euro, wuchs er bis 2007 auf über 140 Mrd. Euro (vgl.

Krüger 2010, S. 126 und Abb. 1). Dieser Anstieg war unter anderem möglich durch den einfachen Zugang für private Investoren zu diesen Produkten. So ist die Anzahl der Investoren an der Privatanlegerbörse in Stuttgart von 1995 bis 2009 um 100 % angestiegen (vgl. Weyand et al. 2010, S. 247). Aber auch institutionelle Anleger nutzten vermehrt das umfangreiche Produktangebot.

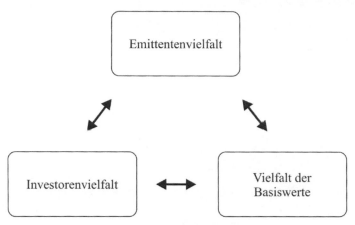

Abb. 2: Ausprägungsformen der Vielfalt am Zertifikatemarkt

Die gestiegene Nachfrage nach strukturierten Finanzprodukten führte auch zu einer erhöhten Vielfalt unter den Emittenten. Verfügten im März 2007 die vier größten Emittenten von Zertifikaten noch über einen Anteil von 67 % am Gesamtmarkt, liegt ihr Anteil mittlerweile nur noch bei knapp über 50 %. Der Zertifikatemarkt bewegt sich von einem Markt mit einigen wenigen Anbietern und hohen Marktanteilen hin zu einem Markt mit einer Vielzahl von Anbietern und geringeren Marktanteilen (vgl. Derivate Forum 2007; Deutscher Derivate Verband 2016a).

4.   Produktvielfalt am Beispiel der Bayer AG

Die immense Vielfalt am Zertifikatemarkt sei exemplarisch am Beispiel von Produkten auf den Basiswert der Aktie der Bayer AG veranschaulicht. Am 01. Juli 2016 gab es 11.522 Zertifikate, die sich auf die Bayer AG als Basiswert beziehen. Sofern sich ein Investor also grundsätzlich für den Basiswert Bayer AG entschieden hat, kann er je nach seiner Risikoneigung unter 11.522 Angeboten das für ihn passende auswählen. Folgt man der Produktklassifizierung des Deutschen Derivate Verbands (2016c), muss sich ein Investor zuerst für eine »Hauptart« und anschließend eine Untergruppierung entscheiden. Der Deutsche Derivate Verband unterscheidet je nach Risiko/Chancen-Profil zwischen

Anlage- und Hebelprodukten. Wie der Name »Hebelprodukt« schon zum Ausdruck bringt, sind diese deutlich risikoreicher als Anlageprodukte, bieten aber umgekehrt auch die Möglichkeit auf höhere Renditen bei geringeren Kapitaleinsätzen. Als nächstes muss sich ein Investor entscheiden, ob er für den ausgewählten Basiswert, hier die Bayer AG, Wertzuwächse oder Wertverluste erwartet. Anschließend gilt es noch die präferierte Laufzeit des Zertifikats und, wenn es sich um ein Zertifikat mit Optionen handelt, den Basispreis (auch Strike-Preis genannt) festzulegen (vgl. Wiedemann 2013a, S. 161 ff.). Letzterer gibt die Wertgrenze an, die je nach erwarteter Wertentwicklung über- oder unterschritten werden muss, damit das Zertifikat in die Gewinnzone kommt.

Das umfangreiche Produktangebot wird zudem noch um die Möglichkeit erweitert, sich ein Zertifikat selber zu strukturieren. Dies ermöglicht es einem Investor, sich ein Produkt zu bauen, das genau seinem individuellen Rendite/Risiko-Profil und seinem individuellen Anlagehorizont entspricht. Hat der Anleger sich das gewünschte Rendite/Risiko-Profil zusammengestellt, erhält er vom Emittenten für »sein« Zertifikat einen Preis sowie die maximale Rendite und den verfügbaren Risikopuffer genannt (vgl. Langer 2010, S. 117). Diese Möglichkeit bietet den maximalen Gestaltungsfreiraum und eröffnet ein unbeschränktes Produktuniversum. Gleichzeitig stellt sich aber die Frage, ob diese Produktvielfalt auch kontraproduktiv sein kann.

5. Die Grenzen der Vielfalt am Zertifikatemarkt

Wie aufgezeigt, bietet der Zertifikatemarkt maßgeschneiderte Lösungen für Investoren, die ihr Rendite/Risiko-Profil genau kennen und über das entsprechende Produktverständnis verfügen. Die Zertifikatevielfalt stößt dann an ihre Grenzen, wenn Letzteres bei den Kunden nicht gegeben ist. Dann ist weniger vielleicht mehr. Es stellt sich auch grundsätzlich die Frage, ob die Aufklärung über potenzielle Risiken alleine Aufgabe der Emittenten (d.h. der Produktanbieter) ist oder ob nicht auch potenzielle Anleger in der Pflicht sind, sich das entsprechende Fachwissen anzueignen. Soll ausschließlich über verstärkte Governance-Vorgaben für die Emittenten sichergestellt werden, dass Investoren umfangreiche Informationen über das Produkt erhalten, oder müssten nicht auch Investoren aus eigener Motivation heraus interessiert sein, die Funktionsweise des Zertifikats, das sie kaufen möchten, zu verstehen?

In Folge der Finanzkrise wurden die Emittenten gesetzlich dazu verpflichtet, Produktinformationsblätter zu veröffentlichen, die die Kunden über die wesentlichen Daten, Risiken und Kosten des jeweiligen Produktes aufklären (vgl. Baule et al. 2015, S. 334). Diese Maßnahme sollte dazu dienen, der hohen Komplexität und Intransparenz von Zertifikaten entgegenzuwirken. Des Weiteren verpflichtete sich der 2008 gegründete Deutsche Derivate Verband (DDV), in dem sich die 18 führenden Emittenten derivativer Wertpapiere zusammengeschlossen haben, zu mehr Transparenz und weniger Komplexität. Wörtlich schreibt der Verband: »Wesentliche Aufgabe des Verbandes ist es, Marktstandards zu setzen und Projekte wie den Derivate Kodex, das Zertifikate-Rating und die Beraterschulung voranzutreiben, die den Schutz der Anleger gewährleisten und die die Transparenz und Verständlichkeit der Zertifikate verbessern. Das sind die Grundpfeiler der Selbstregulierung der Branche, und hier ziehen Politik und Banken an einem Strang« (Deutscher Derivate Verband 2008, S. 1). Zudem soll die Wirkungsweise von Zertifikaten mitsamt ihren Vor- und Nachteilen erläutert werden, um das verlorengegangene Vertrauen der Kunden in Zertifikate durch erhöhte Transparenz wieder zurückzugewinnen (vgl. Deutscher Derivate Verband 2008, S. 1).

Dieser Anspruch spiegelt sich in der Umsetzung eines Fairness-Kodex wider. Hier verpflichten sich die Mitglieder des DDV zu einer fairen Gestaltung ihrer Produkte. Die Anleger sollen über die Chancen und Risiken der jeweiligen Zertifikate informiert werden. Zu mehr Transparenz soll zudem die Einführung der Risikokennzahl »Value at Risk« führen, die den Anlegern eine unabhängige Risikoeinstufung des Produkts ermöglichen soll (vgl. Deutscher Derivate Verband 2013, S. 9).

Der Value at Risk beschreibt den geschätzten, maximalen Wertverlust des Zertifikats, der mit einer bestimmten Wahrscheinlichkeit bei einer vorgegebenen Haltedauer unter üblichen Marktbedingungen nicht überschritten wird (vgl. Jorion 2007, S. 17; Wiedemann 2013b, S. 7 ff.). Die Angaben des Derivateverbands beziehen sich auf eine Haltedauer von 10 Tagen und eine Wahrscheinlichkeit von 99 %. Der errechnete Value at Risk wird anschließend in verschiedene Risikoklassen eingeteilt, die wieder unterschiedlichen Anlegerprofilen zugeordnet werden können (Tab. 1) (vgl. Deutscher Derivate Verband 2016b).

Risikoklasse	Value at Risk (in %)	Anlegerprofil
1	$0 < \text{VaR} \leq 2{,}5$	sicherheitsorientiert
2	$2{,}5 < \text{VaR} \leq 7{,}5$	begrenzt risikobereit
3	$7{,}5 < \text{VaR} \leq 12{,}5$	risikobereit
4	$12{,}5 < \text{VaR} \leq 17{,}5$	vermehrt risikobereit
5	$17{,}5 < \text{VaR} \leq 100$	spekulativ

Tab. 1: Zuordnung der Value at Risk-Werte zu Risikoklassen und Anlegerprofilen

Ein Value at Risk von 5 % bedeutet beispielsweise, dass bei einer Anlage von 10.000 Euro der Wertverlust des erworbenen Zertifikats unter üblichen Marktbedingungen innerhalb der nächsten 10 Tage mit einer Wahrscheinlichkeit von 99 % 500 Euro nicht überschreitet. Ein potenzieller Investor erhält so einen einfachen Überblick, ob das entsprechende Produkt seinem Risikoprofil entspricht. Die Value at Risk-Kennzahl ermöglicht auch Investoren ohne explizites Fachwissen eine Risikoeinschätzung ihres Investments.

Allerdings ist die Nutzung der Value at Risk-Kennzahl als Entscheidungsgrundlage zur Investitionsbeurteilung ebenfalls mit Risiken verbunden. Zum einen besteht generell die Gefahr, dass ein Investor die Kennzahl falsch interpretiert und glaubt, dass sein Verlust innerhalb der nächsten 10 Tage 500 Euro nicht überschreiten kann. Dies ist natürlich falsch, denn die Kennzahl beinhaltet bei einer Aussagewahrscheinlichkeit von 99 % immer auch ein Restrisiko von 1 %, dass der Verlust doch größer als 500 Euro ausfällt. Ferner beinhaltet jede Risikokennzahl auch ein Modellrisiko (vgl. Stein/Wiedemann 2016a; 2016b). Dieses bezeichnet den potenziellen Verlust, der als Folge einer Investitionsentscheidung entsteht, die sich auf das Ergebnis eines Modells (hier des Value at Risk) stützt, das Fehler bei der Konzeption, Ausführung oder Nutzung aufweist (vgl. CRD IV 2013, S. L 176/351). In diesem Kontext zielt das Modellrisiko darauf ab, dass der Value at Risk falsche Ergebnisse liefert und auf dieser Basis falsche Entscheidungen getroffen werden.

Konträr zum Ansatz der hohen Produktvielfalt für sämtliche Anleger steht die Forderung, dass Privatanleger grundsätzlich keinen Zugang zum Zertifikatemarkt haben sollten (vgl. van Randenborgh 2010). Diese basiert auf der These, dass private Anleger die Risiken von Zertifikaten nicht adäquat beurteilen können und aufgrund von Informationsasymmetrien gegenüber den Emittenten per se benachteiligt sind. Das Problem der Informationsasymmetrie besteht aber generell und ist keine spezifische Erscheinung des Zertifikatemarkts. Auch wird gefordert, dass Zertifikate lediglich zum Zwecke der Absicherung erlaubt sein sollen und nicht zur Spekulation (vgl. van Randenborgh 2010, S. 76 ff.). Dies verkennt allerdings, dass ein Zertifikat stets beide Seiten beinhaltet und es sehr schwierig sein dürfte, in jedem Einzelfall festzustellen, ob ein Absicherungszweck vorliegt.

6.   Fazit

Der Zertifikatemarkt hat sich in den frühen 2000er Jahren rasant entwickelt. Sowohl das Marktvolumen als auch die Produktanzahl sind enorm angestiegen. Die Wachstumsraten erhielten im Zuge der Finanzkrise einen ersten Dämpfer. Seitdem ist der Handel mit Zertifikaten rückläufig, das Produktangebot nimmt aber dennoch immer weiter zu. Dies steigert insbesondere die Produktvielfalt, so dass heutzutage fast beliebige Risiko/Chancen-Profile bedient werden können. Diese Vielfalt und das ausdifferenzierte Angebot an Zertifikaten sind grundsätzlich positiv zu beurteilen. Die oftmals geübte Kritik an der Unübersichtlichkeit und Intransparenz der verschiedenen Produkte konnte in Teilen durch regulatorische Maßnahmen und Standardisierungsprozesse der Emittenten vermindert werden. Die Chancen und Risiken der Vielfalt am Zertifikatemarkt fasst Tab. 2 zusammen.

Chancen der Zertifikatevielfalt	Risiken der Zertifikatevielfalt
Ursprüngliche Intention: Absicherung, aber auch Spekulation möglich	Geringe Produkttransparenz aufgrund mangelnder Standardisierung
Breite Auswahl und individuelle Produkte	Unübersichtlichkeit
Anpassungsfahigkeit an die jeweilige Marktsituation	Vorwissen erforderlich
Anlagealternativen im Niedrig- und Negativzinsumfeld	Keine Einlagensicherung und damit verbunden keine Absicherung des Risikos eines Emittentenausfalls

Tab. 2: Chancen und Risiken der Zertifikatevielfalt

Im Ergebnis bleibt festzuhalten, dass Zertifikate den Markt für Geldanlagen bereichern, aber nur Investitionsmöglichkeiten für Anleger mit entsprechendem Vorwissen darstellen. Nur wenn der Investor in der Lage ist, die mit dem jeweiligen Zertifikat verbundenen Risiken adäquat einzuschätzen, kann er auch die damit verbundenen Chancenpotenziale nutzen.

Literatur

Baule, Rainer/Blonski, Philip/Demmer, Thomas/Wiedemann, Arnd (2015): Persuasion of individual investors by scenarios. Schmalenbach Business Review 67, S. 333–348.
Baule, Rainer/Wiedemann, Arnd (2012): Die Regulierung der Emission strukturierter Finanzprodukte für Retail-Anleger. Hagen – Siegen.
Brechmann, Arnd/Röder, Jürgen/Schneider, Stefan/Winkler, Dirk (2008): Erfolgsweg Zertifikate. Stuttgart.
Bundesanstalt für Finanzdienstleistungsaufsicht (2007): Basisprospekt Bonuszertifikat Lehman Brothers. http://www.bafin.de/SharedDocs/Downloads/DE/Liste/Lehman/ Lehman_Treasury/ Basisprospekt_28082007/dl_Final_terms_vom_31102007_A0S116. pdf;jsessionid=1A61CEBEFD22FF8DFBD2C0C78F880775.1_cid381?__blob=publica tionFile&v=1 (zuletzt abgerufen am 13.07.2016).
CRD IV (2013): Richtlinie 2013/36/EU des Europäischen Parlaments und des Rates vom 26. Juni 2013 über den Zugang zur Tätigkeit von Kreditinstituten und die Beaufsichtigung von Kreditinstituten und Wertpapierfirmen, zur Änderung der Richtlinie 2002/ 87/EG und zur Aufhebung der Richtlinien 2006/48/EG und 2006/49/EG. 27.06.2013.

http://eur-lex.europa.eu/legal-content/DE/TXT/PDF/?uri=CELEX:32013L0036&from=DE (zuletzt abgerufen am 13.07.2016).

Derivate Forum (2007): Derivatestatistik erweitert: Marktanteile der Emittenten erstmals separat ausgewiesen. Frankfurt am Main.

Deutsche Bundesbank (2016): Glossareintrag Zertifikat. https://www.bundesbank.de/Redaktion/DE/Glossareintraege/Z/zertifikat.html (zuletzt abgerufen am 13.07.2016).

Deutscher Derivate Verband (2008): Deutscher Derivate Verband gegründet – 18 Emittenten bilden größten Derivateverband Europas. Frankfurt am Main.

Deutscher Derivate Verband (2011): Fairness Kodex. Frankfurt am Main.

Deutscher Derivate Verband (2016a): Marktanteile von strukturierten Wertpapieren. Frankfurt am Main.

Deutscher Derivate Verband (2016b): Risikokennzahl (VaR). http://www.derivateverband.de/DEU/Transparenz/Risikokennzahl (zuletzt abgerufen am 13.07.2016).

Deutscher Derivate Verband (2016c): Kompass Strukturierte Produkte. http://www.derivateverband.de/DEU/Publikationen/Kompass_Strukturierte_Produkte (zuletzt abgerufen am 13.07.2016).

Jorion, Philippe (2007): Value at risk: The new benchmark for controlling market risk. New York.

Knüppel, Hartmut (2010): Anlegerschutz und Produkttransparenz – zentrale Herausforderungen für die Zertifikatebranche. In: Löhndorf, Nils/Naumann, Stefan (Hrsg.), Zertifikate Reloaded – Transparenz, Vertrauen, Rendite – eine Anlageklasse positioniert sich neu. Wiesbaden, S. 53–66.

Krüger, Jan (2010): Entwicklung und Herausforderungen in der Betreuung von Vertriebspartnern im Zertifikategeschäft. In: Löhndorf, Nils/Naumann, Stefan (Hrsg.), Zertifikate Reloaded – Transparenz, Vertrauen, Rendite – eine Anlageklasse positioniert sich neu. Wiesbaden, S. 121–136.

Kummer, Steve (2012): The history of derivatives: A few milestones. Zürich.

Lammersdorf, Christoph/Burghardt, Matthias/Wagener, Martin (2010): Euwax – das Marktmodell für den Handel mit verbrieften Derivaten. In: Löhndorf, Nils/Naumann, Stefan (Hrsg.), Zertifikate Reloaded – Transparenz, Vertrauen, Rendite – eine Anlageklasse positioniert sich neu. Wiesbaden, S. 247–265.

Langer, Marcel (2010): Zertifikate – quo vadis? In: Löhndorf, Nils/Naumann, Stefan (Hrsg.), Zertifikate Reloaded – Transparenz, Vertrauen, Rendite – eine Anlageklasse positioniert sich neu. Wiesbaden, S. 105–120.

Märker, Klaus/Hillesheim Rainer (2009): Brennpunkt Finanzkrise: Anlegerschutz in Deutschland. Zeitschrift für Rechtspolitik 42 (3), S. 65–69.

Mildner, Thomas/Fuchs, Gernot (2010): Transparenz sichert Vertrauen. In: Löhndorf, Nils/Naumann, Stefan (Hrsg.), Zertifikate Reloaded – Transparenz, Vertrauen, Rendite – eine Anlageklasse positioniert sich neu. Wiesbaden, S. 41–52.

Oldani, Chiara (2008): Governing global derivatives: Challanges and risks. Cornwall.

Pierenkemper, Toni (2011): Von der Tulpenkrise zum Finanzmarktkollaps: das Allgemeine im Besonderen. Jahrbuch für Wirtschaftsgeschichte 52 (1), S. 139–160.

Rajan, Raghuram G. (2005a): Has financial development made the world riskier? Cambridge.

Rajan, Raghuram G. (2005b): The Greenspan era: Lessons for the future. Jackson Hole.

Snyder, Charles R./Fromkin, Howard L. (2012): Uniqueness – The human pursuit of difference. New York.

Stein, Volker/Wiedemann, Arnd (2016a): Risk governance: conceptualization, tasks, and research agenda. Journal of Business Economics 86 (8), S. 813–836.

Stein, Volker/Wiedemann, Arnd (2016b): Das Risiko liegt im Risikomanagement. Frankfurter Allgemeine Zeitung, 04.07.2016, S. 18.

Vambrie, Andreas (2010): Zukunftsvorsorge und Zertifikate. In: Löhndorf, Nils/Naumann, Stefan (Hrsg.), Zertifikate Reloaded – Transparenz, Vertrauen, Rendite – eine Anlageklasse positioniert sich neu. Wiesbaden, S. 87–104.

van Randenborgh, Wolfgang (2020): »Zertifikate« gehören nicht in die Hand privater Anleger – Zweifel an unvoreingenommener Anlageberatung der Banken. Zeitschrift für Rechtspolitik 43 (3), S. 76–79.

Weyand, Heiko (2010): Nachhaltige Zertifikate. In: Löhndorf, Nils/Naumann, Stefan (Hrsg.), Zertifikate Reloaded – Transparenz, Vertrauen, Rendite – eine Anlageklasse positioniert sich neu. Wiesbaden, S. 67–86.

Whaley, Robert E. (2015): Derivatives: Markets, valuation, and risk management. Hoboken, NJ.

Wiedemann, Arnd (2013a): Financial Engineering – Bewertung von Finanzinstrumenten. 6. Aufl. Frankfurt am Main.

Wiedemann, Arnd (2013b): Risikotriade – Teil I: Messung von Zins-, Kredit- und operationellen Risiken. 3. Aufl. Frankfurt am Main.

Wiedemann, Arnd/Achtert, Peik/Betz, Heino (2006): Emission und Vertrieb strukturierter Finanzprodukte. Stuttgart.

Yale Law School (2008): The Code of Hammurabi. Übersetzt von L. W. King. http://avalon.law.yale.edu/ancient/hamframe.asp (zuletzt abgerufen am 13.07.2016).

Gustav Bergmann & Jonas Keppeler[*]

Vielfalt und kritische Reflexion – Über die Bedeutung einer Pluralen Ökonomik

Wir stehen weltweit vor großen Herausforderungen in sozialer, ökologischer, politischer und ökonomischer Hinsicht und sind mit vielen unerwarteten, kontingenten Entwicklungen konfrontiert. Vielfalt kann dazu beitragen, das Repertoire der Möglichkeiten zu erweitern, und kritische Reflexion dient dazu, unser bisheriges Verhalten zu hinterfragen. Mit einem neuen Studiengang wollen Akteure der Fakultät III der Universität Siegen erproben, wie Studierende zu reflektierten Führungspersönlichkeiten ausgebildet und noch besser auf ihre anspruchsvollen Aufgaben vorbereitet werden können. Die bisherigen Ansätze vieler Kollegen sollen hierzu weiterentwickelt werden und später in alle Studiengänge einfließen. Zudem soll die Forschung in diesen Bereichen noch stärker auf gesellschaftlich relevante Aufgabenfelder ausgerichtet werden.

1. Kontingenz: Es kann auch immer anders sein

Kontingenz und dynamische Komplexität resultieren aus der engen Vernetzung und Verbindung aller Entwicklungen auf dem Planeten. Der Unübersichtlichkeit und Unberechenbarkeit wird häufig mit einer unzulässigen Vereinfachung begegnet. Alternativlosigkeit ist ein veraltetes Denken in den Kategorien der Gewissheit. Es verbirgt sich darin ein expertokratisches, undemokratisches und heroisches Denken, das auch noch Hoffnungslosigkeit verbreitet. Entweder so oder gar nicht? »Basta« deklamiert der Alleinbestimmer, um die für ihn lästigen Debatten autokratisch zu beenden. Alternative nennt sich eine Partei, die keine Alternativen zulässt. There is no alternative? Alternativlos sagen die Experten, die dennoch zum Scheitern verurteilt sind. Kaum anzunehmen, diese Akteure

---

* Univ.-Prof. Dr. Gustav Bergmann, Universität Siegen, Fakultät III (Wirtschaftswissenschaften – Wirtschaftsinformatik – Wirtschaftsrecht), Lehrstuhl Innovations- und Kompetenzmanagement.
Jonas Keppeler, M.Sc., Universität Siegen, Fakultät III (Wirtschaftswissenschaften – Wirtschaftsinformatik – Wirtschaftsrecht), Lehrstuhl Innovations- und Kompetenzmanagement.

könnten keine anderen Möglichkeiten sehen, sie wollen nur keine Alternativen zulassen. Vielmehr versuchen sie, die Situation und die Menschen zu trivialisieren, die Vielfalt der Denkweisen, Sichtweisen und Lösungen zu verkürzen. Diese Strategie der Eindeutigkeit ist leicht als Machttechnik zu entlarven. Es soll so realisiert werden, weil es bestimmten Interessen dient. Weil die Ziele schon fixiert wurden, wird nur die Erkenntnis zugelassen, die den Interessen bestimmter Kreise dient.

Es ist nichts so, wie es sein muss, sondern nur so, wie es sein kann. Alles Sein ist geworden, hätte auch anders sein können und kann insbesondere auch anders werden. Die soziale und technische Welt kann gestaltet, am besten mitgestaltet, werden (vgl. Bergmann 2015). »Entdecke die Möglichkeiten« lautete der Slogan eines nicht ganz unbekannten Möbelhauses. »Handle stets so, dass weitere Möglichkeiten entstehen« formulierte es der Systemforscher von Foerster (1985, S. 60). Zwei Imperative, die weniger Befehle als vielmehr Aufrufe sind, die Potenziale zu schöpfen. Eröffnen sie doch Alternativen, Hoffnung, Entwicklungschancen, Lösungen und Auswege. Freiheitlich zu denken beinhaltet immer auch die Freiheit, es anders zu sehen und sehen zu dürfen, es ist ein »Denken ohne Geländer« (Arendt 2006), eine Erweiterung der Perspektiven.

Alles Leben entsteht aus Vielfalt in Veränderung. Alle lebenden, vitalen Systeme entwickeln sich in Beziehungen. Nur Varietät kann Varietät absorbieren, hat uns Ashby (1956) erklärt. Ein lebendes System kann deshalb nur so viel Komplexität bewältigen, wie es selbst darstellen kann. Alles Leben, jede Existenz ist auf das Andere angewiesen, alles entsteht relational. Das Ich entsteht erst mit dem Du (vgl. Buber 2008), das System existiert nur mit der Umwelt. Jede Beobachtung bewirkt eine Veränderung der Wirklichkeit, jede Sichtweise erzeugt eine neue Welt. Einfache, rationale Denkweisen beschreiben immer nur eine Version der Wirklichkeit. Einfältige, monokulturelle Systeme sind kaum überlebensfähig, da sie nur auf spezifische, möglichst statische Situationen ausgerichtet sind. Es sei denn, sie versuchen machtvoll, die Umwelt zu kontrollieren, oder begeben sich in Nischen der Autarkie.

2.   Plurale Bildung für die kontingente, komplexe Welt

Wenn man sich auf unerwartbare, überraschende, absurde und paradoxe Verhältnisse einstellen will, geht das insbesondere durch die Verbindung mit Anderem und Anderen. Auch die Komplizierung des Selbst, die Pluralisierung der Denkweisen, die Vielfalt in sich selbst, die Beschäftigung mit vielfältigen Problembereichen führen zur Entwicklung von Multistabilität und Resilienz. Unsere jeweilige Weltsicht, unsere Wahrnehmung und unser Bewusstsein sind stark geprägt von unseren Erfahrungen und Erlebnissen. Wir leben uns so in die

Selbstbeschränkung oder die Selbstentwicklung, wir sehen Begrenzungen oder Potenziale. Die Vielfältigkeit unserer Welterfahrungen bestimmt über das Repertoire der Fähigkeiten. Die erlebten Kontexte erzeugen Möglichkeiten oder Einschränkungen: Andere Kollegen ermöglichen andere Kompetenzen; andere Lehrer, andere Noten; andere Freunde, andere Entwicklungen. Alles entsteht und existiert in Beziehungen. Die sozialen und physischen Kontexte gestalten unser Leben mit. So richten sich Menschen ihr Leben viabel ein.

Wir Menschen kommen nur schwer wieder aus unseren Nischen und Nestern heraus, wir lieben Kohärenz, Überschaubarkeit und das uns Ähnliche. Das Gehirn wächst jedoch mit seinen Aufgaben: Je anspruchsvoller und offener die Fragen und Schwierigkeiten sind, die wir lösen, desto mehr Fähigkeiten erzeugt es. Die Abduktion, also das Abschweifen und Irritieren, kann die Zirkularität und Selbstreferenzialität unseres Denkens und Wahrnehmens durchbrechen. Wenn wir etwas als zu trivial, alternativlos oder aussichtslos erklärt und eingeprägt bekommen, verlieren wir die Problemlösefähigkeit, wir trauen uns weniger zu und halten eine Lösung für nicht erreichbar. Je unüberschaubarer und komplexer die Situation, desto mehr benötigen wir Fähigkeiten der Kooperation, der Systementwicklung und der Kreativität. Menschen sind, wie Heinz von Foerster gesagt hat, eben keine trivialen Maschinen. Sie sind nontrivial, dazu in der Lage, ganz Neues zu entwickeln, Uneindeutiges zu interpretieren, zu fantasieren und zu experimentieren. Sie können über sich hinausdenken, sich überschreiten, großzügig, achtsam und empathisch sein. Sie können gemeinsam mit ihren sozialen Spezial-Organen, den Gehirnen, potenziell alle Probleme lösen, also metakompetent werden. Jeder Mensch ist pure Potenzialität, grundsätzlich ist die Entwicklung des Menschen offen. So ist jede(r) eine Künstlerin, ein Denker, eine Handwerkerin, alle auf ihre Art. Wir sind viele, wir können Vieles entwickeln. Talente und Kompetenzen entwickeln sich in den Bereichen, in denen wir Vorbilder haben, etwas Selbstgewähltes tun und eifrig, genauer gesagt mindestens 10.000 Stunden, üben (vgl. Ericsson et al. 2007). Eine gute Ausbildung besteht demnach in der Förderung der Vielfalt, dem Entdecken von Möglichkeiten, der individuellen Erweiterung, der Ermunterung und Reflexion.

3.   Talent- und Kompetenzentwicklung oder triviale Scheinbildung?

In vielen Studiengängen zu Management, Organisation und Ökonomik (BWL/VWL) wird noch das Gegenteil betrieben. In Köpfen von Studierenden wächst mit den konventionellen Studiengängen der Wirtschaftswissenschaft der Gedanke an Überschaubarkeit, Machbarkeit und Einfachheit heran, der in hoch entwickelter Einfältigkeit zu enden droht.

Die wirklich wichtigen Fragen sind unentscheidbare Fragen, also Fragen, auf die es keine eindeutigen Antworten gibt. Entscheidbare Fragen sind längst entschieden. Die Studierenden sollen dabei einen Algorithmus verwenden, den sie vorher für diese trivialen, wenn auch oft vertrackten, Problemstellungen eingeübt haben. So können Investitionsentscheidungen nicht nur mittels der richtigen Anwendung von vollständigen Finanzplänen, Businessplänen oder Kapitalwertberechnungen getroffen werden. Alle in diese Berechnungen eingefügten Parameter und Daten sind soziale Erfindungen, ihre Richtigkeit zeigt sich erst im realen Erlebnis. Oft kommt es vollkommen anders als erwartet, weil man sich vorher täuschen ließ oder eben nur einen kleinen Ausschnitt der Wirklichkeit berücksichtigt hat, den man als kohärent empfindet. Wir suchen den verlorenen Schlüssel unter der Laterne, weil dort mehr Licht ist. Nur das zur Wirklichkeit zu zählen, was man messen kann, endet häufig in Irrwegen oder der fundamentalen Krise. Die Probleme in sozialen Systemen sind mit konventionellen ökonomischen Analysen nur unzureichend erkennbar und lösbar. Soziale Systeme entstehen aus kommunikativen Handlungen. Wenn die Kommunikation in verschiedenen Bereichen gestört ist, liegt die Lösung in der Verbesserung der Kommunikationssituation. Es wird sinnvollerweise etwas Fehlendes hinzugefügt, statt etwas zu reduzieren und einzusparen.

4.   Diskurse, Dialoge, Debatten – Die Wahrheit beginnt mit Zweien (F. Nietzsche)

Die Basis der Erkenntnis bieten Diskurse und Dialoge. Diskurse, also herumlaufende Gedanken, sind Streitgespräche, Kontroversen, die auf hohem argumentativem Niveau und auf der Grundlage von gegenseitigem Respekt der Diskutanten stattfinden. Ein Publikum kann bei diesen Diskursen besondere Einblicke in Argumentationsweisen erhalten und eigene Einstellungen überprüfen sowie Erkenntnisse gewinnen.

Dialoge gehen noch darüber hinaus. Dialoge verlangen besondere Fähigkeiten der Beteiligten. Dia-logos kommt von durchscheinendem Reden. Gedanken zirkulieren und die Beteiligten werden im Gespräch klüger – und zwar so: Das Denken des Anderen wird aufgenommen, es wird aktiv zugehört und versucht, den Gedankengang tief zu verstehen. Es geht um das Respektieren der anderen Auffassung oder Sichtweise, ohne jede Form der Abwehr oder Abwertung. Die eigenen Gedanken und Gefühle werden zudem reflektiert und relativiert. Letztlich artikuliert der Dialogteilnehmer seine eigenen Sichtweisen und Erkenntnisse in authentischer, wahrhaftiger und klarer Sprache. Es geht nicht darum, fest gefügte Meinungen (doxai) auszutauschen, sondern darum, die Gedanken des Anderen in sich wirken zu lassen. Dabei kommt gemeinsam Wahrheit zum Vorschein. Niemand weiß allein, was an der eigenen Erkenntnis, Sichtweise, Auffassung oder Meinung wirklich wahr ist. Gemeinsam kann es hervorgebracht werden. Zudem ermöglicht das häufige Gespräch die Gemeinsamkeit in der Welt. Diskurse und Dialoge sind nur mit Menschen zu führen, die grundsätzlich für möglich erachten, dass sie sich irren, wenn auch nur ein bisschen. Einfache Meinungen, in der griechischen Philosophie Doxa genannt, reichen hierbei nicht aus und können den Dialog kaum bereichern. Es geht weniger darum, Wissen zu lehren, sondern es geht darum, das Lernen zu lernen. Hierfür die passende Umgebung zu gestalten, stellt die Herausforderung dar. In Dialogen wird Wissen in Zweifel gezogen, das Staunen und Verwundern gerät in den Mittelpunkt. Das Miteinandersprechen lässt die Gemeinsamkeit entstehen. Die Dialoge eröffnen auch den Zugang zur inneren Pluralität. Durch Irritationen gerät die Gewissheit ins Wanken, die sich häufig als Dummheit erweist. Dieses Staunen im inneren Dialog ergibt die Chance auf eine reflektierte und begründbare Meinung, die über die triviale Meinungsäußerung hinausgeht und das erkenntnisbringende Gespräch mit Anderen erst ermöglicht (vgl. Arendt 2016, S. 82).

Die Öffnung zur Pluralität hat noch einen weiteren Vorteil. Vielfalt schafft Toleranz. Toleranz ist mehr als Dulden, es ist das Interesse am Anderen. Jede nicht triviale, also wesentliche und wichtige Entscheidung hat Folgen, insbesondere auch auf andere Personen und die sonstige Mitwelt. Die fehlende Resonanz, die Distanzierung von den Folgen des Handelns erzeugt zunehmend mehr Probleme. Einige Wenige können sich auf Kosten der Meisten bereichern. Es entsteht damit eine Dekultivierung menschlichen Zusammenlebens.

5. Weltbeziehungen und Mitweltökonomie

Wir sind zunehmend von uns selbst, anderen Menschen und ganz anderen Menschen, der Natur oder den Dingen entfremdet. Der Zugang zur Welt wäre in einer reinen Marktgesellschaft nur noch über Geld, Macht und Aufmerksamkeit möglich. Alles wird dann zur Ware. Eine Gesellschaft von Konsumenten und Unternehmern löst sich auf, da alle nur noch gegeneinander konkurrieren und die Ungleichheit radikal zunimmt (vgl. Wilkinson/Pickett 2009; Piketty 2014; Nachtweih 2016). Wir spüren keine Resonanz mehr. Die Ökonomie soll mitverträglich gestaltet werden, das heißt als Werkzeug und Mittel dienen, statt als Zweck vorzuherrschen. Sie soll dazu beitragen, dass auf Dauer ein Wirtschaften im Einklang mit der Mitwelt möglich wird. Es soll Wohlstand für alle Menschen

auf unserem Heimatplaneten ermöglicht werden, der nicht auf Kosten der zukünftigen Generationen und nicht auf Kosten anderer Menschen oder der Natur
aufbaut. Wir brauchen deshalb eine Mitweltökonomie, die verantwortbar und
maßvoll ist.

Diese Mitweltökonomie beinhaltet sechs wesentliche Elemente oder Merkmale: Vielfalt, Gleichheit, Zugang, Austausch und Mitwirkung, Freiräume sowie
Maße und Regeln (vgl. Bergmann/Daub 2012, S. 84ff.). Neben der Vielfalt in
allen skizzierten Dimensionen ist es die möglichst große Freiheit des Einzelnen
im Einklang der Mitwelt. Die Gleichheit der Menschen, also die Organisation der
sozialen Welt mit möglichst geringen Hierarchien sowie möglichst geringen
Einkommens- und Vermögensunterschieden, ermöglicht erst die Freiheit Aller
und die Befähigung zu einem gehaltvollen Leben, wie es Sen (1993) und Nussbaum (1999) beschreiben. Zudem sind Zugänge zu Wissen und Ressourcen für
alle Menschen zu öffnen. Eine weitgehende Privatisierung der Welt bedeutet
dabei das Gegenteil. Private (lat.) heißt rauben, abtrennen, dabei gehört die Welt
allen Menschen. In Zeiten der sinkenden Kapitalrendite werden immer weitere
Bereiche der Mitwelt privatisiert (Saatgut, Pflanzen, Straßen, Plätze, Ideen etc.)
und Zugang zu Ressourcen für Spottpreise an Konzerne abgetreten (vgl. Stiglitz
2012). In der Mitgestaltung offenbart sich das Gebot der Mitwirkung, der gemeinsamen Gestaltung, die eine hohe Akzeptanz, inhaltlich bessere Lösungen
und ein Miteinander ermöglicht. So kann ein Resonanzsystem entstehen, in dem
die Beteiligten wieder Antworten erhalten, Respekt erfahren und sich die Dinge
wieder aneignen können.

6.   Warum Ökonomik? Chrematistik oder Oikonomia?

Aristoteles hat eine Unterscheidung zwischen Chrematistik und Oikonomia
vorgenommen. Chrematistik ist die Reichtumskunde oder Erwerbskunst, die
dazu dient, den wirtschaftlichen Akteuren Wege zu eröffnen, sich zu bereichern,
Beute zu machen und ihren egoistischen Zielen zu dienen. Chrematistik ist heute
die Kapitalvermehrungsstrategie, wo nach allen Gelegenheit und Möglichkeiten
gefahndet wird, wie man legal (zuweilen auch illegal) das Kapital vermehrt. Im
Finanzkapitalismus werden nicht einmal mehr Waren hergestellt, um das Kapital zu mehren. Es wird direkt aus Geld mehr Geld erzeugt. Die Zulässigkeit und
insbesondere der Sinn dieser Strategien wurden bisher nicht nachvollziehbar
begründet, was auch schwerfallen dürfte, da es sich wahrscheinlich um legali-
sierte Plünderungsstrategien handelt. Es mangelt an einer Theorie des Geldes
und es wird zu wenig thematisiert, wem zum Beispiel das finanzkapitalistische
System dient. Cui Bono? Der Blick für das Ganze gerät dabei verloren, die Verantwortung für die Folgen des eigenen Handelns wird auf Distanz gebracht.

Somit kann die Chrematistik als Pervertierung des Ökonomischen gelten. Oikonomia ist die Kunst des Haushaltens, der Nachhaltigkeit. Die Ökonomie hat dabei eine dienende Funktion. In einer solchen Wissenschaft der Wirtschaft (Ökonomik) wird erkundet, wie Menschen in Wohlstand leben können, im Einklang mit der Natur und der sozialen Mitwelt.

Viele wirtschaftswissenschaftliche Studiengänge und Forschungsbereiche widmen sich vornehmlich und mit geradezu größter Selbstverständlichkeit der Reichtumskunde. Es wird forsch optimiert, maximiert und erkundet, wie sich noch günstiger produzieren lässt, wie Steuern vermieden, Personal »freigesetzt« und geringer bezahlt werden kann oder wie Konsumenten getäuscht, ausgehorcht und manipuliert werden können. Steuerfinanzierte Forschungsprojekte dienen häufig den Zielen von Großkonzernen. Investoren werden unterstützt und in Hochschulräte berufen. Gründer gelten als schützenswerte Wesen, Investoren dürfen nicht verschreckt werden. Natur heißt Boden und wird als reine Ressourcenquelle betrachtet, die es auszubeuten gilt. Fragen der sozialen Verantwortung und der ökologischen Nachhaltigkeit werden nur am Rande betrachtet und dienen häufig als semantische Dekoration. Ökonomie wird vornehmlich einseitig aus der Sichtweise der Investoren und Unternehmen dargestellt, als wenn es keine anderen Teilnehmer gäbe. Viele Ökonomen rechnen und modellieren vergnügt in ihrer Modellwirklichkeit. Heise bezeichnet dies als höchst umstrittenen »Standardisierungserfolg eines Wissenschaftsverständnisses [...], das Rigorosität und Neutralität der Argumentation mit Mathematisierung gleichsetzt und jede andere Form als unterlegen brandmarkt« (Heise 2016, S. 22).

Das Interesse formt die Erkenntnis, wissen wir spätestens mit Habermas (1968). Jegliche Entscheidung basiert auf Werten. Mit diesen Werten bewerten wir nämlich – bewusst oder unbewusst. In Modellen verbergen sich ideologische Prämissen, implizite Werturteile, denn sie sind Vereinfachungen der Realität. Nur ist es wichtig, die impliziten Prämissen und Wertsetzungen zu thematisieren. In der Neoklassik wimmelt es geradezu von Glaubenssätzen, die nicht begründet wurden und werden (Vogl 2010). Viele Studierende (zum Beispiel aus dem Netzwerk Plurale Ökonomik) kritisieren, dass normative Setzungen kaum hinterfragt und Alternativen grundsätzlich ausgeschlossen werden. Vielmehr erscheint es ratsam, die Möglichkeiten, die Perspektiven, die Fähigkeiten auch auf Vorrat zu erweitern, um in kontingenter Welt bestehen zu können und um die Beste aller Welten zu verbessern. Wir brauchen diverse, fundierte Sichtweisen, die in Dialogen und Diskursen ausgetauscht werden. Wissenschaftlichkeit zeigt sich nicht nur in der Aufsummierung von Daten oder der Anwendung komplizierter Algorithmen, sondern auch in der Beschreibung unterschiedlicher Sichtweisen und Interessen sowie dem kritischen Diskurs über soziale Macht, über Wirksamkeit und Sinn.

Es existieren zahlreiche alternative Denkweisen, Theorien und Ansätze sowohl in der Management- und Organisationsforschung als auch in der Volkswirtschaft. Dennoch erleben die meisten Studierenden kaum etwas davon. Die Bachelorstudiengänge erscheinen überfrachtet mit formalen Modellen jeweils einer vorherrschenden Meinung. Erst in den Masterstudiengängen wird ganz am Rande auf weitere Theorien und Sichtweisen eingegangen. In der BWL dominiert überwiegend die gewinn- und effizienzorientierte Sichtweise des »Unternehmers«, in der VWL dominiert die Neoklassik. Es werden nicht andere Konzepte und Interessen gleichgewichtig als Alternativen diskutiert, sondern lediglich als Varianten. So wundert es nicht, dass sich zunehmend sogar die Praktiker aus der Wirtschaft beklagen, dass Studierende zu formal denken und kaum zu kreativer Problemlösung imstande sind. Die Volkswirtschaft verliert sich in Sprachlosigkeit gegenüber den realen Krisenphänomenen.

Warum aber wird die »Scheinbildung« (für Scheine und zum Scheine) noch betrieben? Die Kommerzialisierung des Studiums hat dazu geführt, dass Abschlüsse geradezu verkauft werden. Insbesondere private Hochschulen bieten eine triviale Reichtumskunde an, weil sie genau wie ihre Studenten kaum an einer Komplizierung und an aufwändigen Diskursen interessiert sind. Die Studierenden bezahlen für einen schnellen Weg zur Bescheinigung. Es bleibt offen, ob in diesen Systemen überhaupt substanziell gelernt werden kann wie komplexe Probleme zu lösen sowie reflektiert gute Entscheidungen herbeizuführen sind.

7.   Pluralität und kritische Reflexion in allen Bereichen des ökonomischen Denkens

7.1   Ziele, Zwecke, Interessen sind doch klar – oder?

Es erscheint uns sinnvoll, über die Ziele und Inhalte der Forschung grundsätzlich zu diskutieren. Ökonomische Forschung sollte (insbesondere, wenn sie öffentlich finanziert wird) Macht- und Informationsasymmetrien ausgleichen, statt sie zu steigern. In der Betriebswirtschaftslehre wird über und für Unternehmen geforscht. Im Marketing zum Beispiel wird allzu häufig einseitig Forschung für die Anbieterseite getätigt. Es wird kaum Verbraucherforschung betrieben und einseitig die Stimulierung von Bedürfnissen erforscht. Dies führt zu einem konsumistischen »Wohlstandsmodell« mit tragischen Folgen für die soziale und ökologische Mitwelt. Dies passiert mit öffentlichen Geldern, zum Nutzen von Kapitaleignern allein.

Öffentliche Forschung schafft die Basis für zahlreiche Innovationen, die dann später privatwirtschaftlich abgeschöpft werden (vgl. Mazzucato 2013). Mazzucato zeigt in ihrem Buch auf, dass der Staat durch seine Förderung häufig der größte Wagniskapitalgeber ist. So betrug der Finanzierungsbeitrag der US-Regierung 2008 für Grundlagenforschung 57 Prozent. Die Basis für Computer, Düsenflugzeuge, das Internet, Biotechnologie und mehr wurden vom Staat finanziert. Weitere Forschung und Entwicklung wird häufig von Unternehmen übernommen, wenn sie ein geringeres Risiko und größere Vermarktungschancen aufweist. Häufig ist die Erforschung der Grundlagen so ausgabenintensiv, dass ein Risiko-Pooling im Sinne der steuerfinanzierten Forschung notwendig ist. Jedoch erhalten die Steuerzahler hierfür keine angemessene Risikoprämie.

Wenn Studierende gefragt werden, worin das Ziel von Unternehmen besteht, folgt prompt: »Gewinnmaximierung«. Gewinn heißt Umsatz minus Kosten. Menschen haben das Ziel der Nutzenmaximierung. Sie streben nach Bedürfnisbefriedigung und die Bedürfnisse sind schier unbegrenzt (Wöhe/Döring 2013, S. 4). Fünf Flachbildfernseher sind eben besser als nur einer. Diese müssen ersetzt werden, wenn es eine neue DvbtXXL Version gibt. Punkt. Jegliche Problematisierung des Konsumismus als Lebensstil gilt als Einmischung in das Leben freier Bürger. Es wird zwar zuweilen ein Zielpluralismus diskutiert, die Entscheidungsprozesse, die zur Zielfindung führen, werden aber kaum problematisiert. Deshalb spielen Machtfragen auch kaum eine Rolle. Wenn Unternehmen dazu da sind, Gewinne zu erzeugen, bleiben Fragen der Verteilung oder der Fristigkeit des Gewinns offen. Wenn die Werte eines Unternehmens durch menschliche Arbeit zustande kommen, dann bleibt offen, wie der Gewinn verteilt wird oder ob er zugunsten von Mitarbeitereinkommen vermindert werden darf.

7.2 Immer mehr vom selben?

Die Gewinnsucht (Pleonexie) wird schon von Aristoteles ausführlich beschrieben und als problematisch erkannt. Karl Marx hat, in Kenntnis der Schriften von Aristoteles, im Kapital eine strukturelle Gewinnsucht erkannt. Alles wird im ungeregelten Kapitalismus der Kapitalvermehrung als Mittel untergeordnet (vgl. Marx 1968, S. 68/161 ff.; Aristoteles 1995; Harvey 2013; 2014). Deshalb erscheint es bedeutsam, darüber zu diskutieren, ob eine solidarische und demokratische Gesellschaft im Finanzkapitalismus überhaupt Bestand haben kann. Es ist zu diskutieren, ob eine kapitalistische Wirtschaft nicht wachstumsabhängig ist und ob in der Steigerungsspirale wirklicher Wohlstand entsteht oder dieser nur Wenigen vorbehalten bleibt (vgl. Atkinson 2016; Piketty 2014) und gleichzeitig die Mitwelt zerstört wird. Auch ein Wachstumszwang

bedeutet Unfreiheit. Das immer weiter, schneller, höher erinnert an zwei Wett-
läufer, die gestartet sind, das Ziel aus den Augen verloren haben und jetzt nur
noch versuchen, vor dem Anderen zu bleiben. Wie aber kann man ein gehalt-
volles Leben für Alle ermöglichen? Kann es eine Freiheit ohne Gleichheit geben?
Wie können wir die Menschen befähigen, ihre besten Gaben in den Dienst der
Gemeinschaft zu stellen? Wie schaffen wir mehr Erfindungsreichtum und mehr
mitweltverträgliche Entwicklung? In welcher Gesellschaft möchten wir leben?

7.3   Forschung und Forschungsmethoden: Objektiv messbar und werturteilsfrei?

Ziel der pluralen Ökonomik ist ein diskriminierungsfreier Zugang zu ökono-
mischem, sozialem und symbolischem Kapital, denn hieran entscheidet sich,
wer im wissenschaftlichen Betrieb akzeptiert oder abgelehnt wird (vgl. Bourdieu
1992). Weiter fordert sie eine Reflexion der Methodologie, da sie in den meisten
gängigen Lehrbüchern keinerlei oder nur eine sehr geringe Rolle spielt und die
Studierenden eine völlig unkritische, unreflektierte Einführung in den Positivismus erhalten (vgl. Heise 2016). Das Streben nach einer »erklärenden« Ökonomik, nach naturwissenschaftlichem Vorbild, bei gleichzeitiger Zurückwei-
sung verstehender Elemente, wie in den Politik- und Sozialwissenschaften, lässt
die Wirtschaftswissenschaften ihre normativen Grundlagen vergessen. Allzu oft
werden offene Systeme trivialisiert, indem man mit artifiziellen Annahmen offene in geschlossene Systeme verwandelt und sie damit mathematisch bere-
chenbar macht. Auch werden mit großem Aufwand Forschungen betrieben, die
in anderen Wissenschaften schon lange zum Standardrepertoire gehören, so
werden zum Beispiel Erkenntnisse der Sozialpsychologie heute erst in den
Wirtschaftswissenschaften beachtet (Zimbardo 2007).

Es erscheint notwendig und sinnvoll, sehr unterschiedliche und vielfältige
Methoden der Forschung zu verwenden und zu lehren. Die Dominanz quanti-
tativer Forschung ist unverständlich, weil sie häufig auf problematischen Prämissen beruht oder eine sehr fragwürdige Datenbasis verwendet. In der Mar-
ketingforschung werden beispielsweise Probleme des Zustandekommens von
Datensätzen kaum diskutiert. Dann wird jedoch von objektiven Daten geredet,
die auf subjektiven Antworten in häufig standardisierten (einfacher auszuwer-
tenden) Fragebögen basieren. Aus pragmatischen Gründen wird von einem
methodologischen Individualismus ausgegangen, wonach jeder Mensch als
nutzenoptimierendes Einzelwesen (im Altgriechischen ist idios der allein Lebende, der meint, ohne Andere auskommen zu können. Wir haben daraus den
Idioten gemacht) betrachtet, das ohne Beeinflussung seines sozialen Umfeldes
entscheidet. Jede Alltagserfahrung, alle Erkenntnisse der Sozialpsychologie und

die Praxis der werbetreibenden Wirtschaft sprechen zwar dagegen, aber wie soll man ansonsten die quantitative Forschung betreiben? Menschen entscheiden hochgradig kontextbezogen und unbewusst. Wie will man Menschen nach unbewussten Motiven fragen?

Es mutet skurril an, dass »Pluralität« in den Wirtschaftswissenschaften umstritten ist. Wissenschaft zeichnet sich durch Offenheit und Kritikfähigkeit aus – »jenen Ressourcen, die die Progressivität einer Wissenschaft bestimmen« (Heise 2016, S. 31). Die klassische Mainstream-Ökonomie hingegen betreibt Machtkonzentration, schließt Wettbewerber vom Markt aus und festigt ihr Monopol. Wichtige heterodoxe Ansätze werden aufgrund ihrer nicht formalen Ansätze diskriminiert oder pervertiert in die neoklassichen Modelle integriert. Man spaltet sich von der Realität ab, weil es nicht möglich ist, die komplexe Wirklichkeit in mathematische Modelle zu integrieren (vgl. Ortlieb 2015). Die zunehmende Hermetisierung führt zum Legitimationsverlust der Wirtschaftswissenschaften. Der Grund hierfür ist, ironischerweise, Marktversagen. In der Managementlehre führt das zu untauglichen Methoden und Erkenntnissen, die sich in praxi nicht bewähren.

7.4 Alles nur Industrieunternehmen? Anwendungsbereiche und Institutionen.

In den konventionellen Studiengängen kommen andere als gewinnorientierte Unternehmen kaum vor. Wirtschaft besteht jedoch aus zahlreichen unterschiedlichen Sphären, Akteuren und Institutionen. In den konventionellen Studiengängen tauchen Sozialverbände, Nichtregierungsorganisationen (NGOs), Gewerkschaften oder Genossenschaften kaum auf. Oiko-nomia, von altgriechisch oikos (Haus), lässt die Haushalte außen vor, obwohl diese zum Beispiel im Jahr 2013 für unbezahlte Arbeit »rund 35 % mehr an Zeit aufgewendet [haben] als für Erwerbsarbeit« (Schwarz/Schwahn 2016, S. 39f.). Commons, Gemeinwirtschaft und Genossenschaften, Sparkassen oder der ebenfalls öffentlich-rechtlich organisierte Medienbereich werden in ihrer speziellen Funktionsweise und ihrer besonderen Bedeutung für Demokratie und Gesellschaft ebenfalls kaum berücksichtigt. Auch hier ist eine polychrome, plurale und differenzierte Darstellung erforderlich.

7.5 Prüfungen: Kontrolle, Noten, Druck oder plurales Feedback?

Die Art der Prüfungen bestimmt in großen Teilen über die Form und Inhalte der Lehre. Wer vornehmlich triviale Wissensfragen stellt, macht die Behandlung von komplexen unentscheidbaren Fällen unmöglich. In der Regel werden selbst in der Entscheidungstheorie nur Verfahren in Sicherheits- und Risikosituationen gelehrt. Das Management des Unerwarteten (Weick/Sutcliffe 2010) kommt nur am Rande vor. Es werden Klausuren abgehalten, bei denen man keine Bücher oder Studien verwenden darf, keinen Zugang zum Internet hat und natürlich niemals daran denken darf, sich mit dem Nachbarn zu unterhalten. Geprüft wird so nicht, wie kompetent ein Mensch Probleme löst und mit anderen auskommt, sondern, wie brav er Wissen repetieren kann und zu einer kontrollfähigen Größe mutiert. Hohe Durchfallquoten sind ein Ausdruck von unzulänglicher Abstimmung des Unterrichts mit der Prüfung. Wir wollen erreichen, dass sich Lernende auf eine Prüfung freuen können, weil sie Gelegenheit haben, ihre Erkenntnisse und Kompetenzen zu erproben und zu präsentieren.

In Aufnahmegesprächen werden heute vielfach triviale Fragen gestellt. Angehende Studierende werden aufgefordert, Differentialgleichungen zu lösen. Da könnte man auch Sudokus lösen, Schach oder Billard spielen lassen. Wenn jemand zufällig diese Bereiche geübt hat, wird sie oder er bestens abschneiden. Über die Denkfähigkeit und Auffassungsgabe hat man aber kaum etwas erfahren. Es müssen auch hier unentscheidbare Fragen gestellt werden. In allen Prüfungen sollte es darum gehen, die Vorgehensweise, die Argumentation, das Wie zu bewerten.

7.6   Vielfalt der Fähigkeiten, Talente und Kompetenzen

Es geht darum, die Pluralität der Fähigkeiten zu entdecken und das Kompetenzspektrum zu erweitern. Menschen sind aus krummem Holz geschnitzt (Kant) und bedürfen individueller Entwicklungschancen. Entwicklung besteht in der Erweiterung von Fähigkeiten und Handlungsmöglichkeiten. Ein soziales System entwickelt sich, wenn es sein Repertoire der Möglichkeiten erweitert, mit schwierigen, kontingenten und komplexen Situationen fertig zu werden, also wenn es resilienter wird. Beispielsweise sind in allen Projektprozessen je nach Phase unterschiedliche Kompetenzen und Fähigkeiten gefragt. Ein Team, das nur Menschen umfasst, die ähnliche Fähigkeiten haben, kann kaum komplexe Probleme lösen. Wir brauchen also sehr unterschiedliche Talente und die entwickelt man, wenn die Lernenden große Wahlmöglichkeiten haben, wenn sie sich individuell weiterentwickeln dürfen.

Führungs- und Managementaufgaben bestehen zu einem Großteil in Formen der Kommunikation und Beziehungsgestaltung. Unternehmen und Organisationen sind soziale Systeme, die aus Kommunikation gebildet wurden. Fragen der Motivation, Konfliktlösung, Koordination, der Entfaltung von Ideen stehen im Vordergrund. In den Studiengängen dominieren jedoch Berechnungen,

Wissensorientierung und die Faktenhuberei. Wir konnten mehrmals in Workshops erleben, dass non-triviale Fallstudien besser von ausgebildeten Sozialarbeitern gelöst werden können als von BWL-Studierenden.

7.7 Lehre: Einseitige Faktenhuberei oder reflektierte Problemlösefähigkeit?

Grundsätzlich kann man Menschen nicht lehren, sondern nur zum Lernen anregen. Diese Verständigungs- und Vermittlungsprobleme kann man zum Beispiel dadurch lösen, dass man Inhalte diskursiv präsentiert, Studierende zur Selbstorganisation anregt, Leidenschaften für interessante Themen entfacht, sie selbstständig Fälle lösen und Empirie betreiben sowie die Themen auch von den Studierenden mitbestimmen lässt. Für den neuen Masterstudiengang war uns wichtig:

(1) Den Studierenden werden möglichst weite Wahlmöglichkeiten geschaffen. Die Studierenden sollten dabei mitreden können, wo sie ihren Schwerpunkt sehen, wie sie sich individuell entwickeln wollen. Den Studierenden ist zuzutrauen, dass sie genau wissen, in welchen Bereichen sie Defizite haben beziehungsweise ihre größten Entwicklungspotenziale erkennen. Wir unterstützen sie durch Coaching und Mentoring, damit sie ihren Weg finden und sich entfalten können. Außerdem lernen sie in Workshops diese wichtigen Methoden kennen.

(2) Ein kombinierter Studiengang aus Management und VWL sowie sozialwissenschaftlichen Bereichen bietet die Chance auf die Entwicklung reflektierter, kultivierter und sehr effektiver Absolventen. Zum Beispiel benötigt jeder VWLer auch Kenntnisse der Organisationsentwicklung, jeder BWLer auch Kenntnisse über Wirtschafts- und Sozialgeschichte usw.

(3) Der Schwerpunkt eines zeitgemäßen Studiengangs liegt beim »Wie« und weniger beim »Was«. Überspitzt formuliert ist es fast egal, womit (Inhalte) man sich beschäftigt, bedeutsam ist doch in kontingenter Welt die selbstorganisierte Problemlösefähigkeit. Wenn wir vornehmlich über Wissensbereiche reden, stapeln wir einen Inhalt zum nächsten. Wir werden in einer dialogischen Lehre interaktiv Fälle lösen, Projekte verwirklichen, explorieren, Wirksamkeit erproben (lassen).

(4) Wir brauchen eine andere Art der Prüfungen und Bewertungen. Nur zur Not Klausuren, da diese vollends wirklichkeitsfremd sind: Allein, ohne Internet und Bücher erlerntes Wissen wiedergeben ist wahrlich realitätsfremd. Die Bewertung sollte im Dialog stattfinden und auch die übrigen Teilnehmer miteinbeziehen.

(5) Zudem brauchen wir als Basis (nicht abwählbar) Veranstaltungen zur normativen Reflexion, zu pluralem, dialogischem Denken und Handeln mit

dem Schwerpunkt einmal auf der Mikro- und einmal auf der Makroebene. Die Studierenden als gesellschaftliche Wesen müssen ihr Handeln auch politisch einordnen können.

(6) Methodenpluralismus mit dem Schwerpunkt auf der qualitativen Diagnose von sozio-kulturellen Phänomenen. Wir wollen dazu beitragen, dass Studierende die komplexen Fragen und Zusammenhänge besser verstehen. Die plurale Diagnose erzeugt meistens schon Lösungsansätze. Außerdem gibt es bei gewissenhafter Perspektivenvielfalt auch eine größere Wahrscheinlichkeit, am wesentlichen Problembereich anzusetzen und wirksam zu verändern.

(7) Zahlreiche Elemente sind dem Kunst- und Musikstudium entlehnt, da hier Studierende auf der Basis ihres speziellen Kompetenzprofils, ihrer Talente und Neigungen individuell gefördert werden und die Lehre mehr aus Inspiration, Feedback sowie Mentoring besteht. Meisterklassen sind besondere Lehrveranstaltungen, geleitet von renommierten Persönlichkeiten aus der Wissenschaft und Praxis. Die Meisterklassen dienen dem Experimentieren, der kritischen Reflexion eigener Positionen, dem Ausprobieren und als Möglichkeit, die eigene Wirksamkeit zu erleben. Sie werden von den Studierenden zum Abschluss ihres Masterstudiums besucht, um unter exklusiver Betreuung ihre Anlagen und Fähigkeiten weiterzuentwickeln und ein komplexes Projekt im Diskurs zu realisieren und zu reflektieren. In der Regel sollen die Studierenden die Projekte gemeinsam in Teams entwickeln. Die Bewertung und Reflexion findet zudem vornehmlich in Dialogen statt.

(8) Das »Studium Generale« dient dazu, den Studierenden Möglichkeiten zu eröffnen, sich künstlerisch, kulturell, aber auch technisch weiterzuentwickeln. Studierende sollen sich unabhängig von Notendruck auf neues geistiges Terrain begeben, etwas sehen, hören, lernen, was ihnen fremd ist und ihre Wirklichkeit verändern wird.

Einige besorgte Anfragen erreichten unsere Ohren, für welches Berufsfeld wir denn ausbilden, welche Jobs die Absolventen denn erreichen könnten. Jeden Job, war unsere Antwort, jede anspruchsvolle Führungs- und Organisationstätigkeit. So vielfältig inspirierte, in ihrem Selbstvertrauen entwickelte, zur Selbstorganisation fähige, empathische und achtsame Menschen kann man überall gebrauchen.

8.   Die Veränderung der Welt! Ökonomik als Dienerin der Gesellschaft

Die Krisen der Welt stellen große Herausforderungen dar. Finanzkrise, Ressourcenerschöpfung und Klimawandel, Terror und Krieg, soziales Elend. Dem stehen auch Chancen der weltweiten Zusammenarbeit und Verbreitung von Wissen, der Erfindung und Innovation gegenüber. Wir wollen einen Beitrag leisten, die Welt zu einem besseren Ort zumachen, auch mit diesem Studiengang.

Wenn Menschen gemeinsame Ziele entwickeln, die nachhaltig und mitweltverträglich sind, geht es im Weiteren um die wirksame Veränderung der »Welt«. Mit Badiou kann man sicher nicht von Weltveränderung im umfassenden Sinne sprechen, sondern immer im eigenen Wirkungs- und Verantwortungsbereich (vgl. Badiou 2016, S. 53 ff.). Grundsätzlich hat jeder Mensch ein Sieben-Milliardstel an Veränderungsfähigkeit. Bei einflussreichen Akteuren und Institutionen liegt der Wirkungsbereich aber viel weiter. Badiou hat fünf Ebenen unterschieden: Erstens unsere innere Welt der Vorstellungen, Annahmen, Meinungen, Erwartungen und Erinnerungen; zweitens die kollektiven Welten der Gruppen, Familien, die gesellschaftliche Welt; drittens können wir die Menschheitsgeschichte als Welt betrachten; viertens die natürliche Umwelt, den kleinen Planeten Erde und fünftens das Universum, den kosmologischen Gesamtzusammenhang. Die Weltveränderung ist abhängig von unserer Wahl der Ebene von Welt. Der einfachste Weg ist der der Selbstveränderung. Wenn ich meine Haltung ändere, meine Sichtweise oder mein Verhalten, dann ändere ich unmittelbar die Welt. Wie effektiv diese Veränderung ist, zeigt eine US-amerikanische Studie, nach der Menschen, die großzügig, respektvoll und freundlich behandelt wurden, dieses Verhalten erwidern. So entsteht eine »Kaskade der Freundlichkeit«, oder auch »Kettenreaktion der Güte« (vgl. Fowler/Christakis 2010). Für die zweite Ebene benötige ich schon die Zustimmung Anderer. Auf den anderen Ebenen kann der Einzelne nur mittelbar oder durch seine Interpretation Veränderung bewirken. Es ist dabei immer eine irrige Annahme, ein Mensch könnte die Welt als Ganzes verändern, wenn es so wäre, wäre es ja die Diktatur des Einzelnen über alle. Wir agieren häufig sehr wirksam, empfinden das aufgrund überhöhter Erwartung nur anders.

In der Pluralen Ökonomik wollen wir diskutieren, was der Sinn und das Ziel des ökonomischen Handelns ist, wie wir gemeinsam zu guten Entscheidungen kommen, welche Möglichkeiten wir haben, Herausforderungen anzunehmen, wie wir wirksam verändern können, wie sich unser Leben und Wirtschaften auf andere auswirkt und wie wir Verantwortung organisieren können. Machen wir alles, was technisch möglich ist, und wenden es an? Streben wir nach Profit auch dann, wenn wir massiv Einfluss auf die Nahrungsmittelversorgung anderer

Menschen, ganzer Länder nehmen? Kann man mitten im Kapitalismus überhaupt anders entscheiden? Können wir uns in diesem Modell überhaupt menschlich weiter kultivieren? Oder evoziert die Konkurrenzgesellschaft die dunkelsten Seiten der menschlichen Seele? Dürfen Unternehmen Privatsphäre als überholt erklären und damit Grundrechte verletzen, als sei nichts gewesen? Don't be evil? Wir sollten darüber diskutieren und es nicht einfach geschehen lassen. Soziales Handeln ist immer auch normativ. Entscheidung bedeutet Wertung, Werte sind immer implizit. Welche Effekte unser Verhalten auf die Zukunft hat, können wir heute nicht sagen, aber wir tun gut daran, alle möglichen Folgen auszudenken, bevor wir entscheiden.

Das »wahre Glück« (Badiou 2016) besteht darin, etwas Unerwartetes in die Welt zu bringen. Durch Kunst, Erfindung und Forschung, durch Liebe und Freundschaft oder durch politisches Engagement eine Verbesserung und Bereicherung der Welt zu erzeugen. Nichts davon entsteht unter Zwang, Enge und Druck. Es benötigt Freiraum, Muße und Zeit. Selbstorganisation, Interesse und Leidenschaft können auch in der Ökonomik und Managementlehre bei den Studierenden geweckt werden. Das ist insbesondere dann der Fall, wenn die Inhalte und Formen der Lehre und Forschung Sinn vermitteln. Zweckfreie Betätigungen und die Überschreitung des Selbst können dabei sehr dienlich sein.

Es ist nicht weiter verwunderlich, dass schon jetzt vom »Siegener Modell« gesprochen wird. So können wir berechtigte Hoffnung haben, etwas wirklich Neuartiges und Zukunftsweisendes zu gestalten, das mit den neueren Erkenntnissen der Didaktik, Kompetenzentwicklung, des Lernens und Forschens übereinstimmt.

Literatur

Arendt, Hannah (2006): Denken ohne Geländer. München.

Arendt, Hannah (2016): Sokrates. Apologie der Pluralität. Berlin.

Aristoteles (1995): Nikomachische Ethik Buch V Kapitel 2 und 4. In: Höffe, Ottfried (Hrsg.), Nikomachische Ethik. Akademie. Berlin. Siehe auch: Höffe, Ottfried (Hrsg.) (2005): Aristoteles-Lexikon. Stuttgart.

Ashby, William R. (1956): An introduction to cybernetics. London.

Atkinson, Anthony B. (2016): Ungleichheit. Stuttgart.

Badiou, Alain (2016): Philosophie des wahren Glücks. Wien.

Bergmann, Gustav (2015): Mit-Welt-Gestalten: Versuch über die relationale Entwicklung. In: Habscheid, Stephan/Hoch, Gero/Schröteler-von Brandt, Hilde/Stein, Volker (Hrsg.), Zum Thema: Gestalten gestalten. DIAGONAL Heft 36. Göttingen, S. 123–134.

Bergmann, Gustav/Daub, Jürgen (2012): Das menschliche Maß. Entwurf einer Mitweltökonomie. München.

Bourdieu, Pierre (1992): Homo Academicus. Frankfurt am Main.

Buber, Martin (2008): Ich und Du. Stuttgart.

Ericsson, Anders K./Prietula, Michael J./Cokely, Edward T. (2007): The making of an expert. Harvard Business Review 85 (7/8), S. 114–121.

Fowler, James H./Christakis, Nicholas A. (2009): Cooperative behavior cascades in human social networks. PNAS 107, S. 5334–5338.

Habermas, Jürgen (1968): Erkenntnis und Interesse. Frankfurt am Main.

Harvey, David (2013): A companion to Marx's Capital. 2. Aufl. London.

Harvey, David (2014): Rebellische Städte. Berlin.

Heise, Arne (2016): Pluralismus in den Wirtschaftswissenschaften – Klärungen eines umstrittenen Konzepts. Expertise für die Hans-Böckler-Stiftung. IMK Studies, Nr. 47.

Marx, Karl (1968): Das Kapital. Marx Engels Werke. Das Kapital Bd.1, 1. und 2 Abschnitt. Berlin.

Mazzucato, Mariana (2013): Das Kapital des Staates. Eine andere Geschichte von Innovation und Wachstum. München.

Nachtweih, Oliver (2016): Die Abstiegsgesellschaft. Über das Aufbegehren in der regressiven Moderne. Berlin.

Nussbaum, Martha C. (1999): Gerechtigkeit oder das gute Leben. Frankfurt am Main.

Ortlieb, Claus P. (2015): »Wesen der Wirklichkeit« oder »Mathematikwahn«? Beitrag zur Tagung »Allgemeine Mathematik: Mathematik und Gesellschaft. Philosophische, historische und didaktische Perspektiven«, Schloss Rauischholzhausen, 18.–20. Juni 2015.

Piketty, Thomas (2014): Das Kapital im 21. Jahrhundert. München.

Schwarz, Norbert/Schwahn, Florian (2016): Entwicklung der unbezahlten Arbeit privater Haushalte. Wiesbaden.

Sen, Amartya (1993): Capability and well-being. In: Sen, Amartya/Nussbaum, Martha (Hrsg.), The Quality of Life. Oxford, S. 30–53.

Stiglitz, Joseph (2012): Der Preis der Ungleichheit: Wie die Spaltung der Gesellschaft unsere Zukunft bedroht. 4. Aufl. München.

von Foerster, Heinz (1985): Das Konstruieren einer Wirklichkeit. In: Watzlawick, Paul (Hrsg.), Die erfundene Wirklichkeit. Wie wissen wir, was wir zu wissen glauben? Beiträge zum Konstruktivismus. München – Zürich, S. 39–60.

Weick, Karl/Sutcliffe, Kathleen (2010): Das Unerwartete managen. Stuttgart.

Wilkinson, Richard/Pickett, Kate (2009): Gleichheit ist Glück. Warum gerechte Gesellschaften für alle besser sind. Hamburg.

Wöhe, Günter/Döring, Ulrich (2013): Einführung in die Allgemeine Betriebswirtschaftslehre. München.

Vogl, Joseph (2010): Das Gespenst des Kapitals. Zürich.

Zimbardo, Philip (2007): Der Luzifer-Effekt. Heidelberg.

P.S.: Der neue Studiengang Plurale Ökonomik wie auch das gleichlautende Institut an der Universität Siegen werden neben den Autoren von verschiedenen Akteuren entwickelt. Hier sind besonders Volker Wulf, Nils Goldschmidt sowie Gerd Morgenthaler und Helge Peukert zu nennen. Weitere Mitwirkende waren und sind Yvette Keipke, Anne Schwab, Jürgen Daub, Steffi Bingener, Feriha Özdemir, Christophe Said und viele mehr. Auch gab es viele Anregungen von Studierenden, insbesondere aus dem Netzwerk Plurale Ökonomik.

Carsten Hefeker*

Vielfalt in der Ökonomie

> *If you put two economists in a room, you get two opinions,*
> *unless one of them is Lord Keynes, in which case you get three opinions.*
> Winston Churchill

1.   Einführung

In einführenden Veranstaltungen zitieren Volkswirte gerne eine Aussage der britischen Ökonomin Joan Robinson »A model which took account of all the variegation of reality would be of no more use than a map at the scale of one to one« (1963, S. 33), die ihrerseits Bezug nimmt auf eine Parabel des argentinischen Dichters Jorge Luis Borges. Borges beschreibt in seiner Kurzgeschichte »Del rigor en la ciencia« (1946) eine Provinz, in der die Kunst des Kartenmachens so weit perfektioniert wird, dass sie die Welt detailgetreu abbildet. Spätere Generationen aber erkennen, dass dies keinen Nutzen für das Verständnis der Welt bringt. Eine Karte, die wirklich alles detailgetreu abbildet, ist nutzlos, denn im Extremfall bedeckt sie die ganze Welt. Ein Globus hingegen hilft, die Proportionen der Welt zu verstehen. Der Stadtplan von Paris tut das nicht, wenn man aber in Paris unterwegs ist, hilft der Stadtplan dort mehr als die Weltkarte. Mit anderen Worten, jede Situation braucht eine andere Karte oder ein unterschiedliches Maß an Abstraktion. So wie Weltkarten neben Stadtplänen oder Bauplänen für Gebäude existieren, nutzen wir andere Grade der Abstraktion je nach Frage, die wir beantworten wollen. Der notwendige Grad an Abstraktion in einer konkreten Situation ist einer aus einer Vielfalt von möglichen Abstraktionsgraden, die sich gegenseitig ergänzen und die gleichberechtigt nebeneinander stehen.

---

* Univ.-Prof. Dr. Carsten Hefeker, Universität Siegen, Fakultät III (Wirtschaftswissenschaften – Wirtschaftsinformatik – Wirtschaftsrecht), Lehrstuhl Europäische Wirtschaftspolitik.

2.   VWL als Sozialwissenschaft

Dabei war die Volkswirtschaftslehre anfänglich recht wenig abstrakt und arbeitete vor allem mit Beispielen, um das Wirtschaftswesen und das Verhalten der Menschen zu erklären. In ihrer heute bekannten Form geht sie auf das 18. Jahrhundert zurück. Der schottische Moralphilosoph Adam Smith befasst sich in seinem ökonomischen Hauptwerk »The Wealth of Nations« (1776) mit den Gründen, warum manche Nationen reich sind und andere nicht. Allgemein bekannt ist, dass er den Begriff der »unsichtbaren Hand« prägte; das aber impliziert keineswegs, dass er daraus schloss, der Staat habe keine Rolle zu spielen (vgl. Vol. 5). Was Smith tat, war, die Vorteile von Märkten als Koordinationsmechanismus für wirtschaftliche Aktivitäten zu betonen. Genauso wichtig aber ist, dass diese Märkte einen Rahmen brauchen und der Staat die Dinge bereitstellt, die der Markt aus verschiedenen Gründen nicht bereitstellt. Das, was wir heute als die »richtigen« Institutionen bezeichnen würden, nämlich gute und gerechte Regierung, die Geltung des Rechts für Jedermann und die Abwesenheit von Korruption und Willkür, sind demnach der nötige Rahmen dafür, dass sich die Vorteile von Märkten entfalten können (Acemoglu/Robinson 2012). Gleichzeitig stellt der Staat Dinge wie Bildung und öffentliche Sicherheit bereit, die vom Markt nicht oder nur in unzureichendem Maße angeboten werden.

  Smith und David Ricardo, der später (1817) die Vorteile von internationalem Handel und Arbeitsteilung betonte und sich Gedanken machte über die richtige Form der Besteuerung, also wiederum die Rolle des Staates betonte, verwendeten noch den Begriff der »politischen Ökonomie«. Beiden Autoren war bewusst, dass man Politik und Wirtschaft nicht voneinander trennen kann, denn ökonomische Entwicklungen spielen ganz offenbar für politische Aktionen eine Rolle (so die politischen Folgen der Finanzkrise), während wirtschaftliche Aktivitäten im politisch gesetzten Rahmen stattfinden (so der mit dem »kalten Krieg« einhergehende Streit über das bessere Wirtschaftssystem). Und auch ihnen folgende bekannte und prägende Autoren wie Vilfredo Pareto oder Joseph Schumpeter verstanden sich als Sozialwissenschaftler im weiteren Sinne, deren Interesse nicht nur über enge ökonomische Fragen hinausging, sondern die davon überzeugt waren, ein umfassendes Verständnis wirtschaftlicher Aktivitäten müsse auch rechtliche, historische, soziologische und psychologische Aspekte berücksichtigen (Schumpeter 1954, Kapitel 2–3).

  Nicht zuletzt deshalb sind viele Personen wie Smith, Pareto, Mill, Weber oder Rawls, auf die sich Ökonomen heute noch beziehen, genauso wichtig und prägend auch in anderen Fächern wie der Philosophie, der Geschichte oder der Soziologie. Im späten 19. Jahrhundert fand dann aber eine zunehmende Aufgliederung der Wissenschaften, die sich mit der Gesellschaft und dem menschlichen Handeln und seinen Regeln beschäftigen, statt. Aus den Sozial-

wissenschaften im breiten Sinne wurden mehr und mehr spezialisierte Teil-
disziplinen, die sich immer engeren Fragen widmeten und damit tiefere
Durchdringung ermöglichten. Damit einher gingen die methodische Spezialisierung und der Drang, sich von den anderen Disziplinen abzugrenzen. Dies gilt
in ähnlicher Weise auch für andere Wissenschaften (Kuhn 1960).

Der Weg, den die Ökonomie ebenso wie andere Wissenschaften ging, war
einer der zunehmenden Formalisierung und Spezialisierung. Während Alfred
Marshall (1890) zwar die Mathematik in das Fach einführte, aber noch dafür
plädierte, sie in der allgemeinen Darstellung für die breitere Öffentlichkeit zu
unterdrücken, änderte sich das nach dem zweiten Weltkrieg (Krugman 1998).
Mit den »Foundations of economic analysis« (1947) plädierte Paul Samuelson
für die Mathematik als allgemeine Darstellungsform in der Ökonomie. Er selbst
bezeichnete dabei die Mathematik lediglich als eine Sprache, die es möglich
mache, präzis und konzis zu kommunizieren, so wie alle Fächer »ihre« Sprache
haben, die Kommunikation innerhalb des Faches zwar vereinfacht, aber ver-
kompliziert in der Kommunikation mit Außenstehenden. Zeitgleich konzen-
trierten Forscher wie Jan Tinbergen oder Henri Theil sich auf die Entwicklung
ökonometrischer Methoden, die es ermöglichen sollten, Daten für die Analyse
ökonomischer Zusammenhänge nutzbar zu machen, und die damit die empirische Wirtschaftsforschung etablierten. Sie leisteten allerdings auch wichtige
Beiträge zur Wirtschaftspolitik, da diese nur auf der Basis verlässlicher Daten
machbar ist (Hughes Hallett 1989). Sinnvolle wirtschaftspolitische Maßnahmen
können nur auf einem vertieften Verständnis empirischer Zusammenhänge
ergriffen werden.

3.   Die Notwendigkeit der Modellbildung

Ökonomie ist keine Naturwissenschaft, in denen man kontrollierte Experimente
durchführen und daraus allgemein gültige Ergebnisse und Erkenntnisse ableiten
könnte. Dazu sind die Menschen zu unterschiedlich, haben zu unterschiedliche
Interessen und Vorlieben, interagieren auf zu vielen Ebenen und in zu vielen
Konstellationen nicht immer konsistent miteinander und bewegen sich in Situationen, die von unterschiedlichen rechtlichen, kulturellen, religiösen und
historischen Gegebenheiten geprägt sind. Menschen mit geringen Einkommen
mögen sich systematisch anders verhalten als solche mit hohen Einkommen,
Menschen in Afrika oder Asien haben andere historische und kulturelle Erfahrungen als Menschen in Westeuropa, und Mindestlöhne haben in europäischen Volkswirtschaften gegebenenfalls eine andere Wirkung als in den USA.
Die sehr verbreitete Tendenz zu Mikrostudien und Feldexperimenten in vielen
Teilen der modernen Volkswirtschaft betont deshalb auch sehr deutlich, dass

ihre Ergebnisse nur bedingt auf andere Zusammenhänge übertragbar sind (Banerjee/Duflo 2012).

Jede Forschung arbeitet daher mit Vereinfachung und Konzentration auf die Aspekte und Zusammenhänge, die sie besonders interessiert. Das war bei Smith und Ricardo noch weniger deutlich ausgeprägt, denn ihre Welt bestand im Wesentlichen aus der Analyse Großbritanniens und hatte nur wenig Interesse an ferneren Teilen der Welt oder auch nur an der Vielfalt der ökonomischen und politischen Systeme auf dem Kontinent. Mit der Erschließung der Welt und der zunehmenden Komplexität der wirtschaftlichen und gesellschaftlichen Realität ist die Perspektive der Ökonomie vielfältiger und zugleich in jeder einzelnen Ausprägung enger geworden. Wenn man sich für die Wirkung des Mindestlohnes interessiert, dann konzentriert man sich auf den Arbeitsmarkt und das Lohnsetzungsverhalten und nicht auf den Einfluss des Ölpreises, selbst wenn dieser einen Einfluss auf die Wirkung des Mindestlohns in der Mineralölindustrie haben mag. Eine detailgetreue Beschreibung müsste den Ölpreis vielleicht berücksichtigen, aber er wird vernachlässigt, weil er relativ unwichtig für diese spezielle Frage ist, während er für Konjunkturprognosen eine entscheidende Rolle spielt.

Neben der nötigen Vereinfachung dienen Modelle aber noch einer anderen, vielleicht sogar noch wichtigeren Funktion. Sie strukturieren das Denken und zwingen, wichtige von unwichtigen Faktoren zu trennen und unterstellte Wirkungskanäle explizit zu benennen. Zugleich disziplinieren sie, die Grenzen der Vereinfachung zu prüfen und falls nötig zu verwerfen (Rodrik 2015). Schließlich sind sie auch die Basis einer jeder empirischen Überprüfung, denn nur wer eine Vorstellung davon hat, welche Faktoren wichtig sind, kann sich auf die Suche nach den nötigen Daten für die empirische Überprüfung machen.

Die empirische Überprüfung ist schließlich der entscheidende Schritt, der zeigt, ob die Modelle richtig oder falsch sind. Nicht nur zeigt sie, ob die vermuteten Faktoren eine Rolle spielen oder ob sie unzureichend für eine Erklärung sind. Sie zeigt auch, welche relative Bedeutung einzelne Faktoren zur Erklärung eines Phänomens haben. Wenn man weiß, dass manche Faktoren wichtiger sind als andere, hilft dies rekursiv auch, die Richtigkeit der zuvor entwickelten Modelle zu überprüfen. Empirische Modelle helfen schließlich auch, die Kausalität von Ereignissen und somit Ursache und Wirkung zu finden. Denn selbst wenn sich zwei Variablen in dieselbe Richtung bewegen, sagt das nichts über die Wirkung der einen auf die andere aus. Die Beziehung mag überdies rekursiv sein oder beide mögen von einer weiteren, bislang nicht beachteten Variable getrieben werden.

Die Frage kann also nicht sein, ob man Modelle nutzt oder nicht, denn nahezu jede Argumentation abstrahiert und vereinfacht. Jemand, der behauptet, keine Modelle zu nutzen, ist sich dessen wohl nur nicht wirklich bewusst. Die Frage ist vielmehr, ob man die richtigen oder falschen Modelle nutzt, nach welchen Kategorien man das entscheidet, wie man die besseren Modelle findet und was es braucht zu ihrer Überprüfung. Das ist das Kernwesen der Forschung und somit auch die Grundlage jeder empirisch fundierten Analyse und wirtschaftspolitischen Entscheidung.

Dabei ist es ziemlich unerheblich, ob diese Modelle verbal, physisch, graphisch oder mathematisch formuliert sind. In der Ökonomie haben sich weitgehend mathematische und ökonometrische Modelle durchgesetzt, was gegenüber den Alternativen gewisse Vorteile hat. Physische Modelle scheiden offensichtlich aus, während graphische Modelle den Nachteil haben, nur wenige Variablen einbeziehen zu können und somit nicht tauglich für die Analyse komplexer Phänomene zu sein. Mathematische und verbale Modelle haben diese Beschränkung nicht, wobei die mathematischen Modelle sehr viel präziser sind. Die explizite Formulierung von abhängigen und unabhängigen Variablen macht deutlich, welche Faktoren im Modell enthalten sind und welche Form ihrer Interaktion man unterstellt. Insofern sind die Annahmen und Funktionsweisen eindeutig formuliert und entsprechend überprüfbar. Dies macht sie für jeden anderen Forscher nachvollziehbar und zeigt überdies, ob die Modelle konsistent sind und die Annahmen logisch miteinander vereinbar sind. Das mag auch in verbalen Modellen möglich sein, ist aber ungleich schwieriger, vor allem bei komplexen Zusammenhängen. Die Gefahr ist relativ groß, dass die Annahmen inkompatibel sind oder nicht explizit gemacht werden. Während es ganze Generationen von Wissenschaftlern beschäftigte, was genau denn nun Marx, Keynes oder Schumpeter gemeint haben und wie ihre Modelle funktionieren, hat sich diese Frage bei formal arbeitenden Ökonomen wie Krugman, Piketty oder Stiglitz nie gestellt. Hier ist lediglich die Frage, ob die Modelle passend sind und nicht, wie sie funktionieren oder wie sie aufgebaut sind.

Der Nachteil einer solchen Vorgehensweise ist offensichtlich, dass es für Außenstehende schwierig ist, die Methodik und Vorgehensweise nachzuvollziehen und zu verstehen. Dies hat dann auch dazu geführt, dass der Ökonomie in der Öffentlichkeit und anderen Wissenschaften häufig vorgeworfen wird, sie würde sich mit irrelevanten Fragen beschäftigen oder die Modellbildung um ihrer selbst willen betreiben. Wenn dies auch sicher in einzelnen Fällen zutreffend ist, kann man dies nicht aus der Verwendung einer bestimmten Methode ableiten und verallgemeinern. Denn keineswegs ist es so, dass andere wissenschaftliche Methoden, selbst wenn sie auf den ersten Blick leichter zugänglich erscheinen, unmittelbar allgemeinverständlich wären in ihrer gesamten Komplexität und Herangehensweise. Während man, Marshall folgend, argumentieren kann, dass für die Kommunikation mit der Öffentlichkeit Formales außen vor bleiben solle, kann man daraus andererseits nicht folgern, dass die wissenschaftliche Herangehensweise falsch sei, nur weil sie nicht unmittelbar für Außenstehende nachvollziehbar und zugänglich ist.

4.   Welches Modell?

Was neben der Analyse des Wirtschaftsgeschehens frühe Autoren in der Ökonomie wie Smith oder Ricardo umtrieb, ist die Analyse des menschlichen Verhaltens in der Wirtschaft. Hierfür wurde der berühmte und oft geschmähte Begriff des »homo oeconomicus« geprägt (siehe dazu Persky 1995). Das Konzept umfasst einerseits die Betrachtung und Bewertung aller Entscheidungen auf der Basis des Individuums (anstatt eines Kollektivs) und andererseits die Entscheidungsfindung des Individuums als zielgerichtet und nutzenmaximierend. Adam Smith beschreibt sehr bildhaft und einprägsam, wie es vor allem der Eigennutz des Bäckers ist, der ihn dazu bringt, jeden Morgen unsere Brötchen herzustellen, und weniger sein Wunsch, uns etwas Gutes zu tun (Smith 1776, Kapitel 2). Es ist kaum zu bestreiten, dass wir die meisten wirtschaftlichen Aktivitäten unternehmen, weil sie in unserem eigenen Interesse sind. Viele Menschen gehen nicht arbeiten, weil sie wollen, sondern weil sie eine Einkommensquelle brauchen. Genauso verhandeln wir möglichst hart darum, den nächsten Gebrauchtwagen etwas günstiger zu bekommen, während der Händler erst einmal versuchen wird, einen möglichst hohen Preis zu erzielen. In diesem Sinne ist die Annahme des eigennutzinteressierten Verhaltens sicherlich zutreffend. Außerdem kann man wohl davon ausgehen, dass weitreichende Entscheidungen eher rational durchdacht sind als alltägliche Entscheidungen (Kahneman 2011; Shleifer 2012). Der Kauf eines Hauses wird vermutlich sehr viel rationaler entschieden als die Auswahl des Mittagessens.

Das heißt natürlich nicht, dass Eigennutz in jeder Beziehung angebracht wäre oder wir ihm in jeder Beziehung folgen würden. Die Annahme des homo oeconomicus schließt das nicht aus: Sie sagt lediglich, dass die Annahme des eigennutzmaximierenden Verhaltens bei ökonomischen Entscheidungen vermutlich zutreffender ist als die Annahme, dass dem nicht so sei (Kirchgässner 2008). Und sie sagt schon gar nichts darüber aus, ob das wünschenswert ist oder nicht, denn sie ist vor allem als eine beschreibende und nicht als normative Aussage zu verstehen. Die Annahme des eigennützigen Verhaltens ist keine Aufforderung dazu, sondern Ausgangsbasis für die Frage, wie sich das menschliche Verhalten erklären lässt und wie Regeln so auszugestalten sind, dass allgemein wünschenswerte Ergebnisse zu erwarten sind. Es ist nicht das Ziel oder die Aufgabe der ökonomischen Wissenschaft, den »besseren« Menschen zu schaffen.

In der Tat wird die Annahme des homo oeconomicus in der einfachsten Form vor allem benutzt, um zu zeigen, was passiert, wenn man von diesem Konzept abweicht. Die Analyse von Entscheidungen unter Unsicherheit, bei beschränkter Rationalität oder in der Verhaltensökonomie basiert im Wesentlichen darauf zu erklären, wie sich Verhalten und Schlussfolgerungen ändern, wenn man das stilisierte Bild des perfekt rationalen, vollständig informierten und uneingeschränkt eigennutzmaximierenden Individuums aufgibt (so z. B. Akerlof 2001). Insofern sind die Kritik und Erweiterungen des Konzepts bereits Bestandteil der einführenden Lehrbücher (vgl. Frank 2014).

Genauso aber, wie wir andere Abstraktionsgrade und Annahmen benutzen, wenn wir ökonomische Tatbestände analysieren, müssen wir in gewissen Zusammenhängen andere Verhaltensannahmen machen. Detaillierte Beschreibungen von speziellen Märkten und Unternehmen helfen nicht unbedingt weiter bei der Frage, ob und wann eine expansive Geldpolitik zu Inflation führt. Entsprechend verwenden wir bei dieser Frage keine industrieökonomische Analyse von Märkten, sondern konzentrieren uns auf gesamtwirtschaftliche Makroanalysen. Und vermutlich hilft die Annahme des homo oeconomicus nicht weiter, wenn man das Verhalten eines bestimmten Menschen in all seinen Facetten vorhersagen will. Wenn man aber vorhersagen will, wie »die« Verbraucher auf eine Steuererhöhung reagieren, ist das Modell in der Regel recht gut als Prognoseinstrument zu gebrauchen.

Deshalb gibt es viele Zweige in der Ökonomie, die sich auf spezielle Fragen konzentrieren und dabei eben auch mit anderen Ansätzen und Modellen arbeiten. Es gibt Industrieökonomie und Geldpolitik, es gibt Außenwirtschaft und Politische Ökonomie, es gibt Wirtschaftstheorie und Verhaltensökonomie. Jedes dieser Fächer weicht in der einen oder anderen Art von den Grundannahmen perfekter Information, vollständiger und sich friktionslos räumender Märkte oder dem Bild des homo oeconomicus ab. Eine Wissenschaft lebt davon, dass sie Unterschiede in Detailfragen betont, und die oft beklagte Tatsache, dass Ökonomen ja nie einer Meinung seien (wie nicht nur Churchill beklagte), macht das auch für die Ökonomie deutlich.

Diese Vielfalt von Methoden und Analyseansätzen ist nötig angesichts der beschriebenen Komplexität und des Umfangs wirtschaftlichen und menschlichen Verhaltens. Daraus folgt natürlich auch, dass es ein Irrglaube ist, man habe das einzige und alles erklärende Modell gefunden. Allein aus der Notwendigkeit, Modelle zu nutzen, folgt ja bereits, dass es »das« eine Modell nicht geben kann. Wenn die Dinge so kompliziert sind, dass sie eine Abstraktion auf einige wenige Aspekte bedingen, folgt logisch daraus, dass diese Abstraktion nicht gleichzeitig alles erklären kann. Es ist vermessen zu glauben, man habe die Kapazität oder das Instrument, alles gleichzeitig zu verstehen und zu analysieren, denn wir wissen sehr oft schlicht (noch) nicht, ob unser Ansatz wirklich richtig ist, wir also die richtigen Variablen berücksichtigen und zwischen ihnen den richtigen Zusammenhang herstellen. Und schon gar nicht heißt es, dass wir in einem Zusammenhang erfolgreiche Ansätze auf andere Zusammenhänge übertragen können. Selbst wenn wir relativ sicher sind, das richtige Modell für die Funktionsweise eines Mindestlohns in den USA gefunden zu haben, heißt das längst noch nicht, dass ein Mindestlohn in Deutschland dieselben Konsequenzen hat. Vermutlich ist sogar davon auszugehen, dass aufgrund der vielfältigen institutionellen Unterschiede oder auch aufgrund anderer Verhaltensweisen der deutschen Arbeitnehmer und Firmen andere Zusammenhänge gelten.

Natürlich ist auch die Ökonomie darin schuldig, zu oft so zu tun, als hätte sie das richtige Modell gefunden. Und natürlich haben einzelne Forscher den größten Anreiz, so zu tun, als hätten sie den einzig richtigen Ansatz gefunden, der alle Alternativen schlägt. Davon hängen Karrieren und Erfolg ab, in der Ökonomie wie in jeder anderen Wissenschaft auch. Und es ist nachvollziehbar, dass interessierte Gruppen, wie Gewerkschaften und Arbeitgeberverbände im Fall des Mindestlohns, die ihnen genehmen Ergebnisse nutzen, um die Politik in ihrem Sinne zu beeinflussen, und dass Wissenschaftler sich bisweilen auch instrumentieren lassen (Kirchgässner 2013). Aufgabe der Wissenschaft und der kritischen Öffentlichkeit ist es hingegen, diese Ansprüche zu hinterfragen und alternative Ansichten zu Wort kommen zu lassen.

Genauso falsch allerdings ist es, die oft reduzierte Darstellung der Ökonomie in der Öffentlichkeit als eine angemessene Darstellung der Wissenschaft als Ganzes zu interpretieren. Kaum ein Wissenschaftler würde sagen, dass sein Feld in ganzer Komplexität und Vielfalt in der breiten Öffentlichkeit wahrgenommen wird oder nur annäherungsweise vollständig in Talkshows oder Online-Magazinen dargestellt wird. Ein Blick in die Fachzeitschriften oder der Besuch einer Konferenz oder eines Forschungsseminars zeigt hingegen die Vielfalt und Kontroversen der Forschung.

Ein gutes Beispiel dafür ist die globale Finanzkrise. Bisweilen ist zu hören, »die« Ökonomen hätten sie nicht vorhergesehen, weil alle nur an das Paradigma der perfekten Märkte glauben würden, weshalb die Wissenschaft als Ganzes nutzlos sei. Natürlich hat niemand die Krise in dem Sinne vorgesehen, dass man wusste, wann und wie sie auftreten würde. Auf der anderen Seite haben aber viele Ökonomen, so wie Robert Shiller (2000) und sogar der damalige Chefvolkswirt des Internationalen Währungsfonds, vor den sich abzeichnenden Risiken auf den (amerikanischen) Finanzmärkten gewarnt (Rajan 2005). Dass sie dafür kritisiert wurden und ihre Warnungen in den Wind geschlagen wurden, ist nicht unbedingt ihnen anzulasten. So wie es Forscher gibt, die an das reibungslose Funktionieren von Märkten glauben, so gibt es andere, die genau das in Frage stellen (Malkiel 2003). Dass beide Positionen zugleich ernst genommen werden können, zeigt sich in der simultanen Verleihung des Nobelpreises an Eugene

Fama, der an funktionierende Finanzmärkte glaubt, und Robert Shiller, der die entgegengesetzte Meinung vertritt.

5. Vielfalt in der Lehre

Es liegt in der Natur der Sache, dass wissenschaftliche Entwicklungen erst verspätet in der Wahrnehmung der Öffentlichkeit oder der Lehre ankommen. Beobachter von außen nehmen nicht unbedingt wahr, wie sich die Arbeitsschwerpunkte in den letzten zwanzig Jahren in der Ökonomie verschoben haben. Nicht nur wird immer mehr empirisch und weniger theoretisch gearbeitet, was sich vor allem in den Fachzeitschriften bemerkbar macht, sondern auch die Vielfalt der Fächer, die unterrichtet werden, hat rasant zugenommen. Forschungsschwerpunkte in den führenden Universitäten der Welt und auch in Deutschland haben sich geändert, und so gibt es kaum eine Frage, die die moderne VWL nicht aufgreift, seien es illegale Aktivitäten (Storti/de Grauwe 2012; Cho et al. 2013), internationale Umweltabkommen (Barrett 2010), die Bedeutung der Religion für die Bildung (Becker/Wössmann 2008), die Rolle von Kultur für die wirtschaftliche Entwicklung (Guiso et al. 2006; Tabellini 2010; Gorodnichenko/Roland 2011), die Wirtschaftsgeschichte (Broadberry/O'Rourke 2010) oder die Rolle des Kapitalismus (Neal/Williamson 2014). All dies wird in führenden Fachzeitschriften veröffentlicht und an Universitäten gelehrt. Viele dieser Fragen haben sich relativ jung entwickelt, andere werden schon lange diskutiert, aber aktuell mit anderen Methoden analysiert. Dafür bleiben andere Felder, in denen (momentan) kein Erkenntnisfortschritt erzielt werden kann, auf der Strecke.

Genauso wie diese Entwicklungen noch nicht im Wirtschaftsteil von Tageszeitungen angekommen sind, sind sie (noch) nicht überall in ihrem ganzen Umfang und Komplexität in der Lehre vertreten. Neuere Entwicklungen in der Wissenschaft fließen zuerst in die Doktorandenausbildung ein und kommen erst später in der Master- oder gar Bachelorausbildung an. Denn in der Natur aktueller Forschung liegt, dass sie anspruchsvoll ist und somit erhebliche Grundkenntnisse voraussetzt. Aufgabe des Studiums ist es, diese Grundkenntnisse zu legen, und das bedingt, dass die erste Zeit mit vereinfachten Konzepten gearbeitet wird. Für ein Verständnis, wie sich Funktionsweisen verändern, wenn man komplexere Modelle einführt, ist es wichtig, die einfacheren Analysen zu verstehen. Zu verstehen, wie sich das Preissetzungsverhalten einer Firma im Oligopol verändert und die wirtschaftspolitischen Implikationen daraus zu ziehen, setzt voraus, dass man versteht, wie sich Firmen unter vollständiger Konkurrenz verhalten. Und wie jede handwerkliche Ausbildung braucht dies seine Zeit.

Damit einhergehen muss natürlich auch, dass man die Grenzen der Vereinfachungen aufzeigt und deutlich macht, wo Grenzen in der Beschreibung der
Realität sind. Vielfalt der Modelle und Abstraktion setzen voraus, dass man in
der Lage ist, die Angemessenheit eines bestimmten Modells einschätzen zu
können, was wiederum bedingt, dass man sie zu bewerten lernt und weiß, nach
welchen Maßstäben man entscheiden kann, welche besser geeignet sind als
andere in einer spezifischen Situation. Eine wissenschaftliche Ausbildung
kennzeichnet sich dadurch, dass man diese Methoden lernt, mit denen man in
der Lage ist, Fragen selbstständig zu analysieren, nicht dadurch, dass man
Antworten und Ansichten vorgesetzt bekommt und wiederholen lernt. In diesem Sinne versteht sich die wissenschaftliche Ausbildung eher als eine methodische und nicht als ideologische Ausbildung. Insbesondere die moderne
Ökonomie sieht sich deshalb weniger als normative denn als empirische Wissenschaft.

Auch potenzielle Arbeitgeber erwarten von den Absolventen, dass sie gewisse
Konzepte kennen, verstehen und die dazu nötigen Methoden beherrschen. Nur
das versetzt sie in die Lage, sich mit neuen Fragen kompetent auseinanderzu-
setzen. Das daher nicht alle interessanten Fragen und Anwendungen in einer
begrenzten Studienzeit in der nötigen Tiefe angesprochen werden können, ist
offensichtlich. Nicht nur fehlt dazu die Zeit, sondern es fehlen auch die Kapa-
zitäten der Lehrenden angesichts schrumpfender Fakultäten.

Das grundsätzliche Dilemma, das daraus für alle Wissenschaften folgt, ist
evident. Entweder baut man Studiengänge und Lehrkapazitäten massiv aus, was
auch bedeutet, dass sie länger dauern angesichts eines immer mehr zunehmenden Standes an Wissen in allen Fächern. Oder man akzeptiert, dass die
Aufgabe der Universitäten das Legen von Grundlagen ist und man leider nicht
alles in der nötigen Tiefe und Breite bearbeiten kann, was interessant und
wichtig ist. Dies muss dann vertiefenden und speziellen Veranstaltungen wie
Seminaren, Master- oder Promotionsstudiengängen vorbehalten bleiben. Die
sicherlich schlechteste Lösung hingegen wäre ein Studium, das zwar alles an-
kratzt, aber an der Oberfläche verharrt. Breite, aber nur sehr dünne Kenntnisse
zu vermitteln, ist nicht der Sinn einer wissenschaftlichen Ausbildung.

Vielfalt in der Ökonomie, wie in anderen Wissenschaften auch, ist nötig und
wird praktiziert, wenn vielleicht auch nicht immer im wünschenswerten Ausmaß. Aber ein modernes Studium bedeutet auch, dass sich die Lehrinhalte über
die Zeit ändern, dass manche Dinge wichtiger werden als andere, dass neue
hinzukommen und andere verschwinden, so bedauerlich das im Einzelfall auch
sein mag. Problematisch wird Vielfalt dann, wenn man »anders sein« als
Selbstwert auffasst, Vielfalt als »alles auf einmal« versteht oder wissenschaftliche
Relevanz mit Allgemeinverständlichkeit verwechselt. Dann betreibt man Dilet-
tantismus und Einfalt statt Vielfalt.

Literatur

Acemoglu, Daron/Robinson, James (2012): Why nations fail: The origins of power, prosperity, and poverty. New York.

Akerlof, George (2001): Nobel Prize lecture: Behavioral macroeconomics and macroeconomic behavior. http://www.nobelprize.org/nobel_prizes/economic-sciences/laureates/2001/akerlof-lecture.html, 08.12.2001 (zuletzt abgerufen am 19.07.2016).

Banerjee, Abhijit/Duflo, Esther (2012): Poor economics: A radical rethinking of the way to fight global poverty. New York.

Barrett, Scott (2010): Why cooperate? The incentive to supply global public goods. Oxford.

Becker, Sascha/Woessmann, Ludger (2008): Luther and the girls: Religious denomination and the female education gap in nineteenth-century Prussia. Scandinavian Journal of Economics 110, S. 777–805.

Broadberry, Stephe/O'Rourke, Kevin H. (2010): The Cambridge economic history of modern Europe. Cambridge.

Cho, Seo-Young/Dreher, Axel/Neumayer, Eric (2013): Does legalized prostitution increase human trafficking? World Development 41, S. 67–82.

Frank, Robert (2014): Microeconomics and behavior. London.

Gorodnichenko, Yuri/Roland, Gerard (2011): Which dimensions of culture matter for long-run growth? American Economic Review 101, S. 492–498.

Guiso, Luigi/Sapienza, Paola/Zingales, Luigi (2006): Does culture affect economic outcomes? Journal of Economic Perspectives 20, S. 23–48.

Hughes Hallett, Andrew J. (1989): Econometrics and the theory of economic policy: The Tinbergen–Theil contributions 40 years on. Oxford Economic Papers 41, S. 189–214.

Kahneman, Daniel (2011): Thinking fast and thinking slow. New York.

Kirchgässner, Gebhard (2008): Homo oeconomicus: Das ökonomische Modell individuellen Verhaltens und seine Anwendung in den Wirtschafts-und Sozialwissenschaften. Tübingen.

Kirchgässner, Gebhard (2013): Zur Politischen Ökonomie der wirtschaftspolitischen Beratung. Wirtschaftsdienst 93.3, S. 198–203.

Krugman, Paul (1998): Two cheers for formalism. Economic Journal 108, S. 1829–1836.

Kuhn, Thomas S. (1960): The structure of scientific revolutions. Chicago.

Malkiel, Burton G. (2003): The efficient market hypothesis and its critics. Journal of Economic Perspectives 17, S. 59–82.

Marshall, Alfred (1890): Principles of economics. London.

Neal, Larry/Williamson, Jeffrey G. (2014): The Cambridge history of capitalism, 2 Bde. Cambridge.

Persky, Joseph (1995): The ethology of homo economicus. Journal of Economic Perspectives 9, S. 221–231.

Rajan, Raghuram (2005): Has financial development made the world riskier? NBER Working Paper 11728.

Ricardo, David (1817): On the principles of political economy and taxation. London.

Robinson, Joan (1963): Essays in the theory of economic growth. London.

Rodrik, Dani (2015): Economics rules: Why economics works, when it fails, and how to tell the difference. Oxford.

Samuelson, Paul A. (1947): Foundations of economic analysis. Cambridge, MA.

Schumpeter, Joseph A. (1954): History of economic analysis. Oxford.

Shiller, Robert J. (2000): Irrational exuberance. Princeton.

Shleifer, Andrei (2012): Psychologists at the gate: A review of Daniel Kahneman's »Thinking, Fast and Slow«. Journal of Economic Literature 50, S. 1080–1091.

Smith, Adam (1776): An inquiry into the nature and causes of the wealth of nations. London.

Storti, Cláudia Costa/De Grauwe, Paul (2012): Illicit trade and the global economy. Cambridge, MA.

Tabellini, Guido (2010): Culture and institutions: economic development in the regions of Europe. Journal of the European Economic Association 8, S. 677–716.

Anke Schüll & Natalia Maslan[*]

Big Data – Datenberg voller Chancen

1. Passive und aktive Daten: Eine Sammlung von unschätzbarem Wert

Unternehmen erfassen Daten überwiegend aufgrund eines bestimmten Verarbeitungszwecks und dies in beachtlichem Ausmaß. So speichert das Versandhandelsunternehmen Conrad die Daten von 4.500.000 Kunden, pro Tag die Daten von 150.000 Versandpositionen und 2.000 Retouren. Aufgrund der Geschäftstätigkeit entsteht in diesen Unternehmen ein Datenzuwachs von 2 GB pro Tag (Schütte/Vering 2004).

Neben diesen bewusst und aktiv im Rahmen der Geschäftstätigkeit erhobenen Daten fallen zusätzliche Daten fast beiläufig (passiv) an. Hierzu gehören Textbeiträge in Foren und Chat-Rooms, Videos, Fotos, durch Smartphone-Apps gesammelte Nutzungs- und Standortdaten, etc. Diese Daten entstehen in beträchtlichem Umfang: Ca. 78 % des digitalen Datenvolumens in Amerika wurde 2012 von Nutzern generiert (Gantz/Reinsel 2012). Aus einem Teil dieser Daten lassen sich wertvolle Informationen gewinnen:

– »If we wanted to figure out if a customer is pregnant, even if she didn't want us to know, can you do that?« Mitarbeiter der Target Corporation stellten diese Frage und beantworteten sie selbst, indem sie anhand von Warenkorbanalysen über 10.000 Frauen identifizierten, die mit hoher Wahrscheinlichkeit schwanger waren, und die fortan gezielt mit Gutscheinen und Rabatten zu Baby-Produkten beworben wurden (Duhigg 2012).

– Um Geschäftsperformanz-Indikatoren für die Präsenzgeschäfte im asiatisch-pazifischen Raum zu erheben, hat die Adidas Group in ca. 200 Geschäften Wärmebildkameras zum Zählen der Besucher in den verschiedenen Berei-

* Dr. Anke Schüll, Universität Siegen, Fakultät III (Wirtschaftswissenschaften – Wirtschaftsinformatik – Wirtschaftsrecht), Institut für Wirtschaftsinformatik.
  Dipl.-Wirt.-Ing. Natalia Maslan, Universität Siegen, Fakultät III (Wirtschaftswissenschaften – Wirtschaftsinformatik – Wirtschaftsrecht), Institut für Wirtschaftsinformatik.

chen der Verkaufsfläche installiert. Eine Reporting-Software wertet die Daten aus (Fraunhofer IAIS 2012, S. 63).

- 2010 hat die Unternehmensberatung Deloitte für den Versicherungskonzern Aviva 60.000 Anträge basierend auf einer Datensammlung aus öffentlichen Quellen (unter anderem sozialen Netzwerkdiensten) erneut überprüft. Basierend auf Essgewohnheiten und Sportaffinität leiteten sie das Risiko von hohem Blutdruck oder Depressionen ab. Basierend auf diesen Daten wollen sie das Risiko für Diabetes ebenso gut vorhersagen können wie mit kostspieligen Untersuchungen von Urin- und Blutproben (Scism/Maremont 2010). Mit Daten aus Fitness-Trackern oder Gesundheits-Apps lassen sich noch weit mehr Aussagen ableiten, die für Versicherungen von unschätzbarem Wert sein können.

Insbesondere diese passiven Daten, die außerhalb der Geschäftstätigkeit anfallen, prägen den Begriff »Big Data«. Sie fallen massenweise in großer Geschwindigkeit an und sind weitgehend unstrukturiert, was eine Analyse deutlich erschwert. Aber die obigen Beispiele verdeutlichen zum einen den Wert, der sich aus Unternehmenssicht in diesen Daten verbergen kann, sowie zum anderen die Notwendigkeit eines achtsamen Umgangs mit diesen Daten sowie den Analysen, die auf Basis dieser Daten durchgeführt werden.

2.   Vielfalt, Volumen und Verarbeitungsgeschwindigkeit von Daten nehmen zu: Das Phänomen Big Data

Eine der gängigsten Begriffsklärungen beschreibt Big Data wie folgt: »Big data refers to datasets whose size is beyond the ability of typical database software tools to capture, store, manage, and analyse« (Manyika et al. 2011). Zentrale Eigenschaften von Big Data (Abb. 1) sind die Masse (Volume), die Vielfalt (Variety) und die Geschwindigkeit (Velocity), in der sie anfallen (Frizzo-Barker et al. 2016). Ergänzt werden diese um Wahrhaftigkeit (Veracity) und Wert (Value) (Frizzo-Barker et al. 2016).

2.1   Volume (Masse)

Die verstärkte Vernetzung mit Kunden und Lieferanten, der Austausch von Zeichnungen, Sprach- und Videoaufzeichnungen, das Tracking und Tracing von Versandvorgängen, die Auswertung von Sensordaten, Daten aus mobiler Kommunikation oder sozialen Medien, etc. führen zu einem massiven Anstieg des

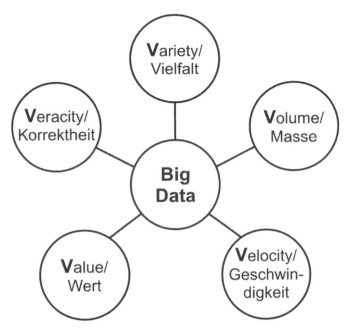

Abb. 1: Eigenschaften von Big Data – 5 Vs

anfallenden Datenvolumens. Gantz und Reinsel prognostizierten 2012 für die USA einen Anstieg der erzeugten, vervielfältigten und konsumierten Daten von 898 Exabytes im Jahr 2012 auf 6,6 Zettabytes im Jahr 2020 (etwas über 7.000.000.000.000 Gigabytes). Die Masse an Daten nimmt so weit zu, dass sie über die Grenzen der Verarbeitung traditioneller Datenbank-Managementsysteme hinausgeht (Manyika et al. 2011). Mit dem Volumen wächst eine weitere Herausforderung: die des Datenschutzes und der Datensicherheit. Nur die Hälfte der Informationen, die geschützt werden müssten, ist dies auch. Weniger als ein Drittel der Informationen im »digitalen Universum« unterliegt minimalstem Schutz oder Sicherheit (Gantz/Reinsel 2011).

2.2 Variety (Vielfalt)

Die Anreicherung von Produkten um digitale Ergänzungsleistungen, der Einsatz »smarter« Objekte, die Erfassung geografischer Informationen, von Sprachaufzeichnungen, all dies lässt sowohl das Datenvolumen als auch die Vielfalt der zu verarbeitenden Daten zunehmen. Im Gegensatz zu Transaktionsdaten, die überwiegend strukturiert sind, ist »Big Data« zu einem großen Teil unstrukturiert (Lomotey/Deters 2014):

– Daten werden in verschiedenen Datenformaten repräsentiert (Dokumente, Textbeiträge, Videos, Sprachnachrichten, eMails, Blogs, Websites, etc.).
– Sie sind nicht schema-orientiert, da keine Standardisierung und auch keine Regeln bezüglich der Erzeugung von Inhalt oder dessen Speicherung vorliegen.
– Sie entstammen verschiedenen Datenquellen (sozialen Medien, mobilen Apps, Sensoren, etc.).
– Um Daten von verschiedenen Datenquellen zusammenführen zu können, bedarf es einer Vielzahl von Schnittstellen, die ebenfalls nicht standardisiert sind oder bestimmten Dienstleistungsvereinbarungen unterliegen.

Insbesondere diese Vielfalt der Daten stellt eine Herausforderung dar, da viele der existierenden Analysemethoden auf schema-orientierten und strukturierten Datenbeständen aufsetzen (Lomotey/Deters 2014).

2.3   Velocity (Geschwindigkeit)

Während Datenvolumen und Vielfalt zunehmen, befinden sich die meisten Unternehmen in einem Umfeld, das hohe Agilität und rasches Reagieren auf kritische Ereignisse erfordert. Die Geschwindigkeit, mit der neue Daten zur Entscheidungsgewinnung erschlossen werden müssen, nimmt aufgrund dessen zu. Zugleich steigt die Geschwindigkeit, mit der neue Daten entstehen. Die Steigerung der Rechenleistung kann dies nicht mehr auffangen. Den extremsten Fall adressieren Günthner und Hompel (2010, S. 4) als »Informationsparadoxon« und beschreiben damit eine Situation, in der die Berechnungsgrenze überschritten wird, das heißt die Berechnung eines Ereignisses noch andauert, während das Ereignis, das vorausberechnet werden soll, bereits eintritt.

2.4   Veracity (Wahrhaftigkeit)

Veracity bezieht sich auf die Datenqualität, die Genauigkeit, den Wahrheitsgehalt und die Verlässlichkeit der Daten. Dies ist eine wünschenswerte Eigenschaft, die dennoch nicht einfach umzusetzen ist, insbesondere wenn Daten aus verschiedenen Datenquellen (wie sozialen Medien) erzeugt werden und eine Validierungsgrundlage für eine Prüfung der Richtigkeit fehlt (Chen et al. 2016). Die Datenqualität ist jedoch grundlegend, da nur Daten guter Qualität eine verbesserte Entscheidungsgrundlage liefern können.

2.5   Value (Wert)

Big Data bildet damit nur das Rohmaterial. Die Herausforderung besteht darin, dieses Rohmaterial zu analysieren und die Analyseergebnisse zu nutzen, um Wert zu schaffen (Xu/Frankwick/Ramirez 2016). Bezogen auf das Schaffen von Unternehmenswerten auf Basis von Big Data lassen sich fünf Dimensionen identifizieren (Wamba et al. 2015):

- Schaffen von Transparenz,
- Entdeckung von Bedürfnissen, Aufzeigen von Veränderungsmöglichkeiten und Verbesserung von Leistungen,
- Segmentierung von Zielgruppen, um Aktionen besser zuschneiden zu können,
- Ersetzen bzw. Unterstützen menschlicher Entscheidungsprozesse durch automatische Algorithmen,
- Entwicklung neuer Geschäftsmodelle, Produkte und Services.

3.   Chancen von Big Data

Dass Analysen von Big Data wertvolle Unterstützungen liefern können, dafür gibt es viele Beispiele. Nachdem im Oktober 2012 Hurrikan »Sandy« Haiti, Jamaica und Kuba schwer verwüstete und im Anschluss die amerikanische Küste heimsuchte, nutzte zum Beispiel die humanitäre Organisation »Direct Relief« Big Data-Analysen, um sich einen Überblick über die undurchsichtige Lage zu verschaffen und Hilfeleistungen nach Bedürftigkeit gezielt zu steuern. Grundlage der Planung war ein geographisches Informationssystem, in dem Krankenhäuser inklusive deren Versorgungskapazität und Auslastung, Ärzte, Notdienste und Apotheken, Verkehrswege, meteorologische Daten etc. ausgewertet werden konnten (Shelton, 2014).

Um die Entwicklung von Big Data als eine der »Triebkräfte für die vierte industrielle Revolution« (Nationaler IT-Gipfel 2015, S. 11) voranzutreiben, fördert das Bundesministerium für Wirtschaft und Energie (BMWi) vielfältige Projekte. Hierzu gehören auch einige Projekte, die »aufgrund ihrer einfach zu handhabenden Funktionalität in Bezug auf Datensicherheit und Datenqualität speziell auf kleine und mittelständische Unternehmen (KMU) zugeschnitten sind«. Im Bereich »Industrie« wird zum Beispiel ein Projekt gefördert, das eine effektive, zeitnahe und unternehmensübergreifende Analyse vorhandener produktionsbegleitender Daten ermöglicht, um Wertschöpfungsketten effektiver zu gestalten und Fehler zeitnah beheben oder ganz vermeiden zu können (PRO-OPT – Big-Data-Produktionsoptimierung in Smart Ecosystems). Im Rahmen eines anderen Projektes (Smart Data Web – Datenwertschöpfungsketten für industrielle Anwendungen) soll eine Brücke zwischen dem öffentlich zugänglichen Internet und unternehmensinternen Netzwerken geschlagen werden, um ein offenes Wissensnetz zu entwickeln, das »relevante öffentliche Daten sammelt, analysiert, individuell aufbereitet und zur Verfügung stellt« (Smart Data – Innovationen aus Daten. Bundesministerium für Wirtschaft und Energie (BMWi) 2016). Das BMWi hat außerdem eine Studie mit 82 KMU und Großunternehmen unterschiedlicher Branchen finanziert, aus der das Fraunhofer Institut speziell für kleine und mittelständische Unternehmen drei branchenübergreifende Innovationspotenziale ableitete(Fraunhofer IAIS 2012, S. 62):

(1) Chance »Effizientere Unternehmensführung«: Durch Zugriff auf Echtzeit-Informationen zu betrieblichen Prozessen (durch RFID, Tracking & Tracing, Sonsordaten etc.) werden die Geschwindigkeit und Genauigkeit der Entscheidungsfindung erhöht (Melo 2014; Frizzo-Barker et al. 2016). Da die Unternehmen sowohl strukturierte als auch unstrukturierte Daten sammeln, können Entscheidungsträger ein klareres Bild über die Mitarbeiterleistung, Lieferketten, Servicequalität, Kundenzufriedenheit und die Wettbewerbslandschaft gewinnen (Milliken 2014). Durch Einsatz taktischer Prognoseverfahren soll dadurch unter anderem eine Senkung von Beschaffungs-, Produktions- und Lagerkosten realisiert werden. Als weitere Möglichkeit wird das bereits oben angesprochene Ersetzen beziehungsweise Unterstützen menschlicher Entscheidungsprozesse durch automatische Algorithmen angesprochen (z. B. »Algorithmic Trading« bei Goldman Sachs (Goldman Sachs 2016).

(2) Chance »Massenindividualisierung von Services«: Relevante Informationen von Kunden und über Kunden werden verwendet, um bislang standardisierte Dienstleistungen stärker auf diese zuschneiden zu können. Das in der Einleitung angesprochene Beispiel der Target Corporation oder auch die individualisierte Werbeansprache durch Online-Shops zeigen Möglichkeiten auf. Big Data fördert das Verständnis für Kundenheterogenität und persönliche Vorlieben von Kunden, um entsprechend die Marketing-Budgets in gezielterer Weise zu steuern (Frizzo-Barker et al. 2016).

(3) Chance »Intelligente Produkte«: Zu nennen sind die Anreicherung von Produkten um digitale Zusatzleistungen, zunehmende Sensorik, die Entwicklung zu Cyber Physical Systems. So bietet etwa Vaillant Heizungsanlagen an, die, ausgestattet mit einem Internetkommunikationsmodul, eine Bedienung der Heizung über Tablet und Smartphone gestatten sowie eine Fernwartung zulassen. Das System nutzt Sensoren, um die Leistungsfähigkeit der Heizungsanlage zu überwachen, und meldet jede Service- oder Störungsmeldung an den Heizungsservice. Zur Auswertung der Meldung kann dieser die Anlage via Internet analysieren. Hieraus entwickeln sich

vielfältige Möglichkeiten, um die Wettbewerbsfähigkeit des Serviceanbieters zu stärken und auszubauen.

Aber nicht nur auf Unternehmensebene, sondern auch darüber hinaus lässt sich Big Data nutzen. So bietet DHL mit DHL Resilience360 eine Big Data-basierte Risikomanagement-Plattform für Lieferketten an, die Kunden nahezu in Echtzeit über weltweite Störfälle und Gefahren für ihre globalen Lieferketten informiert. Störungen durch Naturkatastrophen (Erdbeben, Vulkanausbrüche etc.), in Transportwegen (z. B. Sperrung von Seefahrtstraßen), sozio-politische Störungen (z. B. durch Streiks oder politische Unruhen) ebenso wie operationale Störungen (z. B. verzögerte Lieferung, Diebstahl von Ware) werden erfasst. Vergangenheitsdaten beispielsweise zu Naturkatastrophen werden mit aktuellen Meldungen, wie denen meteorologischer Dienste, kombiniert. Neben Daten aus dem eigenen Logistiknetzwerk werden Daten externer Quellen wie Versicherungen und Regierungsbehörden, aber auch Nachrichten und Einträge in sozialen Medien genutzt.

Die Chancen, die sich aus der Nutzung von Big Data ergeben, sind vielfältig und machen vor keinem Lebensbereich halt. Neben neuen Einsatzmöglichkeiten und neuen Technologien (wie NoSQL, Hadoop) entstehen rund um Big Data auch neue Berufsbilder und Studiengänge mit Aus- und Weiterbildungsmöglichkeiten zum »Data Scientist«, laut Davenport und Patil (2012) »The Sexiest Job of the 21st Century«.

4.   Die Macht der Daten – Big Data Analytics

Auch bei einer Analyse von Big Data ist dem Grundsatz zu folgen, dass der Nutzen die Kosten übersteigen sollte (O'Leary 2013). Entsprechend geht es beim Einsatz von Big Data weniger um die Entstehung und Speicherung der Daten, sondern vielmehr darum, aus diesen unter Einsatz neuer Technologien in wirtschaftlich sinnvoller Weise wertvolle Erkenntnisse zu extrahieren, zum Beispiel durch NoSQL-Datenbanken (für »Not-Only-SQL«), zur Verarbeitung großer Datenmengen ohne Schema (z. B. MongoDB, google Bigdata) oder dem Hadoop-Framework für eine schnelle Datenverarbeitung.

Insbesondere wenn es um die Auswertung von Daten aus sozialen Medien geht, spielen soziale Netzwerkanalyen, Trendanalysen, Sentiment Analysis oder Opinion Mining eine große Rolle (Xu/Frankwick/Ramirez 2016). Im Rahmen einer Sentiment Analysis werden beispielsweise Textbeiträge in Foren danach klassifiziert, ob sie positive, negative oder neutrale Stimmungen ausdrücken (Bifet et al. 2011). Auch eine nummerische Bewertungsskala kann eingesetzt werden, um die Intensität einer Stimmung auszudrücken (Liu 2012). Eine

Meinung (opinion) drückt eine Stimmung aus, die etwa auf eine Person, ein Unternehmen, ein Produkt, ein Ereignis oder einzelne Merkmale davon gerichtet ist (Lee et al. 2008). Sie werden durch Personen geäußert (opinion holder) und können sich über die Zeit ändern. Um Meinungsänderungen sowie die Richtung der Meinungsänderung (positiv oder negativ) ableiten zu können, wird der Zeitpunkt einer Meinungsäußerung erfasst. Diese Meinungen zu erfassen, ein Feedback bezogen auf Produkte oder Produkteigenschaften daraus zu extrahieren und die Informationen in effektiver Weise zu präsentieren und zu analysieren, ist Aufgabe des Opinion Mining (Lee et al. 2008). Für Opinion Mining ist Twitter aus drei Gründen besonders interessant:

(1) aufgrund des Umfangs – 2011 betrug die durchschnittliche Anzahl an Tweets pro Woche 140 Millionen (Bifet et al. 2011),

(2) aufgrund der zeitlichen Nähe, mit der Kommentare zu Ereignissen gepostet werden, und

(3) aufgrund der Zugänglichkeit der Daten; anders als bei Facebook, LinkedIn oder Xing erfolgen die Posts nicht in privaten Chats, sondern öffentlich.

Als Beispiel zeigt Tabelle 1 einen Auszug thematisch und zeitlich zusammenhängender Tweets, die am 19.06.2016 von verschiedenen Personen abgegeben wurden. Auch wenn die Akteure nicht die Gesamtbevölkerung repräsentieren, können Auswertungen dieser Kommentare durchaus aufschlussreich sein.

Die Schweizer sparen auch an allem.
Es scheint, den Schweizern geht das Geld aus. Alles in Deutschland verprasst.
Also die #SUI muss nochmal mit ihrem Ausrüster reden, wenn da alle zwei minudie Trikots reißen.
#Sui, sie zerreissen ihr letztes Hemd, oder …?
■ hat den Trikotstoff bestimmt für die weiblichen Zuschauer etwas dünner gewoben. (Wir warten jetzt auf die Hosen)
Vor dem Spiel hat man sich gefragt: Können die Schweizer was reissen? Jetzt ist klar: Ja, Trikots.
Könnten eig auch direkt die Rückennummern mit Farbe auf den Rücken malen,oder?
Etwas, dass schneller reisst als der Geduldsfaden von Xhaka? Genau…
Man fragt sich grad, ob die Schweizer gefälschte ■ Trikots tragen
Hat ■ schon an der Börse verloren?
Der heilige Sankt Martin hätte es einfacher gehabt, wenn er damals ein Schweizer Trikot angehabt hätte.
Damit wollen die doch nur uns weibliche Zuschauer ablenken! #SUIFRA
Die #Schweizer sollten es mal mit #Bodypainting versuchen.
Die Schweiz steht kurz vor der Disqualifikation. UEFA bemängelt die Qualität der Trikots.

(Fortsetzung)

Hat ■ ein Qualitätsproblem?
Bei ■ tritt in diesen Minuten der Krisenstab zu einer Sondersitzung zusammen.
Bin gespannt, wie lange die Hosen noch halten
Ganz fieser Trick, das mit den geschliffenen Fingernägeln…
Der Trikottausch nach dem Spiel wird heute ganz besonders lustig
Gott sei Dank stellt ■ keine Kondome her…
Wenn ■ auch Ausstatter der FrauenfußballEM wird, dann wird man die Spiele wohl nur nach 22 Uhr im PayperView TV zeigen können.
Textiler wundern sich halt nicht: Recyceltes Polyester hat keine Reissfestigkeit. Ist nichts Neues. Aber schöne Beweisführung.

Tab. 1: Auszug von Tweets vom 19.06.2016 unter #trikotgate (https://twitter.com/hashtag/Trikotgate; zuletzt abgerufen am 19.06.2016)

Kommentiert wird die Reißfestigkeit von Fußballtrikots eines bestimmten Herstellers, die Zeiten der Meinungsäußerungen korrespondieren mit der Austragungszeit des EM-Spiels Schweiz–Frankreich. Auslöser der Nachrichtenflut war das Zerreißen von sieben Trikots von Schweizer Nationalspielern während des Spiels. Die Auflistung verdeutlicht zugleich die Problematik bei einer systematischen Auswertung: Nicht jeder Kommentar entspricht einer auswertbaren Meinung, selten werden alle fünf Merkmale einer Meinung vollständig adressiert, die Aussagen sind beklagenswert unsachlich, Ironie und Sarkasmus stehen einer Auswertung entgegen, hinzu kommen unter anderem Abkürzungen, Emoticons, fehlende Satzzeichen und Rechtschreibfehler. Das Beispiel zeigt zudem, dass soziale Medien Massendaten umfassen, in denen Daten von Wert nur spärlich auftreten: Vieles ist irrelevant oder nicht zu verwerten.

Weit größer ist die Informationsdichte in Daten, die zum Beispiel aufgrund der Smartphone-Nutzung zur Verfügung stehen und geografische Analysen gestatten. So bietet zum Beispiel Uber eine App an, mit der via Smartphone die Buchung eines Taxis um eine bestimmte Uhrzeit an einem bestimmten Standort ermöglicht wird. Auf Basis der gesammelten Daten sind geografische Auswertungen möglich, die für eine Disposition von Fahrern und Fahrzeugen genutzt werden können und die damit einen hohen Wert für das Unternehmen haben. Die Daten lassen aber auch andere Auswertungen zu. So nutzten im Jahr 2014 Mitarbeiter von Uber Taxi die gesammelten Daten für eine analytische Spielerei: Sie identifizierten Kunden mit Fahrtprofilen, die sie als typisch für einen »One Night Stand« ansahen. Als »typisches« Fahrtprofil galt eine angeforderte Fahrt am Freitag oder Samstag zwischen 22 Uhr und 4 Uhr morgens und einer Rückfahrt vier bis sechs Stunden später, maximal 1/10 Meile vom Zielpunkt der ersten Fahrt entfernt. Für Fahrten dieses Fahrtenprofils ermittelten sie, welche Stadtteile in San Francisco Ziel der Fahrten waren und woher die Personen kamen. Ihren Analysen zufolge kamen die meisten »RoGers« (ihr Kürzel für »Riders of Glory«) aus Chinatown, Mission District, Downtown, Bernal Heights, Russian Hill, Marina District und Castro-Upper Market (CBS SFBayArea 2014).

Die Möglichkeiten, die sich aus der Auswertung der verfügbaren Daten-massen ergeben, unterstreichen zugleich die Notwendigkeit eines verantwort-lichen Umgangs mit diesen Daten: »Ein verantwortungsvoller Umgang mit Big Data zeichnet sich dadurch aus, dass die Rechte und Interessen der Betroffenen bei der Verwendung von Big Data gewahrt werden und damit ein ethisches Korrektiv zu den nahezu unbegrenzten technischen Möglichkeiten besteht« (Nationaler IT-Gipfel 2015, S. 18). »Der Grundsatz bei Big Data lautet also: Nicht alles, was machbar ist, wird auch umgesetzt« (Nationaler IT-Gipfel 2015, S. 19).

Gerade ethischen Aspekten kommt im Rahmen von Big Data Analytics eine hohe Bedeutung zu. Richards und Kind (2013) fordern daher ein Konzept zu »Big Data Ethics«, um ein gemeinsames Verständnis darüber zu schaffen, zu welcher Zeit und in welchem Kontext Big Data Analytics angemessen ist und wann nicht. Hierbei sind Aspekte der Sicherheit der Daten sowie eines verant-wortungsvollen Umgangs über den ganzen Big Data-Lebenszyklus hinweg zu beachten, angefangen bei der Sammlung und Kombination von Data bis zu ihrer Analyse und Verwendung (Cumbley/Church 2013). Hierzu ein überzeugendes Konzept zu entwickeln, gehört mit zu den wichtigsten Herausforderungen von »Big Data«.

Literatur

Bifet, Albert/Holmes, Geoff/Pfahringer, Bernhard/Gavaldà, Ricard (2011): Detecting sentiment change in Twitter streaming data. Journal of Machine Learning Research: Workshop and Conference Proceedings 17, S. 5–11.

Bundesministerium für Wirtschaft und Energie (BMWi) (2016): Smart Data – Innova-tionen aus Daten. Referat Öffentlichkeitsarbeit, Berlin.

CBS SFBayArea (2014): Uber Crunches User Data To Determine Where The Most »One-Night Stands« Come From. 18.11.2014. http://sanfrancisco.cbslocal.com/2014/11/18/ uber-crunches-user-data-to-determine-where-the-most-one-night-stands-come-from/ (zuletzt abgerufen am 19.07.2016).

Chen, Cynthia/Ma, Jingtao/Susilo, Yusak/Liu, Yu/Wang, Menglin (2016): The promises of big data and small data for travel behavior (aka human mobility) analysis. Transpor-tation Research Part C: Emerging Technologies 68, S. 285–299.

Cumbley, Richard/Church, Peter (2013): Is »big data« creepy? Computer Law & Security Review 29, S. 601–609.

Davenport, Thomas H./Patil, D. J. (2012): Data scientist: The sexiest job of the 21st cen-tury. Harvard Business Review 90, S. 70–76.

Duhigg, Charles (2012): How companies learn your secrets. New York Times Magazine online, 16.02.2012, www.nytimes.com/2012/02/19/magazine/shopping-habits.html (zuletzt abgerufen am 19.07.2016).

Fraunhofer IAIS (2012): Big Data – Vorsprung durch Wissen. Innovationspotenzialanalyse. Sankt Augustin.

Frizzo-Barker, Julie/Chow-White, Peter A./Mozafari, Maryam/Ha, Dung (2016): An empirical study of the rise of big data in business scholarship. International Journal of Information Management 36, S. 403–413.

Gantz, John/Reinsel, David (2011): Extracting value from chaos. IDC iView 1142, S. 1–12.

Gantz, John/Reinsel, David (2012): The digital universe in 2020: Big data, bigger digital shadows, and biggest growth in the far east. IDC iView: IDC Analyze the future 2007, S. 1–16.

Goldman Sachs (2016): Electronic Trading. Product Offering. http://gset.goldmansachs.wallst.com/gcl/offering/algorithms.asp (zuletzt abgerufen am 19.07.2016).

Günthner, Willibald A./Hompel, Michael (Hrsg.) (2010): Internet der Dinge in der Intralogistik. Berlin – Heidelberg.

Hashem, Ibrahim. A. T./Yaqoob, Ibrar/Anuar, Nor B./Mokhtar, Salimah/Gani, Abdullah/Khan, Samee U. (2015): The rise of »big data« on cloud computing: Review and open research issues. Information Systems 47, S. 98–115.

Lee, Dongjoo/Jeong, Ok-Ran/Lee, Sang-Goo (2008): Opinion mining of customer feedback data on the web. Proceedings of the 2nd International Conference on Ubiquitous Information Management and Communication. Suwon, Korea, S. 230–235.

Liu, Bing (2012): Sentiment analysis and opinion mining, San Rafael, CA.

Lomotey, Richard K./Deters, Ralph (2014): Towards Knowledge Discovery in Big Data. IEEE 8th International Symposium on Service Oriented System Engineering, S. 181–191.

Manyika, James/Chui, Michael/Brown, Brad/Bughin, Jacques/Dobbs, Richard/Roxburgh, Charles/Byers, Angela H. (2011): Big data: The next frontier for innovation, competition, and productivity. McKinsey Global Institute. San Franciso, CA.

Melo, Daniel (2014): Hitting your objectives with analytics in the cloud. Credit Control 35 (3/4), S. 36–42.

Milliken, Alan L. (2014): Transforming big data into supply chain analytics. Journal of Business Forecasting 33 (4), S. 23–27.

Nationaler IT-Gipfel [Plattform »Innovative Digitalisierung der Wirtschaft« im Nationalen IT-Gipfel, Fokusgruppe Intelligente Vernetzung / Projektgruppe Smart Data] (Hrsg.) (2015): Leitlinien für den Big-Data-Einsatz im Überblick. Chancen und Verantwortung. 30.11.2015. https://www.bmwi.de/BMWi/Redaktion/PDF/IT-Gipfel/it-gipfel-2015-leitlinien-fuer-den-big-data-einsatz-im-ueberblick-chancen-und-verantwortung,property=pdf,bereich=bmwi2012,sprache=de,rwb=true.pdf (zuletzt abgerufen am 19.07.2016).

O'Leary, Daniel E. (2013): Big data: The »internet of things« and the »internet of signs«. Intelligent Systems in Accounting, Finance and Management 20, S. 53–65.

Richards, Neil M./King, Jonathan H. (2013): Three paradoxes of big data. Stanford Law Review Online, 66/41, S. 41–46.

Schütte, Reinhard/Vering, Oliver (2004): Erfolgreiche Geschäftsprozesse durch standardisierte Warenwirtschaftssysteme. Berlin – Heidelberg.

Scism, Leslie/Maremont, Mark (2010): Insurers test data profiles to identify risky clients. Wall Street Journal 19. 10. 2010, www.wsj.com/articles/SB1000142405274870464860457 5620750998072986 (zuletzt abgerufen am 19. 07. 2016).

Shelton, Taylor/Poorthuis, Ate/Graham, Mark/Zook, Matthew (2014): Mapping the data shadows of Hurricane Sandy: Uncovering the sociospatial dimensions of »big data«. Geoforum 52, S. 167–179.

Wamba, Samuel F./Akter, Shahriar/Edwards, Andrew/Chopin, Geoffrey/Gnanzou, Denis (2015): How »big data« can make big impact: Findings from a systematic review and a longitudinal case study. International Journal of Production Economics 165, S. 234–246.

Xu, Zhenning/Frankwick, Gary L./Ramirez, Edward (2016): Effects of big data analytics and traditional marketing analytics on new product success: A knowledge fusion perspective. Journal of Business Research 69, S. 1562–1566.

Robert Brandt*

Die Vielfalt von Werkstoffkombinationen für den Fahrzeugleichtbau: Die Chance für die Mobilität der Zukunft

1.   Einleitung

Die Entwicklung des modernen Automobils ist mit Erfindungen und Innovationen verbunden, welche bis in die zweite Hälfte des 4. Jahrtausends v. Chr. zurückreichen. So erlaubte es die Erfindung des Wagenrades, Lasten über größere Strecken relativ kraft- und materialschonend zu transportieren. Als Wagenräder kamen zunächst Scheibenräder aus Stein oder Holz zum Einsatz. Die Erfindung der Speiche aus Metall oder Holz führte ab etwa 2000 v. Chr. zu dem leichteren hölzernen Speichenrad. Zudem wurde die Lauffläche mit Metallen beschlagen, so dass diese Konstruktion als Werkstoffverbund gilt. Sehr leichte Speichenräder aus Stahl, Aluminium und Faserverbundkunststoffen (FVK) werden bis heute in Fahrrädern verwendet. Moderne Räder für Kraftfahrzeuge sind komplexe Werkstoffsysteme, welche höchsten Ansprüchen an Qualität und Sicherheit genügen müssen. Es kommen neben Elastomeren auch metallische Werkstoffe und moderne FVK zum Einsatz.

Das Automobil als Fortbewegungsmittel wurde aber erst durch die Erfindung des Hubkolben-Verbrennungsmotors, insbesondere des Viertaktmotors durch Nikolaus August Otto in den 60er Jahren des 19. Jahrhunderts, möglich. Allerdings konnte diese Innovation nicht mehr mit den Naturstoffen Holz und Stein umgesetzt werden, vielmehr benötigte man Metalle als Werkstoffe für Verbrennungsmotoren. Über viele Jahrzehnte wurden die großen strukturellen Bauteile der Verbrennungsmotoren wesentlich durch Gusseisenwerkstoffe und Stähle dargestellt. In modernen Motoren werden für diese Bauteile aber zunehmend Aluminiumlegierungen verwendet, so dass es heute eine größere Vielfalt von metallischen Werkstoffen im Motor gibt. So bestehen die Zylinderkurbelgehäuse aus Aluminiumlegierungen mit beschichteten Zylinderbuchsen, die Kurbelwellen sind aus Vergütungsstahl geschmiedet und Ventile

---

* Univ.-Prof. Dr. Robert Brandt, Universität Siegen, Fakultät IV (Naturwissenschaftlich-Technische Fakultät), Lehrstuhl für Werkstoffsysteme für den Fahrzeugleichtbau.

aus hochwarmfesten Stählen gefertigt (vgl. Braess/Seifert 2011). Neben den metallischen Werkstoffen kommen heute vermehrt auch Keramiken, Polymere und Verbundwerkstoffe zum Einsatz.

Die Anforderungen an das Automobil sind entsprechend der Bedürfnisse der Märkte und der Rahmenbedingungen, zum Beispiel durch die Gesetzgebung in den Regionen, einem Wandel unterworfen. Heute stehen der Umweltschutz, die Senkung von Emissionen, der Trend zu neuen Antriebskonzepten und zum autonomen Fahren sowie die Globalisierung der Automobilwirtschaft im Vordergrund und definieren dadurch die Entwicklungsziele der Konstrukteure. Der Fahrzeugleichtbau ist ein wesentlicher Treiber für die Fahrzeugentwicklung geworden. Für die Senkung der Fahrzeugmasse sind neben der Konstruktion besonders der Einsatz der richtigen Werkstoffe sowie die passende Technologie entscheidend. Daraus leitet sich für die Materialwissenschaft und Werkstofftechnik die Aufgabenstellung ab, das notwendige Wissen über die Werkstoffe und die Technologien zu erarbeiten und die traditionellen Werkstoffe auf den Prüfstand zu stellen und weiterhin zu verbessern. Die Vielfalt der Werkstoffe und der Technologien liefert den Fahrzeugkonstrukteuren eine Basis und die Chance für den modernen Fahrzeugleichtbau, durch Kombination der Werkstoffe (das heißt im Multi-Material-Design) stets den passenden Werkstoff am richtigen Ort im Fahrzeug zum Einsatz kommen zu lassen.

2.   Definitionen und Grundlagen

2.1   Werkstoffe

Die Materialwissenschaft und Werkstofftechnik definieren einen Werkstoff als einen festen Stoff, der zur Realisierung einer technischen Idee dient. Ein geeigneter Werkstoff ist die notwendige Voraussetzung für die Herstellung eines technischen Produktes. Die Werkstoffe unterscheiden sich nach Ilschner und Singer (2010) in der stofflichen Zusammensetzung und in ihrem inneren, kristallinen Aufbau, so dass er eine Aufteilung in vier Hauptgruppen vornimmt, nämlich in die Gruppen der Metalle, der Nichtmetalle, der Naturstoffe sowie der Verbundwerkstoffe.

Die Anzahl der Werkstoffe, welche dem Konstrukteur heute zur Verfügung stehen, ist sehr groß. Schätzungen gehen von 160.000 und mehr Werkstoffen aus (vgl. Ashby 2010). Bis heute dominieren die Metalle als Werkstoff im Automobil. Mit einem Anteil von mehr als 50 % an der Gesamtmasse eines Fahrzeugs ist die Untergruppe der Eisenwerkstoffe, hier besonders die Stähle, hervorzuheben (Abb. 1). Die hohe Steifigkeit, die globale Verfügbarkeit, die gute Umformbarkeit und die relativ geringen Kosten haben dazu geführt, dass die Eisenwerkstoffe zu den Standardwerkstoffen im Automobil geworden sind. Darüber hinaus kann die Festigkeit von Stählen in einem sehr weiten Bereich relativ einfach durch Wärmebehandlungs- und Umformprozesse eingestellt werden. Dadurch zeigen Stähle eine sehr große Bandbreite von Einsatzmöglichkeiten. Neben den Stählen finden im Automobil zunehmend Werkstoffe der Untergruppe der Nichteisenmetalle Verwendung. Hier sind es die Aluminiumlegierungen, die im Karosseriebau, im Motorenbau und im Fahrwerk Verwendung finden.

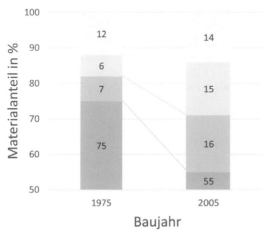

Abb. 1: Der Materialanteil beim PKW im Vergleich der Jahre 1975 und 2005. Daten: Volkswagen AG (2011)

Seit den 1950er Jahren hat sich eine weitere Untergruppe der nichtmetallischen Werkstoffe etabliert, welche den Fahrzeugbau zunehmend bestimmt: die Polymere. Die Elastomere finden in Dichtungen und Lagern Verwendung. Die Thermoplaste beziehungsweise die Plastomere werden für Strukturbauteile der Karosserie, für Gefäße und Leitungen sowie für Abdeckungen im Motorbereich und als Baugruppen im Innenbereich der Fahrzeuge eingesetzt. Die überaus vielseitige und kostengünstige Fertigungstechnologie des Spritzgusses und die sehr gute Wiederverwendbarkeit haben den thermoplastischen Werkstoffen zum Durchbruch verholfen. Selbst für Bauteile mit den höchsten Anforderungen an Festigkeit und Steifigkeit können heute faserverstärkte, polymere Werkstoffe zum Einsatz kommen. Als Faserwerkstoff kommen sehr lange, hochfeste Kohle- oder Glasfasern zum Einsatz. Die Fasern werden in ein Duromer als Matrixwerkstoff eingebettet, welcher den Fasern Halt gibt. So wird der BMW i3 seit dem Jahr 2013 mit einer Fahrgastzelle aus kohlefaserverstärktem Kunststoff ausgeliefert, welcher die klassischen Werkstoffe Stahl und Aluminium in diesem Teil des Fahrzeugs nahezu vollständig substituiert, und seit dem Jahr 1981 wird die

Corvette von General Motors (GM) mit einer querliegenden Blattfeder aus glasfaserverstärktem Kunststoff anstelle einer Stahlblattfeder ausgestattet. In den vergangenen 30 Jahren haben sich die Anteile der Werkstoffe zu Ungunsten von Stahl und Eisen verändert. Der deutliche Rückgang von 20 % Punkten geschah zu Gunsten von Kunststoff und Aluminium. An dieser Aufteilung kann bereits gut erkannt werden, dass der schwere Stahl an ausgesuchten Stellen des Fahrzeugs zunehmend durch die leichteren Konstruktionswerkstoffe Kunststoff und Aluminium abgelöst wird.

2.2   Leichtbau

»Leichtbau ist eine Konstruktionsphilosophie, bei der angestrebt wird, die Funktion der Konstruktion mit minimaler Masse zu realisieren« (Degischer/ Lüftl 2009). Die Bedeutung von Leichtbau im Automobil erschließt sich anschaulich an dem folgenden Beispiel: Anthony Colin Bruce Chapman (Abb. 2), der Gründer von Lotus Cars, hatte mit seinem englischen Rennteam in den 1950er Jahren keinen Zugang zu den leistungsstärksten Motoren seiner Zeit. Seiner Konkurrenz, Porsche und Ferrari, standen leistungsstärkere Motoren aus der eigenen Fertigung zur Verfügung, so dass diese Teams einen klaren Wettbewerbsvorteil erarbeitet hatten. Für ein Rennfahrzeug ist neben der Höchstgeschwindigkeit das Beschleunigungsvermögen wichtig, um möglichst schnell eine Rundstrecke zu befahren. Neben der Leistung des Motors ist im Rennsport zudem das Fahrzeuggewicht ein entscheidender Parameter. Der Beschleunigungswiderstand ist durch das Gewicht, genauer die träge Masse, des Fahrzeugs bestimmt. Deshalb soll ein Rennfahrzeug ein möglichst geringes Gewicht und eine hohe Motorleistung besitzen. Um ein wettbewerbsfähiges Gewichts-Leistungsverhältnis zu erreichen, musste Chapman auf Leichtbau setzen. Er erreichte Leichtbau, indem er die Struktur der Bauteile entsprechend ihrer Beanspruchung möglichst leicht konstruierte. Erfolgreicher Leichtbau erfordert eine tiefe Kenntnis des Produktes. Daher richtete Chapman auch die Frage der Werkstoffauswahl nach den Bedürfnissen des Leichtbaus aus. Von William B. Stout stammt das folgende Zitat aus den 1920er Jahren: »Simplicate and add lightness«. Übersetzt bedeutet der Begriff »simplicate«, eine Kombination aus den englischen Verben »simplify« und »complicate«, etwas einfacher zu gestalten durch einen Prozess, der zunächst kompliziert oder sogar abschreckend erscheint. Erst dann kann im Anschluss der Leichtbau erfolgen. Chapman nahm dieses Zitat als Leitmotiv für die Konstruktion seiner Sport- und Rennfahrzeuge.

Ein richtungsweisendes und erfolgreiches Rennfahrzeug war der Lotus 25 (Abb. 3), der in der Formel 1-Saison 1963 zum Einsatz kam. Als erstes Formel 1-Fahrzeug hatte das Fahrzeug einen Monocoque (selbsttragende Karosserie) aus

Abb. 2: Colin Chapman (1928–1982), der Gründer von Lotus Cars (Fotoquelle: Jerry Melton und etceterini.com)

Aluminium. Durch die aus der Luftfahrt stammende Schalenbauweise konnte eine wesentlich höhere Steifigkeit als bei der üblichen Rohrrahmenkonstruktion aus Stahl erzielt werden. Gleichzeitig konnte das Fahrzeug flacher und schmaler konstruiert werden, was zusätzlich zu einem aerodynamischen Vorteil gegenüber der traditionellen Bauweise führte. Diese überlegene Konstruktion ist deutlich leichter als ein Rohrrahmen aus Stahl, so dass dieses Rennfahrzeug ein hervorragendes Beispiel für automobilen Leichtbau darstellt. Jim Clark konnte mit dem Lotus 25 seinen ersten Fahrerweltmeistertitel gewinnen und das Lotus Rennteam gewann den Weltmeistertitel der Konstrukteure. Chapman war aber in seinen Ansichten zum Leichtbau so extrem, dass er prinzipiell auf jegliche Sicherheitsreserven zugunsten des Leichtbaus verzichtete. Deshalb kam es zuweilen auch vor, dass seine Rennfahrzeuge zum Ärger seiner Fahrer mit leerem Tank vor dem Rennende ausrollten.

Dieses Beispiel zeigt, dass Leichtbau eine geeignete Maßnahme ist, um basierend auf einem technischen Vorteil ein sportliches oder ein unternehmerisches Ziel zu erreichen. Im Gegensatz zum Rennsport ist für den Fahrzeugbau in Großserie ein kostenbewusster Leichtbau anzustreben. Dazu sind im Diagramm der Abb. 4 die Herstellkosten, welche sich als die Summe der Werkstoffkosten, der Fertigungskosten sowie der Ingenieurskosten ergeben, als Funktion des Bauteilgewichts beziehungsweise des Leichtbaugrades dargestellt. Die Werkstoffkosten steigen für große Bauteilmassen mit der Masse proportional an.

Allerdings bedeutet dies nicht, dass bei geringen Massen die Kosten gegen

Abb. 3: Der Lotus 25, Baujahr 1963, war das erste Rennfahrzeug der Formel 1 in der Monocoque-Bauweise (Fotoquelle: John Chapman)

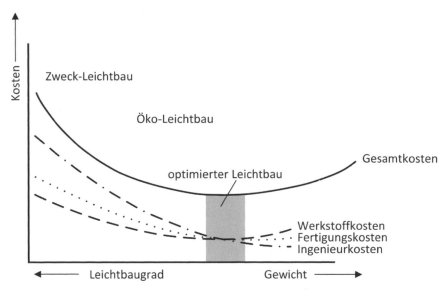

Abb. 4: Darstellung der Kosten als Funktion des Gewichts/Leichtbaugrads und die Einteilung nach Leichtbauzielen (Klein 2005)

Null streben. Möchte man ein sehr leichtes Produkt herstellen, so steigen die Ansprüche an den Werkstoff und entsprechend steigen die Werkstoffkosten durch den Einsatz teurer Leichtbauwerkstoffe mit zunehmendem Leichtbaugrad ebenfalls an. Die Fertigungskosten steigen tendenziell mit zunehmendem Leichtbaugrad, das heißt mit abnehmendem Bauteilgewicht, da Leichtbau mit aufwändigeren Prozessen verbunden ist und eventuell auch die Nutzgrade der vorhandenen Anlagen sinken. Dies gilt umso mehr für die Ingenieurkosten, da es in der Regel eines erhöhten Entwicklungsaufwandes bedarf, um den Leichtbaugrad zu erhöhen. Entsprechend des Kosten/Nutzen-Verhältnisses werden drei wesentliche Leichtbauziele unterschieden:

(1) Zweck-Leichtbau: Zur Erfüllung eines Zwecks, das heißt zur Darstellung einer wesentlichen Funktion, muss die zu entwickelnde Struktur leicht sein. Dies betrifft Strukturen der Luft- und Raumfahrttechnik, der Fahrzeugtechnik sowie des Maschinenbaus bei schnell bewegten Teilen. Am Beispiel des Rennsports wurde dies bereits erläutert.

(2) Spar-Leichtbau: Zur Reduktion der Kosten eines Bauteils soll Material eingespart werden. Diese Art des Leichtbaus macht besonders dort Sinn, wo die Werkstoffkosten den wesentlichen Kostenfaktor für ein Produkt darstellen. Es kann durch die Minimierung der Gesamtkosten der optimierte Leichtbau erreicht werden.

(3) Öko-Leichtbau: Zur Schonung wertvoller Ressourcen, zum Beispiel fossiler Brennstoffe, muss im Flugzeugbau, aber auch im Fahrzeugbau, eine Abwägung zwischen Spar- und Zweck-Leichtbau getroffen werden. Neben den Kosten für die Ressource treten heute auch die Randbedingungen der Gesetzgebung zur Nachhaltigkeit und zum Umweltschutz in das Zentrum der Betrachtung. Deshalb orientiert sich der moderne Fahrzeugleichtbau an den Grenzkosten des Leichtbaus, den sogenannten Leichtbaukosten.

Dem Konstrukteur stehen verschiedene Möglichkeiten beziehungsweise Strategien zur Erreichung der Leichtbauziele zur Verfügung. Diese Leichtbaustrategien werden in fünf Klassen eingruppiert, nämlich in den Bedingungsleichtbau, den Konzeptleichtbau, den Stoffleichtbau, den Formleichtbau und den Fertigungsleichtbau. Zur Erreichung einer bestmöglichen Leichtbaulösung sollen möglichst viele dieser Strategien zum Einsatz kommen und iterativ im Entwicklungsprozess durchlaufen werden. Zu der Vielfalt an Werkstoffen und Technologien kommt so für den Konstrukteur eine Vielfalt von Leichtbaustrategien hinzu, um seine Leichtbauziele mit Erfolg zu erreichen.

2.3   Besonderheiten des Fahrzeugbaus

Der Begriff Fahrzeugleichtbau, hier der Öko-Leichtbau, hat in den vergangenen Jahren sehr an Bedeutung im modernen Automobilbau gewonnen. Einer der Gründe liegt darin, dass die Verbrennung von fossilen Energieträgern für den Antrieb des Automobils zu erheblichen Emissionen von Treibhausgasen, insbesondere CO_2 (Kohlendioxid), führt. Nach den Angaben des Umweltbundesamtes (2016) haben im Jahr 2014 die Treibhausgas-Emissionen des Verkehrs bei 161 Mio. t CO_2-Äquivalent gelegen, was ca. 17,8 % der Gesamtmenge an Treibhausgas-Emissionen in Deutschland entspricht. Bis zum Jahr 2050 soll der CO_2-Ausstoß aus fossilen Brennstoffen weitgehend reduziert werden, um das Ziel einer Begrenzung der globalen Erwärmung von nur 2 °C zu erreichen. Deshalb gelten ab dem Jahr 2009 für Personenkraftwagen (PKW) Obergrenzen der CO_2-Emission. Die Obergrenze sinkt bis zum Jahr 2020 auf nur noch 95 g/km je PKW ab. Zudem sind ab dem Jahr 2019 empfindliche »Strafzahlungen«, sogenannte motivierende Lenkungsabgaben, von den Automobilherstellern zu entrichten, falls diese Obergrenze überschritten wird. Die Verordnung Nr. 443/2009 des Europäischen Parlaments sieht vor, dass für jedes Gramm Überschreitung pro Kilometer Fahrstrecke eine Abgabe von 95 €/PKW zu entrichten ist. Aus diesem Grund sind alle Automobilhersteller bestrebt, CO_2-emissionssenkende Maßnahmen umzusetzen. Zu diesen Maßnahmen zählen neben dem Fahrzeugleichtbau insbesondere verbrauchssenkende Maßnahmen in den Bereichen Antrieb, Reifentechnologie und Aerodynamik.

Der Zusammenhang zwischen der Fahrzeugmasse und dem Kraftstoffverbrauch beziehungsweise der CO_2-Emission kann nur in einer detaillierten, fahrzeugspezifischen und differenzierten Betrachtung erfolgen. Als Faustregel kann aber festgehalten werden, dass die Reduktion der Fahrzeugmasse um 100 kg zu einer Verbrauchsreduktion von 0,3 bis 0,5 l Kraftstoff auf einer Strecke von 100 km führt, was einer Reduktion der CO_2-Emissionen von 7 bis 12 g/km entspricht (zu ermitteln bei DEKRA 2016). Damit wird ein Kostenreduktionspotenzial von bis zu 1.140 € pro Fahrzeug durch Vermeidung von Strafzahlungen eröffnet.

Für eine erste Abschätzung von Leichtbaupotenzialen ist es wichtig, die Massenaufteilung in einem Fahrzeug zu betrachten. Ein Kraftfahrzeug hat näherungsweise die folgende Massenaufteilung: Karosserie 40 %, Fahrwerk 25 %, Ausstattung 20 % und Antrieb 15 %. Damit sind die Handlungsfelder nach ihrer Bedeutung für die Fahrzeugmasse beschrieben. Die Karosserie bietet das größte Potenzial für den Leichtbau. Deshalb werden Leichtbaumaßnahmen und Leichtbauwerkstoffe gerne am Beispiel der Karosserie diskutiert. Dennoch ist es in einigen Fällen sogar noch wichtiger und daher der Mühe wert, Leichtbau auch in den verbleibenden 60 % des Fahrzeugs zu betreiben. Deshalb soll in diesem Beitrag dem Leichtbau am Beispiel der Tragfeder im Bereich Fahrwerk eine größere Bedeutung zukommen.

3.   Beispiele für den Einsatz von Werkstoffsystemen im Fahrwerk

Nach dem Lehrbuch ist das Fahrwerk ein Verbund von Systemen, welches zur Erzeugung und Beeinflussung der Kräfte in den Kontaktzonen zwischen der Fahrbahn und den Reifen als auch zu deren Übertragung auf das Fahrzeug dient. Die Aufgaben dieses Teils des Fahrzeugs betreffen die Fahrzeugführung. Das Fahrwerk bestimmt das Fahrvergnügen und den Fahrkomfort. Damit trägt es wesentlich zur Fahrsicherheit bei. Das Fahrwerk ist aber auch die Basis und die notwendige Voraussetzung für diejenigen Fahrassistenzsysteme, welche wir heute selbstverständlich nutzen. Das Fahrwerk besteht aus vielen Bestandteilen. Diese sind das Rad, der Reifen, die Radlagerung, der Radträger, die Bremsen, die Radaufhängung, die Seitenwellen, die Federung, die Dämpfung, der Achsträger, das Differential, die Pedalerie, die Lenkung und die Regelsysteme (vgl. Heißing/Ersoy/Gies 2011).

Der Leichtbau spielt im Fahrwerk eine sehr große Rolle, häufig eine wesentlich größere Rolle als bei allen anderen Baugruppen. Zur Erfassung der Bedeutung der Masse werden die Bauteile gerne in die Kategorien gefederte und ungefederte Massen eingeteilt. Unter dem Begriff der ungefederten Masse fasst man alle Bauteile zusammen, welche sich unterhalb der Tragfeder des Fahrzeugs befinden. Tragfedern haben die Aufgabe, Stöße und Anregungen von der Fahrbahn aufzufangen und so Störungen für den Fahrer und die Passagiere zu vermeiden oder zu verringern (Abb. 5). Zusammen mit den Fahrzeugdämpfern gewährleisten Federn die Bodenhaftung der Räder. Die gesamte ungefederte Masse eines Fahrzeuges (Räder, Reifen, Radträger, Radlagerung, Bremse, anteilig Feder, Dämpfer, Radaufhängung) ist daher Bestandteil des Fahrwerks. Durch die Reduzierung dieser ungefederten Massen können die Fahreigenschaften des Fahrzeugs deutlich beeinflusst werden. Je kleiner die ungefederten Massen sind, desto weniger wird der Aufbau von Radschwingungen beeinflusst und desto besser kann der Kontakt des Fahrzeugs mit der Fahrbahn aufrechterhalten werden. Es entstehen so weniger Störgrößen, welche den Fahrkomfort und besonders die Fahrsicherheit beeinträchtigen können.

Die Bedeutung der ungefederten Massen für Fahrsicherheit und Fahrkomfort soll an der Aufgabe des Stoßdämpfers erläutert werden. Neben der Tragfeder ist der Schwingungsdämpfer das wesentliche Element des schwingungstechnischen Ersatzmodells, welches das Fahrzeug und das Fahrwerk abbildet und die Dynamik dieses Systems beschreibt. Er dient dazu, sowohl die Fahrsicherheit zu garantieren als auch den Fahrkomfort zu verbessern. Die Fahrsicherheit wird

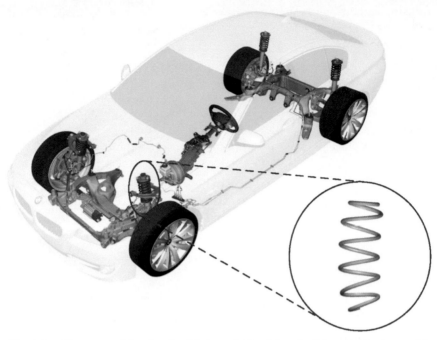

Abb. 5: Der Einsatz von Schraubendruckfedern als Tragfedern im Fahrwerk des Automobils
(Quelle: BMW Group)

wesentlich durch die Bodenhaftung der Räder bestimmt. Die Schwingungen der
ungefederten Massen sind daher nach Möglichkeit zu minimieren, das heißt
stark zu bedämpfen. Ein zufriedenstellender Fahrkomfort erfordert zwar einerseits kleine Aufbauschwingungsamplituden, andererseits aber auch geringe
Aufbaubeschleunigungen, die auch von den Dämpferkräften verursacht werden,
was eher eine schwache Dämpfung erfordert. Bei der Dämpferauslegung ist
daher ein geeigneter Kompromiss zwischen harter Sicherheitsdämpfung und
weicher Komfortdämpfung anzustreben. Aus den dargestellten Zusammenhängen zu Fahrsicherheit und Fahrkomfort wird deutlich, dass die ungefederten
Massen gering sein müssen. Diese Aufgabe wird von den Konstrukteuren in den
Fachabteilungen der Fahrwerkentwicklung der Automobilhersteller und der
Zulieferer bearbeitet.

Zur Auswahl eines geeigneten Federnwerkstoffs muss die Funktion einer
Feder definiert und möglichst exakt formuliert werden. Bei Tragfedern im
Fahrwerk ist die Steifigkeit der Feder das wesentliche Funktionsmerkmal. Die
Steifigkeit beschreibt den Zusammenhang zwischen derjenigen Kraft, welche
auf die Feder einwirkt, und der dadurch verursachten Längenänderung der
Feder, das heißt dem Federweg. Bei der Einfederung nimmt die Feder Energie

auf und gibt diese bei Entlastung wieder ab. Dieser Energiebetrag wird als die elastische Formänderungsenergie der Feder oder des Werkstoffs bezeichnet. Für die Werkstoffauswahl ist es entscheidend, welche Steifigkeit der Werkstoff besitzt und welchen maximalen Betrag an elastischer Formänderungsenergie dieser Werkstoff aufnehmen kann. In unserem Beispiel soll die Tragfeder, eine Schraubendruckfeder (Abb. 5), der Einfachheit halber durch einen geraden Torsionsstab beschrieben werden. Entsprechend der maximal ertragbaren Schubspannungen eines Werkstoffes kann die Feder also nur einen maximalen Betrag an elastischer Formänderungsenergie aufnehmen.

Neben der Masse hat auch das Bauteilvolumen im Bereich Fahrwerk eine große Bedeutung. Prinzipiell soll das Fahrwerk, ebenso wie alle Subsysteme im Automobil, einen möglichst kleinen Bauraum benötigen, damit möglichst viel Raum für die Passagiere und die Zuladung verbleibt. Zudem kann mit einer kleinen Feder auch die Masse von Anbauteilen reduziert werden, so dass sekundäre Leichtbaupotenziale durch eine kleine Feder erzeugt werden können. Der maximale Betrag der elastischen Formänderungsenergie wird entsprechend auf die Masse oder auf das Volumen der Feder bezogen. Damit hat man zwei Kenngrößen, welche über die Eignung eines Werkstoffes für eine Tragfeder Auskunft geben. Die massenspezifische Kenngröße ist ein Maß für die Masse der Feder und die volumenspezifische Kenngröße ist entsprechend ein Maß für das Volumen der Feder. Ist der massenspezifische, maximale Betrag der elastischen Formänderungsenergie eines Werkstoffes relativ groß, so ist die Masse der Feder aus diesem Werkstoff relativ gering. Ganz analog verhält es sich für den Zusammenhang der volumenspezifischen Kenngröße des Werkstoffes und dem Volumen der Feder.

In Abb. 6 sind die bezogenen, massen- und volumenspezifischen Kenngrößen für die Werkstoffe Stahl, Aluminium (Al), Titan (Ti), glasfaserverstärkter Kunststoff (GFK) sowie kohlefaserverstärkter Kunststoff (CFK) dargestellt. Der Bezugswerkstoff ist der Stahl, so dass dessen Kenngrößen jeweils den Wert 1 (Eins) annehmen. Betrachtet man diese Werkstoffe nach den beiden Kriterien, so ergibt sich folgendes Bild: Ein Leichtmetall, zum Beispiel Aluminium, kann bezogen auf die Masse etwa den gleichen Betrag an elastischer Formänderungsenergie aufnehmen wie der Stahl. Die Feder aus Aluminium ist demnach etwa genauso schwer wie eine entsprechende Feder aus Stahl. Die volumenspezifische Kenngröße ist allerdings für Aluminium deutlich kleiner als Stahl, so dass eine Feder aus Aluminium sehr viel größer ist als eine Feder aus Stahl. Entsprechend dieser Interpretation erlaubt die Verwendung von Titan anstelle von Stahl eine Reduktion der Federmasse bei einer moderaten Volumenzunahme. Der Einsatz von FVK führt zu einer deutlichen Reduktion der Federmasse, aber auch zu einer Volumenzunahme gegenüber Federstahl. Der GFK führt zu einer etwas leichteren Feder als der CFK. Das Volumen einer Feder aus CFK wäre zudem noch größer als bei einer funktionsgleichen Feder aus GFK.

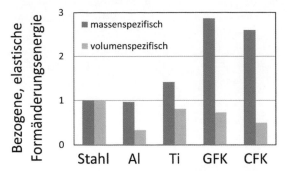

Abb. 6: Der maximale, spezifische Betrag der elastischen Formänderungsenergie für einen Torsionsstab aus verschiedenen Werkstoffen bezogen auf einen Standardfederstahl 54SiCr6

Der Vergleich einer Feder aus GFK und einer Feder gleicher Funktion aus Federstahl ist in Abb. 7 dargestellt. Die Feder aus GFK hat eine im Vergleich zu Stahl um 42 % geringen Masse. Gleichzeitig hat die Feder aus GFK aber ein sichtbar größeres Volumen als die Feder aus Stahl. Als Leichtbauwerkstoffe haben sich deshalb bei Tragfedern neben dem traditionell verwendeten Stahl auch Titan und GFK etabliert.

Neben den Schraubendruckfedern kommen die Blattfedern als Tragfedern in modernen Fahrwerken zum Einsatz. Das Blattfederkonzept ist eines der ältesten Federkonzepte für Fahrzeuge. Anders als bei der Schraubendruckfeder wird der Werkstoff bei einer Blattfeder auf Biegung beansprucht. Die Substitution des Werkstoffes Stahl durch GFK führt hier zu einer Gewichtsverringerung von mehr als 50 %. Aktuell wird jeweils eine GFK-Querblattfeder in der Vorderachse des Mercedes Benz Sprinter, einem leichten Nutzfahrzeug, verwendet. Blattfedern kommen aber auch in der Hinterachse von aktuellen Fahrzeugen zum Einsatz. Seit dem Jahr 2015 ist jeweils eine GFK-Querblattfeder an der Hinterachse des Volvo XC90, einem großen »Sport Utility Vehicle« (SUV), zu finden (Abb. 8).

Die Verwendung von FVK eröffnet dem vermeintlich alten Blattfederkonzept neue Potenziale für eine weitergehende Entwicklung. Ein Beispiel hierfür ist die Mubea Blattzugfeder (Schürmann/Keller 2011). Diese Feder aus GFK kommt in kleinen Nutzfahrzeugen zum Einsatz und wird als radführendes Bauteil verwendet. Zusätzlich zu der Leichtbaustrategie des Stoffleichtbaus mit GFK wird die Strategie des Konzeptleichtbaus verfolgt, da jeweils ein Bauteil, der Längslenker, an jedem Rad eingespart wird. Durch eine stetig progressive Federkennlinie verbessert die Blattzugfeder zudem die Fahrsicherheit und den Fahrkomfort des leichten Nutzfahrzeugs im Vergleich zu der klassischen Mehr-

Abb. 7: Eine Schraubendruckfeder aus glasfaserverstärktem Kunststoff (GFK) und eine Feder gleicher Funktion aus Stahl (Quelle: AUDI AG)

Abb. 8: Eine Querblattfeder aus glasfaserverstärktem Kunststoff (GFK) in der Hinterachse des Volvo XC90 (Quelle: Volvo Car Germany GmbH)

blattfeder aus Stahl. Die Vielfalt der Werkstoffe ermöglicht es dem Konstrukteur, neue und bessere technische Lösungen für das Bauteil Tragfeder zu erarbeiten.

4.   Ausblick

Die Wünsche und Anforderungen der Konstrukteure an die benötigten Werkstoffe für die Leichtbaulösungen sind heute vielfältig und komplex. Moderne Fahrzeuge in Multi-Material-Bauweisen bestehen aus einer Vielzahl unterschiedlicher Werkstoffe, da sich der richtige Werkstoff an der passenden Stelle im Fahrzeug befinden soll. Ein solches Multi-Material-System kann auf unterschiedliche Art und Weise erstellt werden: entweder werden in einem zweistufigen Verfahren die einzelnen Werkstoffe zunächst geformt und anschließend durch einen Fügeprozess kombiniert, oder sie werden in einem einstufigen Verfahren durch ein Urformen oder ein Umformen erstellt. Das zweite Verfahren liefert den intrinsischen Hybridverbund (wbk Institut für Produktionstechnik 2014). Ein solcher Verbund aus FVK und Stahl wird aktuell am Lehrstuhl für Werkstoffsysteme für den Fahrzeugleichtbau der Universität Siegen zusammen mit der Muhr und Bender Fahrwerksfedern GmbH, Attendorn, für Anwendungen im Fahrwerk entwickelt (Busch/Knorre/Brandt 2015; Busch/Brandt 2016; Tump/Brandt 2016). Das Projekt, gefördert durch das Land NRW im Rahmen der Initiative Leitmarktwettbewerbe NRW mit Mitteln der Europäischen Union, schafft so einen neuartigen, werkstofflichen Lösungsansatz für eine leichtbaugerechte Krafteinleitung für Blattfedern aus GFK. Die Kombination von Werkstoffen in einem intrinsischen Hybridverbund steigert durch die Vielfalt der Leichtbauwerkstoffe die Ressourceneffizienz und eröffnet so neue Chancen für innovativen und erfolgreichen Fahrzeugleichtbau.

Literatur

Ashby, Michael F. (2010): Materials Selection in Mechanical Design. 4. Aufl. Oxford.

Braess, Hans-Hermann/Seiffert, Ulrich (2011): Vieweg Handbuch Kraftfahrzeugtechnik. 6. Aufl. Wiesbaden.

Busch, Arne B./Brandt, Robert (2016): Analysis of a mechanically stressed joint in a multi-material-system. Euro Hybrid Materials and Structures, S. 241–246.

Busch, Arne B./Knorre, Michael/Brandt, Robert (2015): Mechanical requirements of tailored joining technologies for spring elements in multi-material-design. Materials Science Forum 825, S. 385–392.

Degischer, Hans Peter/Lüftl, Sigrid (2009): Leichtbau. Weinheim.

DEKRA Automobil GmbH (2016): So viel CO2 produziert Ihr Fahrzeug. CO_2-Rechner. http://www.dekra.de/de/817 (zuletzt abgerufen am 24.06.2016).

Heißing, Bernd/Ersoy, Metin/Gies, Stefan (2011): Fahrwerkhandbuch. Wiesbaden.

Ilschner, Bernhard/Singer, Robert F. (2010): Werkstoffwissenschaften und Fertigungstechnik. Berlin – Heidelberg.

Klein, Bernd (2005): Leichtbau-Konstruktion. Wiesbaden.

Schürmann, Helmut/Keller, Tobias (2011): Blattfeder für Kraftfahrzeuge. Patent WO 2011/110611A3, 15.09.2011.

Tump, Alexander/Brandt, Robert (2016): Graded high-strength springh-steels by a special inductive heat treatment. IOP Conference Series: Materials Science and Engineering 118, S. 1–6.

Umweltbundesamt (2016): Treibhausgas-Emissionen in Deutschland. 25.04.2016. http://www.umweltbundesamt.de/daten/klimawandel/treibhausgas-emissionen-in-deutschland (zuletzt abgerufen am 24.06.2016).

Volkswagen AG, Konzern Kommunikation (Hrsg.) (2011): Materialmix – Das Potenzial der Werkstoffe. VIAVISION Nr. 4. http://www.viavision.org/ftp/578.pdf (zuletzt abgerufen am 22.06.2016).

wbk Institut für Produktionstechnik (2014): DFG Schwerpunktprogramm SPP 1712 »Intrinsische Hybridverbunde für Leichtbaustrukturen«. http://www.spp-1712-hybrider-leichtbau.de/ (zuletzt abgerufen am 21.06.2016).

Wolf-Dietrich Bukow[*]

Urbanität, Diversität und Mobilität. Neue Herausforderungen für eine nachhaltige und inklusive Stadtentwicklung

1. Der verkannte Wandel des urbanen Alltags

Die seit Jahrzehnten zunehmende Einwanderung und insbesondere die aktuellen Fluchtbewegungen haben auch bei uns ganz neue Bevölkerungsgruppen entstehen lassen, die in manchen Altersgruppen und in vielen urbanen Quartieren längst das Bild prägen. In den Sozialwissenschaften wird schon seit Jahren vom *changing face of world cities* (Crul/Mollenkopf 2012) gesprochen. In der Gesellschaft und zumal in der Öffentlichkeit hat man sich zwar allmählich auf die Einwanderung irgendwie eingestellt, aber der in dem Zitat angesprochene Wandel der urbanen Wirklichkeit ist hier noch nicht wirklich nachhaltig im Bewusstsein der Bevölkerung angekommen. Und das gilt erst recht im Blick auf die Debatten über die Stadt- und Regionalentwicklung. Es ist deshalb auch kein Wunder, wenn die mit diesem Wandel verknüpften Herausforderungen bis heute vernachlässigt werden.

Dass das Bewusstsein für diesen Wandel in der Stadtentwicklungsdebatte noch fehlt, das liegt wohl daran, dass die Kommunen immer davon ausgegangen sind, dies alles habe vorwiegend mit Einwanderung zu tun und die Dinge würden sich mit der Zeit schon allein regulieren, die Städte würden sich irgendwann wieder »normalisieren«. Die Stadt insgesamt werde eines Tages wieder so werden, wie sie einst gewesen ist. Niemand hat deshalb in den Kommunen wirklich systematisch über die entsprechenden Wandlungsprozesse und erst recht nicht über deren Auswirkungen auf die Stadtentwicklung nachgedacht (vgl. Bukow 2013). Man hat sich in der Regel damit begnügt, allenfalls dann zu reagieren, wenn es gar nicht mehr anders ging.

Spätestens mit dem massiven und längst unumkehrbaren *changing face of world cities* ist klar, die Debatte muss endlich aufgenommen und systematisch entfaltet werden. Das bedeutet freilich, den zunehmenden Wandel der urbanen

* Univ.-Prof. em. Dr. Wolf-Dietrich Bukow, Universität Siegen, Forschungskolleg »Zukunft menschlich gestalten« (FoKoS), Forschungsschwerpunkt Mobilität und Diversität.

Wirklichkeit als Auslöser zu nutzen, um über den Wandel insgesamt nachzudenken. Und in diesem Zusammenhang muss Urbanität noch einmal ganz anders diskutiert und von dort auch über eine inklusive und nachhaltige Stadtentwicklung erneut nachgedacht werden. Diese Überlegungen sind alle nicht
neu und wurden schon in der Charta von Leipzig (vgl. Leipzig Charta 2007)
entwickelt. Sie wurden dann auch vom Umweltbundesamt (2011) mehrfach
aufgegriffen und differenziert vorgestellt und sind zudem im Rahmen der internationalen Diskussion, hier besonders in HABITAT-II/III, längst zu einem
zentralen Motiv geworden. Und man braucht auch nicht lange nach einem adäquaten Referenzrahmen für diese Debatte zu suchen. Denn in der erwähnten
Diskussion finden sich auch schon die entscheidenden Hinweise dafür, wo bei
der Debatte angesetzt werden muss, nämlich bei dem Stichwort Urbanität. Und
Urbanität wird hier nicht zufällig am Stadtquartier festgemacht. Das urbane,
gemischte und dichte Quartier (vgl. Bukow et al. 2015) bietet sich gerade im
Blick auf die vorliegende Fragestellung aus historischen genauso wie aktuellen
gesellschaftlichen Gründen als empirischer Referenzrahmen an. Das Quartier
stellt so etwas wie einen kleinstmöglichen in sich gesellschaftlich zusammenhängenden, autopoietischen und damit emergenten Leitraum dar.

Schon die Zeit, die seit der Charta von Leipzig und den ersten HABITAT-
Debatten vergangen ist, belegt allerdings, dass es nicht nur an einer ausrei-
chenden Sensibilität für die Thematik fehlt, sondern auch, dass ausgerechnet
dieser Referenzrahmen in der Stadtentwicklung trotz allem bis heute mehr als
umstritten ist. Erst heute – so der Entwurf eines Gesetzes zur Umsetzung der
Richtlinie 2014/52/EU im Städtebaurecht sowie zur Stärkung des neuen Zusammenlebens in der Stadt von 2016 – wird erwogen, in die Baunutzungsver-
ordnung (BauNVO) ein »urbanes Gebiet« im Sinn des überkommenen dichten
und gemischten Quartiers einzufügen. Allein an diesem Beispiel lässt sich schon
erkennen, wie überfällig es ist, über Stadtentwicklung noch einmal ganz neu
nachzudenken und dabei empirisch wohlorientiert, also situationsadäquat, und
systematisch breit angelegt, also integral alle Aspekte bis hin zu Verordnungen
und Gesetzen berücksichtigend und die gesamte Bevölkerung einschließlich der
Flüchtlinge aktiv beteiligend, vorzugehen. Endlich rückt die Urbanität als
Kerneigenschaft von Stadtgesellschaft in den Mittelpunkt und endlich wird
dabei an das dichte und gemischte Quartier gedacht (vgl. Umweltbundesamt
2011, S. 23).

Worauf es jetzt ankommt, ist, sich darüber klar zu werden, dass der Wandel
des urbanen Alltags nicht allein durch Migration hervorgerufen wurde, sondern
sehr viel breitere Ursachen und damit auch sehr viel breitere Effekte hat. Der
urbane Alltag ist längst zu einem Fußabdruck globalgesellschaftlicher Wirklichkeit geworden (vgl. Bukow 2015, 105–106). Das bedeutet, man muss Diversität und Mobilität explizit zum Thema machen, sie in ihrer ganzen Breite als

spezifische Eigenschaften von Stadtgesellschaften betrachten und die damit verknüpften entsprechend umfassenden Implikationen als die alles entscheidenden Herausforderungen definieren, womit die Fragen der Nachhaltigkeit und Inklusion noch viel komplexer ausgerichtet werden müssen. Wenn das so ist, dann bietet die aktuelle Einwanderungs- und Flüchtlingsdebatte allenfalls partielle Ansatzpunkte, um die bislang vernachlässigten Aspekte der Stadt- und Regionalentwicklung noch einmal gezielt in Erinnerung zu rufen. Es wird sich zwar zeigen, dass ein Diskurs über Einwanderung immer auch ein Diskurs über das ist, was gesellschaftliche Wirklichkeit ausmacht, aber diese Debatte muss kritisch rekonstruiert werden, weil das, worum es heute geht, in der Tat viel breiter angelegt ist. Nur eingeschränkt lassen sich aus der Einwanderungs- und Flüchtlingsdebatte Impulse gewinnen, um die Diskussion um »Urbanität« adäquat aufzunehmen und das dichte und gemischte Quartier als Referenzrahmen ins Spiel zu bringen. Eigentlich geht es darum, Begriffe wie Diversität und Mobilität und deren spezifische praktische wie theoretische Verankerung neu zu präzisieren, um so wichtige Anstöße für eine inklusive und nachhaltige Stadtentwicklung im Sinn eines Leitthemas (Schubert 2015, S. 171) zu gewinnen.

2. Von der Einwanderungsdebatte zur urbanen Wirklichkeit

Man hat sich zwar allmählich auf die Einwanderung eingestellt, aber der massive und breit angelegte Wandel des urbanen Alltags ist bislang nur selten wirklich im Bewusstsein der Gesellschaft angekommen. Schauen wir uns die Schwierigkeiten bei der Einschätzung der urbanen Wirklichkeit genauer an. Daraus lässt sich einiges für die vorliegende Thematik lernen.

Es ist offenbar schwierig, einen adäquaten Zugang zu dem längst massiven und unumkehrbaren *changing face of world cities* zu gewinnen und damit empirisch fundierte Vorstellungen über das zu entwickeln, was sich im Alltag tatsächlich abspielt. Dafür gibt es mehrere Gründe. Zunächst einmal hat es damit zu tun, dass es um alltägliche Dinge geht, die in der Regel eher wie selbstverständlich hingenommen werden – und dazu gehören auch mehr oder weniger stetige Wandlungsprozesse. In solchen Fällen kommt es darauf an, eine ausreichende Sensibilität für Veränderungen zu entwickeln, um überhaupt die damit verknüpften Herausforderungen und Potenziale erkennen zu können. Und genau daran hapert es in diesem Fall. Verantwortlich dafür sind zwei miteinander verknüpfte Strategien. Sie verhindern gemeinsam, den urbanen Wandel wirklich ernst zu nehmen. Die erste Strategie besteht darin, niemals die Hoffnung aufzugeben, dass die Dinge sich schon wieder einrenken werden. Die zweite Strategie zielt darauf ab, alle eventuell dennoch erforderlichen Aktivitäten auf das Nötigste zu beschränken und bloß auf wirklich unabwendbare Verän-

derungen zu reagieren. Beide Strategien basieren auf einem gemeinsamen
Grundanliegen: Sie sind von dem Wunsch beseelt, nichts an dem zu verändern,
was schon immer gilt. Es geht darum, einen wie auch immer »gefühlten« *status
quo ante* beziehungsweise *ex ante* zu bewahren beziehungsweise notfalls auch
wieder herzustellen. Dieser Wunsch ist die Basis für alle Deutungs-, Interven-
tions- bzw. Integrationsüberlegungen. Und wenn sich dieser Wunsch als irgendwie problematisch herausstellt, weil sich längst neue Sprachen, neue Le-
bensstile, neue Religionen und neue Kulturen etabliert haben, die globalen
Konzerne, die Investoren, die neuen Technologien und die neuen Medien ihre
Spuren tief im urbanen Alltag hinterlassen haben, dann müssen entweder er-
folgversprechende restaurative Maßnahmen entwickelt oder es müssen Kon-
zessionen gemacht werden. Der Blick auf die Einwanderungsdebatte belegt denn
auch, noch werden der globale und technologische Wandel und dessen Auswirkungen auf die lokale Situation klein geredet und folglich werden auch für die
Einschätzung der lokalen Situation wichtige Begriffe wie Urbanität, Diversität
und Mobilität unterschätzt. Sie werden keineswegs so klar gesehen, wie das bei
Themen, die auf brisante Prozesse innerhalb des Alltagslebens verweisen, eigentlich zu erwarten wäre.

2.1   Bislang wird in der Einwanderungsdebatte der urbane Wandel nicht ernst genommen

Es fragt sich schon, wie es gelingt, den urbanen Wandel immer wieder klein zu
reden, auf etwas Punktuelles, gewissermaßen Äußerliches und damit auf etwas,
was allenfalls das Alltagsleben von außen bedroht, zu reduzieren, obwohl es sich
um einen dem Alltagsleben eingeschriebenen, quasi intrinsischen Prozess
handelt, in den alle – wenn auch in unterschiedlicher Weise – längst, wenn nicht
schon immer, involviert sind. Die Herausforderung besteht aus dieser verkürzten Sichtweise dann eben nicht darin, eine auf den Wandel konstruktiv
reagierende nachhaltige und inklusive Stadtentwicklung zu fordern, sondern
ausgerechnet darin, einen noch dazu eher nur vage imaginierten *status quo ante*
zu stärken und mit entsprechenden Deutungsmustern zu verteidigen. Zur Un-
termauerung dieser verkürzten Sichtweise sind vor allem solche Deutungen
gefragt, die den *status quo ante* ideologisch verklären, nämlich nationale Mythen
(Bukow 2010, S. 151ff.). Eine zusätzliche Unterstützung dieser Sichtweise kann
darin bestehen, eine einwanderungskritisch bis einwanderungsfeindlich ausgerichtete Position einzunehmen. Sie kann aber auch darin bestehen, Einwanderung dienstbar zu machen, was sich dann sogar als Bereicherung verkaufen
lässt.

(a) Die Einwanderung wird heute zwar als eine die Stadt und das urbane Zusammenleben durchaus herausfordernde Entwicklung betrachtet – aber als eine Entwicklung, in der den Alteingesessenen zunehmend eine im Prinzip *äußerliche* beziehungsweise *fremde* Diversität und Mobilität zugemutet wird. Dies vorausgesetzt versprechen sich viele von negativ aufgeladenen Deutungsmustern eine Eindämmung der Einwanderung und die Rettung des *status quo ante*. Solche Deutungen begleiten die Einwanderung tatsächlich seit nunmehr fast 50 Jahren (vgl. Bukow 2010; Schneider/Crul/Lelie 2015, S. 13 ff.). Andere versprechen sich von der Einwanderung einen allenfalls moderaten Wandel, der insoweit sogar für die Alteingesessenen nützlich sein mag:

Die Rettung des *status quo ante* war einst schon das Motiv bei der Ablehnung der sogenannten Gastarbeiter, hier erst der italienischen, dann der griechischen, später der türkischen Einwanderung. Es hieß, die Fremden machten aus der Stadt eine multiethnische Gemengelage voller Konflikte und Widersprüche und das Alltagsleben werde angesichts der vielen integrationsunwilligen Fremden immer riskanter. Bis heute wird vielen »Ausländern«, besonders auch den »Türken«, »Asylanten«, den »Armutsflüchtlingen aus Südost-Europa« und jetzt den neuen Flüchtlingen vorgeworfen, sie würden Teile des urbanen Raumes für sich in Beschlag nehmen und hier Parallelgesellschaften (insbesondere türkisch-muslimische Quartiere) installieren. Interessant ist, dass dieser Segregationsvorwurf oft mit überkommenen Vorstellungen über den Zerfall urbaner Kulturen, die Ausbreitung sozialer Brennpunkte und urbane Segregation generell angereichert wird, nur dass eben jetzt nicht mehr die Industrialisierung und der Kapitalismus, sondern die Einwanderung dafür verantwortlich gemacht wird. Im Unterschied zu früher wird die Entwicklung jetzt für »fremdverschuldet« gehalten, womit man sich ganz neue Handlungsoptionen zu verschaffen meint. Tatsächlich ist es historisch gesehen genauso unzutreffend, davon auszugehen, dass Einwanderung etwas Neues ist, wie, dass in den Städten erst in jüngster Zeit Segregation und Nutzungstrennung eine problematische Rolle spielen und diese Problematik durch Einwanderung hervorgerufen worden ist. Vielmehr durchzieht Migration die gesamte Stadtgeschichte und war in der Phase der Industrialisierung und später in der Wiederaufbauphase nach dem Zweiten Weltkrieg das entscheidende Instrument, um den Arbeitskräftebedarf zu stillen und die Wirtschaft zu konsolidieren. Und die Segregation ist mit ihrer ganzen Problematik für Stadtgesellschaften schon immer in der einen oder anderen Form konstitutiv. Segregation nach Beruf, nach Einkommen, nach sozialer Schicht, nach Gruppenzugehörigkeit, nach der Religion und nach der Sprache, all dies begleitet in der einen oder anderen Form die Stadtgesellschaft. Und pro-

blematisch wird die Segregation bis heute vor allem dann, wenn Alltags-
räume abgespalten, gesellschaftliche Zugehörigkeiten aufgekündigt, groß-
räumig und gebietsübergreifend Priviligiertenzonen wie *gated communities*
oder *disperse Siedlungen* usw. entstehen und wenn dann auch noch die
Sozialstrukturen globalisiert werden: Entindustrialisierung der europäischen Städteregionen und Externalisierung belastender Produktionsweisen
und Lebensverhältnisse. Und in jüngster Zeit kommen hier noch segre-
gierend wirkende ökonomische Interessen, die durch Investoren oder sogenannte »Heuschrecken« gesteuert werden, hinzu, wovon dann ausgerechnet die Newcomer, die noch über kein soziales oder kulturelles Kapital
verfügen, besonders betroffen sind.

(b) Und was die andere Position betrifft, wo die Einwanderung und die davon
abgeleitete Diversifizierung und Mobilisierung der Gesellschaft zumindest
tendenziell für eine »Bereicherung« beziehungsweise sogar für einen Gewinn gehalten wird, so geht auch sie nach der Logik von »äußerlich« und
»fremd« vor, nur dass sie eben pragmatischer ausfällt. Die Einwanderung
kompensiert den drohenden Bevölkerungsschwund und hilft, den zunehmenden Arbeitskräftemangel auszugleichen. Gelegentlich betrachten die
Kommunen die Einwanderer auch als »Modernisierungspioniere«. Und
davon versprechen sich tatsächlich auch viele Städte ganz explizit neue
Impulse. In diesem Fall wird jedoch nicht nur übersehen, dass eingewan-
derte Bevölkerungsgruppen – was ihre Bedeutung als Mittel gegen den
Bevölkerungsschwund betrifft – sich oft schon nach einer Generation an die
lokalen Lebensgewohnheiten der umgebenden Bevölkerung angepasst
haben und sich in der Familiengröße, Kinderreichtum usw. nicht mehr
unterscheiden, selbst wenn das ursprünglich der Fall war. Und es wird auch
übersehen, dass für die Entfaltung von Kreativität und neuen Ideen nicht
nur eine gute Bildung, sondern vor allem auch echte Gleichstellung und
volle Anerkennung Voraussetzung sind. Und genau daran hapert es nach
wie vor. Noch immer ist die Bildungsbenachteiligung der Einwanderer signifikant und noch immer wird zwischen den Alteingesessenen und den
anderen unterschieden, indem nach wie vor die Herkunft von Eltern oder
Großeltern zugerechnet wird (»Menschen mit Migrationshintergrund«).

Beide Positionen greifen im Blick auf die urbane Dynamik, auf den dem Alltag
eingeschriebenen beziehungsweise intrinsischen Wandel und die damit verknüpften Einschätzungen, auf die entsprechenden Problemzuweisungen genauso wie die Bereicherungsbehauptungen zu kurz. Sie führen in mancher
Hinsicht auch in die Irre, wenn das, was den urbanen Alltag ausmacht, nicht nur
umfassend nach einheimisch beziehungsweise fremd zugeordnet, unterschieden und auf- beziehungsweise abgewertet wird, sondern auch noch unhistorisch

gerahmt wird: Einheimische repräsentieren das, was schon immer gilt und was es heute als *status quo ante zu bewahren gilt*, Einwanderer repräsentieren generationsüberdauernd qua Migrationsgeschichte Fremdheit.

2.2 Eine kritische Analyse der Einwanderungsdebatte eröffnet neue Zugänge

Eine kritische Analyse der Einwanderungsdebatte eröffnet einen neuen Zugang zur urbanen Wirklichkeit. Die urbane Wirklichkeit ist seit je von Migration und Mobilität geprägt und die Stadtgesellschaften verdanken ihre Diversität keineswegs nur, ja noch nicht einmal überwiegend der aktuellen Einwanderungsbewegung. Zumal beim augenblicklichen Wandel des Alltags spielen die neuen technologischen Möglichkeiten längst eine wichtigere Rolle als die Einwanderung (Maschke 2013). Sie bestimmen die Menschen ohne Ansehen der Herkunft oder Lokalität. Ein kritischer Blick auf die Einwanderungsdebatte nötigt also dazu, die urbane Wirklichkeit noch einmal ganz neu zu diskutieren, wobei sich der auf Einwanderung fixierte Blick zumindest dennoch als lehrreich erweist, weil er zumindest den Blick auf die Grundeigenschaften des Alltags lenkt.

Am Beispiel der Debatte über Multikulturalität lässt sich diese Erkenntnis noch weiter akzentuieren. Die zunehmende Diversität wird hier nämlich vor allem unter einem kulturellen Label betrachtet. Gleichsam zur Kompensation dieser Verengung wurde sehr schnell ein Kulturbegriff etabliert, der jede spezifische Eingrenzung hinter sich lässt und faktisch alles für kulturell geprägt ausgibt. Bei dieser gleichzeitig einengenden und zunehmend ubiquitär auf alles ausweitenden Kulturalisierung kehren bei der Thematisierung von Diversität genau die Verkürzungen wieder, die aus der Einwanderungsdebatte vertraut sind. Bei der Verengung von Diversität auf Kultur wird vernachlässigt, dass es gewissermaßen unterhalb kultureller Spezifika so etwas wie eine praktische Vernunft gibt, die im Alltagsleben viel bedeutsamer ist, weil sie nicht nur zur Entwicklung formaler Systeme, sondern auch zu technologischen und wissenschaftlichen Erkenntnissen beiträgt. Und hier spielt Diversity ebenfalls eine Rolle. Das bedeutet, dass in der Multikulturalitätsdebatte nur ein einzelner Aspekt ins Blickfeld gerückten wird. Einerseits wird die zunehmende alltägliche, soziale, sprachliche, situationstypische, milieuspezifische, kulturelle, religiöse oder genderspezifische Diversifizierung des Zusammenlebens ignoriert. Anderseits wird die sich analog ausbreitende und ebenfalls diversifizierte technologische bis wissenschaftlich praktische Vernunft ausgeblendet. Eine kritische Rekonstruktion dieses eingeengten und verkürzten Multikulturalitätsbegriffs dürfte indirekt genauso wie der verengte Einwanderungsbegriff dazu motivieren, noch einmal genauer hinzuschauen. In diesem Fall wird dabei am Ende deutlich, wie tief Diversität in Stadtgesellschaften eingeschrieben ist.

Eine kritische Analyse der beiden Begriffe eröffnet nicht nur einen neuen Zugang zur urbanen Wirklichkeit. Sie macht auch sensibel dafür, alles noch einmal genauer daraufhin zu prüfen, worum es bei der Beschwörung von »gestern« eigentlich geht. Es ist schon auffällig, wie schnell bei der Fixierung auf den *status quo ante* der urbane Alltag auf die eine oder andere Weise zu einer Art Miniaturausgabe eines bodenständigen Nationalstaates geschrumpft wird und dann von dort aus auch noch nationalstaatliche Sichtweisen und Problemzuschreibungen implementiert werden. Mit der Übertragung des nationalstaatlich ausgerichteten Denkens auf urbane Situationen wird eine eigentümlich Fixierung auf Homogenität und Bodenständigkeit erreicht. Das Problem ist nur, dass der so gedeutete Alltag zugleich über- und unterkomplex ist und eine erhebliche Sichtverengung und Problemverschiebungen erzeugt, die das urbane Zusammenleben extrem gefährden können (Bukow/Preissing 2016, S. 243ff.). Besonders drastisch kommt das neuerdings bei der PEGIDA und bei der AfD zum Ausdruck. Es kommt demnach alles darauf an, sich um einen sachadäquateren Referenzrahmen zu bemühen. Er ergibt sich, wenn schon nicht unmittelbar, aus einem reflexiv bedachten Dauerablauf des Alltags, dann aber doch aus einer kritischen Rekonstruktion und Einordnung solcher Prozesse, die wie die Einwanderung die Aufmerksamkeit auf die Grundeigenschaften des Alltags lenken.

3.   Mobilität und Diversität als Kernbestandteile urbaner Logik

Der erste Schritt in diese richtige Richtung ist, nach allem, was jetzt klar ist, auf die Stadt, genauer das urbane Quartier, differenziert einzugehen. Es ist die kleinste, sozial *emergente* Einheit von Stadtgesellschaft und damit ein besonders geeigneter, sozial adäquater urbaner Raum für die weitere Diskussion. So zu verfahren bedeutet, einen Raum zum Referenzrahmen zu machen, der *in nuce* alles umfasst, was Urbanität ausmacht. In diesem Kontext kann man sich schnell über »Urbanität« jenseits spezifischer Indikatoren verständigen und dabei auch die Bedeutung von Diversität und Mobilität begrifflich wie inhaltlich weiter präzisieren, was wiederum die Voraussetzung für eine fundiert Debatte über Stadtentwicklung ist.

3.1   Der urbane Alltag folgt einer speziellen Dynamik

Wichtig ist hierbei zunächst einmal, die in den gelebten Alltagssituationen wirksame urbane Alltagsdynamik genauer zu identifizieren. Aus dem gelebten Alltag heraus, aus dem alltäglichen Vollzug der die Einzelnen leitenden *needs* (Arbeiten, Wohnen, Bildung, Kultur, Religion, Soziale Dienste, Beteiligung usw.)

werden soziale Situationen, Alltagssituationen organisiert. Dabei kommt es auf die sozial adäquate Zuschneidung der Situation und von dort aus auf die passende Kontextualisierung dessen an, was gelten soll. Die dabei verwendeten Routinen lassen eine Dynamik erkennen, die sich letztlich aus zwei Quellen speist, zum einen aus einer urbane Situationen fundierenden Handlungslogik und zum anderen aus für die Situation relevanten Deutungen. In der so organisierten sozialen Situation wird zugleich das Quartier als Stadtgesellschaft in nuce real. Entscheidend ist dabei, dass Zuschneidung und Kontextualisierung in der Stadtgesellschaft je nach der verwendeten Handlungslogik und den entsprechenden Deutungen typische Unterschiede aufweisen. Stadtgesellschaft wird entsprechend unterschiedlich real. Einfach formuliert, hier greift die urbane Logik – eine Logik, die älter als jeder Nationalstaat ist und sich einer einmaligen Erfindung verdankt, nämlich für den Ablauf des Alltags und damit für das urbane Zusammenleben drei unterschiedliche Möglichkeiten anzubieten. Angeboten werden alternativ erstens formale Systeme, zweitens Handlungsfelder für die Entfaltung eines individuellen Spielraums und drittens zunehmend Plattformen, um auf den urbanen Alltag diskursiv – einst religiös orientiert, heute als Öffentlichkeit und Zivilgesellschaft definiert – einzugehen. Diese bis heute immer weiter ausgebaute Erfindung stellt so etwas wie eine soziale Grammatik des urbanen Zusammenlebens dar (vgl. Bukow 2010, S. 81 ff.), macht bis heute die urbane Eigendynamik aus und trägt wesentlich zu dem bei, was man als urbanen »Eigensinn« (Löw 2011) erleben kann.

Und wie verhält sich nun das urbane Quartier zu diesem »eigensinnigen« Referenzrahmen? Wie macht es sich diesen Rahmen zu eigen? Diese Frage eröffnet im Großen und Ganzen vier Frageoptionen, eine historische nach der Vorgeschichte von Urbanität (vgl. Siebel 2015, S. 405), eine eher ethnographische nach der Eigenlogik des Städtischen (vgl. Löw 2011, S. 52), eine eher globalgesellschaftliche nach dem urbanen Alltag als einem Fußabdruck globalgesellschaftlicher Wirklichkeit (vgl. Yildiz 2013, S. 15) und eine nach dem inneren Zusammenhalt (vgl. Nassehi 2002, S. 211). Nimmt man diese Frageoptionen in den Blick, so wird bald erkennbar, dass es bei dem Quartier nicht um rein bauliche Strukturen oder um eine Erlebniswelt, sondern tatsächlich um eine komplexe Größe, um einen spezifischen Gesellschaftstyp, hier das Format Urbanität geht. Es entspricht dem, was einleitend als kleinste *emergente* soziale Einheit von Stadtgesellschaft ausgewiesen wurde und im Sinn eines *autopoietischen* lebenden Systems interpretiert werden kann.

3.2   Urbanität basiert letztlich auf der Erfindung einer eigenen Gesellschaftslogik

Vor diesem Hintergrund lässt sich »Urbanität« noch genauer eingrenzen. Das Format »Urbanität« ist dann ein Gesellschaftstyp mit einer langen Vorgeschichte und basiert auf einer speziellen gesellschaftlichen Konstruktion, die das Zusammenleben eben anders als sonst nicht mehr auf der Basis von Verwandtschaft, sondern auf der Grundlage formaler Strukturen organisierte (vgl. Bukow/Cudak 2016, S. 356–357). Dieses soziale Format ist im Verlauf der Geschichte zur erwähnten speziellen sozialen Grammatik urbanen Zusammenlebens fortentwickelt worden.

Was bedeutet das für die Einschätzung der »sozialen Grammatik«? Sie wurde im Verlauf der Jahrhunderte vielfach variiert und immer wieder neu modelliert und dabei dem Stand der technologischen und der wirtschaftlichen Entwicklung und den jeweils dominierenden Machtverhältnissen immer wieder entsprechend angepasst. Sie hat dazu entscheidend beigetragen, dass das dichte und gemischte Quartier zu so etwas wie einer Inklusionsmaschine (vgl. Feldkeller 2012, S. 53) geworden ist. Und speziell dieser Effekt ist es, der die Stadtgesellschaft insgesamt zum dem global erfolgreichsten Gesellschaftsmodell überhaupt gemacht hat.

Die Stadtgesellschaft mit der für sie typischen Eigendynamik bildet also den Rahmen, den Raum, innerhalb dessen sich Stadtquartiere im Sinn einer emergenten Einheit von Stadtgesellschaft als autopoietische lebende Systeme etablieren können. Das Stadtquartier ist als Teil von Stadtgesellschaft wie diese insgesamt ausgerichtet und ist damit weit mehr als eine Opportunitätsstruktur (Friedrichs 2011). Es arbeitet in nuce wie die Stadtgesellschaft insgesamt und stellt auf diese Weise ein voll tragfähiges soziales System, einen kleinsten, dichten und gemischten Raum dar, damit so etwas wie die eigentliche *Heimat für Mobilität und Diversität* (vgl. Sennet 2011, S. 184ff.).

Was Urbanität ausmacht, ist danach das Ergebnis eines Jahrhunderte alten und immer wieder neu modifizierten Versuchs, Gesellschaft so zu konstruieren, dass die dem Stadtraum zugerechneten Menschen *inkludiert* werden (vgl. Bukow/Cudak 2015, S. 4ff.):

> *Mobilität und Diversität sind der Stadtgesellschaft eigentümliche Antriebspotentiale, die dann zu einem Problem werden, wenn sich Nutznießer des status quo durch diese Dynamik gefährdet sehen (Bukow 2015, S. 111).*

Und das Quartier ist dann so etwas wie das kleinste lebende System, in dem eine »sozial-grammatisch« gesteuerte Stadtgesellschaft real wird, das aber jederzeit gefährdet ist, wenn sich eine Bevölkerungsgruppe (z. B. Alteingesessene), Interessengruppen (z. B. Investoren) oder rein ökonomisch ausgerichtete Grup-

pen das Quartier »zur Beute« machen und seine grammatische Struktur gefährden.

Damit ist klar, dass Mobilität und Diversität als solche für eine Stadtgesellschaft keine neuartige und damit eigentlich auch überhaupt keine Herausforderung darstellen, sondern zu den Phänomenen gehören, die einst zum Anlass,
zur »Erfindung« der Stadtgesellschaft wurden. Zu fragen ist deshalb nicht nach
dem »Ob«, sondern nach dem »Wie«. Denn Mobilität und Diversität mögen zwar
schon immer konstitutiv sein, aber sie wandeln sich immer wieder im Verlauf
der Zeit. Das verlangt, die Logik der Stadtgesellschaft erstens zu würdigen,
zweitens aber auch immer wieder neu zu präzisieren und zu schärfen, gewissermaßen auf die Höhe der Zeit zu bringen. Und es verlangt, die Logik der
Stadtgesellschaft in jedem einzelnen Quartier immer wieder neu zu modellieren
und auf alle relevanten Kontextbedingungen abzustimmen. Von einer »Inklusionsmaschine« wird eben heute erwartet, dass Jedem in jedem Quartier das
gleiche Recht eingeräumt und dass das Zusammenleben im Kontext von Weltgesellschaft nachhaltiger als zu anderen Zeiten organisiert wird.

4.   Zur Dynamik von veralltäglichter Diversität

Wenn die Stadtgesellschaft auf einer grammatischen Struktur basiert, die es
erlaubt, eine diverse Bevölkerung ohne Rücksicht auf persönliche Eigenschaften, Herkunft, soziales oder ökonomisches Kapital formal zu inkludieren, für die
also sowohl Diversität als auch Mobilität eine Selbstverständlichkeit darstellen,
ja offenbar sogar konstitutiv sind, dann kann man schon von einem sehr speziellen Gesellschaftsformat sprechen. Die Stadtgesellschaft ist gleichzeitig essenziell flüchtig und grammatisch wohlgeordnet. Sie ermöglicht für die unterschiedlichsten Einwohner die zur Gewährleistung des Dauerablaufs des Alltags
(Schütz/Luckmann 2003, S. 98 ff.) erforderlichen praktischen Routinen. Sie
schafft damit für die Realisierung der je individuellen Bedürfnisse Kontinuität
und Berechenbarkeit, ohne a priori individuelle Diversität und Mobilität ein-
schränken zu müssen. Und wenn das Stadtquartier als emergentes, autopoieti-
sches System Stadtgesellschaft *in nuce* darstellt, dann müssen sich auch soziale,
kulturelle, religiöse, sprachliche, genderspezifische und andere Formen von
tagtäglicher Diversität innerhalb des urbanen Raumes entsprechend lokalisieren
lassen.

4.1   Diversität stellt eine relative Größe dar

Diversität bezeichnet hier eine Vielfalt, die dadurch entsteht, dass sich vor dem Hintergrund gelebter Alltagsroutine relevante Unterschiede bemerkbar machen. Unterschiede treten auf, sobald in den Blick gerät, dass sich etwas in der aktuellen Situation von etwas, das auf andere »zeitlich« vorausgegangene oder »räumlich« verschiedene Situationen verweist und für das individuelle Deuten und Handeln hier und jetzt für bedeutsam erachtet wird, unterscheidet. Es gerät etwas in den Blick, was bislang irgendwie ungewohnt oder sogar unbekannt war. Diversität ist demnach ein relativer Begriff, der auf einem Hier im Vergleich zu einem Vorher und Nachher beziehungsweise einem Hier im Vergleich zu einem Woanders basiert und zugleich das »Nicht-jetzt« beziehungsweise das »Nicht-hier« kontingent setzt, das heißt möglich macht.

Genau besehen ergibt sich Diversität nicht nur aus der Einführung einer zeitlichen oder räumlichen Relation im Blick ein Handlungselement (»etwas Ungewohntes«), sondern vor allem auch aus der Kontingentsetzung eines Anderen als Repräsentant möglicher Vielfalt. So werden »Viele als Viele« Teil des Alltags. Und es geht noch weiter. Kontingent gesetzt werden können auch ganze Situationen im Sinn von Varianten möglicher Vielfalt.

Und auch auf den Kontext kommt es an. Was wie relationiert wird, also als anders im Unterschied zu dem, was hier und heute gilt, identifiziert und gegebenenfalls als kontingent erklärt wird (vgl. Luhmann 1984, S. 152), ist auch davon abhängig, wo genau sich jemand aufhält und zudem auch noch davon, was dann an diesem Ort in der speziellen Situation gilt. In einer Gesellschaft werden Zurechnungen nicht nur individuell, sondern stets auch genderspezifisch, sozial- und milieuspezifisch und in jedem Fall auch situativ organisiert. In solchen Fällen geht es oft nicht um Einen unter vielen Anderen, sondern um Einen gemeinsam mit Anderen unter wieder Anderen, die diese Gemeinsamkeit nicht teilen. Diversity kann also einzelne Aspekte betreffen, die speziell in dieser Hinsicht Communities begründen mögen, die sich damit von bestimmten Anderen oder von Allen unterscheiden. Schaut man sich diese durch eine zeitliche oder räumliche Relation identifizierbare Unterschiedlichkeit genauer an, so kann man bei diesem Identifikationsvorgang auch von zwei spezifisch ausgerichteten sozialen Operationen sprechen (vgl. Bukow 2011, S. 35 ff.). Es kommt dabei stets darauf an, unter welchen Bedingungen und in welcher Absicht der Alltag realisiert wird und wie gegebenenfalls Differenzlinien zu operationalisieren sind. Diversität betrifft in formalen Systemen etwas völlig anderes als im privaten Zusammenhang.

Es gibt aber noch eine weitere zunehmend beliebte Möglichkeit, Diversität herzustellen. Teils werden einfach die beiden zeitlich beziehungsweise räumlich arbeitenden Operationen überlagert, indem »alt« und bzw. »woanders« in den

Alltagsablauf gewissermaßen eingemischt und damit der Alltagsablauf als solcher verändert wird. Der bisherige Ablauf wird »transzendiert«. Bei dieser Operation entsteht häufig am Ende aber auch etwas ganz Neues, eine kreative gegebenenfalls sogar eine hybride Neukonstruktion. Dieser Vorgang ist schon aus der Ethnologie bekannt und wird dort mit »Bricolage« (vgl. Lévi-Strauss 1962) bezeichnet. Man kann auch mit Michael Foucault von einer Heterotopie sprechen. Das ermöglicht gewissermaßen neue Lokationen für Diversität.

> *Es sind...* »*wirkliche Orte, wirksame Orte, die in die Einrichtung der Gesellschaft hinein gezeichnet sind, sozusagen Gegenplatzierungen oder Widerlager, tatsächlich realisierte Utopien, in denen die wirklichen Plätze innerhalb der Kultur gleichzeitig repräsentiert, bestritten und gewendet sind, gewissermaßen Orte außerhalb aller Orte*« (Foucault/ Defert 2013).

Folglich handelt es sich bei der Rede von Diversität überhaupt nicht um die Bezeichnung einer auch noch vorwiegend durch Migration bunter gewordenen urbanen Wirklichkeit, in der alle ein immer breiteres Angebot an immer unterschiedlicheren Optionen haben, sondern um das Ergebnis einer Unterschiede herauführenden sozialen Operation. Diese Operation arbeitet erstens vergleichend und zweitens situativ orientiert und setzt etwas »Nicht-hier-und-jetzt Gültiges« kontingent. Sie trägt damit zur Konstruktion und Definition von alternativen Handlungs- und Deutungsoptionen bei.

4.2   Diversität unterliegt ständiger Veralltäglichung

Diversität ist eben kein Zustand, sondern ein Attribut auf Zeit. Es mag sein, dass ein ganzes Spektrum von Einstellungen und Verhaltensweisen reaktiviert wird – Einstellungen, die zwar im Alltag eigentlich vorhanden sein könnten, aber ignoriert, ja verdrängt oder sogar tabuisiert werden, weil sie nicht dem entsprechen, was einem in seiner Situation, im eigenen Milieu oder generell in der Gesellschaft zusteht. Das gilt insbesondere für moralisch oder sexuell relevante Verhaltensweisen und Einstellungen und durch sie geprägte Routinen. Vielfalt bedeutet in diesem Fall nicht, dass etwas »wirklich« Neues auftritt, sondern nur, dass neue Spielräume für alte Einstellungen oder Verhaltensweisen entstehen. Es mag auch sein, dass von anderen Orten das breite Spektrum von Einstellungen und Verhaltensweisen »importiert« wird und im urbanen Alltag kontingent gesetzt wird. Das gilt insbesondere für alltägliche Gewohnheiten, aber auch für sprachliche, religiöse und kulturelle Vorstellungen. Es mag aber auch sein, dass über die neuen Medien oder im Rahmen von praktischen Projekten regelrecht Heterotopien geschaffen werden. Stets arbeiten solche Operationen vor dem Hintergrund von mehr oder weniger ausgeprägten Erfahrungen beziehungsweise mit einem im Hintergrund vorhandenen Wissen. Stets machen sie Ungewohntes zugänglich und eröffnen neue Wege. Aber im gleichen Atemzug wird ein zunächst Ungewohntes zur Gewohnheit und Diversität beginnt zu veralltäglichen. Damit verschwindet Diversität auch wieder und die neu geschaffenen Optionen werden Bestandteile im Repertoire von *taken-for-granted* Routinen des Alltagslebens. Das bedeutet, dass das Alltagsleben vielfältiger wird und der Einzelne mehr Chancen hat, seine *needs* zu gestalten, dass also Urbanität an Attraktivität gewinnt.

Damit dieses ins-Blickfeld-Rücken, kontingent-Setzen und zugänglich-Machen und schließlich auch wieder deren Veralltäglichen gelingen, sind überschaubare Räume von hoher Interaktionsdichte und von ausgeprägter funktionaler Mischung erforderlich. Vor allem kommt es hier darauf an, dass sich die Vielen als Viele auch und gerade in ihrer Unterschiedlichkeit tagtäglich und wie selbstverständlich als formal Gleiche *fußläufig* und *face-to-face* begegnen. Das setzt voraus, dass die Siedlungsstruktur eine dichte, aber noch übersichtliche Bebauung aufweist und sie eine hohe funktionale Mischung von allem, was der Arbeiten, dem Wohnen, der Versorgung und den Dienstleistungen dient, zulässt. Das urbane Quartier bildet häufig einen in dieser Hinsicht günstigen Raum, weil es zumindest formal betrachtet allen einen unmittelbaren Anschluss an alle alltäglichen Erfordernisse ermöglicht und so dichte und häufige Begegnungen erlaubt. Und wir wissen z. B. von postmigrantischen Quartieren, dass das auch gelingt – jedenfalls so lange, wie alle Beteiligten auch nur einigermaßen gleichberechtigt sind. Formale und speziell rechtliche Ungleichheit erzeugt dagegen schnell Misstrauen, Neid und Konflikte, die das Zusammenleben torpedieren (vgl. Sennet 2014, S. 181 ff.).

Es bedarf also im Quartier erstens geordneter und fairer formaler Strukturen, die Ungleichheit reduzieren und den Umgang auf gleicher Augenhöhe fördern (Bereitstellung von Bildung für alle, kulturelle, religiöse Einrichtungen usw.). Und es bedarf zweitens öffentlicher Räume, in denen sich die Viele als Viele begegnen und gegebenenfalls auch kritisch austauschen (lokale Vereine, Zivilgesellschaft, Partizipationsmöglichkeiten). Und außerdem bedarf es drittens eines Spielraums für private Milieus, in denen, was zunächst kontigent ist, allmählich auch veralltäglicht wird. Es ist die historisch schrittweise entwickelte soziale Grammatik urbane Zusammenlebens, die auf diese Weise Diversität im Quartier nicht nur zulässt, sondern gezielt heimisch macht und die entsprechenden Eigenschaften veralltäglicht, *taken-for-granted*, *viabel* und *resilient* (diese in der phänomenologischen bzw. ethnomethodologischen Debatte entwickelten Begriffe werden zunehmend in der auf den urbanen Alltag bezogenen Forschung rezipiert) setzt und damit für urbane Inklusion sorgt (vgl. Behrens et al. 2015; Ottersbach et al. 2016). Diversität ist dann nicht länger eine Herausforderung, sondern ein Beitrag zu einer beständigen Neumodellierung und

Neueinstimmung der Alltagswelt und wird Dank der urbanen Eigenlogik zu einer Ressource, um Stadtentwicklung differenzierter und offener zu gestalten.

5. Zur Dynamik der durch Mobilität erzeugten Verknüpfungen

Wenn das Stadtquartier als kleinste sozial emergente Einheit von Stadtgesellschaft und als lebendes System in der Form eines kleinsten dichten und gemischten Raums real wird, dann lässt sich hier auch die für eine Stadtgesellschaft durchaus typische Mobilität erneut am einfachsten räumlich lokalisieren. Dabei ist es durchaus möglich, wie oben in der Diversitätsdebatte aus der Einwanderungsdebatte Impulse aufzunehmen, indem man die dort angedeuteten Überlegungen konsequent durchdenkt und entsprechend im Kontext des Referenzrahmens »urbanes Quartier« zielorientiert kritisch reformuliert und neu bewertet, denn wie bei der Diversitätsdiskussion oben geht es auch in diesem Fall um die Lokalisierung der Thematik im Kontext der Basiseigenschaft von Stadtgesellschaften und im Blick auf das Quartier. Allerdings handelt es sich in diesem Fall nicht um eine *Veralltäglichungsdynamik*, also die Einbeziehung von etwas zunächst Anderem durch Kontingentsetzung, Akkommodation und routinierte Neuinszenierung innerhalb der urbanen Konstruktion von Wirklichkeit, sondern um eine spezifische *Verknüpfungsdynamik*, also eine Einbeziehung durch eine singuläre, turnusmäßige oder sogar stetige Verknüpfung von unterschiedlichen Orten zur Realisierung individueller *needs*. Deshalb geht es nicht um Einbeziehung im Sinn von Einfügen, sondern im Sinn von Vernetzung.

5.1 Mobilität wird durch Verknüpfungsformate verstetigt

Kritisch anknüpfend an die Einwanderungsdebatte lassen sich die in der Stadtgesellschaft und damit im Quartier relevante Verknüpfungsdynamik und die damit vollzogene Mobilität nach zwei Kriterien differenzieren, nämlich nach der Intensität der Mobilität, die zwischen einer extrem nomadischen Lebensweise (sukzessive Mobilität) einerseits und einer monolokalen Standorttreue andererseits einzuordnen wäre, und dann nach dem Grad der sozialen Bindung, die sich zwischen einer komplexen Wir-Gruppenbindung einerseits und einer hochindividualisierten Mobilitätspraxis andererseits bewegen dürfte. In einem so nach Intensität und Bindung erstellten zweidimensionalen Feld (vgl. Bukow 2014, S. 88–89) lassen sich dann sehr unterschiedliche Verknüpfungs- bzw. Mobilitätsformate lokalisieren. In diesem Schema (Abb. 1) werden nur einige besonders typische Beispiele angeführt. Dabei wird deutlich, wie viele und wie unterschiedliche Mobilitätsformate im Gebrauch sind. Die in der Migrationsforschung meistens thematisierten Formate, die klassische Einwanderung und neuerdings die transnationale Migration, erweisen sich dabei als zwei Formate von vielen und zudem noch als solche, die zuletzt immer mehr an Bedeutung verloren haben.

Die meisten der hier angeführten Formate müssen an dieser Stelle nicht eigens erläutert werden. Sie sind zumindest im Alltag relativ geläufig, werden allerdings in der Regel weder miteinander verglichen noch systematisch weiter analysiert. Trägt man sie in das Schema (Abb. 1) ein, so motiviert das, genauer zu vergleichen und einzuschätzen. Tatsächlich lässt sich so eine ganze Fülle von noch dazu sehr unterschiedlichen Mobilitätsformaten identifizieren. Und das wirft die Frage auf, was für derart unterschiedliche Formate für etwas, was eigentlich nur darin besteht, unterschiedliche Orte miteinander singulär und sukzessiv oder auch permanent und intensiv zu vernetzen, ursächlich ist.

Deutlich wird sofort, dass viele der Formate in den unterschiedlichsten sozialen, politischen und teils auch internationalen Kontexten definiert, adressiert und gegebenenfalls auch aufoktroyiert werden. Grundsätzlich lässt sich dabei zwischen zwei Gruppen unterscheiden:

(a) Wer auf Mobilität angewiesen ist, um in einer schwierigen Situation sein Alltagsleben zu sichern, der ist dazu gezwungen, die Formate zu nutzen, die ihm einen Ortswechsel ermöglichen, ob dieser Wechsel nun permanent, mehrmalig oder einmalig erforderlich wird. Bei allen Formaten dieser Gruppe kommt es weniger darauf an, ob und inwieweit sie praktisch, sondern nur darauf, ob sie tatsächlich *viabel* sind. Sie müssen nämlich vor allem eins sein: legitim. Auf die politische Rahmung kommt es an. Das wird an dem Format *Zirkuläre Migration* besonders plastisch, das in vielen Ländern, vor allem auch innerhalb der EU durch entsprechende EU-Regeln erzwungen wird. Das gilt auch für Formate wie *der Flüchtling* oder *Asylant*, die ebenfalls auf wenn auch teilweise schon alte rechtliche Definitionen zurückgehen. So unterschiedlich diese Formate auch im Einzelnen sein mögen, sie haben alle für den Einzelnen eine existentielle Bedeutung und sind im Fall des Falles für den Einzelnen strikt und alternativlos. Es sind restriktive Formate.

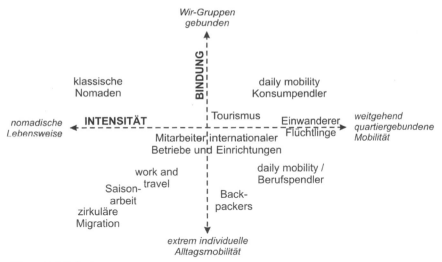

Abb. 1: Mobilitätsformate

(b) Andere Formate wie die *daily mobility*, das Berufs- oder Konsumpendeln, der Tourismus usw. erscheinen sehr viel offener und werden häufig unter Rückgriff auf kulturelle Muster (»freie Fahrt für freie Bürger«) rezipiert und sind meist eine Folge von ökonomischen Erwägungen oder auch individuellen Vorlieben (vgl. Bukow 2016). Sie lassen sich als eine eigene Gruppe betrachten. Welche Formate im Bedarfsfall verwendet werden, ist auch in dieser Gruppe kein Zufall, sondern von den verschiedenen Bedingungen abhängig, hier aber nicht bloß von politischen, sondern von sehr verschiedenen und nicht zuletzt auch lokalen Bedingungen bis hin zu individuellen Vorstellungen. Hier lassen sich ganz grob typisch unterschiedliche Bedingungsgefüge ausmachen: Ob solche Mobilitätsformate im Quartier auftreten, hängt erstens von den Strukturen des Quartiers beziehungsweise der Stadt und gegebenenfalls auch den kommunalen Rahmenbedingungen ab, dann aber auch von dem Stand der technischen Entwicklung und sozialen Erwartungen beziehungsweise kulturellen Moden. Darüber hinaus kommt es zweitens auf die jeweilige Bezugsgruppe und gegebenenfalls auch auf die zur Verfügung stehenden Informationen an. Nicht zuletzt spielen auch die zur Verfügung stehenden Ressourcen (Straßen, ÖPNV usw.) eine wichtige Rolle. Das Auftreten der Formate hängt drittens auch davon ab, ob das Quartier es den Einzelnen ermöglicht, ihre *needs* konkret vor Ort und dies gegebenenfalls längerfristig realisieren zu können. Möglicherweise können dann auch *needs* erfolgreich ohne großen Mobilitätsaufwand, zum Beispiel durch flexible Arbeitszeiten, *home office* und generell durch einen vermehrten Einsatz der neuen Medien, befriedigt werden.

5.2   Die Auswirkungen sind je nach den Verknüpfungsformaten extrem unterschiedlich

Was die restriktiven Formate betrifft, sind sie zunächst einmal für die urbane Ökologie nur sehr begrenzt bedeutsam, weil es sich hier eher um eine sukzessive Vernetzung, also eine einmalige (Flucht, Migration) beziehungsweise nur gelegentlich wiederholte (zirkuläre Migration, Saisonarbeiter) Mobilität handelt. Die mit der Intensität von Mobilität heute zumeist verbundenen ökologischen Probleme spielen hier kaum eine Rolle. Selbst wenn man den globalgesellschaftlichen Wandel der letzten Jahre mit einbezieht, ändert sich nichts an diesem Befund. Bedeutsam sind die großen Mobilitätsbewegungen in einer ganz anderen Hinsicht, nämlich im Blick auf Diversität. Jemand, der nur einmal, dann aber wirklich radikal mobil ist, wird am Ziel zu einem Newcomer, der in einer ganz besonderen Weise, sozusagen demonstrativ Diversität einbringt. Der Grund dafür ist, dass er einerseits genötigt ist, Vorstellungen, Kompetenzen und Lebensgewohnheiten auf Dauer mitzunehmen und anderseits als Newcomer auch Zeit braucht, sich vor Ort zu arrangieren. Die Mobilität hat eine existenzielle Qualität. Da bietet sich an, die alten Verbindungen über *soziale Netzwerke* lebendig zu erhalten.

Die restriktiven Formate sind danach also indirekt für die urbane Situation in einem konstruktiven Sinn sehr bedeutsam. So tragen sie gleich mehrfach zur Veralltäglichung von Diversität wie selbstverständlich aktiv zur Globalisierung des urbanen Alltags bei. Im Rückblick kann man feststellen, dass diese eher restriktiv ausgerichteten Formate ganz neuen Formen von Mobilität, vor allem einer durch soziale Netze gestützten *virtuellen Mobilität* zum Durchbruch verholfen haben. Zumal diese *virtuelle Mobilität* hat Diversität forciert und zu einer Quelle für neue Möglichkeiten gemacht. So problematisch diese Mobilitätsformate auch immer für die davon betroffenen Menschen sind, für das urbane Quartier erweisen sie sich als ökologisch bedeutsam, weil sie Mobilität virtualisieren und als eine bedeutsame Ressource, weil sie Diversität stimulieren. Insofern kann man Post-Migranten, also Menschen, deren Familien eine Migrations-, »Gastarbeiter«- beziehungsweise Fluchtgeschichte aufweisen, also doch, wenn auch aus ganz anderen Gründen als denen, die in der Migrationsforschung genannt werden, als *Modernisierungspioniere* bezeichnen. Entscheidend ist, dies dann auch zu würdigen, das heißt damit im Rahmen der Stadtentwicklung konstruktiv umzugehen. Wie die Diversität trägt die dichte Mobilität im Kontext des urbanen Raumes auf diese Weise zu einer beständigen Neumodellierung der Alltagswelt bei und wird dank der urbanen Eigenlogik zu einer Ressource, um Stadtentwicklung differenzierter, inklusiver und ausdrücklich auch nachhaltiger zu gestalten.

Deutlich anders sieht es bei der zweiten Gruppe aus. Mobilitätsformate wie die *daily mobility*, der Tourismus usw. können für die urbane Ökologie ganz direkt und in einer sehr problematischen Weise sehr folgenreich sein, weil es sich hier nicht um eine einmalige und zudem sukzessive Vernetzung und auch nicht um gelegentlich wiederholte Mobilität handelt, sondern um eine routinemäßig gestaltete Mobilität. Je nach der Qualität wie der Quantität dieser Mobilität werden erhebliche ökologische Probleme auftreten. Entscheidend ist hier, ob die alltäglichen *needs* vor Ort im Quartier organisiert werden beziehungsweise die nicht vor Ort organisierbaren *needs* ohne aufwendige Mobilität kompensiert werden können, oder ob tagtäglich größere Entfernungen zurück gelegt werden müssen. Und es kommt zusätzlich darauf an, wie diese Entfernungen dann bewältigt werden, ob fußläufig beziehungsweise mit dem Fahrrad oder mit dem eigenen Kraftfahrzeug oder mit dem ÖPNV beziehungsweise mithilfe von Fahrgemeinschaften. Es geht hier nicht um die Frage nach der Notwendigkeit einer Verknüpfung von unterschiedlichen Orten, also nicht um Mobilität an sich, sondern um die Frage nach den Implikationen einer routinemäßig praktizierten Mobilität.

Und hier ergibt sich für den Aspekt der Urbanität eine erstaunliche Paradoxie. Sie erklärt zugleich auch, warum dichte und gemischte Quartiere mehr denn je für besonders attraktiv gehalten werden: Dichte und gemischte Quartiere erlauben nämlich nicht nur eine wenig aufwendige, sondern vor allem auch eine extrem dichte Mobilität, weil die alltäglichen *needs* in kürzester Zeit und zugleich in einem vertrauten Umfeld, also sehr routiniert befriedigt werden können. Sie gestatten eine extrem hohe soziale, ökonomische und kulturelle Verknüpfungsdynamik bei geringstem Zeit-, Arbeitsaufwand und niedrigen Kosten, was automatisch mit minimalen ökologischen Belastungen korrespondiert. Funktional spezialisierte Quartiere erzwingen dagegen eine intensive Mobilität, die je nach den Entfernungen, die zurückgelegt werden müssen, extrem wenig Verknüpfungsleistungen erbringen. Zugleich erhöhen sich je nach der Wahl des Mobilitätsmittels die Umweltfolgen, Lärm, Emissionen, Schadstoffbelastungen, Flächenverbrauch usw. Hinzu kommt, dass, wenn eine Region funktional segregiert ist, die alltäglichen *needs* oft überhaupt nicht mehr ausreichend befriedigt werden können, weil der zeitliche und auch der ökonomische Aufwand am Ende kaum noch zu bewältigen ist. Funktional segregierte Stadtteile und erst recht disperse Siedlungen erzwingen eine singuläre soziale, kulturelle und ökonomische Verknüpfungsdynamik und für jeden Schritt einen extremen Aufwand mit entsprechenden Kosten und einer entsprechenden Umweltbelastung. Die Verknüpfungsleistungen im urbanen Raum sind je nach dem Grad von Dichte und Mischung extrem hoch bei einem extrem geringen Aufwand und damit automatisch extrem geringen Umweltbelastungen. Umgekehrt sind die Verknüpfungsleistungen in einer dispersen Region extrem gering bei einem gleichzeitig extremen Aufwand.

6. Die Eigenlogik des urbanen Quartiers als Garant für eine inklusive und nachhaltige Entwicklung

Tatsächlich haben die letzte Globalisierungswelle und der damit verknüpfte Übergang zur Postmoderne das Stadtquartier endgültig und unumkehrbar zum Fußabdruck einer globalgesellschaftlichen Wirklichkeit gemacht. Zwar haben schon mit den ersten beiden Globalisierungswellen (Kolonialisierung und Industrialisierung) Mobilität und Diversität massiv an Bedeutung gewonnen. Aber heute, mit der dritten Globalisierungswelle, die wegen der synchron verlaufenden Entwicklung neuer Medien und neuer Mobilitätsmittel besonders nachhaltig und umfassend gewirkt hat, muss man davon ausgehen, dass »Standorttreue« genauso wie sozio-kulturelle »Homogenität« zu marginalen Erscheinungen geworden sind. Längst sind Mobilität und Diversität alltäglich und damit Normalität geworden. Das begründet einerseits den Siegeszug der Stadtgesellschaften als dem nunmehr global dominierenden Gesellschaftsmodell – ein Modell, das heute längst über die urbanen Zentren hinaus auch die verbliebenen sogenannten ländlichen Räume bestimmt. Und es begründet anderseits zumindest indirekt auch, warum zunehmend über den urbanen Zusammenhalt diskutiert wird – eben, weil sich der Wandel in den letzten Jahrzehnten extrem beschleunigt hat und damit einen besonderen Steuerungsbedarf hervorgerufen hat. Solange der Neoliberalismus als Leitideologie anhält, wird dieser Steuerungsbedarf nicht so einfach einzulösen sein. Insofern fällt es schwer, auf die massiv anwachsenden Veränderungen, eine unerwartet schnelle Abkehr von einem – in der Rückschau – eher allmählichen Wandel effektiv zu reagieren, zumal ja noch nicht einmal die zweite Globalisierungswelle mit den für sie typischen Einwanderungsprozessen wirklich politisch verarbeitet worden ist und seitdem immer noch defensiv bloß von Zuwanderung gesprochen wird.

Angesichts der aktuellen dritten Globalisierungswelle und der aktuellen Migrations- und Fluchtbewegungen ist es überfällig, die derzeitige Entwicklung in einem sozialgeschichtlich wie stadtsoziologisch adäquaten Zusammenhang zu diskutieren und vor dem Hintergrund der bisherigen Pragmatik und Zweckrationalität zu prüfen, ob es wirklich sinnvoll und nützlich ist, sich mit der zunehmenden Mobilität und Diversität nach sowohl historisch wie auch globalgesellschaftlich völlig überholten und im Prinzip schon immer imaginären *ex-ante* Vorstellungen zu beschäftigen. Die internationalen Bildungs- und Diversitätsdebatten zeigen, dass es entscheidend darauf ankommt, sich der gesellschaftlichen Wirklichkeit mit ihrer zündenden Mobilität und Diversität zu stellen und sich darauf zu konzentrieren, diese längst unumkehrbaren Prozesse konstruktiv aufzugreifen. Dabei ist es extrem hilfreich, dass wir mit dem urbanen Quartier seit langem einen Referenzrahmen für diese Thematik besitzen. Es geht nur darum, die bisherigen Inklusionsmodalitäten, Veralltäglichung von Diversität und Verdichtung von Mobilität situationsgemäß zu modifizieren, um auf diese Weise den »Vielen als Vielen« gerechter zu werden. Dabei erweist sich erstens die urbane Eigenlogik als ein extremer Vorteil, nur muss sie identifiziert, gewürdigt, zu einem Recht auf Stadt für Alle ausgebaut und im Blick auf Newcomer immer wieder weiter entwickelt werden. Und zweitens gibt es gute Gründe dafür, dass das urbane Quartier, wenn es inklusiv ausgerichtet wird, zugleich auch nachhaltige Effekte auslöst, weil dichte und gemischte Quartiere nicht nur Segregation und damit Konflikte verringern, sondern auch nicht ganz zufällig Mobilität verdichten. Und je dichter die Mobilität im Quartier wird, umso mehr reduzieren sich die Umwelt belastenden Wege. So wird die Urbanität der gemischten und dichten Quartiere zu einem attraktiven Modell für Nachhaltigkeit und Inklusion.

Wenn die Urbanität der gemischten und dichten Quartiere zu einem attraktiven Modell wird, so gilt das gerade auch im Blick periphere Orte und kleine Städte, von denen immer wieder behauptet wird, dass sie heute keine wirkliche Überlebenschance mehr hätten. Sie haben nur dann keine Überlebenschance, wenn sie im Vergleich mit der Urbanität in Zentren, die längst für das moderne Leben zum Maßstab gewonnen ist, deutlich abfallen, weil ihre Infrastruktur weitgehend aufgegeben wurde oder sie mit Spielplätzen urban sein wollen, wo es ausgerechnet in dieser Hinsicht sehr viel naturnähere Möglichkeiten gibt. Es kommt deshalb darauf an, sich gerade hier urbane Quartiere mit ihrer Dichte und Mischung gezielt zum Vorbild zu nehmen. Entscheidend ist, dass die Kleinstadt, der Ort oder das Dorf eine urbanitätsnahe dichte und gemischte Struktur entwickelt und dort, wo der Urbanitätsverlust schon sehr weit fortgeschritten ist, fehlenden Aspekte gezielt durch eine »Maßstabverkleinerung« (Feldkeller 2012, S. 21), nämlich durch kleine Betriebe, kleine Bauformen, verstärkte Nutzungsmischung und kleine Gastronomie beziehungsweise urbanitätsäquivalente Elemente, kompensiert. Was dem entgegensteht, sind in der Regel nicht die lokalen Gegebenheiten. Viele dieser Orte haben lange urbane Traditionen. Nur haben sie diese Traditionen oft mit ihrer Siedlungs- und speziell ihrer Gewerbeansiedlungspolitik leichtfertig aufs Spiel gesetzt, statt ihre dichte und gemischte Struktur qualitativ zu stärken. Wie viele Beispiele belegen, haben tatsächlich Kommunen selbst mit wenig über 1.500 Einwohnern eine echte Überlebenschance, weil diese Einwohnerzahl ausreicht, um eine gute urbanitätsnahe dichte und gemischte Struktur zu entwickeln und zu erhalten. Die neuen Medien ermöglichen es zudem, Arbeit, Infrastruktur, ja selbst Bildung auch auf solche Quartiere ganz anders als bisher abzustimmen und kleinteilig zu re-urbanisieren. Was dem entgegensteht, ist erneut die Orientierung an einem in der Regel bloß gefühlten *status quo ante*, die in diesem Fall dazu verführt, das

Quartier oder den Ort allein aus einer Romantisierung des Dorfes gespeisten Mythen auszuliefern, statt sich gezielt um eine breite Alltagstauglichkeit solcher Quartiere zu bemühen.

Literatur

Baros, Wassilios/Kempf, Wilhelm (Hrsg.) (2014): Erkenntnisinteressen, Methodologie und Methoden interkultureller Bildungsforschung. Berlin.

Bukow, Wolf-Dietrich (2010): Urbanes Zusammenleben. Studien zum Umgang mit migrationsspezifische Mobilität in der europäischen Stadtgesellschaft. Wiesbaden.

Bukow, Wolf-Dietrich (2011): Zur alltäglichen Vielfalt der Vielfalt – postmoderne Arrangements und Inszenierungen. In: Bukow, Wolf-Dietrich/Allemann-Ghionda, Cristina (Hrsg.), Orte der Diversität. Formate, Arrangements und Inszenierungen. Wiesbaden, S. 35–50.

Bukow, Wolf-Dietrich (2013): Mobilität und Vielfalt im urbanen Alltag – eine selbstverständliche Herausforderung für Stadtgesellschaften. In: Bundesinstitut für Bau-, Stadt- und Raumforschung (BBSR) (Hrsg.), Informationen zur Raumentwicklung. Heft 5.2013, S. 379–385.

Bukow, Wolf-Dietrich (2014): Gute Forschung verlangt eine gute Theorie. In: Baros, Wassilios/Kempf, Wilhelm (Hrsg.), Erkenntnisinteressen, Methodologie und Methoden interkultureller Bildungsforschung. Berlin, S. 81–110.

Bukow, Wolf-Dietrich (2015): Mobilität und Diversität als Herausforderung für eine inklusive city. In: Yildiz, Erol/Hill, Marc/Röckenhaus, Kordula/Altmann, Paula/Baumgartner, Katrin/Jentsch, Tanja/Schneider, Mark-Sebastian (Hrsg.), Nach der Migration. Postmigrantische Perspektiven jenseits der Parallelgesellschaft. Bielefeld, S. 105–124.

Bukow, Wolf-Dietrich (2016): Migration und Mobilität – zwei verschiedene Formate von Alltagsmobilität. Warum der Migrationsbegriff nur zu verstehen ist, wenn er sozial adäquat eingeordnet wird. Migration und soziale Arbeit 38, S. 4–12.

Bukow, Wolf-Dietrich/Cudak, Karin (2015): Auf dem Weg zur Inclusive City. In: Behrens, Melanie/Bukow, Wolf-Dietrich/Cudak, Karin/Strünck, Christoph (Hrsg.), Inclusive city. Überlegungen zum gegenwärtigen Verhältnis von Mobilität und Diversität in der Stadtgesellschaft, S. 1–24.

Bukow, Wolf-Dietrich/Feldtkeller, Andreas/Kiepe, Folkert/von Winning, Hans-Henning (2013): Initiative Urbanität, Mobilität, und kurze Wege. Plädoyer für einen nachhaltigen, inklusiven Städtebau. FoKoS Working Paper 2013/05. http://www.uni-siegen.de/fokos/publikationen/veroeffentlichungen/wp201305_bukow_lang_aktualisiert.pdf. 01.10.2013 (zuletzt abgerufen am 19.07.2016).

Bukow, Wolf-Dietrich/Preissing, Sonja (2016): New Urban Culture. Über die Schwierigkeiten zivilgesellschaftlicher Kommunikation in einer globalisierten Stadt. In: Eigenmann, Phillip/Geisen, Thomas/Studer, Tobias (Hrsg.), Migration und Minderheiten in demokratischen Gesellschaften. Politische Formen und soziale Grundlagen von Partizipation. Wiesbaden, S. 243–266.

Crul, Maurice/Mollenkopf, John H. (2012): The changing face of world cities. The second generation in Western Europe and the United States. New York.

Feldtkeller, Andreas (2012): Zur Alltagstauglichkeit unserer Städte. Wechselwirkungen zwischen Städtebau und täglichem Handeln. Berlin.

Foucault, Michel/Bischoff, Michael/Defert, Daniel (2013): Die Heterotopien. Zwei Radiovorträge. Berlin.

Holm, Andrej (2011): Initiativen für ein Recht auf Stadt. Theorie und Praxis städtischer Aneignungen. Hamburg.

Leipzig Charta (2007): Leipzig Charta zur nachhaltigen europäischen Stadt – angenommen anlässlich des informellen Ministertreffens zur Stadtentwicklung und zum territorialen Zusammenhalt in Leipzig am 24./25. Mai 2007. http://www.bbsr.bund.de/BBSR/DE/Veroeffentlichungen/IzR/2010/4/Inhalt/DL_LeipzigCharta.pdf?__blob=publicationFile&v=2 (zuletzt abgerufen am 19.07.2016).

Lévi-Strauss, Claude (1962): La pensée sauvage. Paris.

Löw, Martina (Hrsg.) (2002): Differenzierungen des Städtischen. Opladen.

Löw, Martina (2011): Städte als sich unterscheidende Erfahrungsräume. In: Herrmann, Heike (Hrsg.), Die Besonderheit des Städtischen. Entwicklungslinien der Stadtsoziologie. Wiesbaden, S. 49–68.

Luhmann, Niklas (1984): Soziale Systeme, Frankfurt am Main.

Maschke, Sabine (2013): Appsolutely smart! Ergebnisse der Studie Jugend. Leben. (Studie Jugend. Leben NRW 2012). Bielefeld.

Nassehi, Armin (2002): Dichte Räume. Städte als Synchronisations- und Inklusionsmaschinen. In: Löw, Martina (Hrsg.), Differenzierungen des Städtischen. Opladen, S. 211–232.

Schneider, Jens/Crul, Maurice/Lelie, Frans (2015): Generation Mix. Die superdiverse Zukunft unserer Städte und was wir daraus machen. Münster.

Schubert, Dirk (2015): Stadtplanung. Wandlungen einer Disziplin und zukünftige Herausforderungen. In: Flade, Antje (Hrsg.), Stadt und Gesellschaft im Fokus aktueller Stadtforschung. Konzepte – Herausforderungen – Perspektiven. Wiesbaden, S. 121–176.

Schütz, Alfred/Luckmann, Thomas (2003): Strukturen der Lebenswelt. Konstanz.

Sennett, Richard (2014): Zusammenarbeit. Was unsere Gesellschaft zusammenhält. München.

Siebel, Walter (2015): Die Kultur der Stadt. Berlin.

Umweltbundesamt (Hrsg.) (2011): Leitkonzept – Stadt und Region der kurzen Wege. Gutachten im Kontext der Biodiversität. Dessau – Roßlau.

Yildiz, Erol (2011): Die weltoffene Stadt. Wie Migration Globalisierung zum urbanen Alltag macht. Bielefeld.

Jürgen Steinbrecher[*]

Vielfalt im Mobilitätsverhalten – neue Trends bei jungen Menschen

1. Einführung

Unser Mobilitätsverhalten lässt sich mit unterschiedlichen Kenngrößen beschreiben. Zum einen interessiert, wie häufig wir das Haus verlassen und
Ortsveränderungen vornehmen; zum anderen steht die Frage im Mittelpunkt,
mit welchem Verkehrsmittel wir diese Wege und Fahrten zurücklegen. Dabei ist
in vielen Städten und Regionen eine Dominanz der Fortbewegung mit dem
Kraftfahrzeug festzustellen. Gerne wird die Verfügbarkeit eines Autos als Inbegriff für Freiheit und Bewegungsmöglichkeiten gesehen. Durch die Entwicklung zum Massenverkehrsmittel ist die Freude in jüngster Zeit allerdings getrübt
worden. Wenn zu viele Menschen gleichzeitig die Freiheit des Autofahrens
nutzen, schlägt das Pendel um und aus Fahren wird Stehen oder aus Freiheit wird
Gefangenschaft – nämlich im eigenen Auto im Stau. Auch der Umwelt und dem
Stadtbild tun ein Zuviel an Autofahren und die dazu erforderliche Infrastruktur
nicht gut.

Daher verfolgt die städtische Verkehrsplanung seit geraumer Zeit Konzepte,
die auf eine reduzierte Nutzung des Autos und häufigeres Fahren mit dem
Fahrrad, mit Bussen oder Bahnen hinwirken, ohne die Mobilität einzuschrän-
ken. Dies mündet häufig in Ansätzen wie Förderung des Radverkehrs durch
Ausbau der Radverkehrsinfrastruktur oder Ausweitung und Attraktivierung des
öffentlichen Personennahverkehrs durch Angebotsverbesserungen (komforta-
ble Busse und Bahnen, dichter Takt, hohe Reisegeschwindigkeiten, sichere An-
schlüsse etc.). In vielen Fällen wurde die Erkenntnis gewonnen, dass eine reine
Verbesserung der Alternativen zum Auto keine Früchte trägt, obwohl viel Geld
investiert wurde. Vielmehr müssen ergänzend Restriktionen für das Autofahren
eingeführt werden, um spürbare Veränderungen zu erzielen. Dies können beispielsweise Reduktionen beim Parkplatzangebot in der Innenstadt, Straßen-

---

[*] Univ.-Prof. Dr.-Ing. Jürgen Steinbrecher, Universität Siegen, Fakultät IV (Naturwissenschaftlich-Technische Fakultät), Lehrstuhl für Stadt- und Verkehrsplanung.

sperrungen oder auch Mautsysteme sein, wenngleich Letztere bisher vorwiegend außerhalb Deutschlands zum Einsatz kommen. Flankierend erfolgen Öffentlichkeitskampagnen, die im Stile des erhobenen Zeigefingers von einer übermäßigen Nutzung des Autos abhalten sollen.

Mit den beschriebenen Ansätzen haben sich in deutschen Städten unterschiedliche Erfolge erzielen lassen. Es gibt positive Beispiele wie die Stadt Freiburg, in der ein immer größerer Teil der Fortbewegungen nicht mehr mit dem Auto vorgenommen wird; es gibt traditionell geprägte Sonderfälle wie die Stadt Münster, in der das Fahrrad eine dominante Rolle spielt; aber es gibt auch ganz viele Städte und Regionen, in denen die Erfolge ausgesprochen bescheiden sind. Dort prägt nach wie vor die Autonutzung das Mobilitätsverhalten und letztlich auch das Stadtbild. In der Gesamtschau für die Bundesrepublik – jedenfalls bis zur letzten größeren Mobilitätserhebung im Jahr 2008 – zeigen sich eher geringe Veränderungen im Megatrend, wie Abb. 1 veranschaulicht.

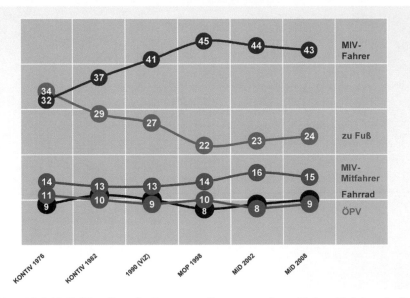

Abb. 1: Modal Split (Verteilung des Transportaufkommens auf verschiedene Verkehrsmittel) in der Zeitreihe 1976 bis 2008 (MiD 2010). MIV bedeutet »Motorisierter Individualverkehr« (Auto, Motorrad etc.), ÖPV bedeutet »Öffentlicher Personenverkehr« KONTIV, ViZ, MOP, MiD sind Abkürzungen für unterschiedliche Mobilitätserhebungen

Der Anteil der Autofahrer und -mitfahrer ist seit 1998 in etwa stabil und beträgt 58 bis 60 %. Die Anteile des Radverkehrs und des Öffentlichen Personenverkehrs schwanken seit vier Jahrzehnten konstant jeweils um die 10 %. Lediglich beim Zufußgehen ist von 1998 bis 2008 ein minimaler Zuwachs zu beobachten.

2. Neue Trends

Vielleicht hat sich die Verkehrsplanung zu lange mit dem Konkurrenzverhältnis der verschiedenen Verkehrsmittel beschäftigt. Vielleicht wurde zu eindimensional darüber nachgedacht, wie man die Menschen dazu bewegen kann, dem Auto häufiger den Rücken zu kehren und Busse, Bahnen oder das Fahrrad zu nutzen. Es ist richtig, dass fortschrittliche Verkehrsplanung nicht erst seit gestern dafür plädiert, stärker die Vielfalt und Wahlmöglichkeit bei der Nutzung von Verkehrsmitteln in den Mittelpunkt zu stellen. In jüngster Zeit scheinen sich aber nun Entwicklungen, insbesondere bei jungen Menschen, abzuzeichnen, die in dieser Form nicht unbedingt erwartet wurden. Es liegen erste Forschungsergebnisse über diesen Wandel im Mobilitätsverhalten junger Menschen vor, die die Gründe für die neue Vielfalt – die mit Bezeichnungen wie Multimodalität oder Intermodalität attribuiert wird – beleuchten.

2.1 Begriffe

Bei der vielfältigen Nutzung unterschiedlicher Verkehrsmittel ist zwischen Multimodalität und Intermodalität zu differenzieren. Multimodalität ist dadurch gekennzeichnet, dass für regelmäßig wiederkehrende Aktivitäten fallweise mal das eine und mal ein anderes Verkehrsmittel genutzt wird (Abb. 2). So fällt beispielsweise für den Weg zur Arbeit nicht grundsätzlich die Wahl auf das Auto, sondern an bestimmten Tagen fährt man mit dem öffentlichen Verkehr oder dem Fahrrad, gegebenenfalls auch mit Leihfahrzeugen aus Carsharing- oder Fahrradverleih-Systemen.

Voraussetzung für Multimodalität ist, dass auf der Angebotsseite eine entsprechende Vielfalt gegeben ist. Außerdem muss diese Vielfalt leicht erfassbar und nutzbar sein, was heute in der Regel durch Internet- oder Smartphone-Lösungen gewährleistet wird.

Eine quantitative Beschreibung der Multimodalität gestaltet sich schwierig. Die Häufigkeit von Wechseln in der Verkehrsmittelwahl hängt eng mit dem gewählten Betrachtungszeitraum zusammen. Wählt man das Zeitfenster nur groß genug, zum Beispiel ein ganzes Jahr, dann verhalten wir uns wohl alle mindestens einmal multimodal. Für entsprechende Analysen wird derzeit in der Forschung im Allgemeinen die Woche als Betrachtungszeitraum gewählt.

Intermodalität beschreibt im Gegensatz zur Multimodalität nicht die vielfältige Verkehrsmittelnutzung in einem bestimmten Zeitfenster, sondern im Zuge eines Weges (Abb. 3).

Eine Person, die einen intermodalen Weg durchführt, ist automatisch zur Gruppe multimodaler Personen zu zählen. Eine multimodale Person verhält sich

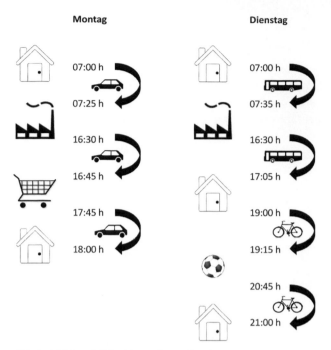

Abb. 2: Multimodalität (eigene Darstellung)

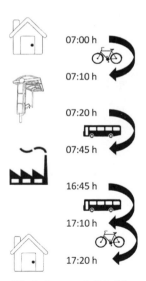

Abb. 3: Intermodalität (eigene Darstellung)

allerdings nicht automatisch intermodal. Sie kann in der ersten Wochenhälfte ausschließlich mit dem Auto fahren und in der zweiten Wochenhälfte immer nur das Fahrrad von Tür zu Tür nehmen.

In diesem Zusammenhang ist die Mutter aller Fortbewegungsarten, nämlich das Zufußgehen, etwas näher zu betrachten. Nahezu alle Wege und Fahrten mit irgendeinem Verkehrsmittel beginnen und/oder enden mit einem Fußweg. Die in Abb. 1 dargestellten Anteile der Fußwege am Modal Split beziehen sich auf »eigenständige« Fußwege. Als solche können Wege angesehen werden, die trotz zur Verfügung stehender Alternativen bewusst zu Fuß zurückgelegt werden oder über eine besonders weite Strecke führen. Die Festlegung, ab wann ein Fußweg als eigenständige Etappe angesehen werden kann, fällt allerdings nicht leicht. Die Ergebnisse in Abb. 1 beruhen auf Haushaltsbefragungen, bei denen Verkehrsteilnehmer über ihre Ortsveränderungen berichten. Werden intermodale Wegeketten beschrieben, so erfolgt stets die Festlegung eines Hauptverkehrsmittels, um überhaupt entsprechend einfache Darstellungen zum Mobilitätsverhalten zu ermöglichen.

2.2 Umbruch im Mobilitätsverhalten?

Vor dem beschriebenen Hintergrund wird in jüngster Zeit in vielen Veröffentlichungen von gravierenden Änderungen im Mobilitätsverhalten und einer Umbruchsituation in der Verkehrsplanung gesprochen. So lässt sich beispielsweise auf der Online-Plattform »Zukunftsnetz Mobilität NRW« – eine Initiative des Ministeriums für Bauen, Wohnen, Stadtentwicklung und Verkehr des Landes Nordrhein-Westfalen (MBWSV NRW) – nachlesen:

> *»Die Mobilität ist im Umbruch, sie ist intermodal, postfossil und smart. Die autoorientierte Verkehrs- und Stadtplanung der letzten Jahrzehnte stößt an die Grenzen ihrer Leistungsfähigkeit. Zukünftig werden die Kommunen Vorreiter sein, die in nahräumliche Strukturen investieren, die vernetzte und effiziente Mobilitätsangebote entwickeln und bewerben. Es bedarf eines kommunalen Planens und Handelns, das alle Verkehrsträger – von Bus und Bahn über attraktive Fahrrad- und Fußwege und Carsharing bis zu Fahrgemeinschaften – als Teile eines ganzheitlichen Systems betrachtet. Kommunales Mobilitätsmanagement leistet hierzu durch die Koordination der erforderlichen Abstimmungs- und Informationsprozesse einen wesentlichen Beitrag. Das ›Zukunftsnetz Mobilität NRW‹ unterstützt Kommunen dabei, neue Wege zu lebenswerten Städten und für eine gesicherte Mobilität im ländlichen Raum zu eröffnen«* (Zukunftsnetz Mobilität NRW 2016).

2.3   Erkenntnisse

Lassen sich die Trendänderungen empirisch belegen und wenn ja, welche Erklärungen können für die neue Vielfalt im Mobilitätsverhalten gefunden werden? Diese Frage war Anlass für das Institut für Mobilitätsforschung »ifmo«, die
sich ändernden Mobilitätsmuster junger Erwachsener in einem internationalen
Forschungsprojekt für ausgewählte Länder unter die Lupe zu nehmen. Im ersten
Teil des Berichts werden Entwicklungstendenzen und Trendveränderungen im
Mobilitätsverhalten junger Erwachsener in sechs verschiedenen Ländern beschrieben. Für ein tieferes Verständnis der Entwicklungen und vor allem auch
der Gründe von Trendänderungen werden im zweiten Berichtsteil Ergebnisse
einer Detailanalyse für Deutschland präsentiert (ifmo 2011).

Der internationale Vergleich zeigt, dass der Anteil der Führerscheininhaber
unter jungen Erwachsenen seit der Jahrtausendwende nicht mehr zugenommen
hat, in einigen Ländern sogar rückläufig ist. Deutschland und Frankreich weisen
relativ stabile Werte auf hohem Niveau auf (80 bis 87 %), in England, Norwegen
und den USA sind dagegen deutliche Rückgänge zu verzeichnen. Beim Anteil der
Wege mit dem Auto stiegen in den 1980er und 1990er Jahren die Werte fast in
allen untersuchten Ländern deutlich an. Dieser Trend kehrte sich nach der
Jahrtausendwende um. Der Öffentliche Verkehr und der Radverkehr gewannen
fast überall bei jungen Erwachsenen wieder Anteile zurück. Besonders deutlich
fällt diese Entwicklung in Deutschland aus. Dabei verändert sich das Verhalten
der Autofahrer, indem sie immer häufiger auch andere Verkehrsmittel nutzen.

In der Summe verringert sich aufgrund der veränderten Mobilitätsent-
scheidungen die sogenannte Pkw-Verkehrsleistung, also der Gesamtumfang der
mit Autos zurückgelegten Kilometer. Die Trendwende in der Entwicklung der
Pkw-Verkehrsleistung ist eindeutig altersabhängig. So stieg die Pkw-Verkehrsleistung pro Kopf in Deutschland und Großbritannien zwischen den 1970er und
1990er Jahren für alle Altersklassen deutlich an. Danach setzte sich dieser Trend
nur noch für ältere Personen fort, während die Pkw-Kilometer für Personen
mittleren Alters stagnierten und für junge Erwachsene zurückgingen.

Die Studie sieht die Hauptgründe für die Entwicklungen zum einen in veränderten Lebensumständen der jungen Erwachsenen. Der Anteil Studierender
nimmt zu, die Erwerbstätigenquote junger Erwachsener nimmt ab, Familien
werden später gegründet, ein größerer Anteil lebt in großen Städten. Insgesamt
leben somit weniger junge Menschen in autoaffinen Lebenssituationen. Ein
weiterer Grund ist die größere Vielfalt der Angebote im Alltagsverkehr, wozu
auch Maßnahmen wie die Einführung des Semestertickets zählen.

Bei der Detailanalyse für Deutschland zeigt sich, dass die Rückgänge der Pkw-
Verkehrsleistung junger Erwachsener im Wesentlichen Änderungen im Pkw-

Besitz und im Verhalten derjenigen, denen ein Auto zur Verfügung steht, zuzuschreiben sind.

Für den Pkw-Besitz gilt: Während 1998 noch 91 % der 18- bis 34-Jährigen in einem Haushalt mit Auto lebten, waren es 2008 nur noch 81 %. Für die Autonutzung gilt: Während die Altersgruppe 1998 noch 83 % ihrer Kilometer mit dem Pkw zurücklegte, waren es 2008 nur noch 73 %. Diese beiden Faktoren zusammen erklären etwa zwei Drittel der gesamten Abnahme der Pkw-Verkehrsleistung.

Die Zunahme des Anteils junger Erwachsener, die in einem Haushalt ohne Auto leben, findet insbesondere in der Phase zwischen Auszug von Zuhause und Familiengründung statt. In diese Gruppe fallen auch die Studierenden. Für sie bestätigt eine Studie des Deutschen Studentenwerkes den Trend zu weniger Autos: Während 1991 über die Hälfte (54 %) der Studierenden Ausgaben für ein Auto hatten, waren es 2009 nur noch ein Drittel (34 %) (BMBF 2010). Dabei spielen sozioökonomische Veränderungen besonders bei Einpersonenhaushalten und jungen Haushalten die entscheidende Rolle. Außerdem ist festzustellen, dass vor allem junge Männer heute weniger Autos haben als in den 1990er Jahren.

Auch bei den Verhaltensänderungen der Pkw-Besitzer sind sozioökonomische Veränderungen von Bedeutung. Hier schlägt aber stärker durch, dass besonders junge Männer erheblich seltener das Auto nutzen und öfter andere Verkehrsmittel wählen. Dabei verzeichnet das Fahrrad die größte relative Anteilssteigerung. Junge Personen ohne Pkw sind heute im Schnitt fast genauso mobil wie Autobesitzer und Frauen haben heute in etwa die gleiche Pkw-Verkehrsleistung wie Männer, was sich in der Vergangenheit deutlich anders darstellte.

Zusammenfassend sind Geschlechterunterschiede in Bezug auf Pkw-Besitz, die Verkehrsleistung und die Verkehrsmittelwahl unter jungen Erwachsenen heute so gut wie verschwunden. Das Unerwartete an dieser Geschlechterangleichung ist, dass sie vor allem durch Verhaltensänderungen auf Seiten der Männer zustande gekommen ist. Diese haben ihr früher deutlich höheres Niveau an Pkw-Besitz und -Fahrleistung auf das der Frauen zurückgefahren (alle Ergebnisse aus ifmo 2011).

Ein Jahr nach Veröffentlichung der beschriebenen Ergebnisse legte das Innovationszentrum für Mobilität und gesellschaftlichen Wandel »InnoZ« eine Studie vor, die Trends und Thesen zu veränderten Mobilitätsmustern junger Menschen auf Basis einer sehr breit angelegten Literaturanalyse präsentiert. Zahlreiche Befunde decken sich mit Erkenntnissen der Untersuchung des Instituts »ifmo«, es gibt aber im Detail durchaus andere Akzente bei den Schlussfolgerungen (InnoZ 2012).

Zunächst wird in der »InnoZ«-Studie der Beleg für die zunehmende Multimodalität junger Menschen aus dem sogenannten Mobilitätspanel abgeleitet.
Das »Deutsche Mobilitätspanel – MOP« wird seit 1994 jährlich jeweils im Herbst
mit einer Stichprobengröße von ca. 1.500 Personen durchgeführt (http://mo-
bilitaetspanel.ifv.kit.edu/). Ziel ist es, längerfristige Entwicklungen des Mobilitätsverhaltens zu beobachten und zu analysieren. Die Daten des MOP zeigen,
dass Multimodalität in der Altersgruppe der 18- bis 25-Jährigen zunimmt
(Abb. 4).

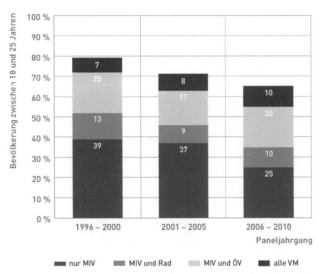

Abb. 4: Multimodale Verkehrsmittelnutzung in der Altersklasse der 18- bis 25-Jährigen (InnoZ
2012). MIV bedeutet »Motorisierter Individualverkehr« (Auto, Motorrad etc.), ÖV bedeutet
»Öffentlicher Verkehr«, VM bedeutet »Verkehrsmittel«

Abb. 4 verdeutlicht zwei Aspekte. Betrachtet man nur diejenigen 18- bis 25-
Jährigen, die innerhalb einer Berichtswoche mindestens einmal einen Pkw
nutzen, so ist zunächst zu erkennen, dass der Anteil dieser Personen insgesamt
von ca. 80 % in den Jahren 1996–2000 auf ca. 65 % in den Jahren 2006–2010
sinkt. Weiterhin ist zu erkennen, dass der Anteil multimodaler Verkehrsmit-
telnutzer relativ zur Gesamtzahl der MIV-Nutzer zunimmt. Die Gruppe der
jungen Erwachsenen, die innerhalb einer Woche ausschließlich den Pkw nutzen,
sinkt im betrachteten Zeitraum.

Die Autoren der »InnoZ«-Studie kommen zu der Erkenntnis, dass sich die
Veränderungen im Verkehrsverhalten junger Menschen im Wesentlichen in fünf
Trends niederschlagen:
– Abnehmender Führerschein- und Pkw-Besitz,
– abnehmende Pkw-Verfügbarkeit,

- abnehmende Pkw-Distanzen,
- zunehmende Nutzung unterschiedlicher Verkehrsmittel und
- die stärkere Reduktion der Verkehrsleistung bei jungen Männern im Vergleich zu jungen Frauen.

Insofern ergeben sich vergleichbare Erkenntnisse zur »ifmo«-Untersuchung.

Die im Rahmen der Literaturanalyse identifizierten Ursachen zeichnen ein etwas anderes Bild und werden in fünf Thesen zusammengefasst. Danach sind Gründe für die Trends:

(a) die veränderten Biographien junger Menschen (verlängerte Ausbildungszeiten, steigende Zahl von Studierenden, später Berufseinstieg, späte Familiengründung, Zunahme des Alters beim Auszug aus dem Elternhaus),

(b) die Mediennutzung im Zusammenhang mit Mobilität (vereinfachte Verkehrsinformation und Buchung, effektive Fahrtzeitnutzung, soziale Teilhabe während der Fahrt, neue Bezahlmöglichkeiten durch beispielsweise Handy-Ticket),

(c) ein Wandel von Wertorientierungen (zunehmender Pragmatismus, zielgruppenspezifische Entemotionalisierung des Pkw zugunsten anderer Produkte),

(d) nachweisbare Budgetumschichtungen (ein begrenztes Budget wird auf mehr Wünsche verteilt) und

(e) Veränderungen im Verkehrssystem (neue Tarife wie beispielsweise das Semesterticket, ein überproportionaler Anstieg der Pkw-Kosten, Infrastrukturverbesserungen, Führerschein ab 17 Jahren, neue Mobilitätsangebote wie Mitfahrzentralen, neue Carsharing- und Fahrradverleih-Angebote, Restriktionen der Pkw-Nutzung in Ballungsräumen durch Umweltzonen und hohe Parkgebühren).

Anschließend wird in der Studie eine Zusammenführung von Trends und Ursachen vorgenommen. Die Autoren kommen zu der Erkenntnis, dass der abnehmende Pkw-Besitz sich überwiegend aus Budgetumschichtungen erklären lässt. Ein starkes Wirkungsgefüge wird zwischen der rückläufigen Pkw-Nutzung und den veränderten Biographien vermutet. Die zunehmende Multimodalität und Nutzung des Öffentlichen Verkehrs geht wohl hauptsächlich auf die Verbesserungen im Verkehrssystem zurück.

2.4   Rolle moderner Kommunikationstechnologien

Ein großes Fragezeichen steht bei allen beschriebenen Trendänderungen hinter dem Einfluss der zunehmenden Durchdringung aller Lebensbereiche mit Informations- und Kommunikationstechnologien. Das Institut für Landes- und Stadtentwicklungsforschung stellte sich dieser Herausforderung. Mit einem neu entwickelten methodischen Ansatz wurde versucht, die komplexe Wechselwirkung zwischen der Nutzung von Informations- und Kommunikationstechnologien und der zeitlich-räumlichen Alltagsorganisation empirisch zu erfassen. Im Mittelpunkt standen junge Menschen zwischen 14 und 24 Jahren. In einer ersten Erhebungsphase wurden Interviews mit 180 Probandinnen und Probanden aus dem Ruhrgebiet geführt. Außerdem mussten die Teilnehmer ein Wegetagebuch führen und ihre Nutzung von Informations- und Kommunikationstechnologien protokollieren. Darauf aufbauend wurden 1.300 junge Menschen aus ganz Deutschland online befragt.

Zentrales Ergebnis der Studie ist, dass die Nutzung von Informations- und Kommunikationstechnologien einerseits zu zusätzlichen Wegen führt, sie ersetzt aber andererseits auch Wege und darüber hinaus werden Wege und Aktivitäten räumlich und zeitlich verändert (ILS 2016). In der Gesamtbilanz ergibt sich allerdings eine Zunahme der Wege. Die erhöhte Verfügbarkeit von Informationen hat eine größere Auswahl attraktiver Aktivitäten zur Folge, die letztendlich in vielfältigeren Tages- und Wochenplanungen münden. Die mitunter geäußerte Erwartung eines substituierenden, verkehrseinsparenden Effekts von Informations- und Kommunikationstechnologien scheint somit nicht in Erfüllung zu gehen.

3.   Schlussbemerkung

Vor dem Hintergrund der berichteten Trendänderungen verfolgt die Fachwelt mit großem Interesse, in welcher Weise Initiativen wie beispielsweise das nordrhein-westfälische »Zukunftsnetz Mobilität« Wirkungen entfalten und Einfluss auf Methoden der städtischen Verkehrsplanung und die Vielfalt unseres Mobilitätsverhaltens nehmen.

Die intensivierte Informationsbereitstellung und Verhaltensbeeinflussung durch Smartphone-Anwendungen in Kombination mit der festgestellten Offenheit junger Menschen für multimodale Angebote und ihr Wertewandel weg vom Auto kann in jedem Fall genutzt werden, um insgesamt nachhaltigere Formen der Mobilität zu fördern.

Mit großer Spannung werden auch die Ergebnisse der neusten bundesweiten Mobilitätserhebung erwartet. Das Projekt ist gerade angelaufen, insgesamt werden zwischen April 2016 und Mai 2017 über 135.000 Haushalte zu ihrem Mobilitätsverhalten befragt (http://www.mobilitaet-in-deutschland.de/index.html).

Literatur

BMBF (Bundesministerium für Bildung und Forschung) (2010): Die wirtschaftliche und soziale Lage der Studierenden in der Bundesrepublik Deutschland 2009. 19. Sozialerhebung des Deutschen Studentenwerks. Bonn – Berlin.

ifmo (2011): Institut für Mobilitätsforschung – Eine Forschungseinrichtung der BMW Group (Hrsg.), Mobilität junger Menschen im Wandel – multimodaler und weiblicher. München.

ILS (Institut für Landes- und Stadtentwicklungsforschung eGmbH) (2016): ILS-TRENDS 1/16. Dortmund.

InnoZ (2012): Schönduwe, Robert/Bock, Benno/Deibel, Inga: Alles wie immer, nur irgendwie anders? Trends und Thesen zu veränderten Mobilitätsmustern junger Menschen, Innovationszentrum für Mobilität und gesellschaftlichen Wandel. Berlin.

MiD (2010): infas Institut für angewandte Sozialwissenschaft GmbH: Alltagsverkehr in Deutschland. Präsentation am 19. August 2009 in Bonn, Version März 2010. http://www.mobilitaet-in-deutschland.de/mid2008-publikationen.html (zuletzt abgerufen am 30.07.2016).

Zukunftsnetz Mobilität NRW (2016): Mobilitätsmanagement – Nachhaltige Mobilitätsentwicklung macht Kommunen lebenswert. http://www.zukunftsnetz-mobilitaet.nrw.de/ (zuletzt abgerufen am 30.07.2016).

Stefanie Marr[*]

Kluge Frauen. Schöne Männer. Nur Mut!

Ziel kultureller Bildung ist es, Menschen zur Lebensführung in der heutigen Wirklichkeit zu befähigen. Um dies zu leisten, müssen kulturelle Bildungsangebote die Strukturen des gegenwärtigen Lebens berücksichtigen. Die relativ stabilen Lebensordnungen der 1960er Jahre haben sich aufgelöst. Gesellschaftlich verfasste Lebenskonzepte, die einen klaren, in gradlinigen Bahnen verlaufenden Lebensweg vorzeichneten, sind vielfältigen Lebenskonzepten gewichen. Dem Menschen steht eine unendliche Fülle von Alternativen für die Lebensführung zur Verfügung. Ein Spielraum für die individuelle Gestaltung tut sich auf. Diesen für sich zu nutzen, ist anspruchsvoll. Der Einzelne [für die Lesbarkeit verwende ich die monogeschlechtliche, männliche Sprachform, wenn es um eine abstrakte, allgemeine Beschreibung geht, etwa der Leser/der Betrachter; diese Funktionen können selbstverständlich auch von Personen anderen Geschlechts ausgeübt werden] ist herausgefordert, aus der Vielfalt der Möglichkeiten auszuwählen, was ihm selbst wichtig und was für ihn selbst richtig ist. Von ihm wird verlangt, einen eigenen Standpunkt einzunehmen. Er muss Verantwortung für seine Lebensführung übernehmen.

Dass sich der Mensch den äußeren Lebensbedingungen nicht einfach anpassen muss, sondern aufgrund eigener Überlegungen die Lebenswirklichkeit verändern kann, bestimmt auch die kulturelle Bildung. In ihren Bildungsangeboten lernen die Teilnehmer die Bandbreite möglicher Lebensweisen kennen und erhalten Raum, mit diesen zu spielen. In der Auseinandersetzung werden den Menschen bisher nicht wahrgenommene Möglichkeitshorizonte bewusst. Sie erkennen, dass »das, was ist, [...] die Möglichkeiten [nicht erschöpft], wie es sein kann« (Schmid 1999, S. 18). Erweiterte Lebenswirklichkeiten tun sich den Teilnehmern auf. Selbstbestimmt entwickeln sie aus diesen ihren persönlichen Lebensentwurf. Da die Lebensentwürfe auf den individuellen Erfahrungshintergründen der einzelnen Teilnehmer basieren, unterscheiden sie sich vonein-

---

[*] Univ.-Prof. Dr. Stefanie Marr, Universität Siegen, Fakultät II (Bildung – Architektur – Künste), Lehrstuhl Bildende Kunst und ihre Didaktik – insbesondere ISPA.

ander. Persönliche Interessen und Bedürfnisse kommen zum Ausdruck. Diversität spiegelt sich. In der kulturellen Bildung wird die sich spiegelnde Vielfalt als Gewinn betrachtet. Den verschiedenen Entwürfen wird mit dem gleichen Respekt begegnet. Die Verschiedenheit der Lebensentwürfe wird anerkannt und wertgeschätzt.

Wie in der pädagogischen Praxis den Lernenden die Wirklichkeit für ihr mögliches Anderssein geöffnet werden kann, möchte ich im Folgenden exemplarisch anhand eines von mir im Fach *Kulturelle Bildung* durchgeführten Seminars an der Universität Siegen aufzeigen. In dem Seminar »Kluge Frauen. Schöne Männer. – Bilderrollen« sollten sich die Studierenden künstlerisch forschend mit Rollenbildern und -zuschreibungen auseinandersetzen. Ziel war es, klare und feste Zuschreibungen vom Unterschied zwischen Frauen und Männern, von ihren Aufgaben und wie sie sich zu verhalten haben, zu reflektieren und in einem selbst erarbeiteten Bildcratlas aufzulösen.

Kluge Frauen. Schöne Männer. – Bilderrollen

»Jahrhundertelang war es Männern in erster Linie wichtig, wie ihre Frau aussieht. Attraktiv sollte sie sein, hübsch zumindest, am liebsten aber richtig schön. Intelligenz galt als verzichtbar, manchmal sogar als hinderlich [...]: zu Hause [nur] keine Widerworte« (Ramelsberger 2013, 1). »Blond und hübsch und hält den Mund« (Huber, zit. in: ebd., 1): Das hatte Geltung.
Nun ist möglicherweise ein Wertewandel zu verzeichnen: Schlau gehört zum neuen Sexy (vgl. Allmendinger, zit. in: ebd., 1). Die nicht nur schöne, sondern eben auch kluge Frau gilt als das moderne Statussymbol des Mannes – es kann ja nicht schaden, wenn man sich mit seiner Frau auch unterhalten kann (vgl. Huber, zitiert in: ebd., 1). Die Männer von heute wünschen sich allerdings nicht nur eine kluge Frau. Die Hälfte von ihnen wollen auch gleich noch, »dass ihre Frau richtig viel Geld verdient« (ebd., 2). Die kluge und finanziell unabhängige Frau an der Seite des modernen Mannes hat allerdings auch Auswirkungen auf ihn. Er legt nun ebenfalls Wert auf Schönheit: »86 Prozent aller heutigen Männer ist das eigene Aussehen wichtig« (ebd., 2).
[Dieser Absatz war Teil des Ankündigungstextes des im Folgenden beschriebenen Seminars. In ihm wurden Aussagen eines Artikels aus der Süddeutschen Zeitung (Ramelsberger 2013) zusammengefasst.]

Der Frage, welche Rolle unter anderem kluge Frauen und schöne Männer in der heutigen Gesellschaft spielen, sollten die Studierenden ein Semester lang in eigenen künstlerischen Projekten nachgehen. Den beim forschenden Lernen gewonnenen Erkenntnissen sollten sie in Bildern Ausdruck geben. Dem folgenden Arbeitsblatt, welches zu Beginn des Seminars ausgeteilt wurde, lässt sich entnehmen, wie komplex und anspruchsvoll die Konzeption, Organisation und Durchführung der künstlerischen Projekte von der Lehrperson angedacht und angelegt wurde – sowohl in formaler als auch in inhaltlicher Hinsicht. Die Aufgabenstellung eröffnete den Studierenden einen Handlungsspielraum. Dieser erlaubte ihnen, das Thema individuell auszudifferenzieren. Sie konnten ihren Bedürfnissen und Interessen entsprechend Akzente setzen.

Kluge Frauen. Schöne Männer . – Bilderrollen
Führen Sie ein künstlerisches Projekt durch.
Ein künstlerisches Projekt zeichnet sich dadurch aus, dass sich eine Person zu einem selbstbestimmten Thema nach einer ausführlichen Recherche sachlich fundiert in eigensinnigen Bildern persönlich äußert. Diese Arbeit durchzuführen ist anspruchsvoll, müssen doch die eigenen Gedanken und Gefühle in einer formal überzeugenden, das heißt, in einer dem Inhalt entsprechenden Form zum Ausdruck gebracht werden.
Ein künstlerischer Gestaltungsprozess beginnt stets damit, dass sich eine Person zunächst ein selbstgewähltes Thema in eigener Regie aneignet. Das gesammelte Bild- und Textmaterial muss sie im Anschluss auswerten: Warum ist das Thema von allgemeinem Interesse? Was ist mir persönlich an diesem Gegenstand wichtig? Was möchte ich – das Thema betreffend – zum Ausdruck bringen? Die gewonnen Erkenntnisse hat die Person dann in eine Form zu bringen. Dafür ist von ihr gefordert, ihre Gedanken und Gefühle in aussagekräftige Bildzeichen zu übersetzen. In der Übersetzung verdichtet, vergrößert, betont sie die ihr an diesem Thema wichtigen Aspekte. Das künstlerische Ergebnis kann aus Bildern (u. a. Zeichnungen, Kritzeleien, Fotos, Collagen, einem Film) mit oder ohne Text – handschriftlich oder getippt – bestehen. Das Material kann bunt oder einfarbig, voller Kraft oder zart, sauber oder wild, knapp oder ausführlich, ernst oder mit Witz präsentiert werden. Was zählt, ist, dass die eigene Sicht auf das Thema eigensinnig seinen Ausdruck findet. Wichtig ist zu beachten, dass sich ein künstlerisches Projekt nicht darauf beschränkt, vorgefundenes Material schlicht ein weiteres Mal wiederzugeben, sondern stets eine eigene Auslegung erfordert.
Zunächst müssen Sie also für sich ein Thema auswählen. Entscheiden Sie, welches Themenfeld Sie interessiert zu untersuchen. Als Denkanstoß können Ihnen möglicherweise die folgenden Fragen dienen:
- *Wann ist eine Frau oder ein Mann abbildungswürdig? Von welchen Frauen und Männern existieren Bilder? Warum tauchen bestimmte Frauen- und Männertypen oft, andere aber selten oder nie auf? Wie würde sich unsere Sicht auf die Wirklichkeit verändern, wenn sich das Verhältnis umdrehen würde?*
- *Wann ist eine Frau eine Frau? Wann ist ein Mann ein Mann? Kann man einer Person ihr Geschlecht absprechen? Gibt es mehr als zwei Geschlechter?*
- *Wie präsentieren sich die Frauen, oder aber die Männer, auf Bildern? Kann man bestimmte Stereotype ausfindig machen? Was haben diese Bilder mit Ihnen oder mit Ihrer Wahrnehmung vom anderen Geschlecht zu tun?*
- *Betrachten Sie bestimmte Bildgattungen. Welche Mythen werden bspw. von Frauen im Garten, am Herd und im Auto oder von Männern im Freien, am Grill und am Steuer entworfen? Warum und auf welche Weise werden Frauen mit Natur und Männer mit Technik verbunden?*
- *Können Männer nicht zuhören und reden Frauen wirklich ständig über Schuhe? Was ist angeblich typisch weiblich und was gilt als typisch männlich? Welche Tätigkeit ist*

Ihnen persönlich wichtig oder welche Eigenschaft gehört zu Ihnen, obwohl sie eigentlich für Ihr Geschlecht als unangemessen gilt?
– *Wie stehen Sie selbst zu sogenannten »unweiblichen Frauen« oder zu »unmännlichen Männern«?*
– *Was für ein Verhältnis haben Frauen und Männer zu Leistung? Wird Leistung bei den Geschlechtern gleich bewertet? Ist Macht attraktiv? Wie viel Leistung gilt jeweils für die beiden Geschlechter als passend?*
– *Müssen Männer und Frauen auf gleiche Weise und in gleichem Ausmaß schön sein? Wie können die Geschlechter einen Mangel an Attraktivität ausgleichen? Dürfen Frauen und Männer in gleicher Weise u. a. zunehmen oder altern?*
– *Wovon träumen Frauen? Welcher Art von Träumen hängen Männer hinterher? Sind Träume konservativ oder progressiv? Inwieweit bestimmen Ihre Träume Ihr Denken und Handeln?*
– *Wer ist bzw. wer gilt als eine gute bzw. schlechte Mutter? Was zeichnet einen guten Vater und was einen schlechten Vater aus? Welche Mythen vermitteln Mütter- und Väterdarstellungen?*
– *Ist eine Frau ohne einen Mann oder ein Mann ohne eine Frau gesellschaftlich weniger anerkannt als jemand, der einen Partner oder eine Partnerin vorweisen kann?*

Wenn Sie ein Thema ausgewählt haben, begeben Sie sich auf Materialsuche. Tragen Sie Bilder, Filme, Texte, Gesprächsnotizen, Beobachtungen, Tagebücheinträge usw. zusammen – real oder in Ihrem Kopf. Befragen Sie das Material: Welche Aussagen werden getroffen? Welchem Material liegt eine ähnliche Haltung oder Einstellung zu Grunde? Und welche Quellen widersprechen sich auf welche Weise in ihrer Aussage? Suchen sie nach Gründen? Stellen Sie im Anschluss fest, was Sie im ganz Speziellen an dem Thema interessiert und womit Sie sich näher und vor allem auch in Ihrem künstlerischen Projekt beschäftigen möchten. Welcher Aspekt hat Sie besonders angesprochen, aufgerüttelt, ärgerlich gemacht usw.? Machen Sie sich dann klar, wie Ihre ganz konkrete Fragestellung lautet.
Da es bei einem künstlerischen Projekt darauf ankommt, seinen Gedanken eine Form zu geben, arbeiten Sie im Anschluss an den Möglichkeiten, wie sich Ihr Ausdruckswunsch umsetzen lässt. Wie können Sie Ihre neuen Erkenntnisse »zu Papier«, »zu Film«, »zu Text« bringen? Stellen Sie Ihre ersten Ideen im Plenum vor. Die Diskussion über Ihr Projekt wird Ihnen helfen, Ihren Erstentwurf zu entwickeln. Die Aussprache wird Sie unterstützen, Ihre Aussage zu präzisieren und Ihre Form zu konzentrieren. Nehmen Sie die Anstöße zum Anlass, Ihren Erstentwurf zu überarbeiten. Ihre im weiteren Arbeitsprozess sich ergebenden Zwischenergebnisse stellen Sie bitte abermals und regelmäßig im Plenum zur Diskussion. Ihre künstlerische Arbeit wird sich im Laufe der Wochen entwickeln. Sie wird an inhaltlicher Tiefe und formaler Präzision gewinnen. Wenn Sie sich engagieren, dann werden Sie am Ende eine überzeugende künstlerische Arbeit vorweisen können: Ihre Eindrücke werden einen plausiblen Ausdruck gefunden haben.

Die Studierenden haben ihre künstlerische Arbeit zu Hause Schritt für Schritt entwickelt. Geschah die Durchführung auch in relativ eigener Regie, so stellten die Teilnehmer regelmäßig ihre Prozessergebnisse im Seminar vor. In der

Gruppe wurde der Projektstand gemeinsam inhaltlich und formal reflektiert: Entscheidungen zur Ausgestaltung der künstlerischen Arbeiten wurden hinterfragt, notwendige nächste Arbeitsschritte wurden gemeinsam überlegt. In der Prozessphase wechselten sich Verhandlungen mit Überarbeitungen des Entwurfs ab. In der Diskussion erhielten die Einzelnen entscheidende Impulse für die Entwicklung ihrer Projekte. Die Verständigung im Plenum über den Projektstand, über mögliche Veränderungen und Verbesserungen, hat folglich entscheidend zum besten Verlauf und Ergebnis der einzelnen Arbeiten beigetragen.

In kulturellen Bildungsprozessen ist die Beschäftigung mit dem von der Lehrperson vorgegebenen Inhalt stets umfassend und anspruchsvoll. Von den Teilnehmern wird gefordert, dass sie sich aus dem Rahmenthema ein Themenfeld auswählen und dieses dann in all seinen Facetten gründlich durcharbeiten und in seiner Komplexität verstehen. Ziel der Auseinandersetzung ist, dass die beteiligten Personen begreifen, dass sie sich den gegenwärtigen Lebenspraxen nicht bedingungs- und wehrlos anpassen müssen, sondern auf Grund eigener Überlegungen die sie bestimmende Lebenswirklichkeit verändern können. Da die Wirklichkeit von den Menschen gemacht ist, kann sie von diesen auch verändert werden: Wirklichkeit ist aufgrund ihrer Formbarkeit verhandelbar (vgl. Billmayer 2004, S. 185). Um die Realität durchdacht und sinnreich umgestalten zu können, muss in kulturellen Bildungsprozessen zunächst ihr Ist-Zustand sondiert genommen werden. Wie sieht die Wirklichkeit gegenwärtig aus? Welche Bedingungen bestimmen sie, in welcher Weise und mit welchen Folgen?

Im Rahmen eines künstlerischen Projekts wird der Bestand allerdings nicht nur erfasst, sondern auch kritisch in Frage gestellt: Was wirklich ist, steht zur Disposition. Ob die Wirklichkeit nicht auch ganz anders sein könnte, wird erörtert. Die Vieldeutigkeit der Wirklichkeit wird offen gelegt. So eröffnen sich den Teilnehmern in der *Kulturellen Bildung* neue beziehungsweise alternative Möglichkeiten zur Selbst- und Weltbeschreibung. Diese Reflexionsprozesse können dazu anstoßen, die Wirklichkeit zu verändern – den eigenen Einstellungen und Bedürfnissen entsprechend. In der *Kulturellen Bildung* sollen die Lernenden allerdings nicht nur erweiterte Selbst- und Weltbeziehungen gewinnen, sie sollen ihnen darüber hinaus in Gestaltungen eine Form geben. Die in der Aneignung gewonnene persönliche Sicht auf die Welt soll in Bildern Ausdruck finden. In der Darstellung wird der eigene Blick sichtbar – für den Gestalter und für andere. »Was man [...] aus einer künstlerischen Äußerung erfahren kann, das ist [also] nicht [vorrangig], wie die Welt beschaffen ist« (Regel 2004, S. 180), sondern, welchen Eindruck sie auf den Gestalter gemacht hat und wie er diesen bewertet. Solcherart Bilder sind nicht schon objektiv gegeben: Es liegt auf der Hand, dass es für die aus den eigenen Erfahrungen und Erkenntnissen resultierenden, inneren Vorstellungen keine exakten Bildvorlagen gibt. Die fehlenden Vorbilder fordern die Teilnehmer kultureller Bildungsprozesse heraus. Sie müssen ihre eigenen Erfahrungen und Erkenntnisse in Bildzeichen transformieren.

Wie sich exemplarisch an den folgenden künstlerischen Arbeiten von dem Studierenden Jonathan Heine (Abb. 1–6) und von der Studierenden Sarah Hesse (Abb. 7–12) zeigt, kann, durch die Lehrperson und die Lerngruppe unterstützt, diese Herausforderung von jedem Einzelnen gemeistert werden – nach dem Maß der jeweiligen Möglichkeiten: der bisherigen Erfahrungen und Erkenntnisse, der Anlagen und der jeweiligen Lebenssituation (vgl. von Hentig 2001, S. 52).

An den künstlerischen Arbeiten der beiden Studierenden lässt sich beispielhaft ablesen, dass in kulturellen Bildungsprozessen die eigene Lebenswirklichkeit in ihrer Vielfalt den Ausgangs- und Bezugspunkt der Gestaltungsprozesse darstellt. Beim Betrachten der Fotografien wird deutlich, dass sich den beiden Gestaltern durch ihre Teilnahme an dem künstlerischen Projekt auf je eigene Weise neue und weitere Zugänge zu sich und ihrer Geschlechterlebenswirklichkeit eröffnet haben. Sie haben jeweils auf ihre Art dargelegt, dass jeder Mensch – Frau oder Mann – selbstbestimmte Formen von Weiblichkeit oder Männlichkeit annehmen kann, aber auch annehmen sollte. Beide veranschaulichen in ihren Bildern, dass die Mannigfaltigkeit der Geschlechterrollen kein Risiko darstellt, sondern vom Einzelnen als Chance verstanden und genutzt werden sollte, sich selbstbestimmt zu bilden. Anhand der Arbeiten vermittelt sich, dass sich *Kulturelle Bildung* nicht darauf beschränkt, technische Fähigkeiten und Fertigkeiten zu lehren, sondern vielmehr den Teilnehmern die Gelegenheit bietet, durch die Öffnung des Möglichkeitsraumes zu einem selbstbestimmten Leben beizutragen (vgl. Braun/Schorn 2012, S. 130).

Literatur

Billmayer, Franz (2004): Um was es geht, damit es weitergeht. In: Kirschenmann, Johannes/Wenrich, Rainer/Zacharias, Wolfgang (Hrsg.), Kunstpädagogisches Generationengespräch. München, S. 183–186.

Braun, Tom/Schorn, Brigitte (2012): Ästhetisch-kulturelles Lernen und kulturpädagogische Bildungspraxis. In: Bockhorst, Hildegard/Reinwand-Weiss, Vanessa-Isabelle/Zacharias, Wolfgang (Hrsg.), Handbuch Kulturelle Bildung. München, S. 128–134.

Marr, Stefanie (2014): Kunstpädagogik in der Praxis. Wie ist wirksame Kunstvermittlung möglich? Eine Einladung zum Gespräch. Bielefeld.

Marr, Stefanie (Hrsg.) (2015): Tischgesellschaft 2. Guter Kunstunterricht: Wie geht das? Oberhausen.

Ramelsberger, Annette (2013): »Schlau ist das neue Sexy«. http://www.sueddeutsche.de/leben/soziale-studie-schlau-ist-das-neue-sexy-1.1767447, 10.09.2013 (zuletzt abgerufen am 05.05.2016).

Regel, Günther (2004): Zur Problematik der Fachkompetenz und der langfristigen Bildungsstandards für den Kunstunterricht und die künstlerische Bildung überhaupt. In: Kettel, Joachim (Hrsg.), Künstlerische Bildung nach Pisa – Neue Wege zwischen Kunst und Bildung. Oberhausen, S. 173–185.

Schmid, Wilhelm (1999): Über den Versuch zur Neubegründung einer Philosophie der Lebenskunst. In: BKJ e.V. (Hrsg.), Lernziel Lebenskunst. Remscheid, S. 152–158.

von Hentig, Hartmut (2001): Ach, die Werte. Über eine Erziehung für das 21. Jahrhundert. Weinheim – Basel.

Die Fotografien wurden der Autorin von dem Studenten Jonathan Heine (Abb. 1–6) und der Studentin Sarah Hesse (Abb. 7–12) zur Verfügung gestellt. Ich möchte mich dafür bei beiden hiermit noch einmal recht herzlich bedanken. Die Serie von Sarah Hesse hat den Titel »Als Frau solltest du …«. Der Titel der Serie von Jonathan Heine lautet »Moderne Männlichkeiten«. Beide Serien stammen aus dem Jahr 2016.

Juliane Gerland & Sisko Zielbauer[*]

Inklusionsforschung im Kunstlabor | Kunstforschung im Inklusionslabor

> »Forschung ist das Streben nach Erkenntnis,
> und die wollen wir mit allen Mitteln erlangen,
> auch mit ästhetischen und auch mit künstlerischen.
> Warum eigentlich wollen wir überhaupt etwas wissen?
> Weil wir die Welt besser verstehen wollen,
> damit wir letztlich in ihr besser leben können.«
> (Klein 2014)

Durch die Ratifizierung der UN-Behindertenrechtskonvention erkennt die Bundesrepublik das Recht von Menschen mit Behinderung auf inklusive Bildung »auf allen Ebenen« (Vereinte Nationen 2006) an. Vielfalt und ihre grundsätzliche Wertschätzung sind folglich sowohl für Bildung als auch für bildungsspezifische Forschung bedeutende Determinanten. Für Universitäten und Hochschulen stellt sich demnach die Frage nach geeigneten Formaten inklusionssensibler Hochschulentwicklung in Lehre und Forschung. Der folgende Beitrag des Lehrstuhls für *Kulturelle Bildung und Inklusion* befasst sich mit der Frage nach eben diesen inklusionssensiblen Ansätzen bezüglich Forschung und Lehre im Schnittfeld künstlerischer und inklusiver Prozesse.

1. Kulturelle Bildung und Inklusion

Seit dem Wintersemester 2015/2016 gibt es an der Fakultät II der Universität Siegen den Lehr- und Forschungsbereich *Kulturelle Bildung und Inklusion*. In Lehre und Forschung geht es hier um unterschiedliche Kunstformen (Schwerpunkte sind Musik und bildende Kunst), sowie um Inklusion – und zwar insbesondere unter den folgenden Aspekten:
- Inklusive Prozesse und künstlerische Prozesse im Vergleich
- Künstlerische Prozesse als Motor für Inklusion

---

[*] Jun.-Prof. Dr. Juliane Gerland, Universität Siegen, Fakultät II (Bildung – Architektur – Künste), Kulturelle Bildung und Inklusion.
Sisko Zielbauer, Universität Siegen, Fakultät II (Bildung – Architektur – Künste), Kulturelle Bildung und Inklusion.

- Inklusion als Motor für neue künstlerische Formen und Inhalte
- Inklusionsspezifische Interaktionsprozesse verstehen durch Reflexion künstlerischer Interaktionen.

Im Rahmen der Lehrveranstaltungen des Lehr- und Forschungsbereichs *Kulturelle Bildung und Inklusion* erlangen die Studierenden Kenntnis über Projekte im Bereich inklusiver Kunst- und Kultur im deutschsprachigen wie im internationalen Raum. Ein weiterer Schwerpunkt ist die persönliche und individuelle Auseinandersetzung mit künstlerischer Betätigung. Studierende setzen sich theoriebasiert und reflexiv im Sinne Kultureller Bildung mit künstlerischen Prozessen auseinander. So erwerben sie Kompetenzen, die sie dazu befähigen, mit vielfältigen Zugängen und Wahrnehmungsqualitäten umzugehen und diese wertzuschätzen. Auf diese Weise begreifen sie Kunst und Kultur auch als Zugangsoption zu Menschen, die sonst nur schwer oder gar nicht zugänglich erscheinen. Sowohl für zukünftige Sozialpädagoginnen und Sozialpädagogen als auch für Lehrerinnen und Lehrer kann dies eine wertvolle Erfahrung bedeuten – insbesondere im Hinblick auf eine inklusionsspezifische Entwicklung der entsprechenden Berufsfelder.

Inklusion ist unbestreitbar eines der großen Themen unserer Zeit und scheint als Begrifflichkeit für ein gesellschaftliches Paradigma der Nicht-Ausgrenzung derzeit allgegenwärtig zu sein. Allerdings wird die Terminologie »Inklusion« keineswegs einheitlich verwendet (Dannenbeck 2012; Katzenbach 2015). Bezogen auf den schulischen Kontext ist meist das gemeinsame Lernen von Kindern mit und ohne Beeinträchtigungen gemeint. Hier wird Inklusion als reformierte schulische Integration von Kindern mit diagnostizierter Behinderung verstanden. Im öffentlichen Raum geht es im Kontext Inklusion häufig um die Reduktion von baulichen und/oder technischen Barrieren. Schlagworte sind hier beispielsweise Rampen, leichte Sprache, barrierefreie digitale Kommunikations- und Informationstechnologie, Gebärdendolmetscher etc. Inklusion lässt sich hier definieren als eine Frage der Zugänglichkeit beziehungsweise als Anlass zur Abschaffung von Barrieren. Systemtheoretisch schließlich lässt sich Inklusion vor allem als Teil des Gegensatzpaares Inklusion–Exklusion verstehen. Innerhalb dieser Gegensätze verorten sich Menschen als zugehörig zu unterschiedlichen Subsystemen in ihrer Bezugsgesellschaft. Problematisch wird es erst, wenn die Anteile von Exklusion so weit überwiegen, dass von einem umfassenden Ausschluss (Exklusion) von der Gesellschaft gesprochen werden kann, beispielsweise im Kontext Armut beziehungsweise sozialer Ungleichheit (Luhmann 1995). In diesem Sinn bedeutet Inklusion Teilhabe an einzelnen Teilbereichen der Gesamtgesellschaft und sich so bedingende Nicht-Teilhabe an anderen Teilbereichen.

Mit dem *Index für Inklusion* für Schulen sowie für Kindertageseinrichtungen und dem *Kommunalen Index für Inklusion* (Booth/Ainscow 2000; Boban/Hinz 2003a; 2003b; Booth/Ainscow/Kingston 2011) entstehen zwischen 2000 und 2011 drei Instrumente, die für Schulen aber auch für außerschulische Einrichtungen einen Rahmen für die Entwicklung inklusiver »Kulturen, Strukturen und Praktiken« bieten. Das Inklusionsverständnis, das hier zu Grunde liegt, formuliert als Bedingungen für Inklusion die Vermeidung von Marginalisierung von Minderheiten sowie den Verzicht auf merkmalsbezogene Kategorisierung. So müssen zur Realisierung inklusiver Rahmenbedingungen Zwei-Gruppen-Theorien, beispielsweise die Einteilung in »Einheimische und Ausländer«, »Menschen mit und ohne Beeinträchtigungen«, reflektiert und dekonstruiert werden – Inklusion als bedingungslose Akzeptanz und Wertschätzung von Vielfalt und Heterogenität (Hinz 2006).

2. Inklusionsorientierung an Hochschulen

Inklusionsorientierung als Maßgabe für zukünftige Hochschulentwicklung kann bedeuten, Menschen mit Lernschwierigkeiten (die Selbstvertretung behinderter Menschen in Deutschland, beispielsweise *Mensch zuerst – Netzwerk People First e.V.*, schlägt statt der Verwendung des Begriffs der geistigen/kognitiven Behinderung den Terminus »Menschen mit Lernschwierigkeiten« vor) stärker und selbstbestimmter in Hochschulen miteinzubeziehen – und zwar als »Lernende, Lehrende und Forschende« (Hauser et al. 2016, S. 278). Analog zu den genannten Inklusionsdefinitionen muss Inklusion an Hochschulen und Universitäten folglich folgende Aspekte berücksichtigen:
- Nachteilsausgleich für Studierende mit Beeinträchtigung.
- Inklusive Lehre – beispielsweise entsprechend musikalisch qualifizierte Menschen mit Beeinträchtigung in ein Seminar einbeziehen, dessen Gegenstand Musikvermittlung für Menschen mit Beeinträchtigung ist.
- Inklusive Forschung – beispielsweise für den Forschungsgegenstand »Künstlerische Prozesse in inklusiven Gruppen« wirklich alle Mitglieder der Gruppen gleichermaßen wertschätzend zu berücksichtigen.

Wichtig ist an dieser Stelle die Berücksichtigung einiger kritischer Punkte. So müssen sich inklusive Forschungsprojekte fortlaufend hinsichtlich zweier Kriterien kritisch reflektieren: Handelt es sich tatsächlich um inklusive Projekte? Werden forschungsbezogene Qualitätsstandards eingehalten?

Unabdingbar ist beispielsweise die bewusste Aushandlung von Machtstrukturen und Expertenrollen zwischen den Forschenden und eine entsprechende Reflexion (Curdt 2016, S. 253 ff.).

3.   Inklusion in Forschung und Lehre

3.1   Die *Labore 30*

Bezüglich inklusiver Hochschulentwicklung fokussiert der vorliegende Beitrag auf die Aspekte der Einbindung von Menschen mit kognitiver Beeinträchtigung in Forschung und Lehre. Der Lehr- und Forschungsbereich *Kulturelle Bildung und Inklusion* fühlt sich insbesondere dem letztgenannten Inklusionsverständnis verpflichtet. Hier stellt sich nun die Frage, wie sich Inklusion konkret an Universitäten umsetzen lässt. Forschung und Lehre bilden die beiden Zentren universitärer Tätigkeiten – also müssen inklusive Prozesse für diese beiden Schwerpunkte initiiert, implementiert und reflektiert werden.

Der Lehr- und Forschungsbereich *Kulturelle Bildung und Inklusion* richtet diesbezüglich derzeit die interdisziplinaren und inklusiven Lehr- und Forschungsseminare *Klanglabor 30* und *Kunstlabor 30* ein. Im Rahmen der sowohl theoretisch-reflektierend als auch praktisch-künstlerisch orientierten Lehrveranstaltungen setzen sich Studierende unterschiedlicher Studiengänge gemeinsam mit Werkstattbeschäftigten der AWO-Werkstatt Netphen-Deuz mit inklusiven künstlerischen Prozessen auseinander. Studierende und Werkstattbeschäftigte sollen so einen forschend experimentellen Zugang zum Themenbereich Inklusion entwickeln. Eine forschungsleitende Frage der Labore besteht unter anderem darin, herauszufinden, welche Spielräume für Inklusion an Hochschulen geschaffen werden können und was sich daraus für zukünftige Strategien ableiten lassen (Schuppener/Buchner/Koenig 2016, S. 19). Die Studierenden belegen die *Labore 30* als reguläre Seminare innerhalb ihres Studienverlaufs, für die Werkstattbeschäftigten sind sie arbeitsbegleitende Maßnahmen im Sinne des § 5, Abs. 3 und 4 der Werkstättenverordnung für Werkstätten für behinderte Menschen (WVO).

3.2   Die *Labore 30* als Forschungsräume

Warum heißen die *Labore 30* eigentlich *Labore 30?* Im Artikel 30 der UN-Behindertenrechtskonvention ist das Recht aller Menschen auf gleichberechtigte Teilhabe am kulturellen Leben der Gesellschaft grundgesetzlich verankert. Im zweiten Absatz heißt es

> »*Die Vertragsstaaten treffen geeignete Maßnahmen, um Menschen mit Behinderungen die Möglichkeit zu geben, ihr kreatives, künstlerisches und intellektuelles Potenzial zu entfalten und zu nutzen, nicht nur für sich selbst, sondern auch zur Bereicherung der Gesellschaft.*«

Hier setzen das *Klanglabor 30* und das *Kunstlabor 30* an, um einen Beitrag zu einer inklusionssensiblen Hochschulentwicklung und einer inklusiveren Gesellschaft insgesamt zu leisten.

Im künstlerischen Tun entsteht eine besondere Art der Interaktion mit der Welt. Soll die offene Struktur künstlerischer Prozesse als Erkenntniszugang genutzt werden, so liegt dieser Herangehensweise ein Kunstbegriff zugrunde, der Perspektiven künstlerischer Bildung in Anlehnung an Buschkühle prozessorientiert versteht: »Künstlerische Bildung meint die Etablierung von künstlerischen Denk- und Handlungsweisen im Bildungsgeschehen« (Buschkühle 2003, S. 25).

Zielsetzung soll sein, »kunst-ähnliche« Prozesse zu initiieren und auf diesem Weg neue Kunst- und Alltagserfahrungen zu ermöglichen. Innerhalb dieser Interaktionsräume eröffnet sich eine Vielzahl von Produktionsmöglichkeiten und individuellen Lösungsmöglichkeiten für ästhetische Fragestellungen – falsch und richtig gibt es nicht. So können Normen und Bewertungsroutinen in künstlerischen Kontexten unabhängigen von Etikettierungen, wie beispielsweise Behinderung, konstruiert beziehungsweise re- und dekonstruiert werden (Gerland 2014). Im Experimentieren mit dem ästhetischen Material wird jeder künstlerisch Tätige zum taktilen Forscher, Pionier und Entdecker neuer Möglichkeiten und originärer Lösungen. Aus einer künstlerischen Sichtweise heraus hat jeder Mensch dieses Potenzial. Er lernt, indem er spielt und gestaltet, indem er (sich) verändert und ausprobiert. In den Laboren werden alle Beteiligten als Expertinnen und Experten, als Forscherinnen und Forscher angesprochen. Im Zentrum stehen verschiedene Arten der Wissensgenerierung – »nicht nur kognitive, empirische Ergründung, auch sinnliche Erkenntnis, ästhetische Erfahrung und Subjektivität werden zu Erzeugern spezifischer Wissensformen« (v. Bernstorff 2013, S. 109). Die ästhetischen Erfahrungen, die in den *Laboren 30* in unterschiedlichen künstlerischen Handlungsfeldern gemacht werden, öffnen einen Raum für Improvisationen und Individualität.

Die Methoden sind ergebnisoffen und prozessorientiert. Im Mittelpunkt der Aufmerksamkeit steht das gemeinsame künstlerische Tun, das diverse Bearbeitungsformen und verschiedene Zugänge zulässt. Studierende unterschiedlicher Studiengänge und Werkstattbeschäftigte setzen in Zusammenarbeit im *Kunstlabor 30* Gestaltungsaufträge um. So bietet beispielsweise eine Einheit zum skulpturalen Gestalten die Gelegenheit, aus Alltagsgegenständen und Fundstücken Skulpturen zu entwickeln und gleichzeitig unterschiedliche Zugänge und Herangehensweisen zu reflektieren und in Austausch zu bringen. Im *Klanglabor 30* geht es beispielsweise um experimentelle Konzepte zeitgenössischer Musik und den Bezug zu den eigenen alltäglichen Hörgewohnheiten. Unerwartetes, Störungen und individuelle experimentelle Handlungsformen sind willkommen und sollen helfen, bestehende Denkformen, Vorurteile und Stereotypen aufzubrechen und damit neue Erkenntnisse hervorzubringen. Dieser Raum des Nichtwissens, der Forschung und der besonderen Begabungen ermöglicht allen Beteiligten Erfahrungen auf Augenhöhe. »Der Ort dieses Dazwischen ist kein Ort des Spezialistentums, der Metier besessenen Kunst- und Textproduktion, sondern der Ort einer Suchbewegung, des Tastens, des Zweifelns…« (Radelfinger 2015, S. 290).

So kann eine neue Forschungskultur im Feld empirischer, partizipativ-inklusiv orientierter Forschung im Kontext der Künste und der Inklusion entstehen. Durch das gemeinsame künstlerische Handeln und die diesbezügliche forschende Reflexion von Menschen mit und ohne traditionellen akademischen Bildungshintergründen entstehen neue Handlungsspielräume. Über performativ-künstlerische Settings (Abb. 1) können Konzepte entwickelt werden, die dazu beitragen, pädagogische Praxis weiterzuentwickeln und bestehende gesellschaftliche Strukturen zu transformieren. Dies kann als ein wichtiger Schritt im Hinblick auf einen Bewusstseinsbildungsprozess bezüglich inklusionsorientierter Hochschulentwicklung im Sinne der Artikel 8 (Bewusstseinsbildung) und 24 (Bildung) der UN-Behindertenrechtskonvention betrachtet werden.

Abb. 1: Seminar »Über das Sichtbarmachen« (Foto: Sisko Zielbauer)

4.   Bedeutung für die Lehre

Zum einen verfolgen die künstlerischen Lehr- und Forschungslabore das Ziel, Einblick in die inklusive musikalische und bildnerische Praxis in unterschiedlichen Arbeitsfeldern zu geben, zum anderen – neben der Vermittlung von notwendigem theoretischen Grundlagenwissen – auch, praktische Erfahrungsspielräume im universitären Raum zu eröffnen. Der Umgang mit Verschiedenheit wird im Rahmen der *Labore 30* als Schlüsselkompetenz definiert. Die fachtheoretische Arbeit wird in den Seminaren durch praktische lebensnahe Erfahrungen durch das jeweilige Medium Kunst oder Musik unterstützt und inklusive Prozesse werden im Austausch mit Menschen mit Beeinträchtigung erlebbar. So werden inklusive Lehr- und Lerngelegenheiten geschaffen und somit eine Professionalisierung der Studierenden im Umgang mit heterogenen Gruppen erreicht. Durch die spezifische künstlerische Verzahnung von Theorie und Praxis wird die Haltung eines forschenden Lernens bei den Studierenden gefördert und ausgebildet sowie Transformationsprozesse zwischen Theorie und Praxis erleichtert. Gemeinsam mit den Teilnehmenden werden Besonderheiten des inklusiven Prozesses im Anschluss an die Praxisphase im Seminar reflektiert und Barrieren sowie Lösungswege zu ihrer Überwindung herausgearbeitet. Ein Lernziel ist es, verständlich zu machen, dass inklusive Praxis als experimentelle Praxis verstanden wird, die kontinuierlich reflektiert und stetig weiterentwickelt werden muss. Persönliche und individuelle Erfahrungen spielen bei der Entwicklung einer inklusiven Haltung eine maßgebliche Rolle.

Durch den hohen Innovationsgrad der gesamtgesellschaftlichen inklusiven Entwicklung hat die begleitende Reflexion des Erlebens von inklusiven Bildungsprozessen in Praxisphasen eine hohe Bedeutung in den Seminaren. Das Erleben und Beobachten individueller Zugänge der anderen Teilnehmenden eröffnet wichtige Perspektiven für die Reflexion der eigenen Anteile und kann dazu beitragen die jeweiligen Aneignungskompetenzen zu erweitern. Erklärtes Ziel ist es, den Austausch mit Menschen mit Beeinträchtigung im Rahmen der Seminare und die reflexive Auseinandersetzung damit als gewichtige grundlegende Schritte im Hinblick auf eine Öffnung von Hochschule in Richtung einer inklusiven Lehre zu verstehen. So betonen auch Schuppener, Buchner und Koenig: »Dabei sehen wir in der gemeinsamen Konzeption und Gestaltung von experimentellen Settings einer angewandten Hochschuldidaktik, die eingebettet in Schleifen der Praxis und Reflexion der Frage nachgehen, was notwendig ist, damit inklusive (Lehr- und Entwicklungs-)Prozesse im Erwachsenenalter gelingen, ein wichtiges zukünftiges Lern- und Anwendungsfeld inklusiver Forschung« (Schuppener/Buchner/Koenig 2016, S. 330).

So findet sich die Leitidee der Inklusion in der methodisch-didaktischen Gestaltung der *Labore 30* wieder: inklusive Praxen und Strukturen werden erlebbar und inklusive Lern- und Bildungsprozesse didaktisch praxisbezogen umgesetzt. Menschen mit Beeinträchtigung treten als Expertinnen und Experten in eigener Sache in Erscheinung. In diesem Sinne verstehen sich die Kunst- und Musiklabore auch als innovatives Forschungs- und erprobendes Handlungsfeld auf dem Weg zu einer inklusiven Gesellschaft.

Literatur

Badura, Jens/Dubach, Selma/Haarmann, Anke/Mersch, Dieter/Rey, Anton/Schenker, Christoph/Toro Pérez, Germán (Hrsg.) (2015): Künstlerische Forschung. Ein Handbuch. Zürich.

Boban, Ines/Hinz, Andreas (2003a): Index für Inklusion. Lernen und Teilhabe in der Schule der Vielfalt entwickeln. Halle.

Boban, Ines/Hinz, Andreas (2003b): Qualitätsentwicklung des gemeinsamen Unterrichts durch den Index für Inklusion. Behinderte 4/5, S. 2–13.

Booth, Tony/Ainscow, Mel (2000): Index for inclusion. Developing learning and participation in schools. Bristol.

Booth, Tony/Ainscow, Mel/Kingston, Denise (2006): Index für Inklusion (Tageseinrichtungen für Kinder). Lernen, Partizipation und Spiel in der inklusiven Kindertageseinrichtung entwickeln. Frankfurt.

Buchner, Tobias/Koenig, Oliver/Schuppener, Saskia (Hrsg.) (2016): Inklusive Forschung. Gemeinsam mit Menschen mit Lernschwierigkeiten forschen. Bad Heilbrunn.

Buschkühle, Carl-Peter (2003): Konturen künstlerischer Bildung. In: Buschkühle, Carl-Peter (Hrsg.), Perspektiven Künstlerischer Bildung. Köln, S. 19–45.

Buschkühle, Carl-Peter (Hrsg.) (2003): Perspektiven künstlerischer Bildung. Texte zum Symposium Künstlerische Bildung und die Schule der Zukunft. Köln.

Curdt, Wiebke (2016): Machtstrukturen im Kontext partizipativer Forschung. In: Buchner, Tobias/Koenig, Oliver/Schuppener, Saskia (Hrsg.), Inklusive Forschung. Gemeinsam mit Menschen mit Lernschwierigkeiten forschen. Bad Heilbrunn, S. 247–259.

Dannenbeck, Clemens (2012): Wie kritisch ist der pädagogische Inklusionsdiskurs? Entpolitisierungsrisiko und theoretische Verkürzung. In: Rathgeb, Kerstin (Hrsg.), Disability Studies. Kritische Perspektiven für die Arbeit am Sozialen. Wiesbaden, S. 55–67.

Gerland, Juliane (2014): Wahrnehmungsveränderung in Bildungsprozessen im künstlerischen Medium Musik. Möglichkeiten zur De- und Neukonstruktion von Wahrnehmungsstereotypen und daraus resultierende Bedarfe in der Studierendenausbildung. Zeitschrift für Inklusion 4–2014. http://www.inklusion-online.net/index.php/inklusion-online/article/view/252/243 (zuletzt abgerufen am 27.07.2016).

Gesetz zu dem Übereinkommen der Vereinten Nationen vom 13. Dezember 2006 über die Rechte von Menschen mit Behinderungen sowie zu dem Fakultativprotokoll vom 13. Dezember 2006 zum Übereinkommen der Vereinten Nationen über die Rechte von Menschen mit Behinderungen. http://www.un.org/depts/german/uebereinkommen/ar61106-dbgbl.pdf. (zuletzt abgerufen am 27.07.2016).

Hauser, Mandy/Schuppener, Saskia/Kremsner, Gertrud/Koenig, Oliver/Buchner, Tobias (2016): Auf dem Weg zu einer Inklusiven Hochschule? Entwicklungen in Großbritannien, Irland, Deutschland und Österreich. In: Buchner, Tobias/Koenig, Oliver/ Schuppener, Saskia (Hrsg.), Inklusive Forschung. Gemeinsam mit Menschen mit Lernschwierigkeiten forschen. Bad Heilbrunn, S. 278–289.

Hinz, Andreas (2006): Integration und Inklusion. Integration als Leitbegriff der Sonderpädagogik und als Kampfbegriff der Elternbewegung – kontroverse Auseinandersetzungen. In: Wüllenweber, Ernst/Theunissen, Georg/Mühl, Heinz (Hrsg.), Pädagogik bei geistigen Behinderungen. Ein Handbuch für Studium und Praxis. Stuttgart, S. 251–261.

Kämpf-Jansen, Helga (2001): Ästhetische Forschung. Wege durch Alltag, Kunst und Wissenschaft. Zu einem innovativen Konzept ästhetischer Bildung. Köln.

Katzenbach, Dieter (2015): Zu den Theoriefundamenten der Inklusion – eine Einladung zum Diskurs aus der Perspektive der kritischen Theorie. In: Schnell, Irmtraud (Hrsg.), Herausforderung Inklusion. Theoriebildung und Praxis. Bad Heilbrunn, S. 19–32.

Klein, Julian (2014): Künstlerisches Wissen eine Anmerkung in 30 Sätzen. In: Universität für angewandte Künste (Hrsg.), Out of the Box. 10 Fragen an künstlerische Forschung. Wien.

Koenig, Oliver/Buchner, Tobias/Schuppener, Saskia (2016): Inklusive Forschung im deutschsprachigen Raum: Standortbestimmung, Herausforderungen und ein Blick in die Zukunft. In: Buchner, Tobias/Koenig, Oliver/Schuppener, Saskia (Hrsg.), Inklusive Forschung. Gemeinsam mit Menschen mit Lernschwierigkeiten forschen. Bad Heilbrunn , S. 320–333.

Luhmann, Niklas (1995): Inklusion und Exklusion. In: Luhmann, Niklas (Hrsg.), Soziologische Aufklärung, Bd. 6: Die Soziologie und der Mensch. Opladen, S. 237–264.

Peters, Sybille (Hrsg.) (2013): Das Forschen aller – Artistic Research als Wissensproduktion zwischen Kunst, Wissenschaft und Gesellschaft. Bielefeld.

Radelfinger, Peter (2015): Atelier. In: Badura, Jens/Dubach, Selma/Haarmann, Anke/ Mersch, Dieter/Rey, Anton/Schenker, Christoph/Toro Pérez, Germán (Hrsg.), Künstlerische Forschung. Ein Handbuch. Zürich, S. 289–294.

Rathgeb, Kerstin (2012): Disability Studies. Kritische Perspektiven für die Arbeit am Sozialen. Wiesbaden.

Schuppener, Saskia/Buchner, Tobias/Koenig, Oliver (2016): Einführung in den Band: Zur Position Inklusiver Forschung. In: Buchner, Tobias/Koenig, Oliver/Schuppener, Saskia (Hrsg.), Inklusive Forschung. Gemeinsam mit Menschen mit Lernschwierigkeiten forschen. Bad Heilbrunn, S. 13–23.

Vereinte Nationen (2006): Übereinkommen über die Rechte von Menschen mit Behinderungen (Convention on the Rights of Persons with Disabilities – CRPD), beschlossen am 13. 12. 2006 von der Generalversammlung der Vereinten Nationen; in Kraft getreten am 03. 05. 2008.

von Bernstorff, Elise (2013): Das Undisziplinierte im Transdisziplinären. Das pädagogische Verhältnis in der künstlerischen Forschung mit Kindern. In: Peters, Sybille (Hrsg.), Das Forschen aller – Artistic Research als Wissensproduktion zwischen Kunst, Wissenschaft und Gesellschaft. Bielefeld, S. 95–120.

Werkstättenverordnung vom 13. August 1980 (BGBl. I S. 1365), die zuletzt durch Artikel 8 des Gesetzes vom 22. Dezember 2008 (BGBl. I S. 2959) geändert worden ist. https:// www.gesetze-im-internet.de/bundesrecht/schwbwv/gesamt.pdf (zuletzt abgerufen am 27. 07. 2016).

Katharina Miketta & Gabriele Weiß[*]

Die unbestimmte Vielfalt der Vielfalt.
Erziehungswissenschaftliche Perspektiven auf
Diversity-Management an der Hochschule

1. Begriffsheterogenität

Während *Diversity* einerseits in den USA mit kleinem *d* für das Phänomen einer vielfältig zusammengesetzten Belegschaft steht, wird *Diversity* mit großem *D* andererseits auch als Synonym für *Managing Diversity* beziehungsweise *Diversity Management* verwendet. Es steht damit für eine ganz bestimmte Art und Weise des Umgangs mit Vielfalt in einem konzeptionellen Sinne (vgl. Krell 2004, S. 368). Bereits die erste terminologische Annäherung an Diversity legt nahe, dass es sich hierbei keineswegs um einen einheitlichen Ansatz handelt. Vielmehr stellt »Diversity« ein facettenreiches sowie schwer zu umreißendes Konglomerat an verschiedenen Theorien, Programmen und Konzeptionen dar (vgl. Homann/ Bruhn 2010).

Der Begriff »Diversity« (nicht als Konzept, sondern als Eigenschaft einer Gruppe) wird im Folgenden mit »Vielfalt« und »Heterogenität« synonym verwendet. Allen drei Begriffen wird im deutschsprachigen Raum eine Unschärfe bis Unbestimmtheit, zumindest eine Mehrdeutigkeit nachgesagt. Meist wird das negativ gesehen mit der Bitte um eine klare Definition dessen, was damit bezeichnet wird. Das, was mit den Begriffen bezeichnet wird (das Signifikat), zeichnet sich aber ja gerade dadurch aus, vielfältig zu sein – und dieses kann, darf und sollte nicht einfältig beziehungsweise eindeutig bestimmt werden. Die Unbestimmtheit des Begriffs kann so gesehen auch Vorteile haben, wenn damit etwas offen gelassen wird, was nicht eindeutig identifiziert, klassifiziert und bestimmt werden kann oder will. Zwar wird das »etc.« bei der Aufzählung von Diversitätsmerkmalen auch kritisiert, aber die Offenheit und Unabschließbar-

---

[*] Katharina Miketta, Universität Siegen, Fakultät II (Bildung – Architektur – Künste), Allgemeine Pädagogik; Referentin der Prorektorin für Bildungswege und Diversity.
Univ.-Prof. Dr. Gabriele Weiß, Universität Siegen, Fakultät II (Bildung – Architektur – Künste), Allgemeine Pädagogik; Prorektorin für Bildungswege und Diversity.

keit der Aufzählung ist gerade Ausdruck der Vervielfältigung; sie muss diese nicht immer nivellieren.

Diversity wird vielfältig übersetzt, so etwa als Vielfalt, Diversität, Mannigfaltigkeit, Verschiedenheit, Andersheit oder Heterogenität. Nestvogel (2008, S. 30) konstatiert, dass Termini wie Vielfalt oder Heterogenität eher »deskriptiv-neutrale«, zudem aber auch »egalitäre und positive Konnotationen« enthalten und keine »trennscharfen Differenzlinien« markieren, wohingegen Begriffe wie Andersheit, Verschiedenheit oder Differenz eher »dualistisch konnotiert« seien und unter Umständen in ein abwertendes Verständnis der Ungleichheit abgleiten können. Ungeachtet dieser unterschiedlich konnotierten Übersetzungsmöglichkeiten von Diversity geht es diesem Ansatz allgemein formuliert um das Verstehen, Respektieren und Wertschätzen von menschlichen Unterschieden sowie um deren Verständnis als konstruktives Potenzial und nicht als zu eliminierende Problemlage (vgl. Nestvogel 2008, S. 22). Diversity-Konzepte sollen somit die »Vermeidung jeglicher struktureller Ausgrenzungen, Achtung vor der Individualität jedes einzelnen Menschen und Wertschätzung von sozialen Unterschieden in Ethnie, Alter, Religion, sozialer Schicht, Lebensstilen etc.« (Schwarz-Wölzl/Maad 2003, S. 10) beinhalten.

2.   Diversity-Management in der Hochschule

Seit den späten 1990er Jahren entwickelt sich Diversity auch in Deutschland zunehmend zu einem konzeptionellen Bestandteil von Unternehmensstrategien, Organisationskulturen, Personalmanagement und Bildung (vgl. Ehmsen 2010, S. 1). Und seit ca. zehn Jahren widmen sich auch Hochschulen und deren Leitungen dem Thema Diversity explizit (z. B. Heitzmann/Klein 2012; Klein/ Heitzmann 2012; Bender/Schmidbaur/Wolde 2013; Klammer/Ganseuer 2015). Die Mehrzahl der Hochschulen hat sich auf den Weg gemacht, in Form eines Diversity-Managements Ziele zu setzten, Strategien zu entwerfen und Maßnahmen zu ergreifen. Als erste Hochschule mit einem Prorektorat für Diversity-Management, eingerichtet im Jahr 2008, blickt die Universität Duisburg-Essen auf die bisher längste Entwicklungsgeschichte zurück. Inzwischen existieren an den meisten Hochschulen Prorektorate, Vizepräsidien oder Stabs- beziehungsweise Ombudsstellen für Diversity. Häufig wurde von einem Auf- und Ausbau der Gleichstellungsbüros ausgegangen. Der historische Entstehungskontext liegt in den Vereinigten Staaten und ist eng verknüpft mit den Bürgerrechtsbewegungen der 1950er bis 1970er Jahre, im Zuge derer sich (sozial-)politisch benachteiligte Gruppen wie insbesondere die afroamerikanische Bevölkerung sowie in den 1960er Jahren auch Frauen und in deren Gefolge wiederum auch Homosexuelle für rechtliche *Gleichstellung* einsetzten. Somit werden einerseits die Gleichstellung, Abbau von Benachteiligung und Antidiskriminierung anvisiert und andererseits ein Diversity-Management im unternehmerischen Sinne der Nutzung von Potenzialen entwickelt. Die Hochschule ist zwar kein Unternehmen, aber sie hat eine Leitung, welche Regeln, Verfahrensweisen und Richtlinien (policies) aufstellt, sowie eine Politik (politics) vertritt und Öffentlichkeitsarbeit (public relations) zu leisten hat. Mit dem Labeling »Diversity« steigt die inneruniversitäre und gesellschaftliche Anerkennung. Für die Universitätsleitungen bedeutet das, ein Statement und Commitment zu geben und nach außen zu signalisieren, dass dieses Thema eines der Universität ist. Konkret heißt das in erster Linie eine Sensibilisierung aller Akteure in der Universität für das Thema Vielfalt und Diversity.

Ein entscheidender Unterschied zu einem geläufigen Management in der Unternehmensführung besteht darin, dass es für Diversity-Management an der Hochschule keinen Standard gibt. Diversity lässt sich nicht mit einer »ISO 0815« messen, somit auch nur bedingt auditieren und zertifizieren. Diese Strategien sind im vollen Gange und können und sollen auch nicht aufgehalten werden. Die Universitäten unterziehen sich diesen Prozessen, um ihre Qualität unter Beweis zu stellen. Aber das sollte nicht davon abhalten, diesen Prozessen seine ganze theoretische Aufmerksamkeit zu widmen. Was passiert da, wenn Verfahren, Trainings und Konzepte aus der Wirtschaft auf Wissenschaft und Bildung übertragen werden? Was machen ökonomische Begriffe mit der Sache beziehungsweise den Individuen? In Konzepten des Diversity-Managements in der Wirtschaft steht es nicht in Frage, dass die Vielfalt der Mitarbeiter *als Ressource genutzt wird*, für das Produkt, dessen Vermarktung oder das Image des Unternehmens: »Im Mainstream der bildungspolitischen und wissenschaftlichen Diskurse wird die Anerkennung von Heterogenität als Problemfeld und institutioneller Gestaltungsaufgabe eher ökonomisch und humankapitaltheoretisch begründet. Unter der Zielsetzung, vorhandene ›Begabungsreserven‹ besser auszuschöpfen, um den Wirtschaftsstandort Deutschland international konkurrenzfähig zu halten und die Folgekosten von so genannter ›Bildungsarmut‹ zu begrenzen« (Gomolla 2014, S. 70), wird Diversity-Management in die Bildungsinstitutionen eingeführt. Dieser Prozess wird begründet mit gesamtgesellschaftlichen Transformationen.

Die deutsche Hochschullandschaft hat sich in den vergangenen Jahren deutlich verändert. Als einige der vielfältigen Gründe für diese tiefgreifenden Transformationsprozesse lassen sich der demografische Wandel, die Erosion von Vorstellungen einer traditionellen Normalbiografie, die Bildungsexpansion, die Globalisierung, die Internationalisierung des Arbeitsmarktes und der Wissenschaft, der Fachkräftemangel sowie der durch die jüngsten Hochschulreformen bedingte Wettbewerb der Hochschulen anführen. Das führt dazu, dass sich die Studierenden- und Belegschaft an deutschen Hochschulen zunehmend diverser zusammensetzt und die jeweiligen Hochschulen damit vor neue *Herausforderungen* gestellt werden. Im Kontext von Wettbewerb und Profilbildung spielt der strategisch ausgerichtete *Umgang* mit der heterogener werdenden Studierendenschaft eine zunehmend wichtige Rolle.

Diversity-Management, der neue Trend einer sich für Vielfalt öffnenden Universität, suggeriert damit eine Machbarkeit: Von einer Herausforderung ausgehend, wird ein Umgang mit Vielfalt mit Zielen und Maßnahmen versehen, geplant und »implementiert«, um anschließend auditiert und zertifiziert zu werden. Über die Formen von Qualitätsmanagement müssen die Universitäten sich im Wettbewerb profilieren, sie ringen um Kunden (Studierende) und müssen sich wie jedes Unternehmen an den Bedarfen der vielfältigen Kundschaft orientieren. In diesem Sinne wird Vielfalt produktiv genutzt, sie wird als Chance und Ressource gesehen und Strategien optimieren das *Handhaben* eben dieser Vielfalt. »Managen« meint nicht nur führen und leiten, sondern handhaben, das heißt: etwas bewältigen, damit zurechtkommen, etwas/jemanden an die Hand nehmen und führen. In diesem Arrangement wird »Heterogenität zu einem Zeichen, das eine pädagogische *Aufgabe*, ein didaktisches *Problem*, eine, wie es an vielen Stellen heißt, *Herausforderung* […]. Mit der Vokabel Heterogenität wird hier insofern nach methodischen Regulierungen, nach Möglichkeiten der Gestaltung des anderen Körpers gefragt, nach Technologien, die das Gegenübergestellte *behandelbar* machen« (Mecheril/Vorrink 2014, S. 101, Hervorhebungen KM/GW). Damit wird Heterogenität als eine Gegebenheit verstanden, mit der umgegangen werden muss. Es steht die technische Handhabbarkeit und instrumentelle Behandlung eines zu behebenden, zu bewältigenden oder auch zu beherrschenden Problems im Vordergrund.

Schon die harmlosen Fragen: Wie gehen wir um mit Vielfalt? Wie gestalten wir Vielfalt? stehen in der Gefahr, hegemoniale Strukturen zu verfestigen, weil »wir« es sind, die mit den »Anderen« umgehen. Damit werden Duale aufgerufen: *Wir* handhaben oder behandeln die Vielfalt der *Anderen*. Dieses sogenannte *Othering* schafft die Anderen als Andere erst. Mit der Anerkennung des Anderen in seiner Andersheit stiften und konstituieren wir performativ ihre Identität als eine andere als unsere und dennoch in Bezug zu uns: »Während im Ansatz des *diversity management* eher eine reifizierende Sichtweise vorherrscht, wird im Kontext der *diversity politics* die herrschenden Dichotomien zwischen einem ›Wir‹ und ›den Anderen‹, welche als nicht wirklich zur Mehrheitsgesellschaft zugehörig empfunden werden, in Frage gestellt« (Munsch 2010, S. 153). Was bezüglich dieses binären Codes »Wir und die Andern« aber noch viel mehr zu denken geben sollte, ist, dass die Frage »Wie gehen wir mit Vielfalt um?« schon suggeriert, dass wir etwas für die Anderen *tun* müssen und sollten. Dieser Einseitigkeit der Aktivität ohne den Einbezug der Anderen als ein Handhaben von Vielfalt gilt besondere Aufmerksamkeit. Die Frage »Wie gehen *wir* mit

Vielfalt um?« suggeriert eine Sichtweise, welche die Vielfältigen als Andere markiert und allein die Fragenden zum Handeln, das heißt der Umsetzung von Anerkennung auffordert. Es handelt sich jedoch vielmehr um einen Prozess des Miteinanders. Häufig wird unreflektiert nach handlungsbezogenen Maßnahmen gefragt, welche die Akzeptanz der Vielfalt praktisch werden lässt. Dabei wird Vielfalt als eine Herausforderung gesehen, die eine irgendwie neue und andere Handlungsweise oder Strukturierung der Institution verlangt.

Genau in diesen begrifflichen Unsicherheiten und ähnlichen Formulierungen begann die Thematisierung von Vielfalt im pädagogischen Diskurs der 1970er Jahre, anfangs mit dem Begriff »Differenz«, aber schnell und bis heute unter dem Begriff »*Heterogenität*« (vgl. Trautmann/Wischer 2008). Heterogenität im Sinne von Vielfalt war, bevor sie als Chance (z. B. Bräu/Schwerdt 2005; Rebel 2011) wahrgenommen und genutzt wurde, ein Problem oder zumindest eine Herausforderung (z. B. Katzenbach 2007; Hagedorn et al. 2010; Köker/Rohmann/ Textor 2012), mit der umgegangen werden musste. Die im Folgenden eingenommene erziehungswissenschaftliche Perspektive auf Diversity-Management soll die Erfahrungen aus diesem Diskurs nutzen, um die Fehler der Zuschreibung und einseitigen Aktivierung zu vermeiden.

Gegenüber älteren Titeln von Veröffentlichungen oder Projekten zu Vielfalt, Diversity oder Heterogenität stimmt der Titel dieses DIAGONAL-Bandes »Vielfalt als Chance« unmittelbar auf positive Implikationen ein. Vielfalt ist weder ein zu lösendes Problem noch eine zu verhindernde Belastung, auch keine zu bewältigende Herausforderung, die angegangen und behoben werden muss. Der vielbeschworene *Umgang* mit Heterogenität (z. B. Tanner et al. 2006; Boller/Rosowski/Stroot 2007; Buholzer/Kummer Wyss 2010; Grunder/Gut 2009; 2010; Schildmann 2010; Faulstich-Wieland 2011) ist immer auch ein Umgehen von Widerständigem, denn es wird aus der Heterogenität ein Handlungsbedarf und -imperativ abgeleitet, der die Möglichkeit einer Handhabbarkeit und Steuerung voraussetzt. »Der häufig geforderte Umgang bezähmt als Effekt Heterogenität, gestaltet sie ›umgänglich‹ und unterwirft sie so der technologischen Bearbeitung« (Budde 2012, Abs. 57). »Nicht-Umgehen als tatsächliches Akzeptieren« (ebd.) oder ein »So-sein-lassen« von Vielfalt muss sich schnell (und oft auch zurecht) den Vorwurf gefallen lassen, Diskriminierungen nicht abzubauen und Privilegien zu erhalten. Gegenüber Titeln wie »Vielfalt als Herausforderung« und »Vielfalt gestalten« (so z. B. der Titel des Diversity-Audits des Stifterverbands) lässt »Vielfalt als Chance« die darin implizierte Handhabe ein Stück weit hinter sich. Es folgt auch kein Fragezeichen – die Vielfalt steht als Chance nicht in Frage –, aber auch kein Ausrufezeichen fordert Vielfalt als Norm. Dennoch impliziert eine solche Überschrift einen normativen Faktor: Vielfalt *soll* anerkannt werden. Vielfalt als Chance produziert grundlegend drei Fragen: (1) wessen Vielfalt, (2) in welcher Hinsicht und (3) welche Chancen für wen (nicht)?

2.1   Vielfalt als Chance – wessen Vielfalt?

In dem Wort »Vielfalt« steckt zuerst »viel«. Ein Synonym von Vielfalt ist *Masse*. Das Thema ist ab dem Zeitpunkt ein pädagogisches, seit man von einem privilegierten Einzelunterricht von Wenigen im Zuge der Einführung der allgemeinen Schulpflicht zu einem Unterricht der Massen übergegangen ist. Ein Lehrender steht einer Vielzahl von Schülerinnen und Schülern gegenüber, die als solche eine Einheit bilden. Und diese Form ist bis heute noch und auch an der Universität die Regel und wird dann ein explizites Thema, wenn von Massenuniversitäten die Rede ist. Doch es gibt neben den Massen an Studierenden auch die Heterogenität der Lehrenden und Dozierenden, die Auswirkungen auf universitäre Lehre hat. Und weiterhin kommt es auf den Gegenstand der Vermittlung an. Bezieht man Vielfalt auf den Stoff der Lehre, dann spricht man klassisch mit Wilhelm von Humboldt von einer größtmöglichen Mannigfaltigkeit, in welcher die Welt als abstraktester Gegenstand präsentiert werden soll, damit sich ein Bildungsprozess als Wechselwirkung zwischen Ich und Welt vollziehen kann. Die Frage »wessen Vielfalt?« ist nicht trivial.

Es soll aber im Folgenden – wie in den meisten Fällen von Diversity-Management an der Hochschule – um die Vielfalt der Studierenden gehen. Denn neben die bislang dominierende Gruppe innerhalb der Studierendenschaft, den traditionellen Vollzeitstudenten, die sich dadurch auszeichnet, dass sie jung, männlich, ledig und vollfinanziert ist und aus einem Elternhaus stammt, in dem mindestens ein Elternteil selbst einen Hochschulabschluss erworben hat, treten zunehmend auch Berufserfahrene, die sich weiterqualifizieren möchten, Alleinerziehende und Studierende, die ihren Lebensunterhalt überwiegend durch eigene Erwerbstätigkeit sichern müssen und ihr Studium in flexibilisierten Arrangements (z. B. berufsbegleitend oder im Teilzeitstudium) absolvieren wollen. Da inzwischen mehr als 50 % eines Altersjahrgangs studieren (vgl. Autorengruppe Bildungsberichterstattung 2016, S. 126), kann davon ausgegangen werden, dass die Heterogenität der Studierenden deutlich angestiegen ist und tendenziell weiter zunimmt. 61 % der Studierenden sind neben dem Studium erwerbstätig, 51 % sind »Studienpioniere« aus einem nicht-akademischen Elternhaus und jeder fünfte Studierende (20 %) ein Arbeiterkind, fast ein Viertel (23 %) hat einen Migrationshintergrund, 22 % kommen mit einer abgeschlossenen Berufsausbildung an die Hochschule, 17 % bringen keine allgemeine Hochschulreife mit, 11 % sind internationaler Herkunft, für 7 % erschwert sich das Studium durch eine gesundheitliche Beeinträchtigung, 5 % haben mindestens ein Kind (vgl. Middendorf et al. 2013). »Je mehr das Studium zum Normalfall wird, umso weniger gibt es den idealtypischen ›Normalstudenten‹« (Jorzik 2016, S. 3). Die Vielfalt der Studierenden zeigt die Besonderheit der Institution Hochschule, sie ist eine Schule. Welche Spezifika, Chancen und Risiken gilt es zu berücksichtigen bei der Umsetzung von Diversity-Management an der Hochschule als einer *Bildungs*institution? Denn Hochschulen unterscheiden sich sowohl in ihrer Organisationsform als auch in der Bindung ihrer Mitglieder an die Organisation insbesondere von privatwirtschaftlichen Organisationsformen, aber auch von anderen öffentlichen Einrichtungen und Non-Profit-Organisationen. Wenn Diversity-Management unter einem erziehungswissenschaftlichen Fokus betrachtet werden soll, dann steht die Hochschule als Bildungsinstitution im Vordergrund und Anderes (z. B. Forschung und Verwaltung) fällt in den Schatten. Was keineswegs in den Schatten geraten darf, ist der gesellschaftliche und politische Kontext, in welchem heute Bildungsinstitutionen stehen. Strategisches Diversity Management an Hochschulen kann nicht betrachtet werden, ohne deren gesellschaftliche und (hochschul-)politische Rahmenbedingungen zu reflektieren (vgl. Klammer/Ganseuer 2015, S. 16).

Für den Hochschulbereich hat sich vor dem Hintergrund der bildungspolitischen Debatte ein weiteres Themenfeld als charakteristisch herausgestellt, das sonst im allgemeinen Diversity-Diskurs keine exponierte Position einnimmt, nämlich die Dimension der sozialen (oder sozio-ökonomischen) Herkunft unter besonderer Berücksichtigung des Bildungsaufstiegs. Im pädagogischen Diskurs ist diese Dimension hervorgehoben worden durch die internationalen Vergleichsstudien. In Folge der PISA-Studien wurde das Ziel fokussiert, die Ungleichheit aufgrund sozialer Herkunft in Bezug auf Bildung abzubauen. Diese Diversitätsdimension – die sozio-ökonomische Herkunft – polarisiert und hierarchisiert sofort in bessere und schlechtere Herkunft. Wenn ein geringes kulturelles Kapital zur Verfügung steht, dann klingt es zynisch, wenn man von Vielfalt als Chance spricht, denn diese Studierenden haben ohne Aufholen oder Kompensieren ihres Defizits geringere Chancen. An dieser Dimension wird allerdings eine Chance des Diskurses über Vielfalt sichtbar: das Hinterfragen einer vorausgesetzten und strukturell verankerten Dominanzkultur. »Gleich, ob hierbei eher demokratieorientierte normative (›Teilhabe‹) oder eher funktional-ökonomische (›Humankapital‹) Argumente für die notwendige Förderung von Kindern und Schülerinnen aus ›bildungsfernen‹ Milieus bemüht werden, die ›Mittelschichtsorientierung‹ der Schule wird durch ausgleichende Maßnahmen in dem Sinne bestärkt, als ›Mittelschicht‹ als der fraglose Standard von Bildungsprozessen gesetzt wird« (Mecheril/Vorrink 2014, S. 103). Die durch sozio-ökonomische Herkunft bestimmte sogenannte Lerndisposition ist aufgrund von gesellschaftlichen Umständen entstanden. Mit der Kompensation dieses Nachteils besteht aber die Gefahr, die in gesellschaftliche Dominanzverhältnisse verankerten Strukturen und den in ihnen wirkenden Hierarchien zu affirmieren. In der Rede von bildungsfernen Schichten zeigt sich ein bestimmtes Bildungsverständnis, was an Bourdieus (1983) Begriff des »kulturellen Kapitals« angelehnt scheint. Derlei Diskurse müssen sich die Kritik oder zumindest die Frage gefallen lassen, was für ein Bildungsverständnis die ökonomische Rede von kulturellem Kapital oder Humankapital impliziert? In der ökonomischen Logik ist Bildung ein erwerbbarer Besitz. Erziehungswissenschaftler*innen sehen Bildung vielmehr als Prozess der sich Bildenden und diese können nicht der Bildung fern sein, denn damit würde Bildung wieder als ein außerhalb des Individuums existierendes verstanden. Die Frage, von wessen Vielfalt in unserem Kontext die Rede ist, lässt sich demnach mit »sich Bildende an einer Hochschule« beantworten.

Fragt man nach denjenigen, die als vielfältig erscheinen, kommt man automatisch – wie eben jetzt schon – zu der Frage: *In welcher Hinsicht* sind Studierende zum Beispiel vielfältig?

2.2   Vielfältig und heterogen – in welcher Hinsicht?

Nach einer Definition von Schwarz-Wölzl und Maad (2003) bezeichnet der anglophone Terminus Diversity »all jene menschlichen Identitäten und Charakteristika, die unterscheidend zu anderen Menschen stehen. Hierbei kann sich Diversity auf vielfältige Unterscheidungsformen beziehen« (Schwarz-Wölzl/ Maad 2003, S. 7). Die am häufigsten aufgeführten Unterscheidungsmerkmale innerhalb des Diversity-Diskurses sind Geschlecht, Ethnizität/Nationalität, Alter, Religion, sexuelle Orientierung und Behinderung. Behinderung wird dabei hauptsächlich im Sinne körperlicher Mobilitätsbeeinträchtigung gesehen und unsichtbare chronisch-somatische Erkrankungen bleiben aus unterschiedlichen Gründen im Diskurs häufig unbeachtet (vgl. Miketta 2011). Im Kontext Hochschule trifft dies auch auf psychische Erkrankungen zu, obwohl sie mit 42 % die größte Gruppe chronischer Gesundheitsbeeinträchtigungen darstellen, die zu einer Studienerschwernis führen können (vgl. Middendorf et al. 2013).

Die oben gelobte Unbestimmtheit der Begriffe Diversity, Vielfalt und Heterogenität wird dann zu einem Problem, wenn die Kategorien, auf welche sich die Unterschiedenheit beziehen, additiv nebeneinander gestellt werden. Solche Aufzählungen unterstellen eine gleiche Bedeutung, Wertung oder einen gleichen Rang der einzelnen Kategorien. Sie fragen nicht nach den Beziehungen (Verstärkung oder Abschwächung) der Merkmale zueinander. Bleibt es bei der bloßen Feststellung menschlicher Vielfalt und »Buntheit« oder einer bloßen Aufzählung von Differenzmerkmalen, dann entstehen drei Probleme: Welche und wie viele Kriterien werden genannt und welche nicht? Sind sie alle gleich bedeutend? Und wie stehen sie in einem Verhältnis zueinander?

Jede Aufzählung impliziert sowohl eine Selektion als auch eine Hierarchisierung des Aufgezählten, die immer auch mit einer Exklusion weiterer Kategorien menschlicher Vielfalt einhergehen und damit unter Umständen zu deren Nicht-Beachtung, Marginalisierung und Unsichtbarkeit beitragen. Während den aufgezählten Kategorien besondere Aufmerksamkeit zukommt, fallen wiederum andere Kategorien einer »etc.-Formulierung« anheim und fristen ein Schattendasein. Da die Liste dieser Merkmale unendlich erweiterbar wäre, erscheint es unmöglich, im Rahmen von Diversity-Konzepten allen Kategorien gleichermaßen gerecht zu werden. Es wird erforderlich, begründete Schwerpunkte zu setzen sowie zu konstatieren, dass sich auch die Unterschiede selbst unterscheiden und zwar bezüglich der Frage, ob sie veränderbar/nicht veränderbar, selbst gewählt/nicht selbst gewählt oder sichtbar/unsichtbar sind (vgl. Ehmsen 2010, S. 2). Die Erziehungswissenschaftlerin Nestvogel hinterfragt in Anbetracht des weiten Spektrums von Unterscheidungsmerkmalen jedoch zurecht kritisch, ob Diversity-Konzepte, die sich den Anschein geben, jegliche Art von Vielfalt wertzuschätzen, »de facto nicht doch nur bestimmte Differenzkategorien zu schätzenswerten konstruieren, d. h. essentialisieren und ideologisieren und andere Differenzkategorien, wie Arme, Alte, Ungebildete, Kranke, körperlich und geistig Behinderte ignorieren« (Nestvogel 2008, S. 23).

Diese dilemmatische Alternative einer essentialisierenden Benennung oder einem nicht hervorgehobenen So-sein-lassen deutet auf ein im pädagogischen Genderdiskurs schon lang bekanntes Paradox hin. Rendtorff formuliert es beispielhaft: »Um zu verhindern, dass ein Junge ›als Junge‹ benachteiligt wird, muss ich ihn zuvor ›als Jungen‹ identifiziert, markiert, mit unterstellten ›Interessen‹ oder zu erwartenden Benachteiligungen ausgestattet haben. Anders gesagt können Maßnahmen gegen strukturelle Benachteiligung von Gruppen nicht ohne Einsicht in die Strukturen entwickelt werden, die ihre Benachteiligung erzeugen, sie werden dabei jedoch tendenziell diese Gruppen in der benachteiligten Position fixieren, auf sie festlegen und reduzieren« (Rendtorff 2014, S. 122). Die Identifizierung einer benachteiligten Gruppe reduziert diese auf eine etikettierende Kategorisierung und verdinglicht ihre Identität. Benachteiligung kann entstehen, wenn Ungleiche gleich behandelt werden. Aber wenn Ungleiche besonders behandelt werden, wird ihnen ihre Ungleichheit zugeschrieben und hervorgehoben. Mit anderen Worten: Sie werden stigmatisiert.

Es scheint eine Gratwanderung zu sein zwischen Nichtbeachtung und damit Benachteiligung bestimmter Differenzkategorien einerseits und andererseits einer Differenzmarkierung, welche durch die Sichtbarmachung spezieller Bedürfnisse die Adressaten gleichzeitig stigmatisiert. Die Sichtbarmachung ist aber auch als Chance zu verstehen für diejenigen, die in den gängigen Aufzählungen der Diversitätsdimensionen von Diversity-Management nicht genannt werden.

2.3   Leistung als eine Grenze der Vielfalt – welche Chancen für wen (nicht)?

Die Hochschulrektorenkonferenz konstatiert, dass insbesondere vor dem Hintergrund des demografischen Wandels und des steigenden Bedarfs an hochqualifizierten Fachkräften auch eine stärkere Ansprache von Studierenden aus nicht-akademischen Elternhäusern (so genannten *first generation students*, womit die Stigmatisierung der Bildungsferne vermieden wird) oder von Migrantinnen und Migranten von gesellschaftlichem Interesse sei: »Unter dem Gesichtspunkt von Antidiskriminierung und Bildungsgerechtigkeit ist unabdingbar, dass allen *begabten* Menschen gangbare Wege zum erfolgreichen Abschluss eines Hochschulstudiums eröffnet werden« (HRK 2013, S. 2, Hervorhebung KM/GW). Schülerinnen und Schülern aus nicht-akademischen Elternhäusern und Migrantinnen und Migranten bieten sich scheinbar große Chancen, dies aber nur unter vorausgesetzter Begabung. Einmal abgesehen davon, dass mit dem Rückgriff auf »Begabung« die uralte und nicht zu entscheidende Debatte der Pädagogik über die Anlage- oder Umwelt-Bestimmtheit der Begabung reaktiviert wird, ist der vorgenommene Ausschluss explizit benannt. Die Universität ist und wird im gewissen Sinne immer eine exkludierende Institution bleiben. Eine Grenze der Akzeptanz von Vielfalt besteht in der Selektionsfunktion des Bildungswesens, die durch eine vergleichbare *Leistung* erfolgt (vgl. Dobusch 2015).

In einem Unternehmen ebenso wie an den Hochschulen wird *ein* Heterogenitätsmerkmal, welches in pädagogischen Kontexten an zentraler Stelle steht, immer schon als eine Homogenität angesehen und gerät aus dem Blick durch die Rede von Diversity Management: das Erbringen von Leistungen. Die Angestellten einer Firma sind ausgelesen, indem sie eingestellt worden sind. Sie wären nicht in dieser Firma angestellt, wenn sie nicht eine bessere Performanz als andere *geleistet* hätten. Ebenso die Studierenden einer Universität. Auch sie sind mit der Aufnahme in die Universität in eine Gruppe/Einheit aufgenommen worden, die andere ausschließt, deren *Leistungen* nicht zum Hochschulzugang reichen.

Bei der Thematisierung von Heterogenität in der Pädagogik geht es um die Heterogenität von Lerngruppen. Dort findet sich diese Dimension von Heterogenität, die in den typischen Diversity-Diskursen nicht auftaucht: die Lerndispositionen und Kompetenzen, die in performativen Leistungen gemessen werden. Trautmann und Wischer zeigen, dass schon in der Debatte um Differenz in den 1970er Jahren die Gefahr gesehen wurde, dass mit der Abwendung vom Kompensationsgedanken das Leistungsprinzip verstärkt würde (vgl. Trautmann/Wischer 2008, S. 164). Hochschulen sind – wie das ganze deutsche Bildungssystem – selektiv. Dabei gilt das meritokratische Prinzip, das heißt es zählt die Leistung, die erbracht wird. Vor dem Hintergrund der Bestenauslese (oder auf die Institutionen bezogen: der Exzellenzinitiative) erscheint es fraglich, ob damit mehr Chancengleichheit einhergehen kann. Die Frage lautet: »Inwiefern gehen Leistungsbewertung und Wertschätzung von Heterogenität zusammen« (Walgenbach 2014, S. 33)? Die Ursachen für eine strukturelle Diskriminierung in Institutionen liegen in den historisch tradierten und sozialisierten Praktiken, die eine Gerechtigkeit suggerieren wie zum Beispiel die Leistungsdifferenzierung und das meritokratische Prinzip.

»Gerade wenn an ein betriebswirtschaftlich orientiertes Diversity Management angeknüpft wird – und die Gefahr besteht besonders in Zeiten der Effizienz- und Exzellenz-Orientierung (Klein 2013) – wird ein Inklusionsgedanke [...] nicht kompatibel sein. Bei einem solchen Verständnis von Diversity Management liegt der Fokus auf individuellem Verhalten und individuellen Personen, aber nicht auf Strukturen und das Interesse gilt der Vielfalt nur soweit, als sie zu höherer Qualität und Leistung beiträgt, nämlich ein Potenzial darstellt und keine Mehrkosten mit sich bringt« (Klein/Schindler 2016, S. 12). Dies lässt sichtbar werden, dass es zwei Herangehensweisen an Diversity gibt, deren Verträglichkeit zu hinterfragen ist. Es wird intendiert, dass Diversität als Beitrag sowohl zur Bildungsgerechtigkeit als auch zur Exzellenz verstanden wird. Dabei fallen zwei differente Verwendungskontexte auf: zum einen wird eine Diversity-Strategie als Maßnahme zur Antidiskriminierung verstanden und zum anderen geht es bei den Konzepten von Diversity-Management um Nutzen, Potenzial oder eben die Chancen der Vielfalt – aber für die Institution oder das Unternehmen. Es stellen sich die Fragen: Ist diese Kombination generell überhaupt denkbar? Kann das eine Win-Win-Situation sein? Bereits hier deutet sich an, dass sich die aktuelle Debatte um Diversity-Programme oder Politiken an deutschen Hochschulen aus unterschiedlichen Quellen speist, wovon insbesondere zwei Diskussionsstränge als zentral erachtet werden können, die sich in der Praxis nicht selten miteinander vermengen: »1. ›Diversity‹ im Kontext von Chancengleichheit und Antidiskriminierung in der Tradition einer an Inklusion und Geschlechtergerechtigkeit orientierten Hochschulpolitik (Öffnung der Hochschule) und 2. ›Diversity‹ im Kontext der Hochschulen im internationalen Wettbewerb als Imagefaktor und Standortvorteil (Gewinnung der ›besten Köpfe‹)« (Bender/Schmidbaur/Wolde 2013, S. 7). Im ersteren Fall soll die Heterogenität als soziale Ungleichheit gerade abgebaut, im zweiten Fall hingegen soll sie produktiv genutzt werden. Das verweist auf die Frage, welche Heterogenität zu bejahen und welche zu nivellieren sei. »Ist die Zugehörigkeit zum unteren sozialen Milieu bspw. eine positive Ressource?«, fragt Walgenbach (2014, S. 27). Die positive Konnotation von Heterogenität und Vielfalt als Chance kann sich auch umkehren, wenn mit dem Hinnehmen von Vielfalt soziale Ungleichheiten reproduziert werden (vgl. ebd.).

Diversity und deren Anerkennung gehört zum Qualitätsmanagement der Hochschulen, es wird marketingstrategisch zum Imagegewinn genutzt und verspricht einen Erfolgsfaktor, indem alle Ressourcen genutzt werden. Universitäten sind in den Wettbewerb getreten – oder anders formuliert, das ökonomische Denken und Handeln bestimmt auch die Strukturen der höchsten Bildungsanstalt. Und das wird mit dem Labeling »Diversity« am besten verkauft als Eingehen auf die heterogene Belegschaft (Studierende sowie Mitarbeiterinnen und Mitarbeiter). »Diese Vermarktung gelingt durch die Dominanz des Meta-Narrativs ›Vielfalt als Chance‹, das den Diskurs formt: Vielfalt bereichert, lohnt sich und rechnet sich. Vielfalt wird positiv besetzt und es werden Diversitätsstrategien im Sinne eines Ressourcenansatzes propagiert, der [...] auf Potenziale statt auf Defizite setzt« (Smykalla 2014, S. 170–171).

Wird danach gefragt, wem sich die Chancen bieten, dann scheinen es auf den ersten Blick die Studierenden zu sein, dies aber nur, wenn deren Output zum Qualitätsgewinn der Hochschule beiträgt.

3.   Ausblick

Die Frage war: Was kann der erziehungswissenschaftliche Diskurs über Heterogenität zum gegenwärtigen Diskurs eines Diversity-Managements an Hochschulen beitragen? Die erziehungswissenschaftliche Kritik am Diversity-Management basiert auf der Kritik an der Ökonomisierung von Bildung und einem Menschenbild, das »Menschen in industrialisierten Gesellschaften vor allem entsprechend ihrer Leistungsfähigkeit und Verwertbarkeit als Humanressource auffasst, deren Potenzial einzig zur ökonomischen Gewinnmaximierung (aus-) genutzt wird« (Homann/Bruhn 2011, S. 96). Es bedarf einer hohen Sensibilität, wenn Diversity-Management aus dem wirtschaftlichen Bereich auf Bildungsinstitutionen übertragen wird. Nicht nur die Institution ist eine andere, sondern auch die Praktiken derer, welche als vielfältig anerkannt werden wollen und sollen.

Werden Konzepte von Heterogenität und Homogenität in pädagogischen Kontexten diskutiert, dann geht es zumeist darum, welche Unterschiede bei den Lernenden deren Lernprozesse beeinflussen. Werden lernrelevante Differenzen identifiziert, kann didaktisch flexibel darauf reagiert werden. Ziel des pädagogischen Prozesses ist es, gut zu lehren und zu lernen. Ziel ist es nicht, ein bestmögliches Produkt an Kunden zu verkaufen. Ziel ist vielmehr, viele Einzelne jeweils in ihren individuellen Lernleistungen zu fördern – *und das um ihrer selbst willen*. Ein Diversity-Management an Hochschulen darf nicht die Vermarktung ihres Studien- und Forschungserfolgs verwechseln mit der Aufgabe, jedem/jeder ein seinen/ihren individuellen Lerndispositionen angemessenes

Studium zu ermöglichen. Diversity-Management an Hochschulen sollte weder bedeuten, sich einseitig den Interessen der Studierenden (»Was und wie hätten sie denn gerne studiert?«) anzupassen/anzubiedern, noch sollte es als Ermöglichung niedrigschwelliger Zugänge und zertifizierter Abschlüsse missverstanden werden. Mit der Vergabe universitärer Abschlüsse wird auch Wissen und Können verbürgt – dieser Verantwortung gilt es, sich gerade als Hochschullehrerin und Hochschullehrer bewusst zu werden. Aber die Wege, die Bildungswege zu den standardisierten Abschlüssen müssen flexibel sein. In diesem Zusammenhang muss sich die Hochschule auch bewusst sein, dass sie selbst Heterogenität produziert, und zwar aufgrund der einheitlichen Anforderungen, die sie stellt. Heterogenität ist nicht etwas, was von außen in die Universität hineinkommt als eine Tatsache, sondern Heterogenität wird in der Institution erschaffen – und das aufgrund ihrer Strukturen, Regeln und Leistungsanforderungen.

Bei der Sensibilisierung auf Diversity-Management an Hochschulen stehen zwei Gefahren im Vordergrund: Die Ignoranz gegenüber unterschiedlichen Ausgangslagen von Studierenden einerseits und andererseits eine Überbetonung und damit Fest- und Zuschreibung der Differenz. Eine Nicht-Thematisierung im Sinne des Sein-Lassens als tatsächliche Anerkennung der Heterogenität und Vielfalt hätte eine Entdramatisierung zur Folge und entginge der Gefahr einer positiven Stigmatisierung, denn es werden keine besonderen Bedürfnisse unterstellt, wo gegebenenfalls aus Subjektperspektive gar keine sind. Aber die größere Gefahr liegt in der Nicht-Thematisierung, welche Ignoranz, Diskriminierung und Benachteiligung akzeptiert.

Es sollte deutlich geworden sein, dass Ungleichbehandlung und Diskriminierung in Diversifizierungsprozessen selbst im Kontext spezifischer Ordnungs- und Machtstrukturen und -diskursen erzeugt werden. Dieser Gefahr lässt sich mit einer kritischen intersektionalen Forschungsperspektive (*Diversity Studies*) begegnen und entgegenwirken, deren Ergebnisse es gilt, in einem sich wechselseitig bereichernden Prozess in gelebte Hochschul-Praxis zu übersetzen. Hierzu können unter anderem durch erziehungswissenschaftliche Biografieforschung entscheidende Impulse beigesteuert werden (vgl. Miketta 2011; Miketta/Demmer 2013). Denn aus »einem intersektionalen Interesse heraus bietet biografische Forschung einen mikrosoziologischen Zugang zu den Verwobenheiten von verschiedenen Differenzlinien in den Selbstthematisierungen von Menschen, allerdings ohne dass sich simplifizierende Kausalaussagen zwischen unterschiedlichen Kategorien, ihren Bedingungen und Wirkungen erlauben. Vielmehr lassen sich Verwobenheiten, Widersprüchlichkeiten und die Kontextualität von Bedeutungen aufzeigen sowie darüber die angelegten Kategorien selbst irritieren« (Demmer 2017). Die Irritation, nicht die Handhabe der Vielfalt,

ist die Chance aller Akteure an der Hochschule, denn Irritation setzt ein Um-
denken, das heißt einen Bildungs- und Transformationsprozess in Gang.

Chancen der Vielfalt bestehen in der Pluralität der Perspektiven zum Beispiel
auf Phänomene oder Probleme, die, wenn die Perspektiven in einen Austausch
kommen, zu Wissensgenerierung und innovativen Lösungen führen können.
Das erhoffte Potenzial der Innovation einer Vielfalt als Chance entfaltet sich erst,
wenn die vielfältigen Perspektiven in einen Austausch miteinander kommen.
Damit das Ganze funktioniert, bedarf es eines Aufeinanderzubewegens: einerseits institutionelle Offenheit/Sensibilisierung für spezifische Bedürfnisse und
andererseits von den »Betroffenen« (Studierende und Belegschaft) eine Kultur
der Enttabuisierung und Offenheit, Bedürfnisse auch kundzutun und sich für sie
einzusetzen. Denn es bedarf Vorbilder, die anderen als Orientierung dienen und
die dazu bewegen, es ihnen in ihrem Engagement gleichzutun!

Literatur

Autorengruppe Bildungsberichterstattung (2016): Bildung in Deutschland 2016. Ein in-
    dikatorengestützter Bericht mit einer Analyse zu Bildung und Migration. http://www.
    bildungsbericht.de/de/bildungsberichte-seit-2006/bildungsbericht-2016 (zuletzt ab-
    gerufen am 19.07.2016).
Bender, Saskia-Fee/Schmidbaur, Marianne/Wolde, Anja (Hrsg.) (2013): Diversity ent-
    decken. Reichweiten und Grenzen von Diversity Policies an Hochschulen. Weinheim –
    Basel.
Bender, Saskia-Fee/Wolde, Anja (2013): Diversity Policies: Implementation mit Brüchen.
    In: Bender, Saskia-Fee/Schmidbaur, Marianne/Wolde, Anja (Hrsg.), Diversity ent-de-
    cken. Reichweiten und Grenzen von Diversity Policies an Hochschulen. Weinheim –
    Basel, S. 126–144.
Boller, Sebastian/Rosowski, Elke/Stroot, Thea (Hrsg.) (2007): Heterogenität in Schule und
    Unterricht. Handlungsansätze zum pädagogischen Umgang mit Vielfalt. Weinheim.
Bourdieu, Pierre (1983): Ökonomisches Kapital – Kulturelles Kapital – Soziales Kapital. In:
    Kreckel, Reinhard (Hrsg.), Soziale Ungleichheiten. Göttingen, S. 183–198.
Bräu, Karin/Schwerdt, Ulrich (2005): Heterogenität als Chance. Vom produktiven Umgang
    mit Gleichheit und Differenz in der Schule. Münster.
Budde, Jürgen (2012): Die Rede von Heterogenität in der Schulpädagogik. Diskursana-
    lytische Perspektiven. Forum: Qualitative Sozialforschung (online) 13 (2), Abs. 1–63.
Buholzer, Alois/Kummer Wyss, Annemarie (Hrsg.) (2010): Alle gleich – alle unter-
    schiedlich! Zum Umgang mit Heterogenität in Schule und Unterricht. Zug.
Demmer, Christine (2017; im Erscheinen): Überlegungen zum Verhältnis von Biografie-
    forschung und Intersektionalität aus erziehungswissenschaftlicher Perspektive. In:
    Dierckx, Heike/Wagner, Dominik/Jakob, Silke (Hrsg.), Intersektionalität und Biografie.
    Opladen – Berlin – Toronto.

Dobusch, Laura (2015): Inklusion, Exklusion und Grenzziehungen mittels Praktiken des Diversity Management. Wiesbaden.

Ehmsen, Stefanie (2010): Die Vielfalt gestalten – Diversity an Hochschulen. In: Dombrowski, Eva-Maria/Ducki, Antje (Hrsg.), Schriftenreihe des Gender- und Technik-Zentrums der Beuth Hochschule für Technik Berlin. Band 2. Berlin.

Faulstich-Wieland, Hannelore (Hrsg.) (2011): Umgang mit Heterogenität und Differenz. Hohengehren.

Gomolla, Mechtild (2014): ›Heterogenität‹ als institutionelles Entwicklungsfeld im Schul- und Vorschulbereich. Ein normativer Reflexionsrahmen in Anlehnung an die Gerechtigkeitstheorie Nancy Frasers. In: Koller, Hans-Christoph/Casale, Rita/Ricken, Norbert (Hrsg.), Heterogenität. Zur Konjunktur eines pädagogischen Konzepts. Paderborn, S. 69–85.

Grunder, Hans/Gut, Adolf (Hrsg.) (2009): Zum Umgang mit Heterogenität in der Schule, Bd. 1. Hohengehren.

Grunder, Hans/Gut, Adolf (Hrsg.) (2010): Zum Umgang mit Heterogenität in der Schule, Bd. 2. Hohengehren.

Hagedorn, Jörg/Schurt, Verena/Steber, Corinna/Waburg, Wiebke (Hrsg.) (2010): Ethnizität, Geschlecht, Familie und Schule. Heterogenität als erziehungswissenschaftliche Herausforderung. Wiesbaden.

Heitzmann, Daniela/Klein, Uta (Hrsg.) (2012): Diversity konkret gemacht. Wege zur Gestaltung von Vielfalt an Hochschulen. Weinheim – Basel.

Hochschulrektorenkonferenz (2013): Nexus Impulse für die Praxis, Ausgabe 3: Vielfalt gestalten und Chancen nutzen. Diversität in Studium und Lehre. https://www.hrk-nexus.de/fileadmin/redaktion/hrk-nexus/07-Downloads/07-02-Publikationen/nexus-Impuls-3-Diversitaet.pdf (zuletzt abgerufen am 19.07.2016).

Homann, Jürgen/Bruhn, Lars (2010): Eine Hochschule für Alle!? Barrierefreiheit und Nachteilsausgleiche, Überlegungen zum Diversity-Ansatz der BRK. Vortrag im Rahmen der ZeDiS-Tagung »Uni-Vision 2020 – Chancengleichheit ist barrierefrei!«, Universität Hamburg. http://www.zedis-ev-hochschule-hh.de/files/homann_bruhn_hrk.pdf (zuletzt abgerufen am 19.07.2016).

Homann, Jürgen/Bruhn, Lars (2011): Piep, piep, piep, wir haben und alle lieb?! Kritische Anmerkungen zum Begriff »Diversity«. Das Zeichen. Zeitschrift für Sprache und Kultur Gehörloser 87, S. 96–103.

Jorzik, Bettina (2016): Feiern wir Diversität. Das Diversity-Audit »Vielfalt gestalten« – ein Instrument zur Strategie- und Organisationsentwicklung von Hochschulen kurz vorgestellt. In: Stifterverband Bildung, Wissenschaft, Innovation (Hrsg.): Vielfalt gestalten. Diversity-Audit des Stifterverbandes. Der Kulturwandel hat begonnen. Berlin, S. 3–4.

Katzenbach, Dieter (Hrsg.) (2007): Vielfalt braucht Struktur: Heterogenität als Herausforderung für die Unterrichts- und Schulentwicklung. Frankfurt am Main.

Klammer, Ute/Ganseuer, Christian (2015): Diversity Management. Kernaufgaben der künftigen Hochschulentwicklung. Münster – New York.

Klein, Uta (2013): Diversityorientierung und Hochschulen im Wettbewerb: Ein Plädoyer für Diversitätspolitik. In: Bender, Saskia-Fee/Schmidbaur, Marianne/Wolde, Anja (Hrsg.), Diversity ent-decken. Reichweiten und Grenzen von Diversity Policies an Hochschulen. Weinheim – Basel, S. 79–96.

Klein, Uta/Heitzmann, Daniela (Hrsg.) (2012): Hochschule und Diversity. Theoretische Zugänge und empirische Bestandsaufnahme. Weinheim – Basel.

Klein, Uta/Schindler, Chistiane (2016): Inklusion und Hochschule: Eine Einführung. In: Klein, Uta (Hrsg.), Inklusive Hochschule. Neue Perspektiven für Praxis und Forschung. Weinheim, S. 7–18.

Köker, Anne/Rohmann, Sonja/Textor Annette (Hrsg.) (2012): Herausforderung Heterogenität. Ansätze und Weichenstellungen. Bad Heilbrunn.

Krell, Gertraude (2004): Managing Diversity und Gender Mainstreaming: ein Konzeptvergleich. In: Sozialwissenschaften und Berufspraxis 27, 4, S. 367–376.

Loden, Marilyn/Rosener, Judy B. (1991): Workforce America: Managing employee diversity as a vital resource. Homewood.

Mecheril, Paul/Vorrink, Andrea J. (2014): Heterogenität. Sondierung einer (schul)pädagogischen Gemengelage. In: Koller, Hans-Christoph/Casale, Rita/Ricken, Norbert (Hrsg.), Heterogenität. Zur Konjunktur eines pädagogischen Konzepts. Paderborn, S. 87–113.

Middendorf, Elke/Apolinarski, Beate/Poskowsky, Jonas/Kandulla, Maren/Netz, Nicolai (2013): Die wirtschaftliche und soziale Lage der Studierenden in Deutschland 2012. 20. Sozialerhebung des Deutschen Studentenwerks durchgeführt durch das HIS-Institut für Hochschulforschung. Berlin: Bundesministerium für Bildung und Forschung. https://www.studentenwerke.de/sites/default/files/01_20-SE-Hauptbericht.pdf (zuletzt abgerufen am 30.04.2016).

Miketta, Katharina (2011): Seeing the invisible. Chronisch kranke junge Menschen als unsichtbare Dimension innerhalb der erziehungswissenschaftlichen Diversity-Forschung. Si:So 2, 16, S. 54–61.

Miketta, Katharina/Demmer, Christine (2013): Teilhabe- und Ausschlusserfahrungen als Bildungsgeneratoren? Rekonstruktive Erkenntnismöglichkeiten anhand biografischer Interviews mit chronisch kranken Jugendlichen in der Postadoleszenz. In: Bock, Karin/Grabowsky, Sonja/Sander, Uwe/Thole, Werner (Hrsg.), Jugend. Hilfe. Forschung. Baltmannsweiler, S. 131–149.

Munsch, Chantal (2010): Diversity. In: Bock, Karin/Miethe, Ingrid (Hrsg.), Handbuch Qualitative Methoden in der Sozialen Arbeit. Opladen – Farmington Hills, S. 152–162.

Nestvogel, Renate (2008): Diversity Studies und Erziehungswissenschaften. In: GPJE (Hrsg.): Diversity Studies und politische Bildung Band 7. Schwalbach, S. 21–33.

Rebel, Karlheinz (2011): Heterogenität als Chance nutzen lernen. Bad Heilbrunn.

Rendtorff, Barbara (2014): Heterogenität und Differenz. Über die Banalisierung von Begriffen und den Verlust ihrer Produktivität. In: Koller, Hans-Christoph/Casale, Rita/Ricken, Norbert (Hrsg.), Heterogenität. Zur Konjunktur eines pädagogischen Konzepts. Paderborn, S. 115–130.

Schildmann, Ulrike (Hrsg.) (2010): Umgang mit Verschiedenheit in der Lebensspanne. Behinderung – Geschlecht – kultureller Hintergrund – Alter/Lebensphasen. Bad Heilbrunn.

Schwarz-Wölzl, Maria/Maad, Christa (2003): Diversity und Managing Diversity. Teil 1: Theoretische Grundlagen. Wien.

Smykalla, Sandra (2014): Beyond Diversity? Umgangsweisen mit Vielfalt zwischen Akzeptanz und Ignoranz. In: Koller, Hans-Christoph/Casale, Rita/Ricken, Norbert

(Hrsg.), Heterogenität. Zur Konjunktur eines pädagogischen Konzepts. Paderborn, S. 169–182.

Tanner, Albert/Badertscher, Hans/Holzer, Rita/Schindler, Andreas/Streckeisen, Ursula (Hrsg.) (2006): Heterogenität und Integration. Umgang mit Ungleichheit und Differenz in Schule und Kindergarten. Zürich.

Trautmann, Matthias/Wischer, Beate (2008): Das Konzept der Inneren Differenzierung – eine vergleichende Analyse der Diskussion der 1970er Jahre mit dem aktuellen Heterogenitätsdiskurs. In: Meyer, Meinert/Prenzel, Manfred/Hellekamps, Stephanie (Hrsg.), Perspektiven der Didaktik. Sonderheft der Zeitschrift für Erziehungswissenschaft. Wiesbaden, S. 159–172.

Walgenbach, Katharina (2014): Heterogenität. Bedeutungsdimensionen eines Begriffs. In: Koller, Hans-Christoph/Casale, Rita/Ricken, Norbert (Hrsg.), Heterogenität. Zur Konjunktur eines pädagogischen Konzepts. Paderborn, S. 19–44.

Patrick Bredebach, Carolin Flender, Markus Kötter &
Matthias Trautmann[*]

Vielfalt der Siegener Studierenden – am Beispiel des Workloads im Lehramtsbachelor

Obwohl die Lehramtsstudierenden an der Universität Siegen hinsichtlich bestimmter Merkmale eine eher homogene Gruppe darstellen – sie stammen zu etwa 87 % aus Nordrhein-Westfalen, verfügen fast ausschließlich über eine konventionelle Hochschulzugangsberechtigung, sind meist (zu fast 95 %) Bildungsinländer und überwiegend Frauen (Daten gemäß Edustore Universität Siegen; Angaben jeweils zum WS 2015/16) –, unterscheiden sie sich natürlich auch in zahlreichen Aspekten, die sich aus der Statistik nicht unmittelbar ergeben: Sie haben verschiedene Interessen, Potenziale und Talente; sie verfügen über differente Ausgangslagen und Erwartungen an ein Studium; sie weisen teilweise studienerschwerende Gesundheitsbeeinträchtigungen auf, usw. Solche Unterschiede werden in der Programmatik vieler Hochschulen seit einiger Zeit vermehrt zum Gegenstand von Maßnahmen eines »Diversity Management«, um »durch einen wertschätzenden Umgang mit Vielfalt sowie durch diversitätssensible Angebote die Potenziale ihrer Studierenden und Beschäftigten gezielt zu stärken, um deren Erfolg im Studium und in der beruflichen Karriere zu unterstützen« (Universität Duisburg-Essen 2015, S. 2).

Vielfalt wird in derartigen Dokumenten in der Regel als »Chance« für die Weiterentwicklung der Hochschulen beschrieben. Die im engeren Sinne lern- und leistungsbezogenen Unterschiede zwischen Studierenden stellen allerdings zugleich eine erhebliche Herausforderung für die Lehre und für die Sicherung der abschlussbezogenen Standards dar. Hierbei geht es zum Beispiel um ko-

* Dr. Patrick Bredebach, Universität Siegen, Qualitätszentrum Siegen (QZS).
  Carolin Flender, M.A., Universität Siegen, Fakultät II (Bildung – Architektur – Künste), Erziehungswissenschaft mit dem Schwerpunkt Schulpädagogik und Didaktik des Sekundar-I-Bereichs.
  Univ.-Prof. Dr. Markus Kötter, Fakultät I (Philosophische Fakultät), Anglistik – Didaktik der englischen Sprache.
  Univ.-Prof. Dr. Matthias Trautmann, Universität Siegen, Fakultät II (Bildung – Architektur – Künste), Erziehungswissenschaft mit dem Schwerpunkt Schulpädagogik und Didaktik des Sekundar-I-Bereichs.

gnitive Fähigkeiten, Vorwissen, Selbstkonzepte, Lernstrategien oder Selbstregulation, wie sie traditionell im Fokus der Lehr-Lernforschung als Teilgebiet der Pädagogischen Psychologie untersucht werden, aber auch um weitere Aspekte wie soziale und kulturelle Herkunft, Studierverhalten oder Studienstrategien, die eher von der Hochschulforschung in den Blick genommen werden.

Ein wichtiger und in den letzten Jahren umfangreich beforschter Aspekt in diesem Zusammenhang betrifft den studentischen Arbeitsaufwand für das Studium. Der vorliegende Beitrag berichtet von Unterschieden im Workload unter einer ausgewählten, nichtrepräsentativen Gruppe von Siegener Studierenden im Lehramt, die 2013 und 2014 an einer empirischen Untersuchung teilgenommen haben.

1.   Der Workload als Normelement in der Bologna-Universität

Laut Beschluss der Kultusministerkonferenz (KMK 2010, Anlage, S. 2) erhalten Studierende als Gegenwert für einen Arbeitsaufwand (*Workload*) von 25 bis 30 Zeitstunden im Selbst- oder Präsenzstudium einen auf dem *European Credit Transfer System* (ECTS) basierenden *Credit Point* (CP). Pro Semester sollen etwa 25 bis 30 CP erworben werden, sodass die intendierte Arbeitsbelastung im Vollzeitstudium in der Vorlesungs- und in der vorlesungsfreien Zeit pro Semester bei insgesamt etwa 750 bis 900 Zeitstunden liegt. Zudem wurde festgelegt, dass eine Mindestzahl an CP erworben werden muss, damit ein Studium auch (inter)national als *Bachelor* (BA) beziehungsweise *Master* (MA) anerkannt wird.

Gleich eine Reihe von Untersuchungen der letzten Jahre zur Arbeitsbelastung Studierender – nicht nur im Lehramt – zeigen, dass diese sich oft als stark belastet einschätzen, dass ihr de facto betriebener Workload aber teils erheblich unter den offiziellen Vorgaben liegt (vgl. z. B. Darmody/Smyth/Unger 2008; Dworschak 2010; BMBF 2013; Himmelrath 2014; Schulmeister 2015). Für die Stichproben des bekannten *ZeitLAST* Projekts etwa wurde ein Workload von im Schnitt 24 Stunden pro Woche ermittelt (vgl. Schulmeister/Metzger 2011). Zugleich deutet eine an der Universität Bern durchgeführte Erhebung darauf hin, dass sich der durchschnittlich betriebene studentische Arbeitsaufwand von 2001 bis 2011 nicht verändert hat: Im Mittel werden dort nach wie vor 27 Stunden pro Woche für das Studium aufgewendet. Addiert man hierzu 13 Stunden Erwerbsarbeit, so ergibt sich rechnerisch genau eine 40-Stunden-Woche (vgl. Franzen/Pointner 2014).

Vor diesem Hintergrund stellte sich den Autoren des vorliegenden Beitrags zum einen die Frage, ob diese Befunde auch für den Lehramtsbachelor in Siegen gelten. Zum anderen rückte aufgrund von studentischen (und teils auch dozentischen) Klagen die Frage in den Fokus, ob und, wenn ja, welche Faktoren zu dem Eindruck hoher Belastung im Studium beitragen. Um zu empirisch fundierten Antworten zu gelangen, wurde im Frühjahr 2013 das Projekt *WorkTrack* gestartet. Hierbei handelt es sich um eine Zeitbudgetuntersuchung mit zwei Teilstudien, im Rahmen derer Lehramtsstudierende ab dem 3. Fachsemester teils über ein Semester, teils sogar über zwei Semester hinweg, das heißt volle zwölf Monate lang, mithilfe einer eigens dafür entwickelten Software viertelstundengenau darüber Auskunft gaben, was sie für ihr Studium geleistet hatten.

Insgesamt konnten im Wintersemester 2013/14 in der ersten Erhebungsphase 151 Lehramtsstudierende zur Teilnahme bewogen werden. In einer zweiten Erhebungsphase im Sommersemester 2014 nahmen 70 Studierende teil, darunter 34, die sich schon im Wintersemester beteiligt hatten. Alle strebten ein Lehramt an und studierten daher Bildungswissenschaften sowie mindestens zwei weitere Fächer. Im Vergleich mit ähnlichen Untersuchungen, die entsprechende Daten möglichst zeitnah (und nicht zum Beispiel nur über einen Fragebogen am Semesterende) erheben, handelt es sich um sehr umfangreiche Stichproben. Die im Folgenden präsentierten Ergebnisse sind dennoch insofern mit Vorsicht zu betrachten, als sie nicht repräsentativ sind, aus einem lokalen Kontext stammen und erst ein Vergleich mit Lehramts- und Nichtlehramtsstudiengängen anderer Universitäten und in weiteren Studiensemestern vorgenommen werden müsste, um festzustellen, ob es sich bei der in dieser Studie dokumentierten Studienzeit gegebenenfalls um ein singuläres Phänomen handelt.

2. Erfassung des studentischen Workloads – Quantitative Teilstudie

Mittels einer quantitativen Studie sollte zunächst untersucht werden, welchen Workload die Stichprobe der Siegener Lehramtsstudierenden aufweist und welche Zusammenhänge sich in Bezug auf Geschlecht, Fachkombination und jeweiliger Schulform finden lassen.

2.1 Methode

Zur Erfassung des studienbezogenen Arbeitsaufwands wurde ein Online-Zeittagebuch entwickelt, das auch in einer mobilen Version über das Smartphone geführt werden konnte. Zur Dateneintragung loggten die Studierenden sich mit ihrem Nutzernamen und ihrem Passwort ein. Danach konnten sie per Drop-down Menü mit den Optionen Fach, Kategorie und Tätigkeit angeben, ob sie an dem Tag und/oder am Vortag etwas Studienbezogenes geleistet hatten (Abb. 1). Erfasst wurden sämtliche studienbezogene Aktivitäten, das heißt neben dem Besuch von Lehrveranstaltungen zum Beispiel auch die Zeit für das Selbststudium und für die Prüfungsvorbereitung. Der für eine Tätigkeit betriebene Zeitaufwand wurde mithilfe eines Schiebereglers auf jeweils 15 Minuten genau eingegeben. Danach konnte die Erfassung des Tages beendet werden, es konnten weitere Eingaben vorgenommen, oder es konnten Einträge des Vortages noch einmal geprüft und bei Bedarf überarbeitet werden. In der zweiten Erhebungsphase war es zudem möglich, Pendelzeiten einzugeben, um so Fahrzeiten zwischen Universität und Wohnort abzubilden.

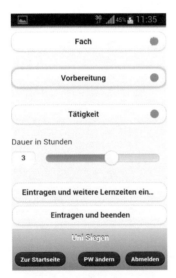

Abb. 1: Das Erhebungsinstrument in der mobilen Version

Alle Aktivitäten mussten innerhalb von 48 Stunden im Tagebuch vermerkt werden. Tätigkeiten, die weiter zurücklagen, konnten nicht mehr registriert werden, da das System dies nicht zuließ und jene ab diesem Zeitpunkt auch nicht einmal mehr anzeigte. Damit sollte erstens unmöglich gemacht werden, dass Einträge kopiert wurden. Zweitens sollte verhindert werden, dass Studierende sich vor der Dateneingabe ein Bild über ihren bereits erfassten Workload machten und Einträge im Anschluss etwa aufgrund sozialer Erwünschtheit, aus Selbstschutz oder aus sonstigen Gründen anders vornahmen, als sie das in Unkenntnis dieser Daten getan hätten. Es war möglich, direkt beim Einloggen in das System anzugeben, an diesem Tag nichts für die Universität getan zu haben. Damit war der Eintrag dann abgeschlossen. Zudem konnten die Studierenden Urlaub eintragen (max. 2 Wochen am Stück). War bis zum Abend für einen Tag noch nichts eingegeben worden und war auch kein »Urlaub« gebucht, so versandte das System automatisch eine Erinnerung. Schließlich konnten die Teilnehmer mit Hilfe einer Kommentarfunktion die Ereignisse eines Tages auch summarisch annotieren, zum Beispiel um das Projektteam über besondere Umstände in Kenntnis zu setzen. Inaktivität der Probanden wurde angenommen, wenn die Zahl der Leertage 10 % oder die Zahl der »Heute-nichts-getan«-Tage 45 % überstieg, wobei auch jeweils ein Eintrag für das Wochenende und für Feiertage verlangt wurde. Diese Fälle wurden aus dem Datensatz entfernt; demnach wurden insgesamt 251 gültige Fälle (Zeittagebücher) bei der Analyse berücksichtigt.

2.2   Ergebnisse

Der über zwei Semester inklusive Wochenenden und Feiertagen gemessene Workload der Studierenden betrug in der Stichprobe 14,9 Zeitstunden pro Woche. Dieser Wert ist ein arithmetisches Mittel, von dem die erfassten Einzelwerte oft erheblich abwichen. Die Standardabweichung von 6,9 macht deutlich, dass die Mehrzahl der Studierenden im Mittel zwischen 8 und 22 Stunden pro Woche in studienbezogene Aktivitäten investierte. Der höchste gemessene Workload lag bei knapp 40 Arbeitsstunden pro Woche, der niedrigste bei gerade einmal zwei. Mit anderen Worten: Wenn es um die Arbeitsbelastung im Studium geht, scheint es keinen »Normalfall« zu geben. Vielmehr zeigt sich das Bild einer hoch differenzierten Studierendenschaft.

Die per Zeittagebuch erfassten Daten ergaben – und dies ist eines der zentralen Ergebnisse der Studie –, dass der durchschnittliche Workload pro Punkt nicht einmal halb so hoch ist, wie er laut Vorgaben sein sollte. Mit anderen Worten: Im Lichte der vorliegenden Daten wurde den Studierenden, die an WorkTrack teilnahmen, ein doppelt so hoher Aufwand kreditiert, wie sie ihn tatsächlich betrieben hatten.

Alle Teilnehmer wurden gegen Ende der Messzeiträume gebeten, ihren Workload selbst zu schätzen und zudem anzugeben, wie viele Kreditpunkte sie im jeweiligen Semester erworben haben werden. Es liegt auf der Hand, dass ein Vergleich dieser zumindest teilweise auf Selbsteinschätzungen beruhenden Daten mit dem per Zeittagebuch gemessenen Workload nur bedingt aussagekräftig ist. Trotzdem ist bemerkenswert, wie sehr sich der subjektiv geschätzte Workload und der gemessene Arbeitsaufwand voneinander unterschieden (Abb. 2). Ersterer lag mit im Schnitt 24,9 Stunden pro Woche um mehr als ein Drittel über den per Tagebuch erfassten Werten; und auch hier war die Standardabweichung (12,3) extrem hoch. Mit dem registrierten Aufwand erreichten die Studierenden im Mittel – wie verlangt – 30 Kreditpunkte. Damit wird aber,

wie aus Abb. 3 ersichtlich, zugleich deutlich, dass die offiziell propagierte
Rechnung »1 Kreditpunkt = 25 bis 30 Stunden Workload« nicht aufgeht.

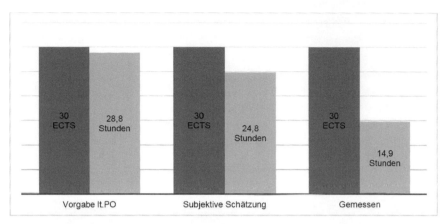

Abb. 2: ECTS und Workload laut Prüfungsordnung, in der Selbsteinschätzung sowie Messergebnis der WorkTrack Studie

Studierende, die ein Lehramt für Gymnasien oder Gesamtschulen anstrebten,
wiesen mit einem im Schnitt bei 16,9 Zeitstunden liegenden wöchentlichen
Workload einen im Mittel um 25 % höheren Arbeitsaufwand auf als Studierende
des Lehramtes an Grundschulen, die im Schnitt auf 13,4 Stunden kamen. An
zweiter Stelle folgten mit knapp unter 15 Wochenstunden jene, die ein Lehramt an
Berufskollegs anstrebten. Auf Platz 3 lagen mit im Mittel 13,7 Stunden Studierende
des Lehramts an Haupt-, Real- oder Gesamtschulen. Dabei ist bemerkenswert,
dass dieses Ungleichgewicht unabhängig von der gewählten Fächerkombination
gilt.

   Am Beginn des Wintersemesters lag der pro Woche für das Studium betriebene Aufwand im Schnitt bei 11,7 Stunden (Abb. 3). Mit dem Start der Vorlesungszeit wuchs – mit Ausnahme der Weihnachtsferien – der Workload, den die
Befragten in ihr Studium investierten. Im Januar konnte der höchste Wert von
im Mittel 19,2 Stunden verzeichnet werden. In der folgenden vorlesungsfreien
Zeit sank er wieder und erreichte zu Semesterende mit nur noch 8,3 Stunden pro
Woche seinen Tiefpunkt. Auch im Sommer ergab sich eine ähnliche Wellenbewegung. Die Studierenden arbeiteten während der Vorlesungszeit fast doppelt so
viel für ihr Studium wie in der vorlesungsfreien Zeit, mit jeweils einem Hoch am
Ende dieser Phase.

   Analysiert man die Verteilung der aufgewendeten Zeit innerhalb der Woche,
so zeigt sich, dass erwartungsgemäß am Wochenende nicht so viel für das
Studium getan wurde wie unter der Woche. Dennoch leisteten die Studierenden
samstags und sonntags insgesamt fast 20 % ihres Pensums, so dass das Wo-

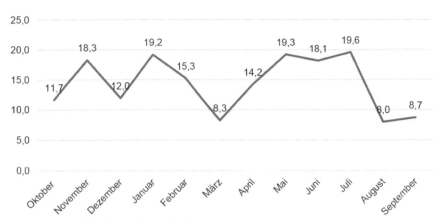

Abb. 3: Der Workload im Jahresverlauf

chenende durchaus auch als Arbeitszeit anzusehen ist. Kernarbeitszeit ist aber die Phase von Montag bis Donnerstag.

Die Auswertung der Zeittagebücher dahingehend, wofür wie viel Zeit investiert wurde, ergab, dass vor allem drei Aktivitäten den Studienalltag dominierten, nämlich der Besuch von Lehrveranstaltungen, deren Vor- und Nachbereitung sowie die Vorbereitung von Prüfungsleistungen. Für Organisatorisches wurden dagegen, obwohl besonders diesbezüglich oft Klagen zu hören waren, nur rund 2 % der erfassten Zeit oder gerade einmal 20 Minuten pro Woche aufgewendet (Tab. 1).

Kategorien		Tätigkeiten	
Besuch LV	33,1 %	Anwesenheit	23,0 %
Prüfungsvorbereitung	18,3 %	Schreiben	20,8 %
Vorbereitung der LV	16,6 %	Lernen	19,2 %
Studien- u. Prüfungsleistungen	13,5 %	Lesen	10,7 %
Praktikum	5,2 %	Sonstiges	6,1 %
Nachbereitung der LV	4,1 %	Diskutieren	5,6 %
Sonstiges Selbststudium	3,7 %	Sonstiges Üben	4,6 %
Abschlussarbeit	2,1 %	Präsentation vorbereiten	4,2 %
Organisation	2,0 %	Recherchieren	2,9 %
Examensvorbereitung	1,1 %	Prüfungsangelegenheiten	2,0 %
Gremienarbeit	0,3 %	Kopieren / Drucken	0,9 %

Tab. 1: Workload nach Kategorien und Tätigkeiten im Zeittagebuch

Im Folgenden wurden im Rahmen von Regressionsanalysen die Variablen *Alter* und *Geschlecht* sowie *Fachsemester*, *Fächerkombination* und *Fremdsprachen* als Einflussfaktoren für den Workload untersucht. In allen Modellen erwies sich der Zusammenhang als nicht signifikant und mit gering ausgeprägten Determinationskoeffizienten als wenig geeignet, Vorhersagen über die Höhe der universitären

Arbeitszeit zu treffen. Dass die Schulform des Lehramtes einen hohen Workload begünstigt (vgl. deskriptive Darstellung), konnte in diesen Analysen nicht signifikant nachgewiesen werden. Ein geringer Effekt konnte zwischen der subjektiven Schätzung des eigenen Workloads und der gemessenen Arbeitsbelastung konstatiert werden: Studierende mit eher niedrigem Workload neigen dazu, ihre Arbeitszeit zu überschätzen. Zudem ließ sich ein Zusammenhang zwischen den Fehleinträgen im Tagebuch und einem geringeren Workload feststellen. Vermutlich aufgrund der hohen Streuung innerhalb der Variablen weisen die Modelle schwache Gütemaße aus. Eine Interpretation bleibt vage und der Fokus liegt somit auf den deskriptiven Statistiken. Es bleibt festzuhalten, dass in der vorliegenden Stichprobe keiner der demographischen oder strukturellen Faktoren allein ausschlaggebend für einen hohen oder niedrigen Workload sein kann.

3.   Erfassung der studentischen Perspektive auf den Workload – Qualitative Teilstudie

Mittels Gruppendiskussionen sollte als nächstes untersucht werden, wie die Studierenden ihren Workload selbst beschreiben, welche Erklärungen sie für diesen generieren und welche Aspekte des Studiums aus Sicht der Studierenden als belastend gelten.

3.1   Methode

Nach der Online-Erfassung des Workloads wurden am Semesterende mit insgesamt 65 Studierenden (ca. $\frac{1}{4}$ der Stichprobe) einstündige Gruppengespräche geführt. Die Teilnahme war freiwillig; die Gruppen wurden entsprechend der Höhe des Workloads und der Fächerkombinationen sowohl heterogen als auch homogen zusammengesetzt (Tab. 2).

	Fächer gemischt	**Anglistik (+ 2. Fach)**
9 Gruppengespräche im WiSe 2013/14 (n=37)	2 x hoher Workload	2 x hoher Workload
	2 x gemischter Workload	1 x niedriger Workload
	1 x niedriger Workload	1 x gemischter Workload und auf Staatsexamen statt BA
6 Gruppengespräche im SoSe 2014 (n=28)	2 x hoher Workload	
	2x gemischter Workload	
	2 x niedriger Workload	

Tab. 2: Stichprobenverteilung nach Fächern und Workload in den Gruppengesprächen

Unterstützt von einem Leitfaden wurden die Aspekte Belastungswahrnehmung, Erklärungen in Bezug auf den individuell geleisteten Workload, Ansprüche an das Studieren und Veränderungswünsche bezüglich des Studiums in offenen Gruppengesprächen diskutiert. Alle Gespräche wurden nondirektiv geführt, digital aufgezeichnet und in Anlehnung an Küsters (2009) transkribiert. Als Auswertungsmethode wurde das Verfahren der zusammenfassenden Inhaltsanalyse nach Mayring (2015) gewählt. Dabei werden nach der Vorbereitung des Materials die benötigten Informationen aus dem Transkript extrahiert, sortiert und schließlich bedeutungsgleiche Informationen zusammengefasst.

3.2   Ergebnisse

Die Analyse ergab, dass die meisten Studierenden die untersuchten Semester für sich als typisch oder normal einschätzten und sich zugleich als belastet präsentierten. Als Erklärungen für einen vergleichsweise hohen Workload wurden individuelle Faktoren wie zum Beispiel Fachwechsel, Vorziehen von Veranstaltungen, Nachholen des Latinums, Druck seitens des Bafög-Amtes oder viele Praxisphasen aufgeführt, aber auch die Umstellung auf das Bachelor/Master-System. Ein Beispiel:

> *»Und Ferien sind ja auch nicht. Ich meine, das ist die vorlesungsfreie Zeit, also man muss ja manchmal nicht nur eine Hausarbeit schreiben, heutzutage musst du ja in jedem Pups eine schriftliche Ausarbeitung machen oder irgendwie hier mal drei Seiten, da mal zehn Seiten, also, verglichen zu meinem Erststudium vor zehn Jahren hat sich der, also, hat sich dieser Arbeitsaufwand enorm erhöht.« (Gruppe A1)*

Erklärungen für einen niedrigen Workload beziehungsweise für die Differenz zwischen selbst geschätztem und gemessenem Workload blieben dagegen in vielen Fällen aus oder waren wenig explizit. Neben Tendenzen zum Aufschieben von Arbeit, Müdigkeit durch Nebenjobs oder dem Bedürfnis nach mindestens einem (uni)freien Tag pro Woche erklärten die Studierenden ihren (hohen oder niedrigen) Arbeitsaufwand vor allem mit den extern gesetzten Leistungsanforderungen. Deren Umfang wurde als abhängig vom Lehramtsstudiengang (z. B. Grundschule vs. Gym/Ge), mehr noch aber von den gewählten Fächern und von den individuellen Dozierenden innerhalb der Teilstudiengänge dargestellt:

> *»Das hängt aber auch sehr vom Studienfach ab, was man studiert. Das ist auch noch das eine. Also es gibt ja Fächer, die sehr entspannt sind, und wo man auch wirklich ein bisschen faul sein darf, und dann durchaus auch Fächer, in denen man sehr hart für jeden Punkt arbeiten muss; und auch, wenn auf dem Blatt steht, das ist eine Stunde Arbeit, man trotzdem drei Stunden dran sitzt.« (Gruppe A1)*

»Also ich glaube, das ist total unterschiedlich von Fach zu Fach und von Dozent zu Dozent.« (Gruppe B)

Als Fächer mit geringem Aufwand gelten Sozialwissenschaften, Geschichte, Philosophie oder Bildungswissenschaften; vergleichsweise viel leisten muss man nach Ansicht vieler Studierender in Englisch, Mathematik, Musik und den Naturwissenschaften.

Die Studierenden sahen sich den externen Vorgaben einerseits ausgeliefert und kritisierten mehrfach, dass manche Dozierende einen unfairen Workload einfordern. Dabei hatten die meisten allerdings keine klare Orientierung hinsichtlich der Frage, was ein faires Maß sein könnte. Die Bologna-Vorgaben waren vielen unbekannt. Empfehlungen wurden durch Hörensagen übermittelt oder wurden als absurd hoch und damit irrelevant dargestellt:

»Man hat ja, so denke ich, irgendwann mal gehört, dass so sieben, acht Veranstaltungen normal sind.« (Gruppe B)

»Es gibt zwar diese Verordnung, die dann irgendwie sagt, ungefähr so und so viel Zeit muss ein Student verwenden, damit er überhaupt einen Punkt, Kreditpunkt bekommt. Da wird irgendwie gesagt, dreißig Stunden oder so. Dann denke ich mir, wo soll ich die hernehmen bei acht Kursen. Das sind 240 Stunden, die Woche hat nicht mal annähernd so viele. Das funktioniert irgendwie nicht.« (Gruppe E)

Die Studierenden versuchten nach eigenen Angaben andererseits auch, die Vorgaben strategisch zu beeinflussen, um ihren Ressourcenaufwand zu regulieren. Dies war dann nicht möglich, wenn eine bestimmte Lehrveranstaltung unbedingt besucht werden muss; auch Interesse an einem bestimmten Thema führte in einzelnen Fällen dazu, dass ein höherer Arbeitsaufwand durchaus in Kauf genommen wurde. Verbreitet scheint allerdings eine Anmeldung zu möglichst vielen (Wahlpflicht-)Kursen, um bei zahlreichen Zulassungen den eigenen Stundenplan hinsichtlich der zeitlichen Anordnung der Lehrveranstaltungsblöcke und hinsichtlich des Aufwandes für die Erbringung von Studien- und Prüfungsleistungen zu optimieren.

»Also ich gucke immer, also was die Dozenten von uns fordern. Ich geh dann zum Beispiel [...] in drei Kurse rein und guck halt. Bei mir haben sich auch diesmal voll viele Sachen überschnitten, und das eine hat sich eigentlich am besten angehört, [da] konnte ich schön von Zuhause aus was machen, und dann, ähm, hab ich mich halt für den Kurs entschieden.« (Gruppe E)

Nur in einzelnen Fällen wurde artikuliert, dass auch das selbst gewählte, individuelle Studierverhalten eine entscheidende Rolle in Bezug auf den erreichten Workload spielt.

»Wenn man nur das Nötigste machen und quasi nur durchkommen möchte, dann kann man [...] sehr klar unter den 30 Stunden pro Credit Point liegen. Aber wenn man

natürlich alles vorbereitet, alles nachbereitet und sich darüber hinaus noch informieren und weiterbilden möchte, dann kann man das auch um Längen überschreiten.« (Gruppe C)

Auffallend war, dass viele Studierende zu – in den Augen der Analysegruppe – eher abstrakten Erklärungen neigten und in ihren Ausführungen immer wieder auf die Meta-Ebene wechselten, wenn es um konkrete Erklärungen für den eigenen Workload ging. Insbesondere zwei Argumente wurden immer wieder genannt: Erstens berichteten viele Studierende über Probleme bei der Organisation ihres Studiums. Zweitens beklagten viele künftige Lehrpersonen einen zu geringen Praxisbezug des Studiums und äußerten allgemeine Zweifel am Sinn eines Studiums. Diese Aspekte bilden den Gegenstand der folgenden beiden Abschnitte.

3.2.1 Probleme mit der Organisation des Studierens

Studieren bedeutet nach den Aussagen zahlreicher Studierender die eigenständige, zeit- und nervenraubende Organisation eines komplexen Verwaltungsprozesses: Entscheidungen für Lehrveranstaltungen im Abgleich mit mehreren Modulhandbüchern in unterschiedlichen Fassungen, An-, Ab- und Ummeldungen für Studien- und Prüfungsleistungen, Absprachen mit Dozierenden über die Anforderungen, Überprüfung der Leistungseintragungen im Internet, die Taktung diverser Praxisphasen, Exkursionen und Nachschreibeklausuren sowie die Organisation von Prüferinnen und Prüfern für Abschlussarbeiten. »Es vergeht«, wie ein Student anmerkte, »keine Woche, wo man nicht irgendwas Organisatorisches machen muss, weil man irgendeinem Dozenten hinterherlaufen muss, oder weil irgendetwas falsch eingetragen wurde«. Dann fuhr er fort:

»Also was mich immer am meisten Nerven kostet, und mich am meisten anstrengt sind diese ganzen formalen Vorgaben, die man einhalten muss.« (Gruppe A1)

Insbesondere der Ersatz zentraler Abschlussprüfungen durch fortlaufende Leistungsbewertungen verursacht ein hohes Belastungsempfinden. Nur noch selten gibt es in der Wahrnehmung der Lernenden Phasen echter Entspannung; selbst die vorlesungsfreien Zeiten sind vollgepackt mit zu erledigenden Aufgaben. Zum einen müssen in vielen Veranstaltungen teilweise nicht unerhebliche begleitende Studienleistungen erbracht werden. Zum anderen gilt es, am Semesterende Prüfungsleistungen vorzubereiten und abzulegen und Praktika sowie Auslandsaufenthalte zu absolvieren. Studentische Bewältigungsstrategien für diese Umstände umfassten Doppelbelegungen, die Auswahl von Seminaren mit geringeren Anforderungen sowie Minderinvestitionen in Studienleistungen, über die aus sozialen Netzwerken bekannt war, dass ein Bestehen ausreicht.

Insgesamt muss jedoch ein auffälliger Widerspruch zwischen dem objektiv für organisatorische Fragen erfassten Zeitaufwand und dem subjektiven Erleben vieler Studierender, die Fragen der Studienorganisation für die hohe Belastung verantwortlich machten, konstatiert werden. Laut Zeittagebuch entfielen nämlich gerade einmal 2 % des Workloads auf den Bereich Organisation. Eine Erklärung für diesen Gegensatz könnte darin liegen, dass hier weniger die zeitlich-quantitative Komponente als vielmehr die qualitative Belastung – Unsicherheit bei der Zulassung zu Seminaren, bei der Erbringung der Leistungen, bei der rechtzeitigen Anmeldung und Verbuchung, fehlende oder fehlerhafte Beratung, »Hinterher-Rennen« bei Problemen – eine zentrale Rolle spielt. So kann auch bei geringem quantitativem Arbeitsaufwand die qualitative Belastung durchaus als hoch erlebt werden.

3.2.2 Dropout in Lehrveranstaltungen

Wiederholt wurde angesprochen, dass viele der zu besuchenden Seminare und Vorlesungen im Lehramt generell zu theoriefokussiert seien und angehende Lehrkräfte zu wenig auf ihre Berufspraxis vorbereiteten. Dies führte nach Angaben der Studierenden nicht selten dazu, dass Lehrveranstaltungen nicht weiter oder parallel mit anderen Seminaren besucht wurden und die Bereitschaft zum Selbststudium sank. Einerseits wurden diesbezüglich regelrechte »Sinnkrisen« artikuliert, andererseits aber auch konkrete Ideen vorgebracht, was anders werden sollte, um die Vorstellungen nach »mehr Praxis« zu erfüllen.

> *»Ich bin so eine Person, die auch wirklich versucht, immer überall die ganze Veranstaltung zu besuchen. Aber ich sehe da absolut nicht so dieses, du freust dich auf etwas und dann, wenn du da sitzt, denkst du so, okay, war umsonst. Wo ich dann auch gesagt habe, ich gehe auch nicht mehr so oft dahin.« (Gruppe B)*

> *»Ich bin ja der Meinung, es sollte weder dieses Bachelor-Master-System noch das alte Examen [geben]. Ich sehe das Ganze sowieso so, dass das Lehramtsstudium eine Lehramtsausbildung sein müsste, die den Ort Schule als Ausbildungsort hat und die Universität als das, was normale Ausbildungen als Schule haben.« (Gruppe A1)*

> *»Aber wir lernen die ganze Zeit irgendwas und haben überhaupt keinen Plan, wo wir das einsetzen sollen. Ja, und dann ist es doch klar, dass sich bei uns Frust und all so negative Gefühle aufstauen. Und dann kommt dazu auch noch der Druck von außen, das heißt, von der Uni.« (Gruppe A2)*

Gewünscht wird eine möglichst konkrete Vorbereitung auf praktische Situationen des Berufsalltags von Anfang an; eher ungeliebt stellen sich nicht mit unmittelbaren Handlungsproblemen von Lehrpersonen befasste Studieninhalte dar. Bei einigen Studierenden kulminierte das daraus erwachsende Belas-

tungsempfinden in einer allgemeinen Sinnkrise, in der sie sich wünschten, nach
dem Abitur lieber eine Ausbildung gemacht zu haben:

> »Also ich arbeite nebenher halt bei meinem Onkel in der Firma in der Buchhaltung. Und
> wenn ich mir das so angucke, die gehen morgens um acht auf die Arbeit, gehen mittags
> um vier nach Hause und haben Feierabend; und ich hab mich wirklich dabei erwischt,
> wie ich in den letzten zwei Semestern echt überlegt hab: Du könntest das auch haben. Du
> könntest arbeiten gehen und könntest Geld haben. Und du studierst – und man verliert
> irgendwann so den Blick dafür, warum quälst du dich da durch. Weil es so viele Dinge
> gibt, die einen auch, finde ich, psychisch belasten, durch diese ganzen Steine, die einem
> in den Weg gelegt werden, sei es BAföG oder sei es Praxissemester oder sei es die Angst,
> [nicht] in irgendwelche Kurse zu kommen oder nicht fertig zu werden oder Auslands-
> semester oder Latein. Und mittlerweile beneide ich die Menschen, die nach dem Abi
> einfach eine Ausbildung gemacht haben. Die kriegen vom ersten Tag an Geld. Die gehen
> in die Berufsschule. Das ist nicht schwer. Die haben hinterher eine Ausbildung; und wir
> studieren und wissen im Endeffekt noch nicht mal, ob wir überhaupt eine Schule be-
> kommen, weil es gibt ja zu viele von uns. Das ist so frustrierend und demotivierend.«
> (Gruppe B)

Hier wie auch in anderen Passagen deutet sich an, dass viele Studierenden ihr
fachwissenschaftliches, fachdidaktisches und bildungswissenschaftliches Studium als zu wenig sinnvoll erleben und sich demzufolge oft auch zeitlich wenig
engagieren.

4.   Ausblick: Vielfalt der Studierenden als Herausforderung für die Universität

Die Ergebnisse der vorliegenden Untersuchung können als ein Hinweis – unter
Beachtung der Einschränkungen des Untersuchungsdesigns und der Stichprobe – darauf verstanden werden, dass eine beträchtliche Diskrepanz zwischen
den institutionellen Erwartungen und den tatsächlich aufgewendeten Studien-
zeiten besteht. Die Studie liefert darüber hinaus einen klaren Hinweis darauf,
dass es den Normstudenten mit 30 ECTS pro Semester und entsprechendem
Zeitaufwand nicht gibt. Inwiefern sich ähnliche Ergebnisse auch für weitere
Studiengänge an der Universität Siegen finden lassen, müsste allerdings geprüft
werden (so wurden beispielsweise im Bachelorstudiengang Architektur im WiSe
2014/15 und im SoSe 2015 jeweils eine Workloaduntersuchung mit einem analogen Workloadtagebuch erhoben (über alle Semester); hier zeigte sich entgegen
der vorgenannten Untersuchung nach mündlicher Auskunft der Verantwortli-
chen eine sehr hohe Arbeitsbelastung). Es ist an dieser Stelle auch deutlich
darauf hinzuweisen, dass eine zeitlich-quantitative Erfassung des Workloads

keinerlei Hinweise auf die Qualität der Auseinandersetzung mit den Inhalten des Studiums zu liefern vermag.

Wie soll und kann mit den Ergebnissen der vorliegenden Studie umgegangen werden? Eine erste Möglichkeit, mit der Diskrepanz zwischen institutioneller Erwartung und tatsächlicher Nutzung umzugehen, besteht darin, die von der KMK aufgestellte Norm – 25 bis 30 Stunden pro Leistungspunkt – in Frage zu stellen oder ihr zumindest den beschränkten Platz zuzuweisen, für den sie ursprünglich geschaffen wurde: via Prüfungsordnungen den Eindruck zu erzeugen, dass Studieren innerhalb Europa formal vergleichbar sei. In diese Richtung scheint mittlerweile eine Reihe von politische Überlegungen zu gehen.

Eine zweite, konkretere und einschneidendere Möglichkeit bestünde darin, die 2011/12 mit der Umstellung auf Bachelor/Master im Siegener Lehramt oft vorgenommene Höherkreditierung von Lehrveranstaltungen von 2 auf 3 Kreditpunkte zurückzunehmen. Dann würden die Studierenden als Gegenwert für ihr geleistetes Arbeitsvolumen weniger Kreditpunkte erhalten (müssten dafür andererseits rund ein Drittel mehr Lehrveranstaltungen besuchen). Arbeitsaufwand und Gegenwert in Form von Kreditpunkten würden sich so zumindest teilweise angleichen.

Eine dritte Möglichkeit bestünde schließlich darin, in allen Studienanteilen deutlich stärker als bisher mit den Studierenden über das von den verschiedenen Beteiligten jeweils erwartete zeitliche Engagement zu kommunizieren, um so die Voraussetzungen für eine intensivere Zeitverwendung zu schaffen. Daneben müssten – jenseits der bereits existierenden formalen Vorgaben – unter den Dozierenden Mindestvereinbarungen über den vorgesehenen Aufwand für Studien- und Prüfungsleistungen getroffen und eingehalten werden. So könnte zum einen erreicht werden, dass auch unzufriedene Studierenden das ihnen offerierte Lehrangebot und seine Durchführung wieder mehr als Chance denn als Belastung wahrnehmen. Zum anderen würde, was mindestens mittelbar damit zusammenhängt, dann auch hoffentlich die den Studierenden bewusst angebotene Vielfalt der Lehre, (wieder) stärker als positive Vielfalt im Sinne einer Auswahl von Möglichkeiten wahr-, auf- und angenommen – im Gegensatz zu einer stärkeren Verschulung der Universität.

Vor diesem Hintergrund sei zum Abschluss noch einmal auf die beträchtliche Varianz der Workloads in der untersuchten Stichprobe verwiesen. Sie lässt sich neben individuellen Faktoren auch damit erklären, dass das Lehramtsstudium immer noch ein Studium mit vergleichsweise vielen Wahlmöglichkeiten ist. Studierende können teilweise über die Auswahl der Lehrveranstaltungen (und Dozierenden) ihren Aufwand selbst steuern; unklare beziehungsweise lockere Anwesenheitsregelungen bieten Spielraum für Absenzen und die hohen Selbststudienanteile begünstigen persönliche Interpretationen des Studieraufwandes. Um hier genauere Aufschlüsse zu bekommen, müssten in Folgestudien individuelle Studierendenprofile erstellt werden, die den Arbeitsaufwand in Beziehung setzen können zu den individuellen Studienverlaufsplänen der Studierenden mitsamt der damit verbundenen, je nach Dozierenden zum Teil unterschiedlichen Anforderungen. Damit könnte auf die je unterschiedlichen Bedürfnisse der Studierenden eingegangen werden – beispielsweise mit unterschiedlichen Lehrformaten, didaktischen Konzepten, geleitetem Selbststudium, Anerkennung von studentischen Projekten. Vielfältige studentische Herangehensweisen an das universitäre Studium, ausgedrückt in der aufgewendeten Zeit für das Studium, könnten dann als Chance begriffen werden.

Literatur

Bundesministerium für Bildung und Forschung (BMBF) (Hrsg.) (2013): 20. Sozialerhebung des Deutschen Studentenwerks. http://www.studentenwerke.de/de/content/20-sozialerhebung-des%C2%A0deutschen-studentenwerks (zuletzt abgerufen am 16.12. 2015).

Darmody, Merike/Smyth, Emer/Unger, Martin (2008): Field of study and students' workload in higher education: Ireland and Austria in comparative perspective. International Journal of Comparative Sociology 49, S. 329–346.

Dworschak, Manfred (2010): Erschöpft vom Bummeln. Der Spiegel Nr. 38, S. 156–157.

Franzen, Axel/Pointner, Sonja (2014): Die Black Box der Studierenden: Studienmotivation und -verhalten vor und nach der Bologna-Reform. Beiträge zur Hochschulforschung 36 (2), S. 8–33.

Himmelrath, Armin (2014): Campus-Studie: Tiermediziner büffeln am meisten, Soziologen am wenigsten. http://www.spiegel.de/unispiegel/studium/so-viel-arbeiten-studenten-pro-woche-fuer-ihr-studium-a-999109.html (zuletzt abgerufen am 22.05.2015).

KMK (2010): Ländergemeinsame Strukturvorgaben für die Akkreditierung von Bachelor- und Masterstudiengängen (Beschluss der Kultusministerkonferenz vom 10.10.2003 i.d.F. vom 04.02.2010). http://www.kmk.org/fileadmin/veroeffentlichungen_be schluesse/2003/2003_10_10-Laendergemeinsame-Strukturvorgaben.pdf (zuletzt abgerufen am 16.11.2015).

Küsters, Ivonne (2009): Narrative Interviews. 2. Aufl. Wiesbaden.

Mayring, Philipp (2015): Qualitative Inhaltsanalyse. Grundlagen und Techniken. 12. Aufl. Weinheim.

Schulmeister, Rolf (2015): Workload und Lernverhalten als Faktoren der Studierbarkeit. In: AQ Austria – Agentur für Qualitätssicherung und Akkreditierung Austria (Hrsg.), Qualitätssicherung zwischen Diversifizierung der Hochschulen und Vereinheitlichung von Standards. Wien, S. 147–157.

Schulmeister, Rolf/Metzger, Christiane (Hrsg.) (2011): Die Workload im Bachelor: Zeitbudget und Studierverhalten. Münster.

Universität Duisburg-Essen (2015): Universität der Potenziale. Die Diversity-Strategie der Universität Duisburg-Essen. https://www.uni-due.de/imperia/md/content/diversity/ diversity-strategie_final_cd.pdf (zuletzt abgerufen am 11.07.2016).

Veronika Batzdorfer & Harry Kullmann*

Neue Vielfalt im Klassenzimmer – Multiprofessionelle Kooperation als Herausforderung inklusiver Schulen

1. Vielfalt in der inklusiven Schule als konstitutive Herausforderung

Die Vielfalt der Schülerinnen und Schüler soll nach Möglichkeit als Chance für die pädagogische Arbeit der Schulen wertgeschätzt und genutzt werden. Der vorliegende Beitrag widmet sich anlässlich der thematischen Schwerpunktsetzung der vorliegenden DIAGONAL-Ausgabe in vertiefter Weise der Vielfalt des pädagogischen Personals beziehungsweise den im Klassenraum anwesenden Erwachsenen, deren zielgerichtete Zusammenarbeit für das Gelingen der Inklusion im Bildungswesen essenziell ist.

Der pädagogisch-produktive Umgang mit Heterogenität stellt eine kontinuierliche Herausforderung für Lehrkräfte und pädagogisch-therapeutische Klassenteams dar. Die Vielfalt im Klassenzimmer als konstitutives Element des Schulunterrichts beschrieb bereits der erste Inhaber eines Lehrstuhls für Pädagogik, Ernst Christian Trapp, im Rahmen seiner Antrittsvorlesung an der Universität Halle im Jahr 1780: »Immer wird der Erzieher das Problem aufzulösen haben: Wie bearbeitest Du den rohen Geist der Jugend am besten? Welches ist die natürlichste Folge der Ideen, Kenntnisse und Beschäftigungen? Auf welche Art gehst du am besten vom Leichteren zum Schwereren fort? Wie machst Du aus einem jeden Kopf und Herzen, was daraus werden kann? Wie spornst Du den Trägen? Wie zäumst Du den Voreiligen? [...] Und besonders, wie hast Du dies alles anzufangen bei einem Haufen Kinder, deren Anlagen, Fähigkeiten, Fertigkeiten, Neigungen, Bestimmungen verschieden sind, die aber

---
* Veronika Batzdorfer, M.Ed., Universität Siegen, Fakultät II (Bildung – Architektur – Künste), Erziehungswissenschaft mit dem Schwerpunkt Schul- und Unterrichtsentwicklung in der Sekundarstufe.
Univ.-Prof. Dr. Harry Kullmann, Universität Siegen, Fakultät II (Bildung – Architektur – Künste), Erziehungswissenschaft mit dem Schwerpunkt Schul- und Unterrichtsentwicklung in der Sekundarstufe.

doch in einer und eben derselben Stunde von Dir erzogen werden sollen?«
(Trapp 1780/1977, S. 24–25).

Auch wenn Trapp die Schülerinnen und Schüler mit Behinderungen seinerzeit noch nicht im Blick hatte, ist spätestens mit der Ratifizierung der UN-
Behindertenrechtskonvention in Deutschland – als Konkretisierung der allgemeinen Menschenrechte – der normative Anspruch ausgereift, eine vollständige
und vollwertige Partizipation der Schülerinnen und Schüler aller Lern- und
Entwicklungsniveaus an allgemeinen Schulen zu verwirklichen (UN-BRK 2008).

In Bezug auf das deutsche Sekundarschulsystem – auf welches wir uns im
vorliegenden Beitrag wesentlich beziehen – ist die Idee einer weitgehend homogenen Lerngruppe selbst innerhalb der zwei, drei oder noch zahlreicheren
Schulformen lediglich als eine Fiktion einzustufen (Tillmann 2004; VBW 2007).
So ist – erwartungswidrig – mitunter die Leistungsstreuung innerhalb einer
Schulart in Deutschland wesentlich größer als im internationalen Vergleich
(VBW 2007) und dennoch orientieren sich Lehrkräfte in ihrer Unterrichtsge-
staltung an einem »imaginären Durchschnittsschüler« (Trautmann/Wischer
2011, S. 105).

Inklusive Lerngruppen als institutionell-organisatorische Umsetzung eines
gemeinschaftlichen Lernens gemäß Artikel 24 der UN-BRK hingegen können
von einem maximal heterogenen Spektrum der Fähigkeiten, Kompetenzen und
Bedürfnissen der Lernenden geprägt sein. Das heißt, in ihnen lernen und leben
Schülerinnen und Schüler mit unterschiedlichen Behinderungen beziehungsweise Förderbedarfen ebenso wie sogenannte durchschnittlich begabte oder
hochbegabte Kinder und Jugendliche.

Die erhöhte Vielfalt der Lernenden im Vergleich zum bisherigen segregierten
Schulsystem bedeutet für die Lehrkräfte eine gesteigerte Komplexität der täg-
lichen Unterrichtsarbeit. Geht man von einer gemeinschaftlichen Verantwortung des pädagogischen Personals aus, dann sind sowohl Regelschullehrkräfte
als auch Sonderpädagoginnen und -pädagogen in inklusiven Klassen nunmehr
für Schülergruppen zuständig, die vor der Einführung der Inklusion weder in
ihrer Ausbildung noch in ihrer schulischen Praxis eine bedeutsame Rolle ge-
spielt haben. Vor diesem Hintergrund kann es daher nur ein kooperatives Ziel
sein, eine Balance zu finden zwischen der individuellen Förderung aller Schülerinnen und Schüler einerseits sowie eines gemeinschaftlichen Lernens an
übergreifenden Themen und Projekten andererseits (Feuser 2011).

Die professionelle Zusammenarbeit der pädagogischen Akteure wird allerdings dadurch erschwert, dass trotz des politisch und gesellschaftlich indu-
zierten Zugzwangs und unabhängig von den teilweise offensichtlichen Res-
sourcenmängeln eine bislang noch nicht vollständig aufgelöste Zielunsicherheit
darüber besteht, wie eine inklusive Beschulung im Bildungssystem konkret
gestaltet werden kann (Heinrich et al. 2013; Lütje-Klose et al. 2014). Während

mehrere Schulen des Sekundarschulbereichs hierzu bereits tragfähige Konzepte entwickelt und erprobt haben (z. B. Thurn/Tillmann 2011; Reich et al. 2015), so ist besonders die Schaffung einer neuen Balance zwischen der Qualifikations- und Selektionsfunktion der Schule einerseits sowie ihrer nunmehr erweiterten Integrationsfunktion andererseits bislang noch nicht hinreichend gelungen (zur theoretischen Basis der genannten Funktionen siehe Fend 1981).

2.   Multiprofessionelle Kooperation in der inklusiven Schule

Da die erfolgreiche Realisierung der Inklusion von einer konstruktiven Bewältigung der mit ihr verbundenen, erhöhten Komplexität im Rahmen der Unterrichtsarbeit abhängt, liegt es nahe – wie oben bereits skizziert –, dass hierzu vor allem die Domänen der regelschulischen sowie der förderschulischen Pädagogik systematisch und in gegenseitiger Bezugnahme genutzt werden. Die entsprechenden Ansätze des sogenannten *Collaborative Teachings* beziehungsweise *Co-Teachings* sind so alt wie die ersten Ansätze einer gemeinsamen Beschulung von Schülerinnen und Schülern mit und ohne sonderpädagogischen Förderbedarf und stammen aus den frühen 1970er Jahren (Friend et al. 1993).

Sofern die Zusammenarbeit zwischen Lehrkräften konstruktiv erfolgt und der Erreichung gemeinsamer Ziele dient, lässt sich von einer Kooperation sprechen. Unter einer erweiterten Perspektive lassen sich unter dem Begriff Lehrerkooperation alle Formen der konstruktiven und zielorientierten Zusammenarbeit mindestens zweier Lehrkräfte subsumieren, die zugunsten der individuellen pädagogischen Professionalität und/oder ihres Arbeitsplatzes Schule erfolgen (Kullmann 2016). Sämtliche mit der Lehrertätigkeit verbundene Ziele und Herausforderungen lassen sich organisationspsychologisch als Problem klassifizieren, ohne dass damit zwangsläufig eine negative Konnotation verbunden wäre. Subsumiert werden unter einer so verstandenen Problemlösung auch das Implementieren von Innovationen, das Erfüllen schuladministrativer Vorgaben oder das Wahrnehmen von Interessen (ebd.).

Als multiprofessionelle Kooperation spiegelt die synergetische Nutzung unterschiedlicher Expertisen in inklusiven Schulen die Komplexität und Dynamik gesellschaftlicher, vernetzter Tätigkeiten wieder (Vollmer 2016). Die zunehmende Spezialisierung der arbeitsteiligen Gesellschaft wird durch kooperative Interaktion und situatives Aushandeln der Entscheidungen von Akteuren unterschiedlicher Berufsgruppen in den Dienst eines größeren Ganzen gestellt (ebd.).

Die divergierende Sozialisation und Spezialisierung der *in situ* beteiligten Akteure wie Regelschullehrkräfte, Sonderpädagoginnen und -pädagogen oder Schulbegleiterinnen und -begleiter stellen eine eigene, für viele Beteiligte neue

Vielfalt im Klassenzimmer dar. Rechnet man Schulsozialarbeiterinnen und -arbeiter, Referendarinnen oder Referendare sowie Studierende im sechsmonatigen Praxissemester oder in den kürzeren Einführungs- und Orientierungspraktika hinzu, die ebenfalls zum regulär am Unterricht teilnehmenden Personal einer Lerngruppe gehören können, so dürften die Unterschiede zur klassischen Tätigkeit eines »Einzelkämpfers« vor der Klasse noch deutlicher werden.

Die beschriebene Vielfalt des pädagogischen Personals kann ihr Potenzial indes nur entfalten, wenn ein standardisiertes und isoliertes Entscheiden von allen als unzureichend erkannt und stattdessen eine multiprofessionelle Kooperation als angemessene Antwort auf die Komplexität inklusiver Lerngruppen erkannt und gelebt wird (Mays 2014; Lindmeier/Beyer 2015). Anders formuliert: Um im von Diversität geprägten Klassenverband individuelle Lerntempi und kooperative Beratung sicherzustellen sowie mögliche Etikettierungsprozesse zu vermeiden, ist ein abgestimmtes und gleichberechtigtes Handeln, vor allem zwischen den Regelschullehrkräften und den sonderpädagogischen Akteuren, essenziell (Textor et al. 2014).

3.   Kooperation als ein anspruchsvolles Element der Schulentwicklung

Die multiprofessionelle Kooperation gelingt nicht automatisch, denn sie erfordert in einer geteilten Praxis vielfältige Abstimmungsprozesse auf der Sach- und Beziehungsebene (Spieß 2004; Halbheer/Kunz 2011; Kullmann 2016). Eine komplexe Kooperation birgt eben nicht nur ein Potenzial für Synergien, sondern ebenso die Gefahr einer destruktiven Infragestellung individuell gewonnener Sicherheiten und damit erheblicher Reibungsverluste. Ein Selbstläufer ist Kooperation daher auf keinen Fall, und tatsächlich ist sie als professionelle Metakompetenz in vielen inklusiven (und auch den noch nicht inklusiven) Schulen bislang als unzureichend einzustufen (Bauer 2008; Kullmann et al. 2014; Lütje-Klose et al. 2014; Massenkeil/Rothland 2016). Die Ursache für diesen Mangel liefert zum einen die Kooperation als interpersonelle Interaktion selbst, zum anderen die kulturelle und strukturelle Verfasstheit des Schulsystems, der Einzelschule sowie der Lehrerausbildung. Ausgewählte Aspekte zur Charakterisierung von Kooperation als voraussetzungsreiches Element der inklusiven Schulentwicklung werden im Folgenden vorgestellt.

3.1 Vertrauen, Zugehörigkeit und Selbstbestimmung als motivationale Grundlagen

Eine erste grundlegende Prämisse für die erfolgreiche Zusammenarbeit ist gegenseitiges Vertrauen, um den Blick von der individuellen Logik hin zu einem kollektiven Entwicklungsprozess zu erweitern (Luhmann 2000). Vertrauen wird so zu einer Grundlage für zukünftige Zusammenarbeit, bei der das Gegenüber von einem langfristigen kooperativen Verhalten ausgeht (Spieß 2004). Gerade vor dem Hintergrund des oben beschriebenen, erweiterten Anforderungsportfolios, welches von den Lehrkräften erweiterte diagnostische Kompetenzen, adaptiven Unterricht sowie neue Formen der Erziehungsinteraktion verlangt, ist eine gemeinsame Vertrauensbasis und Gruppennorm zu akzentuieren (Kullmann 2010; Lütje-Klose et al. 2014).

Im Kontext der Organisationsentwicklung betonen Edmondson und Lei (2014, S. 29) »psychologische Sicherheit« als Fundament von Prozessen des Team-Lernens und der Innovation, da nur ein auf Sicherheit beruhender, vertrauensvoller Umgang unter den Mitarbeiterinnen und Mitarbeitern das Lernen aus Fehlern ermöglicht. So ist die Verbindung zwischen psychologischer Sicherheit und Performanz umso wichtiger, je unsicherer die Informationslage ist oder je abhängiger der Arbeitsprozess von kollektiven Lernvorgängen geprägt ist (ebd.).

Dass jegliches pädagogische Handeln und vor allem der Lehrerberuf von einer grundlegenden, sozusagen endemischen Unsicherheit (*endemic uncertainty*) in Bezug auf eine zuverlässige Zielerreichung geprägt ist, hat unter anderem der Soziologe Lortie (1975, S. 143–144) eindrücklich beschrieben. Die theoriebasierte Erklärung hierzu liefert die Expertiseforschung. Aus deren Perspektive ist das Unterrichten als schlecht-definiertes Problem einzustufen (*ill-defined problem*, Lampert 2001; siehe auch Hatano/Inagaki 1986). So erläutert Lampert (2001) etwa anhand des sogenannten didaktischen Dreiecks – das heißt dem Verhältnis von Unterrichtsgegenstand, Schülerin/Schüler und Lehrkraft – in ausführlicher Weise die Komplexität des Unterrichtsunterfangens. Jenseits vermittlungstheoretischer und didaktischer Aspekte sind hierbei auch fachliche, erzieherische, soziale, historische, politische sowie kulturelle Einflüsse zu berücksichtigen. Eine notwendige Leistung der Lehrenden stellt die Orchestrierung dieses Dreiecksverhältnisses dar, dessen Charakter sich von Schüler zu Schüler, Lehrkraft zu Lehrkraft, Fach zu Fach, Tag zu Tag und sogar von Minute zu Minute ändern kann (Sizer 1984). Nach Stern (2009) ist der Beruf der Lehrerin beziehungsweise des Lehrers, »was die Komplexität und Vielfalt der Aufgaben angeht«, kaum zu übertreffen (ebd., S. 355).

Um für ihren Beruf nachhaltig motiviert zu sein und zu bleiben, benötigt jede Lehrkraft nachvollziehbarerweise ein Kompetenzerleben beziehungsweise ein hinreichend hohes Maß der Zielerreichung zugunsten ihrer/seiner Schülerinnen und Schüler. Dieses Maß muss trotz der skizzierten, professionsinhärenten Problemlagen durch die verschiedenen Aus- und Fortbildungsphasen, die Gestaltung der schulstrukturellen und -kulturellen Kontexte und letztendlich die individuelle pädagogische Persönlichkeit selbst geleistet werden.

Gemäß der Motivationstheorie von Deci und Ryan (2008) muss sich jedoch zur Aufrechterhaltung der intrinsischen Motivation zu einem Gefühl der Zugehörigkeit (*relatedness*, ebd., S. 182) – und damit des oben angesprochenen, interpersonellen Vertrauens – sowie dem eigenen Kompetenzerleben noch eine dritte psychologische Komponente gesellen, die der Selbstbestimmung. Diese kann jedoch für kooperatives Vorgehen eine besondere Herausforderung darstellen.

Die drei genannten psychologischen Grundbedürfnisse werden von Deci und Ryan (2008) dialektisch verstanden. In ihrem Wechselspiel sind sie neben der intrinsischen Motivation auch für langfristige Effekte zugunsten oder auch zuungunsten der psychologischen Gesundheit verantwortlich (ebd.). Vor diesem Hintergrund wird das Bedürfnis nach Autonomie in Abhängigkeit von je sozialen Bedingungen individuell reguliert, das heißt verstärkt oder vermindert. In Abgrenzung zu einer von außen durch andere Personen kontrollierten Regulation begünstigt autonomes Handeln eine persistente Aufgabenbewältigung und ist ein Beitrag zum Wirksamkeitserleben beziehungsweise des *Empowerments* (Pearson/Moomaw 2005). Die Wahrung von autonomen Handlungsfeldern zur adaptiven Selbstregulation des professionellen Handelns, die Sichtbarkeit der Einzelbeiträge (Köker 2012) sind somit nicht nur einer Kooperation zuträglich, sondern eine notwendige Bedingung für ihr Gelingen im Sinne des Autonomie-Interdependenz-Prinzips (Morgenroth 2015).

Die zu einer gemeinschaftlichen Klassenführung in inklusiven Schulen benötigte Balance von Kooperation, Vertrauen und Autonomie bildet sich unter anderem in der Systematik von Gräsel et al. (2006) zur empirischen Erfassung der Lehrerkooperation ab. Demnach kann die Kooperationsintensität, angefangen vom *Austausch* von Unterrichtsmaterialien über arbeitsteilige *Absprachen* der Verantwortlichkeiten im Förderprozess bis hin zur sogenannten *Ko-Konstruktion* erheblich variieren (ebd.). Im Rahmen einer Ko-Konstruktion werden die Wissensbestände der jeweils anderen lösungsorientiert und langfristig zugunsten der gemeinsamen Ziele in das eigene und gemeinsame Handeln integriert. In der beschriebenen Trias weist die Ko-Konstruktion die höchste Kooperationsintensität auf und birgt damit auch das größte Potenzial des Scheiterns und der persönlich-professionellen Konflikte (ebd.; Halbheer/Kunz 2011). Im Vergleich zum niedrigschwelligen und eher verbreiteten Austausch von Ressourcen (ca. 60 % der Lehrkräfte an Regelschulen praktizieren diesen gemäß Richter/Pant 2016) setzt die Ko-Konstruktion am meisten Vertrauen und Verbindlichkeit voraus und ist im Schulalltag unterrepräsentiert (Gräsel et al. 2006; Kullmann 2010). Dem damit beschriebenen Mangel stehen allerdings die hohen Werte von zum Bespiel 23 % der Lehrkräfte in der repräsentativen Erhebung von Richter/Pant (2016) gegenüber, die angeben wöchentlich oder monatlich als Team unterrichten, was ohne einen hohen Anteil an Ko-Konstruktion nicht möglich ist.

3.2 Individuallogiken, Professionsverständnisse und stufenbezogene Schulkulturen

3.2.1 Individuallogiken

Zum größtmöglichen Erhalt eines individuellen Entscheidungsspielraums wird die Eigenlogik der »kollegialen Nichtangriffspakte« (Schimank 2014, S. 150) als psychologische Schutzformel in Gestalt einer Art kriegerischer Rhetorik (bewusst wie unterbewusst) von Lehrpersonen angewandt. Diese unausgesprochene Übereinkunft des kollegialen Nichteinmischens in Unterrichtsvorbereitung und Lehrtätigkeit wird mit dem Autonomie-Paritäts-Muster (APM, vgl. Lortie 1975, S. 195) zum Ausdruck gebracht, einer Art Gegenentwurf zum oben skizzierten Autonomie-Interdependenz-Prinzip.

Diese Individuallogik eines »Ich und meine Klasse« (Rolff 2007, S. 158) ist tief im Selbstbild vieler Lehrkräfte verhaftet und gestaltet sich letztendlich konträr zur Organisationslogik einer inklusiven Schule. Vor diesem Hintergrund wird auch verständlich, dass die Kooperationswahrscheinlichkeit mit zunehmender Nähe zur »Kernarbeit« der Lehrkräfte abnimmt (Rolff/Steinweg 1980, S. 95). Beispielhaft kann hier der Umgang mit Unterrichtsstörungen genannt werden. Dieser Aspekt der Lehrerprofessionalität betrifft mit dem Schüler-Lehrer-Verhältnis sowie der Sicherstellung einer produktiven Unterrichtskultur das pädagogische Selbstverständnis der Pädagoginnen und Pädagogen – und wird gerade deshalb bei auftretenden Problemlagen eher nicht kooperativ bearbeitet (Kullmann 2015). Allerdings kann das Autonomie-Paritäts-Muster nicht pauschal allen Lehrerkollegien zugeschrieben werden, denn es liegen entsprechend konträre quantitative Befunde aus allgemeinbildenden Schulen vor, die umgekehrt auf eine stärkere Teamorientierung verweisen (Richter/Pant 2016).

3.2.2 Professionsverständnisse

Missverständnisse sowie unklare Aufgaben- und Rollenzuschreibungen können die produktive Zusammenarbeit von Regel- und Sonderpädagogen bis hin zu ausgewachsenen Konflikten induzieren oder verstärken (Heinrich et al. 2013).

Die Ursachen sind vielfach anhand der divergierenden beruflichen Sozialisation der pädagogischen Akteure zu verstehen (Stolz/Arnoldt 2007). So unterscheiden sich deren Perspektiven häufig in Bezug auf den produktiven Umgang mit der Heterogenität der Schülerinnen und Schüler.

Unterschiedliche Schwerpunkte im pädagogischen Handeln werden etwa dahingehend gesetzt, dass Förderlehrkräfte häufiger ein Rollenverständnis einnehmen, das ihnen Verantwortlichkeiten als »Spezialisten« für sonderpädagogischen Förderbedarf in der inklusiven Schule zuspricht mit dem Effekt, dass sie sich für Beratungs- oder diagnostische Aufgaben, welche die gesamte Lerngruppe betreffen, mitunter weniger zuständig fühlen (Döbert/Weishaupt 2013; Gebhardt et al. 2015).

Umgekehrt wird von Seiten der Regelschullehrkräfte häufig auch nur eine auf wenige Schülerinnen und Schüler ausgerichtete Tätigkeit der förderpädagogisch besonders qualifizierten Kolleginnen und Kollegen erwartet. Im Extremfall kann die interaktionelle Exklusion eines Teils der Schülergruppe trotz räumlicher Inklusion zu einer weiteren Verfestigung des Sonderstatus der Schülerinnen und Schüler mit sonderpädagogischem Förderbedarf führen, gesteigert nur durch eine häufigere räumliche Trennung der Schülergruppen in einem sogenannten *Pull-out*-System (*Besenkammerintegration*, Albers 2012, S. 11).

In Bezug auf die Grundfunktion von Schule und Unterricht können die divergierenden Ausrichtungen zudem dergestalt unterschiedlich sein, dass die Lehrkräfte mit sonderpädagogischer Expertise ein stärker prozessorientiertes, auf Partizipation und individuelle Ziele ausgerichtetes Bildungsverständnis präferieren, während die Fachlehrkräfte als ihr regelschulisches Pendant stärker einem gruppenbezogenen und ergebnisorientierten Output-Verständnis anhängen (Stolz/Arnoldt 2007).

3.2.3 Schulstufen- und schulformbezogene Schulkulturen

Die Schule ist grundsätzlich als arbeitsteiliges Kooperationssystem konzipiert und letztendlich ist das System aus Lerngruppe und Lehrkraft beziehungsweise Lehrkräften in vielfältiger Weise sowohl mit der Einzelschule als auch der Gesellschaft verknüpft (Kullmann 2010; 2016). Entsprechend beeinflusst beispielsweise die Schulkultur aufgrund des Grades an vereinbarter Verbindlichkeit ganz wesentlich die Ausgestaltung der Kooperation (Richter/Pant 2016). Eine inklusive Schulkultur, die auf eine positive Zielinterdependenz der Beteiligten abzielt, daher feste Zeiten zur gemeinsamen Förderplanung im Schulprogramm verankert und gewichtete Ziele festlegt, begünstigt dadurch die Ausgestaltung von Arbeitsteilung und Vertrauen, in Abgrenzung zu kompetitiven Bedingungen in der traditionellen Schule (Ihme et al. 2012).

Vielfach wird die Kultur einer Einzelschule bereits durch die Schulform wesentlich bedingt. So divergieren die Primarstufe und die Sekundarstufe in ihrer relativen Gewichtung der Integrations- sowie der Qualifikations- und Allokationsfunktion der Schule (s. o.). Insbesondere an weiterführenden Schulen ist die Koordination zwischen den sonderpädagogischen Lehrkräften einerseits und den zahlreichen Fachlehrkräften andererseits mitunter deutlich schwieriger als an den viel stärker dem Klassenlehrerprinzip zugeneigten Grundschulen (Werning/Lohse 2011). Dies erscheint gerade für die Sekundarstufe insofern problematisch, als tendenziell ein Zusammenhang zwischen der Güte der Kooperation und den Lernleistungen der Schülerinnen und Schüler hergestellt werden kann (Kullmann 2013; Massenkeil & Rothland 2016).

4. Ausgewählte Beispiele kooperativer Professionalisierung

Damit die kooperationsbezogene Gleichung aus Lehrerperspektive nicht *geteilte Arbeit = doppelter Aufwand* lautet, haben sich in der Forschung zur Schul- und Unterrichtsentwicklung sowie zur Gestaltung der Lehrerprofessionalität verschiedene Systematiken und Programme entwickelt, aus denen wir hier ausgewählte Beispiele in konziser Form darstellen.

4.1 Co-Teaching

Diese Form der Kooperation umfasst die gemeinsame Planung und Durchführung von Unterrichtseinheiten durch mindestens zwei Lehrkräfte, wobei der Begriff bis in die jüngere Zeit fast ausschließlich domänenspezifisch im Bereich der Sonderpädagogik für die innerunterrichtliche Zusammenarbeit von Sonderpädagoginnen und -pädagogen mit Regelschullehrkräften verwendet wurde (Friend et al. 1993). Im Laufe der Zeit hat sich eine Systematik von sechs Arten des Co-Teachings etabliert, von der das *Teaming*, das heißt die gemeinsame, gleichberechtigte Aktion vor der gesamten Lerngruppe, nur eine darstellt. Weitere Arten sind etwa das *One-teach-one-assist*, welches mit der sonderpädagogischen Lehrkraft als assistierender Person innerhalb der Lerngruppe und der Regelschullehrkraft als zentral agierender Person die am häufigsten praktizierte sein dürfte, sowie das *Station Teaching*, bei welchem die beteiligten Lehrkräfte an jeweils einer von mehreren Lernstationen als Helferin oder Helfer zur Verfügung stehen oder auch einen gezielten Input geben (Friend et al. 2010).

Die unterschiedlichen Professionen können durch den gleichwertigen Einbezug in Unterrichtsentwicklungsprozesse tradierte Verhaltensweisen hinterfragen und ihre fachlichen Stärken zusammenführen, beispielsweise unterschiedliche Lerntempi innerhalb einer von Diversität geprägten Lerngruppe verwirklichen (Löser/Werning 2013; Lütje-Klose et al. 2014).

4.2   Professionelle Lerngemeinschaft

Professionelle Lerngemeinschaften werden mitunter als »Königsweg« der Unterrichtsentwicklung bezeichnet, was sich anhand mehrerer Forschungsergebnisse durchaus plausibilisieren lässt (z. B. Rolff 2014). Als ihre zentralen Charakteristika lassen sich die Entwicklung gemeinsamer Werte und Visionen, das Tragen gemeinsamer Verantwortung, die kooperationsbasierte Förderung des Lernens aller Mitglieder der Gemeinschaft selbst sowie die Durchführung reflektiver professioneller Analysen (*reflective professional inquiry*) nennen (siehe auch Kullmann 2016). Zu einem guten Stück setzen professionelle Lerngemeinschaften somit bereits eine funktionierende Kooperation und Zielinterdependenz voraus, zumindest aber die gemeinsame Verpflichtung, sich als Lehrergruppe im Sinne dieser Elemente zusammenzufinden.

Deutlich wird hierbei erneut die Notwendigkeit einer positiven Zielinterdependenz: Die definierten Ziele können nur durch ein Zusammenwirken aller Mitglieder realisiert werden. Durch die Betonung des Vorliegens einer *Lern*gemeinschaft wird deutlich, dass sich die *Lehrenden* selber als Lernende verstehen (ebd.). In diesen Gemeinschaften ergibt sich unter anderem die Möglichkeit, im gegenseitigen Austausch eine heterogenitätssensible Sichtweise auf Aspekte wie die Unterrichtsorganisation oder die Bewertungs- und Rückmeldekultur zu erwerben (Löser/Werning 2013).

4.3   *Collaborative Training* und integrierte Förderpädagogik im   Lehramtsstudium

Die kooperationsbezogenen Disparitäten zwischen Lehrkräften mit und ohne sonderpädagogischen Schwerpunkt haben ihren Anfang bereits in der universitären Ausbildungsphase. Hier werden die Studierenden in Bezug auf ihre spätere Tätigkeit bereits wesentlich geprägt, durch die Studieninhalte, aber auch durch sozialisatorische Prozesse im Umgang mit Dozentinnen und Dozenten, Peers oder künftigen Kolleginnen und Kollegen in den Praxisphasen.

Auch wurden die Themen Inklusion und sonderpädagogische Förderung für Lehramtsstudierende in »regelschulbezogenen Studiengängen« bislang unzureichend bedient und Kooperationen der Studierenden über Studiengangsgrenzen hinweg waren eine große Ausnahme (Döbert/Weishaupt 2013; Heinrich et al. 2013). Vor diesem Hintergrund lässt sich festhalten, dass spätere, kooperationsbezogene Problemlagen wie beispielsweise die unterschiedliche Fachsprache oder divergierende Rollenerwartungen bereits im Studium angelegt werden.

Neuere Entwicklungen wie die Studiengänge für das Lehramt mit integrierter Förderpädagogik an der Universität Siegen, der Universität Bielefeld und weiteren Standorten streben an, den gerade beschriebenen Defiziten entgegenzuwirken (z. B. Amrhein et al. 2015; Lütje-Klose et al. 2014). Gemäß des *Collaborative Training Models* (Stayton/McCollum 2002) besuchen hier Studierende mit und ohne einen sonderpädagogischen Schwerpunkt viele bildungswissenschaftliche Lehrveranstaltungen gemeinsam, während die Studierenden mit förderpädagogischem Ausbildungsschwerpunkt zusätzliche Kompetenzen in Bezug auf ausgewählte Förderbedarfe erhalten. Hierbei werden die Förderbedarfe *Lernen* sowie *emotionale und soziale Entwicklung* am intensivsten thematisiert.

Die Ausbildungsmodelle nehmen unter anderem besonderen Bezug auf den Abbau von Benachteiligungen, der in den gemeinsamen Aufgabenbereich von Sonder- und Regelschullehrkräften fällt. Durch die integrative Doppelqualifikation wird zudem der pädagogische Umgang mit Heterogenität mehrperspektivisch verschränkt (ebd.). Die Verankerung von inklusionssensiblen Inhalten in der Ausbildung der Lehrkräfte und damit indirekt auch in deren Werteüberzeugung, ist als ein erster wichtiger Schritt einzustufen, um Grundlagen für den produktiveren Unterricht in inklusiven Lerngruppen zu legen und Vorbehalte der Studierenden gegenüber dem gemeinsamen Unterrichten von Schülerinnen und Schülern mit und ohne sonderpädagogischen Förderbedarf abzubauen (Heinrich et al. 2013).

Waren diese Studienmodelle bislang lediglich Teil eines befristeten Versuchsstatus, kombiniert mit der Einrichtung zusätzlicher Studienplätze, so sieht die »Hochschulvereinbarung NRW 2021« zwischen der Landesregierung und den Hochschulen des Landes (zumindest im zweiten Entwurf) eine Verstetigung der betreffenden Mittel vor. Eine weitere, zielführende Maßnahme zur Förderung der Kompetenzen aller Lehramtsstudierenden des Landes Nordrhein-Westfalen für das Arbeiten in inklusiven Schulen – inklusive einer ausdrücklichen Berücksichtigung der Fähigkeit zur multiprofessionellen Kooperation – ist die im Frühjahr 2016 beschlossene Änderung des Lehrerausbildungsgesetzes. Dieses sieht für alle Lehramtsstudiengänge vor, »die Befähigung zu einem professionellen Umgang mit Vielfalt insbesondere mit Blick auf ein inklusives Schulsystem sowie die Befähigung zur Kooperation untereinander, mit den Eltern, mit anderen Berufsgruppen und Einrichtungen besonders zu berücksichtigen« (LABG 2016, § 2, Abs. 2).

5.   Schulbegleiter – *Paraprofessionals* als Teil der Vielfalt im Klassenzimmer

Eine weitere, im vorliegenden Beitrag bislang kaum thematisierte Personengruppe steigert die Vielfalt im Klassenzimmer mitunter entscheidend: Die Schulbegleiterinnen und -begleiter. Diese unterstützen durch pflegerische und pädagogische Maßnahmen einzelne Schülerinnen und Schüler im Hinblick auf Kommunikation oder die Umsetzung von Unterrichtsanforderungen während ihres Schultages, um ihnen die Teilhabe an der schulischen Gemeinschaft zu ermöglichen (Kißgen et al. 2013).

Unter einer kritischen Perspektive wird durch sie dem Mangel an Fachpersonal mit sonderpädagogischer Expertise in stark behelfsmäßiger Form begegnet, denn diese *Paraprofessionals* durchlaufen mitunter noch nicht einmal eine pädagogische Basisausbildung (Heinrich/Lübeck 2013). Ihre Bedeutung als Akteur nimmt dabei kontinuierlich zu, wie etwa der Anstieg der Inanspruchnahme von Schulbegleitern an nordrhein-westfälischen Förderschulen zwischen den Schuljahren 2000/2001 und 2010/2011 um das Dreißigfache eindrücklich zeigt (Kißgen et al. 2013, S. 271).

Dabei gestalten sich die verwendeten Bezeichnungen (Inklusions- oder Integrationshelfer/in, Schulbegleiter/in, Lernbegleiter/in, wahlweise auch -assistentinnen und -assistenten) ähnlich vielfältig wie ihre Interaktionskulturen in Bezug auf die zu betreuende Schülerin/den Schüler, die restliche Lerngruppe sowie das »eigentliche« pädagogische Personal (Heinrich/Lübeck 2013; Zumwald 2014). So können Schulbegleiterinnen und -begleiter neben einer konstruktiven Einbindung auch ihre Kompetenzen überschreiten und umgekehrt sind jene Lehrkräfte zu kritisieren, welche die eigentlich ihnen selbst gebührende Verantwortung für die gelingenden Lernprozesse wohlfeil an die Schulbegleiterin oder den -begleiter delegieren (Giangreco 2013).

Insbesondere mit Bezug auf soziale Inklusionsprozesse kann der alleinige Fokus einer Schulbegleiterin oder eines -begleiters auf die Lernende oder den Lernenden mit sonderpädagogischem Förderbedarf und deren exklusive Behandlung zu Stigmatisierungs- und Abhängigkeitseffekten führen (Zumwald 2014). Diese Effekte wiederum können die soziale Inklusion besonders vulnerabler Schülergruppen in ihre Peer-Group verhindern (vgl. Baumgardt 2016 in diesem Band).

Eine multiprofessionelle Förderplanung bietet zumindest die Chance durch ein *Learning-on-the-job* eine Gesamtstrategie zwischen Lehrerinnen und Lehrern sowie Schulbegleiterinnen und -begleitern zu entwickeln, beginnend etwa mit essenziellen Informationen zu den Lernzielen und -prozessen (Zumwald 2014). Insgesamt müssten die Schulbegleiterinnen und -begleiter in die Lage versetzt werden, die pädagogisch-didaktischen Zusammenhänge und Handlungskontexte zuverlässig in basaler Weise – und das heißt dann auch unterrichts-, erziehungs- und sozialisationstheoretisch – zu durchdringen, um in inklusiven Unterrichtssettings einen zuverlässig konstruktiven Beitrag leisten zu können.

6.   Ausblick

Unter einer skeptischen Perspektive scheint in Bezug auf die multiprofessionelle, neue Vielfalt im Klassenzimmer die Diskrepanz zwischen idealisierten, aber gerechtfertigten Ansprüchen einerseits und dem gelebten Schulalltag andererseits nur schwer überbrückbar, da tradierte Autonomie- und Segregationsmuster überwunden werden müssen. Das Fehlen struktureller, finanzieller und zeitlicher Ressourcen vergrößert diese Herausforderung zusätzlich (vgl. Hintz/ Paal/Kleeberg 2016 in diesem Band).

Schließen möchten wir diesen Beitrag daher mit einem Blick auf das Geschwister-Scholl-Gymnasium Pulheim sowie die Grundschule Ernst-Moritz-Arndt in Espelkamp, zwei Träger des Jakob-Muth-Preises für inklusive Schulen (Bertelsmann Stiftung 2016). Dieser Preis ist benannt nach Professor Jakob Muth (1927–1993), einem Pionier der gemeinsamen Bildung von Kindern mit und ohne sonderpädagogischen Förderbedarf. Beide Schulen stehen stellvertretend für die Machbarkeit des o.g. Brückenschlags in den jeweiligen Schulstufen des allgemeinen Bildungssystems. Sie haben sich für inklusives Lernen geöffnet und in ihrer Schulkultur die kooperative Planung und Beschulung von Kindern und Jugendlichen mit und ohne sonderpädagogischen Förderbedarf im Tandem von Regel- und Förderschullehrkräften erfolgreich realisiert (ebd.). An der Grundschule Ernst-Moritz-Arndt sind beispielsweise gemeinsame Besprechungen zur kooperativen Unterrichtsplanung fest im Stundenplan verankert, auch unter Einbezug von Schulbegleitern, die durch die Organisation in Pools bedarfsgerecht agieren und sich selbst als Teil des Klassenlehrerteams und daher als für die gesamte Klasse zuständig verstehen (ebd.).

Am Beispiel solcher Schulen lässt sich illustrieren, dass die multiprofessionelle Kooperation kein abgegrenztes Interaktionsgefüge darstellt, sondern in einen ganzheitlichen inklusiven Schulentwicklungsprozess eingebettet ist (Arndt/Werning 2015). Dabei liegen in der Schaffung eines gemeinschaftlichen Problembewusstseins sowie der Erzeugung einer optimistischen Haltung in Bezug auf die notwendigen und lohnenswerten Entwicklungsziele, erste und wichtige Schritte hin zu einer gelingenden inklusiven Schule. Die Identifizierung von Kooperationshindernissen erfordert zudem Offenheit und Wertekongruenz auf der Basis persönlichen Vertrauens, welches nur durch die langfristige und kontinuierliche Tätigkeit von Sonderpädagoginnen und -pädagogen an einer Schule – und eben nicht nur einer stundenweisen – aufgebaut werden kann. Auch ist die Bereitstellung ausreichender zeitlicher Ressourcen für Teamsitzungen, Planungs- und Reflexionszeiten sowie Supervision und Fortbildungen unerlässlich (Werning/Lohse 2011; Arndt/Werning 2013).

Die größte Herausforderung liegt sicherlich in der schulweiten Schaffung einer positiven Fehlerkultur, in der Feedback konstruktiv erteilt und aufgenommen wird (Bauer 2008; Kullmann 2010). Schulentwicklung im Allgemeinen stellt einen langsamen und von immer neuen Herausforderungen geprägten Prozess dar. Das Prinzip von »Schule als Problemlösemodus« wird jedoch von immer mehr Schulen anerkannt und angestrebt. Hier können die Gewinner des Jakob-Muth-Preises als Leuchtturmprojekte Pate stehen. Das übergeordnete Ziel sollte allen Beteiligten stets als motivierendes Element vor Augen stehen: Es geht um nichts weniger als die Durchsetzung des Menschenrechts auf größtmögliche Partizipation aller am gesellschaftlichen Leben.

Literatur

Albers, Timm (2012): Multiprofessionell unterrichten. Gemeinsames Unterrichten in inklusiven Lerngruppen. Grundschule, 44 (3), S. 10–13.

Amrhein, Bettina/Lütje-Klose, Birgit/Miller, Susanne (2015): Das Bielefelder Modell der integrierten Sonderpädagogik. Wege aus dem Dilemma des Aufbaus einer inklusionssensiblen Lehrerbildung. In: Huber, Stephan Gerhard (Hrsg.), Jahrbuch Schulleitung 2015. Köln, S. 224–240.

Arndt, Ann-Kathrin/Werning, Rolf (2015): Inklusion als Anlass zur schulweiten Unterrichtsentwicklung. In: Rolff, Hans-Günter (Hrsg.), Handbuch Unterrichtsentwicklung. Weinheim, S. 511–524.

Bauer, Karl Oswald (2008): Lehrerinteraktion und -kooperation. In: Helsper, Werner/Böhme, Jeanette (Hrsg.), Handbuch der Schulforschung. 2. Aufl. Wiesbaden, S. 839–856.

Baumgardt, Iris (2016): Vielfalt im Klassenzimmer – Chancen und Herausforderungen auf dem Weg zur inklusiven Grundschule. Beitrag in diesem Band (DIAGONAL 37).

Bertelsmann Stiftung (2016): Preisträger: Jakob-Muth-Preis. www.jakobmuthpreis.de/preistraeger (zuletzt abgerufen am 14.06.2016).

Deci, Edward L./Ryan, Richard M. (2008): Self-determination theory: A macrotheory of human motivation, development, and health. Canadian Psychology 49 (3), S. 182–185.

Döbert, Hans/Weishaupt, Horst (2013): Forschungsperspektiven und Handlungserfordernisse zur Professionalisierung von Fachkräften für inklusive Bildung. In: Döbert, Hans/Weishaupt, Horst (Hrsg.), Inklusive Bildung professionell gestalten. Münster, S. 263–281.

Edmondson, Amy C./Lei, Zhike (2014): Psychological safety: The history, renaissance, and future of an interpersonal construct. Annual Review of Organizational Psychology and Organizational Behavior 1 (1), S. 23–43.

Fend, Helmut (1981): Theorie der Schule. 2. Aufl. München.

Feuser, Georg (2011): Entwicklungslogische Didaktik. In: Kaiser, Astrid/Schmetz, Ditmar/ Wachtel, Peter/Werner, Birgit (Hrsg.), Didaktik und Unterricht. Stuttgart, S. 86–100.

Friend, Marilyn/Cook, Lynne/Hurley-Chamberlain, Deanna/Shamberger, Cynthia (2010): Co-teaching: An illustration of the complexity of collaboration in special education. Journal of Educational and Psychological Consultation 20 (1), S. 9–27.

Friend, Marilyn/Reising, Monica/Cook, Lynne (1993): Co-Teaching: An overview of the past, a glimpse at the present, and considerations for the future. Preventing School Failure. Alternative Education for Children and Youth 37 (4), S. 6–10.

Gebhardt, Markus/Schwab, Susanne/Krammer, Mathias (2015): General and special education teachers' perceptions of teamwork in inclusive classrooms at elementary and secondary schools. Journal for Educational Research Online 7 (2), S. 129–146.

Giangreco, Michael F. (2013): Teacher assistant supports in inclusive schools: research, practices and alternatives. Australasian Journal of Special Education 37 (2), S. 1–14.

Gräsel, Cornelia/Fußangel, Kathrin/Pröbstel, Christian (2006): Lehrkräfte zur Kooperation anregen – eine Aufgabe für Sisyphos? Zeitschrift für Pädagogik 52 (2), S. 205–219.

Halbheer, Ueli/Kunz, André (2011): Kooperation von Lehrpersonen an Gymnasien. Eine qualitative und quantitative Analyse der Wahrnehmung von Lehrpersonen aus schul- und governancetheoretischer Perspektive. Wiesbaden.

Hatano, Giyoo/Inagaki, Kayoko (1986): Two courses of expertise. In: Stevenson, Harold/ Azuma, Hiroshu/Hakuta, Kenji (Hrsg.), Child Development and Education in Japan. New York, S. 262–272.

Heinrich, Martin/Lübeck, Anika (2013): Hilflose häkelnde Helfer? Zur pädagogischen Rationalität von Integrationshelfer/inne/n im inklusiven Unterricht. Bildungsforschung 10 (1), S. 91–110.

Heinrich, Martin/Urban, Michael/Werning, Rolf (2013): Grundlagen, Handlungsstrategien und Forschungsperspektiven für die Ausbildung und Professionalisierung von Fachkräften für inklusive Schule. In: Döbert, Hans/Weishaupt, Horst (Hrsg.), Inklusive Bildung professionell gestalten. Münster, S. 69–133.

Hintz, Anna-Maria/Paal, Michael/Kleeberg, Pascal (2016): Heterogenität als Chance und Herausforderung – Schulische Inklusion aus Sicht von Grundschul- und Förderlehrkräften. Beitrag in diesem Band (DIAGONAL 37).

Ihme, Toni Alexander/Schwartz, Katja/Möller, Jens (2012): Sozialpsychologische Erklärungsansätze kooperativen Lehrens. In: Huber, Stephan Gerhard/Ahlgrimm, Frederik (Hrsg.), Kooperation in der Schule. Münster, S. 125–140.

Kißgen, Rüdiger/Franke, Sebastian/Ladinig, Barbara/Mays, Daniel/Carlitscheck, Jessica (2013): Schulbegleitung an Förderschulen in Nordrhein-Westfalen: Ausgangslage, Studienkonzeption und erste Ergebnisse. Empirische Sonderpädagogik 5 (3), S. 263–276.

Köker, Anne (2012): Bedeutungen obligatorischer Zusammenarbeit von Lehrerinnen und Lehrern. Eine neue Perspektive auf Professionelle Lerngemeinschaften. Bad Heilbrunn.

Kullmann, Harry (2010): Lehrerkooperation – Ausprägung und Wirkungen am Beispiel des naturwissenschaftlichen Unterrichts an Gymnasien. Münster.

Kullmann, Harry (2013): Der Zusammenhang von Lehrerkooperation und Schulleistung – Zentrale Befunde und Perspektiven für die Forschung. In: Keller-Schneider, Manuela/

Albisser, Stefan/Wissinger, Jochen (Hrsg.), Professionalität und Kooperation in Schulen. Beiträge zur Diskussion über Schulqualität. Bad Heilbrunn, S. 123–137.

Kullmann, Harry (2015): Von Krähen und Riesen. Autonome und gemeinschaftliche Wege zur Reduktion von Unterrichtsstörungen. Friedrich Jahresheft 33, S. 100–101.

Kullmann, Harry (2016): Kollegiale Kooperation im Lehrerberuf. In: Rothland, Martin (Hrsg.), Beruf Lehrer/Lehrerin. Ein Studienbuch. Münster, S. 333–349.

Kullmann, Harry/Lütje-Klose, Birgit/Textor, Annette (2014): Eine Allgemeine Didaktik für inklusive Lerngruppen – fünf Leitprinzipien als Grundlage eines Bielefelder Ansatzes der Inklusiven Didaktik. In: Amrhein, Bettina/Dziak-Mahler, Myrle (Hrsg.), Fachdidaktik inklusiv – Auf der Suche nach didaktischen Leitlinien für den Umgang mit Vielfalt in der Schule. Münster, S. 89–107.

Lampert, Magdalene (2001): Teaching problems and the problems of teaching. New Haven.

LABG 2016 – Landesregierung Nordrhein-Westfalen (2016): Gesetz zur Änderung des Lehrerausbildungsgesetzes (LABG) vom 26. April 2016. Gesetz- und Verordnungsblatt, Ausgabe 2016, Nr. 12, vom 6.5.2016, S. 223.

Lindmeier, Bettina/Beyer, Tomke (2015): Inklusion als Querschnittsaufgabe in der Erziehungswissenschaft. Erziehungswissenschaft 26 (51), S. 7–16.

Lortie, Dan C. (1975): Schoolteacher: A sociological study. Chicago.

Löser, Jessica M./Werning, Rolf (2013): Inklusion aus internationaler Perspektive. Ein Forschungsüberblick. Zeitschrift für Grundschulforschung 6 (1), S. 21–33.

Luhmann, Niklas (2000): Vertrauen: ein Mechanismus der Reduktion sozialer Komplexität. 4. Aufl. Stuttgart.

Lütje-Klose, Birgit/Miller, Susanne/Ziegler, Holger (2014): Professionalisierung für die inklusive Schule als Herausforderung für die LehrerInnenbildung. Soziale Passagen 6, S. 69–84.

Massenkeil, Julius/Rothland, Martin (2016): Kollegiale Kooperation im Lehrerberuf. Überblick und Systematisierung aktueller Forschung. Schulpädagogik heute 7 (13), S. 1–28.

Mays, Daniel (2014): Drei Freunde müsst ihr sein!? Pädagogische Fachkräfte in der Schule stärken – Teamstrukturen in inklusiven Klassen entwickeln. Jugendhilfe 52 (1), S. 57–61.

Morgenroth, Stefanie (2015): Lehrerkooperation unter Innovationsstress: Soziale Stressbewältigung als wertvoller Wegweiser. Wiesbaden.

Pearson, L. Carolyn/Moomaw, William (2005): The relationship between teacher autonomy and stress, work satisfaction, empowerment, and professionalism. Educational Research Quarterly 29 (1), S. 38–54.

Reich, Kersten/Asselhoven, Dieter/Kargl, Silke (2015): Eine inklusive Schule für alle. Das Modell der Inklusiven Universitätsschule Köln. Weinheim.

Richter, Dirk/Pant, Hans Anand (2016): Lehrerkooperationen in Deutschland. Eine Studie zu kooperativen Arbeitsbeziehungen bei Lehrkräften der Sekundarstufe I. Gütersloh.

Rolff, Hans-Günter (2007): Studien zu einer Theorie der Schulentwicklung. Weinheim.

Rolff, Hans-Günter (2014): Professionelle Lerngemeinschaften als Königsweg von Unterrichtsplanung? In: Holtappels, Heinz Günter (Hrsg.), Schulentwicklung und Schulwirksamkeit als Forschungsfeld. Theorieansätze und Forschungserkenntnisse zum schulischen Wandel. Münster, S. 195–218.

Rolff, Hans-Günter/Steinweg, A. (1980): Realität und Entwicklung von Lehrerkooperation. In: Rolff, Hans-Günter (Hrsg.), Soziologie der Schulreform. Theorien, Forschungsberichte, Praxisberatung. Weinheim, S. 113–129.

Schimank, Uwe (2014): Governance und Professionalisierung. In: Maag Merki, Katharina/ Langer, Roman/Altrichter, Herbert (Hrsg.), Educational Governance als Forschungsperspektive. 2. Aufl. Wiesbaden, S. 131–153.

Sizer, Theodore R. (1984): Horace's compromise. The dilemma of the American high school. Boston.

Spieß, Erika (2004): Kooperation und Konflikt. In: Schuler, Heinz (Hrsg.), Organisationspsychologie – Gruppe und Organisation. Göttingen, S. 193–247.

Stayton, Vicki D./McCollum, Jeanette (2002): Unifying general and special education: What does the research tell us? Teacher Education and Special Education 25 (3), S. 211–218.

Stern, Elsbeth (2009): Implizite und explizite Lernprozesse bei Lehrerinnen und Lehrern. In: Zlatkin-Troitschanskaia, Olga/Beck, Klaus/Sembill, Detlef/Nickolaus, Reinhold/ Mulder, Regina (Hrsg.), Lehrprofessionalität. Bedingungen, Genese, Wirkungen und ihre Messung. Weinheim, S. 355–364.

Stolz, Heinz-Jürgen/Arnoldt, Bettina (2007): Ansätze zur empirischen Rekonstruktion von Bildungsprozessen in Zusammenwirken von Jugendhilfe und Schule. In: Bettmer, Franz (Hrsg.), Ganztagsschule als Forschungsfeld. Wiesbaden, S. 213–235.

Textor, Annette/Kullmann, Harry/Lütje-Klose, Birgit (2014): Eine Inklusion unterstützende Didaktik – Rekonstruktionen aus der Perspektive inklusionserfahrener Lehrkräfte. Jahrbuch für Allgemeine Didaktik 4, S. 69–91.

Tillmann, Klaus-Jürgen (2004): System jagt Fiktion – Die homogene Lerngruppe. Friedrich Jahresheft 22, S. 6–9.

Thurn, Susanne/Tillmann, Klaus-Jürgen (2011): Laborschule – Schule der Zukunft. 2. Aufl. Bad Heilbrunn.

Trapp, Ernst Christian (1780/1977): Versuch einer Pädagogik. Mit Trapps hallischer Antrittsvorlesung: Von der Nothwendigkeit, Erziehen und Unterrichten als eine eigne Kunst zu studiren. Halle 1779. Unveränderter Nachdruck der 1. Ausgabe. Paderborn.

Trautmann, Matthias/Wischer, Beate (2011): Heterogenität in Schule und Unterricht. Eine kritische Einführung. Wiesbaden.

UN-BRK (2008): Gesetz zu dem Übereinkommen der Vereinten Nationen vom 13. Dezember 2006 über die Rechte von Menschen mit Behinderungen. Bundesgesetzblatt Teil II Nr. 35, ausgegeben zu Bonn am 31. Dezember 2008, S. 1419–1457.

VBW – Vereinigung der Bayerischen Wirtschaft (Hrsg.) (2007): Bildungsgerechtigkeit. Jahresgutachten 2007. Wiesbaden.

Vollmer, Albert (2016): Interprofessionelle Kooperation. In: Dick, Michael/Korfmacher, Susanne/Marotzki, Winfried/Mieg, Harald (Hrsg.), Handbuch Professionsentwicklung. Bad Heilbrunn, S. 251–262.

Werning, Rolf/Lohse, Simone (2011): Gutachten. Kompetenzzentren für sonderpädagogische Förderung im Bereich der Lern- und Entwicklungsstörungen in Nordrhein-Westfalen. Hannover.

Zumwald, Bea (2014): Spannungsfelder beim Einsatz von Klassenassistenzen. Schweizerische Zeitschrift für Heilpädagogik 20 (4), S. 21–27.

Iris Baumgardt*

Vielfalt im Klassenzimmer – Chancen und Herausforderungen auf dem Weg zur inklusiven Grundschule

Vielfalt im Klassenzimmer stellt für Lehrkräfte an Grundschulen keine Herausforderung dar, die sich durch die Inklusionsdebatte in den letzten Jahren von Grund auf neu gestellt hätte (vgl. u. a. Prengel 2006). Der Umgang mit heterogenen Lerngruppen, insbesondere in den Anfangsklassen, ist vielmehr als Spezifikum anzusehen, das die Grundschule seit ihrer Einrichtung begleitet. Gleichwohl eröffnet der Artikel 24 des Übereinkommens über die Rechte von Menschen mit Behinderungen (»inclusive, quality and free primary education (…) on an equal basis with others in the communities in which they live«; United Nations 2006b) neue Handlungsmöglichkeiten und -notwendigkeiten für die Grundschulen, die die Lernprozesse aller Kinder in den Blick nehmen.

Im vorliegenden Beitrag wird zunächst die Frage der Vielfalt im Hinblick auf die Inklusions- bzw. Exklusionsquote an den Grundschulen in NRW aufgeworfen (Abschnitt 1.). Anschließend wird anhand von ausgewählten Aspekten untersucht, inwiefern der gemeinsame Unterricht von allen Kindern als Chance bzw. als Herausforderung für die inklusive Grundschule gesehen werden kann (Abschnitt 2.).

1. Inklusions- oder Exklusionsquote als Indikator für Vielfalt im Klassenzimmer

»Die Inklusionsquote steigt!« Deutschlandweit nimmt der Anteil von Schülerinnen und Schülern mit diagnostiziertem sonderpädagogischen Förderbedarf (SPF), die inklusiv an allgemeinen Schulen unterrichtet werden, zu. Konkret stieg im Zeitraum von 2008/09 bis 2013/14 die Inklusionsquote in Deutschland von 1,1 % auf 2,1 % (Klemm 2015, S. 38). Eine ähnliche Entwicklung ist an den

* Univ.-Prof. Dr. Iris Baumgardt, Universität Siegen, Fakultät II (Bildung – Architektur – Künste), Department Erziehungswissenschaft – Psychologie, Lehrstuhl Erziehungswissenschaft mit dem Schwerpunkt Schul- und Unterrichtsentwicklung in der Grundschule.

Grundschulen in Nordrhein-Westfalen (NRW) zu beobachten: Im Schuljahr
2013/14 besuchten 38 % der Kinder mit sonderpädagogischem Förderbedarf
eine Regelgrundschule (»Inklusionsanteil«, siehe Ministerium für Schule und
Weiterbildung des Landes Nordrhein-Westfalen 2016) – im Gegensatz zum Jahr
1991, in dem nur 2,6 % der Kinder mit sonderpädagogischem Förderbedarf eine
Regelgrundschule besucht haben.

Damit scheint im Hinblick auf die Frage, wer inkludiert ist, das heißt wer
überhaupt im Klassenzimmer der Regelgrundschule sitzen darf, in NRW ein
beachtlicher Schritt vollzogen worden zu sein. Auf den zweiten Blick ergibt sich
jedoch ein differenziertes Bild:

Kloth untersuchte für den Zeitraum von 1992–2012/13 die Umsetzung der
Inklusion an Grundschulen in NRW auf der Grundlage der Daten zur sonderpädagogischen Förderung, die durch das Ministerium für Schule und Weiterbildung des Landes Nordrhein-Westfalen herausgegeben werden (Kloth 2015).
Danach bestätigt sich, dass der Anteil der Schülerinnen und Schüler mit sonderpädagogischem Förderbedarf, die inklusiv an einer Grundschule in NRW
unterrichtet werden – im Verhältnis zu allen Kindern mit sonderpädagogischem
Förderbedarf – in den letzten Jahren erheblich zugenommen hat (»Inklusionsanteil« bezogen auf die Primarstufe, nach Kloth: »Inklusionsquote«, siehe Kloth
2015, S. 3, Abb.1).

Wenn mehr Schülerinnen und Schüler mit sonderpädagogischem Förderbedarf inklusiv unterrichtet werden, dann wäre zu vermuten, dass im Zuge
dieser Entwicklung die Zahl der Kinder, die an Förderschulen unterrichtet
werden, abnimmt. Mit anderen Worten: Es wäre zu erwarten, dass bei einem
Anstieg der Inklusionsquote die Exklusionsquote (bezogen auf die Primarstufe,
nach Kloth: »Förderschulbesuchsquote«) entsprechend absinkt. Das Gegenteil
ist jedoch der Fall, die Exklusionsquote stieg an: 1991 besuchten 3,64 % der
Kinder aus der Primarstufe eine Förderschule, im Jahr 2012 waren dies 4,67 % –
das heißt es handelt sich hier um einen Anstieg um 28 % (Kloth 2015, S. 8).

Wie kann es sein, dass sowohl die Inklusions- als auch die Exklusionsquote
steigen? Die Erklärung liegt im Anstieg der Förderquote: Der Anteil der Kinder
mit diagnostiziertem Förderbedarf (im Verhältnis zu allen Schülerinnen und
Schülern in der Primarstufe) ist gestiegen. Im Jahr 1991 wurde 3,7 % aller
Schülerinnen und Schüler sonderpädagogischer Förderbedarf zugeschrieben –
im Jahr 2012/2013 hat sich diese Zahl fast verdoppelt (7 %, vgl. Kloth 2015, S. 5).
Es ist sozusagen eine Gruppe von »neuen Förderschülern« (Kloth 2015) entstanden. Kloth vermutet, dass diese neuen, »inklusiv beschulten Förderschüler
(…) aus der Grundschulschülerschaft stammen« und dass »die Umsetzung der
Inklusion nicht etwa dazu geführt hat, dass mehr Förderschüler inklusiv beschult werden, sondern dass mehr SuS stigmatisiert werden« (Kloth 2015, S. 13).
Klemm kommt in seiner auf ganz Deutschland bezogenen Studie zu einem

ähnlichen Schluss: Der Anstieg der Inklusionsquote ist der Tatsache geschuldet, dass bei mehr Kindern sonderpädagogischer Förderbedarf diagnostiziert wurde – damit seien »die Inklusionsanstrengungen der letzten Jahre weitgehend verpufft« (Klemm 2015, S. 38).

Kloth vermutet als eine Erklärungsursache für die Entstehung dieser Gruppe der »neuen Förderschüler in NRW« (Kloth 2015) die Kopplung der Ressourcenverteilung an die Anzahl der Kinder mit diagnostiziertem sonderpädagogischen Förderbedarf (»Ressourcen-Etikettierungs-Dilemma«): Zusätzliche Mittel und Ressourcen sind begründungspflichtig – diese Legitimation von zusätzlichen Lehrerstunden erfolgte bislang unter anderem über die Diagnose »Sonderpädagogischer Förderbedarf«. Gleichzeitig ist diese – aus Sicht der Schule nachvollziehbare – Begründung für die Steigerung von Lehrerstunden verbunden mit der Etikettierung des einzelnen Kindes als »Förderschüler/-in« – mit in der Regel langfristigen Folgen für die gesamte schulische und berufliche Laufbahn.

Vor diesem Hintergrund werden die aktuellen Entwicklungen in NRW mit Spannung zu beobachten sein: Mit dem Schuljahr 2014/15 wurde die Zuordnung von Lehrerstunden in Abhängigkeit vom sonderpädagogischen Förderbedarf des einzelnen Kindes zu einer stärker systemisch orientierten Ressourcenvergabe hin verlagert (vgl. Ministerium für Schule und Weiterbildung des Landes Nordrhein-Westfalen 2015). Diese Umsteuerung der Ressourcenvergabe kann zunächst als Chance für den Versuch eines de-etikettierenden Umgangs betrachtet werden. Inwieweit diese Absicht von Erfolg gekrönt sein wird, ist aktuell nicht abzusehen. Weiterhin bleibt abzuwarten, inwiefern in der Folge der veränderten Ressourcensteuerung die Förderquote spürbar absinken wird. Und wenn die Förderquote sinken sollte, wäre zu prüfen, inwieweit diese Entwicklung vorrangig auf die Umstellung der Ressourcenvergabe zurückzuführen ist. Denn nach der 2014 in NRW geänderten Verordnung über die sonderpädagogischen Förderung (AO-SF 2014) entscheiden nun in der Regel die Eltern über die Frage, ob sie für ihr Kind einen Antrag auf Eröffnung des Verfahrens im Hinblick auf sonderpädagogischen Förderbedarf stellen wollen – und nicht mehr (vorrangig) die Schule. Diese Neuregelung kann möglicherweise dazu führen, dass generell weniger Anträge gestellt werden, in denen die sonderpädagogische Förderung geprüft werden soll.

Weder die Förderquote noch die Inklusionsquote können Auskunft darüber geben, wie viele Kinder noch nicht gemeinsam unterrichtet werden. Um zu aussagefähigen Antworten darüber zu kommen, wie viele Kinder aufgrund des ihnen zugeschriebenen sonderpädagogischen Förderbedarfes vom allgemeinen Schulbesuch ausgeschlossen sind, muss der Fokus verschoben werden (vgl. Klemm 2015, S. 40): Als maßgeblicher Indikator als Antwort auf die Frage, wie es in Zukunft um die Vielfalt im Klassenzimmer bestellt sein wird, das heißt wer überhaupt die Grundschule im Einzugsbereich besuchen darf und wer nicht, ist die Exklusionsquote anzusehen. Der zentrale Handlungsbedarf liegt weiterhin darin, die Exklusionsquote zu senken, das heißt Kinder mit sonderpädagogischen Förderbedarf nicht in Förderschulen zu separieren, sondern ihnen den Besuch der allgemeinen Grundschule zu ermöglichen. Inklusion endet jedoch nicht damit, dass möglichst viele verschiedene Kinder aus dem Einzugsbereich im Klassenzimmer sitzen – sie fängt damit erst richtig an: Im Artikel 24 der UN-Konvention über die Rechte von Menschen mit Behinderungen wird nicht nur die Notwendigkeit eines *inklusiven* Unterrichts, sondern zugleich eines qualitativ *hochwertigen* Unterrichts an Grundschulen betont (United Nations 2006a) – und über die Qualität von Unterricht kann die Exklusionsquote naturgemäß keine Auskunft geben.

2.   Chancen und Herausforderungen: Auf dem Weg zur inklusiven Grundschule

Der Zugang – access – stellt die grundlegende Voraussetzung für die Entwicklung einer anspruchsvollen, qualitativ hochwertigen inklusiven Grundschule überhaupt erst her. Das gemeinsame Lernen von Kindern mit und ohne diagnostiziertem sonderpädagogischen Förderbedarf bewegt sich in einem Spannungsfeld von Chancen und Herausforderungen, die in ausgewählten Aspekten kurz skizziert werden.

Ein zentrales Kriterium für den gemeinsamen Schulbesuch von Kindern mit und ohne sonderpädagogischem Förderbedarf liegt in der Frage des Kompetenzerwerbs. Lernen Schülerinnen und Schüler mit sonderpädagogischem Förderbedarf besser, wenn sie gemeinsam mit allen Kindern inklusiv an Grundschulen unterrichtet werden – oder erwerben sie mehr Kompetenzen, wenn sie separiert an Förderschulen lernen?

Kocaj et al. (2014) haben untersucht, ob Kinder mit sonderpädagogischem Förderbedarf (in den Bereichen Lernen, Sprache, emotionale und soziale Entwicklung) besser gemeinsam mit allen Kindern in Regelschulen lernen oder in Förderschulen. Um diese Frage zu beantworten, wurden anhand der Daten des IQB [Institut zur Qualitätsentwicklung im Bildungswesen]-Ländervergleichs Primarstufe 2011 (Stanat et al. 2012) die Kompetenzen von Kindern mit sonderpädagogischem Förderbedarf an Regelschulen mit denen und an Förderschulen verglichen. Die Untersuchung kam zu dem Ergebnis, dass »Kinder mit SPF an Grundschulen signifikant höhere Kompetenzwerte im Lesen, Zuhören und in Mathematik aufweisen als vergleichbare Schüler an Förderschulen«

(Kocaj et al. 2014, S. 165). Vor dem Hintergrund dieser Studie stellt der gemeinsame Unterricht von allen Kindern insbesondere eine Chance auf höhere Kompetenzwerte für Kinder mit sonderpädagogischem Förderbedarf dar – insbesondere wenn die Bereiche Lernen, Sprache sowie emotionale und soziale Entwicklung berührt sind.

Der Kompetenzerwerb kann jedoch nicht als alleiniges Kriterium für ein qualitativ hochwertiges Bildungssystem angesehen werden. Vielmehr stellt sich die Frage nach der sozialen Inklusion von Kindern, die zwar »da«, aber möglicherweise nicht »dabei« sind. So warnt Mary Warnock in ihrem Aufsatz »Special Educational Needs: A New Look« von 2012 bezogen auf die Entwicklung in Großbritannien sogar vor dem Ideal der inklusiven Schule: »even if inclusion is an ideal for society in general, it may not always be an ideal for school« (Warnock 2012, S. 35, zusammenfassend siehe Biewer/Fasching 2012). Sie begründet diese Position mit Blick auf die Perspektive von Kindern mit schweren Behinderungen. Warnock schildert, wie Schülerinnen und Schüler mit Down-Syndrom oder Autismus mit zunehmenden Alter sozial und emotional ausgeschlossen werden (vgl. Warnock 2012, S. 30). Um vulnerable Schülerinnen und Schüler zu schützen (»life on the school bus or in the school grounds may still be traumatic for them«; Warnock 2012, S. 35), plädiert sie für ein gemeinsames Erziehungssystem, das auch durch anspruchsvolle kleine Sonderschulen gekennzeichnet ist (vgl. Warnock 2012, S. 41).

Unabhängig von der Frage, ob Warnocks kritische Analyse der britischen Entwicklung und insbesondere ihre Schlussfolgerungen auf die Situation in Deutschland übertragbar wären – Warnock richtet den Blick auf die Verletzlichkeit von Schülerinnen und Schülern und damit auf die Aufgabe, nicht nur für deren Kompetenzerwerb, sondern auch für ihren Schutz Sorge zu tragen. Warnock sieht diese Schwierigkeiten insbesondere für den Besuch der weiterführenden Schulen. Jedoch kann bereits für die inklusive Grundschule die Frage nach dem Umgang mit Kindern – sei es mit oder ohne sonderpädagogischem Förderbedarf – die zwar physisch inkludiert, sich jedoch sozial/emotional ausgeschlossen fühlen, als besondere Herausforderung benannt werden. Soziale Eingebundenheit und Gemeinsamkeit in heterogenen Lerngruppen »stellt sich keineswegs von selbst her« (Prengel 2006, S. 161), sondern kann durch die Lehrerinnen und Lehrer und deren didaktischen Überlegungen aktiv gefördert werden – oder auch nicht (zur Einstellung von Lehrkräften vgl. Hintz/Paal/Kleeberg 2016, zur Bedeutung von strukturierter multiprofessioneller Kooperation vgl. Batzdorfer/Kullmann 2016 in diesem Band). Verschiedene Studien belegen, dass Schülerinnen und Schüler mit Förderbedarf »über weniger freundschaftliche Netzwerke verfügen, weniger Akzeptanz erfahren, häufiger von Ausgrenzung betroffen sind und seltener mit Mitschüler/-innen interagieren als Schüler/-innen ohne Förderbedarf« (Serke et al. 2015, S. 256). Daher ist abschließend nach Aspekten der Schul- und Unterrichtsentwicklung zu fragen, die dazu beitragen können, dass sich die Schülerinnen und Schüler an ihrer Schule wohl fühlen und gleichzeitig ihre Leistungen steigern können.

Hinweise auf mögliche relevante Schritte auf dem Weg zur inklusiven Grundschule gibt die Studie BiLieF (Serke et al. 2015, S. 265): Danach wird ein Zusammenhang zwischen besonders hohen Wohlbefindens- und Leistungswerten der Schülerinnen und Schüler mit Förderbedarf Lernen und spezifischen Merkmalen einer inklusiven Grundschule hergestellt. Eine Grundschule, an der sich die Kinder wohl fühlen *und* die gleichzeitig auf hohe Leistungswerte ihrer Schülerinnen und Schüler verweisen kann, ist danach gekennzeichnet durch
– »die starke Ausprägung einer inklusiven Grundhaltung und
– das hohe Maß an demokratischen Strukturen (…),
– einer umfangreiche Individualisierung,
– einer geringen äußeren Differenzierung sowic (…)
– einer hohen sozialen Partizipation der Schüler/-innen mit Förderbedarf«
  (Serke et al. 2015, S. 265).

Diese Merkmale können als mögliche »Wegweiser« für die Schulen angesehen werden, die sich auf dem Weg zur inklusiven Grundschule befinden – und die die Schülerinnen und Schüler nicht allein auf ihre schulischen Leistungen reduzieren wollen. Inwiefern damit auch hochgradig vulnerable Kinder geschützt werden können, kann an dieser Stelle nicht beantwortet werden. Beide Aspekte – die soziale Inklusion der Schülerinnen und Schüler und deren Kompetenzerwerb – sind jedoch nicht unabhängig von den in den Grundschulen zur Verfügung stehenden personellen Ressourcen zu betrachten. Wenn in einer aktuellen Befragung der Grundschulen in NRW »69,9 Prozent der befragten Lehrkräfte angeben, dass die Schule nicht die Förderung anbieten kann, die die Schülerinnen und Schüler benötigen, um individuell gefördert« zu werden (VBE NRW 2016), ist dringender Handlungsbedarf gegeben.

Die Entwicklung der inklusiven Grundschule wird weiterhin von spezifischen Herausforderungen, aber auch von Chancen geprägt sein. Auch wenn alle Kinder aus dem Stadtteil Zugang zu »ihrer« Schule haben, stellt sich die Frage nach der Qualität der Schule: Nicht nur die Leistung und soziale Inklusion der Schülerinnen und Schüler mit und ohne sonderpädagogischem Förderbedarf, sondern auch die Haltung, Wertschätzung und das Wohlbefinden der Lehrkräfte, der Schulleitung, der Schulhelfer/innen und der Erzieher/innen sowie die der Schule zur Verfügung gestellten Ressourcen stellen relevante Aspekte für eine qualitativ hochwertige inklusive Grundschule dar.

Zum allgemeinen Verständnis (Klemm 2015, S. 28):
»*Förderquoten* geben den Anteil der Schülerinnen und Schüler mit Förderbedarf an allen Schülerinnen und Schülern mit Vollzeitschulpflicht in allgemeinen Schulen der Primar- und Sekundarstufe I an – unabhängig von ihrem Förderort.
Exklusionsquoten geben den Anteil der Schülerinnen und Schüler mit Förderbedarf, die separiert in Förderschulen unterrichtet werden, an allen Schülerinnen und Schülern mit Vollzeitschulpflicht in allgemeinen Schulen der Primar- und Sekundarstufe I an.
Inklusionsquoten geben den Anteil der Schülerinnen und Schüler mit Förderbedarf, die inklusiv in allgemeinen Schulen unterrichtet werden, an allen Schülerinnen und Schülern mit Vollzeitschulpflicht in allgemeinen Schulen der Primar- und Sekundarstufe I an.
Inklusionsanteile geben den Anteil der Schülerinnen und Schüler mit Förderbedarf, die inklusiv unterrichtet werden, an allen Schülerinnen und Schülern mit Förderbedarf an.«

Literatur

AO-SF (2014): Verordnung über die sonderpädagogische Förderung, den Hausunterricht und die Schule für Kranke NRW vom 29. April 2005, zuletzt geändert durch Verordnung vom 29. September 2014. Land Nordrhein-Westfalen. https://www.schulmi nisterium.nrw.de/docs/Recht/Schulrecht/APOen/SF/AO_SF.pdf (zuletzt abgerufen am 04.04.2016).

Batzdorfer, Veronika/Kullmann, Harry (2016): Neue Vielfalt im Klassenzimmer – Multiprofessionelle Kooperation als Herausforderung inklusiver Schulen. Beitrag in diesem Band (DIAGONAL 37).

Biewer, Gottfried/Fasching, Helga (2012): Von der Förderschule zum inklusiven Bildungssystem – die Perspektive der Schulentwicklung. In: Heimlich, Ulrich/Kahlert, Joachim (Hrsg.), Inklusion in Schule und Unterricht. Wege zur Bildung für alle. Stuttgart, S. 117–152.

Hintz, Anna-Maria/Paal, Michael/Kleeberg, Pascal (2016): Heterogenität als Chance und Herausforderung – Schulische Inklusion aus Sicht von Grundschul- und Förderlehrkräften. Beitrag in diesem Band (DIAGONAL 37).

Klemm, Klaus (2015): Inklusion in Deutschland. Daten und Fakten. Gütersloh.

Kloth, Andreas (2015): Die neuen Förderschüler. Inklusion an Grundschulen in Nordrhein-Westfalen. Zeitschrift für Inklusion 10, S. 1–14.

Kocaj, Aleksander/Kuhl, Poldi/Kroth, Anna/Pant, Hans Anand/Stanat, Petra (2014): Wo lernen Kinder mit sonderpädagogischen Förderbedarf besser? Ein Vergleich schulischer Kompetenzen zwischen Regel- und Förderschulen in der Primarstufe. Kölner Zeitschrift für Soziologie und Sozialpsychologie 66, S. 165–191.

Ministerium für Schule und Weiterbildung des Landes Nordrhein-Westfalen (2015): Auf dem Weg zur inklusiven Schule in NRW. Das »Erste Gesetz zur Umsetzung der VN-Behindertenrechtskonvention in den Schulen« (9. Schulrechtsänderungsgesetz) und begleitende Maßnahmen. https://www.schulministerium.nrw.de/docs/Schulsystem/Inklusion/Praesentation-Auf-dem-Weg-zur-inklusiven-Schule-in-NRW-August-2015.pdf (zuletzt abgerufen am 04.04.2016).

Ministerium für Schule und Weiterbildung des Landes Nordrhein-Westfalen (2016): Inklusionsanteile 2013/2014. Primarstufe und Sekundarstufe I. https://www.schulmi nisterium.nrw.de/docs/Schulsystem/Inklusion/Auf-dem-Weg-zur-inklusiven-Schule/ Entwicklungsschritte/Grafik/index.html (zuletzt abgerufen am 04.04.2016).

Prengel, Annedore (2006): Pädagogik der Vielfalt. Verschiedenheit und Gleichberechtigung in interkultureller, feministischer und integrativer Pädagogik. 3. Aufl. Wiesbaden.

Serke, Björn/Lütje-Klose, Birgit/Kurnitzki, Sarah/Pazen, Claudia/Wild, Elke (2015): Gelingensbedingungen der sozialen Partizipation von SchülerInnen mit Lernbeeinträchtigungen in inklusiven Grundschulklassen – ausgewählte Ergebnisse von Gruppendiskussionen in Lehrerkollegien. In: Schnell, Irmtraud (Hrsg.), Herausforderung Inklusion. Theoriebildung und Praxis. Bad Heilbrunn, S. 253–268.

Stanat, Petra/Pant, Hans Anand/Böhme, Katrin/Richter, Dirk (Hrsg.) (2012): Kompetenzen von Schülerinnen und Schülern am Ende der vierten Jahrgangsstufe in den Fächern Deutsch und Mathematik. Ergebnisse des IQB-Ländervergleichs 2011. Humboldt-Universität zu Berlin. Münster.

United Nations (2006a): Convention on the Rights of Persons with Disabilities. http://www.un.org/disabilities/convention/conventionfull.shtml (zuletzt abgerufen am 11.04.2016).

United Nations (2006b): Übereinkommen über die Rechte von Menschen mit Behinderungen (UN-BRK). (offizielle deutsche Übersetzung). http://www.behindertenrechts konvention.info/uebereinkommen-ueber-die-rechte-von-menschen-mit-behinderun gen-3101/ (zuletzt abgerufen am 11.04.2016).

VBE NRW (Verband Bildung und Erziehung, Landesverband NRW) (Hrsg.) (2016): Unterrichtsausfall und Personalprobleme prägen den Alltag an den Grundschulen. http://www.vbe-nrw.de/index.php?content_id=4937&session= (zuletzt geprüft am 01.06.2016).

Warnock, Mary (2012): Special Educational Needs: A New Look. In: Warnock, Mary/Norwich, Brahm/Terzi, Lorella (Hrsg.), Special Educational Needs. A New Look. 2. Aufl. London, S. 11–46.

Anna-Maria Hintz, Michael Paal & Pascal Kleeberg[*]

Heterogenität als Chance und Herausforderung – Schulische Inklusion aus Sicht von Grundschul- und Förderlehrkräften

1. Einleitung

»*Alle Menschen sind vor dem Gesetz gleich.*« (Artikel 3, GG). Mit der Unterzeichnung der UN-Konvention über die Rechte von Menschen mit Behinderungen im Jahre 2007 und der späteren Ratifizierung 2009 hat die Bundesrepublik Deutschland diesen Gleichheitsgrundsatz erneuert und sich abermals dazu verpflichtet, ausnahmslos allen Gesellschaftsmitgliedern (mit und ohne Behinderung) die gleichen (Menschen-)Rechte und (Grund-)Freiheiten zu garantieren und die hierfür erforderlichen Ressourcen zur Verfügung zu stellen (United Nations 2015). In Artikel 24 der oben genannten Konvention wird insbesondere der Aspekt der Bildung in den Fokus gestellt, wonach unter anderem allen Schülerinnen und Schülern die gleichberechtigte Teilhabe an (inklusiver) Bildung zu ermöglichen ist (United Nations 2006).

Bezogen auf Deutschland erfordert diese Verpflichtung einen Umbau des bisher in hohem Maße auf Differenzierung ausgelegten Bildungssystems. Neben den allgemeinen Schulen ist hiervon ebenfalls das deutsche Sonder- beziehungsweise Förderschulwesen, das aufgrund seiner starken Ausdifferenziertheit im internationalen Vergleich einmalig ist (Klemm 2012), betroffen. Bereits seit den 1950er Jahren entwickelten sich Sonder- beziehungsweise Förderschulen, in denen Schülerinnen und Schüler mit jeweils ähnlichem, festgestelltem sonderpädagogischen Förderbedarf (Lernen, Geistige Entwicklung, Emotionale und

---

[*] Univ.-Prof. Dr. Anna-Maria Hintz, Universität Siegen, Fakultät II (Bildung – Architektur – Künste), Erziehungswissenschaft mit dem Schwerpunkt Förderpädagogik (»Lernen« sowie »Emotionale und soziale Entwicklung«).
Michael Paal, Universität Siegen, Fakultät II (Bildung – Architektur – Künste), Erziehungswissenschaft mit dem Schwerpunkt Förderpädagogik (»Lernen« sowie »Emotionale und soziale Entwicklung«).
Pascal Kleeberg, Universität Siegen, Fakultät II (Bildung – Architektur – Künste), Erziehungswissenschaft mit dem Schwerpunkt Förderpädagogik (»Lernen« sowie »Emotionale und soziale Entwicklung«).

soziale Entwicklung, Sprache, Körperliche und motorische Entwicklung, Hören, Sehen, Kranke; KMK 2016) unterrichtet wurden und noch immer werden (Klemm/Preuss-Lausitz 2011; Klemm 2015). Daneben existierten zwar einige, vornehmlich forschungsgeleitete, erfolgreiche Versuche (z. B. Deppe-Wolfinger/ Prengel/Reiser 1990), eine integrative Beschulung bereits vor den verbindlichen »Empfehlungen zur sonderpädagogischen Förderung in den Schulen in der Bundesrepublik Deutschland« (Ständige Konferenz der Kultusminister der Länder der Bundesrepublik Deutschland [KMK] 1994) zu realisieren, ein integrativer beziehungsweise inklusiver Beschulungsansatz konnte sich jedoch bislang nicht flächendeckend und länderübergreifend etablieren.

Mit der Leitidee der Inklusion sowie den damit verbundenen aktuellen Reformprozessen geht die Notwendigkeit eines für alle Lernenden zugänglichen Schulsystems einher (Vitello/Mithaug 1998; UNESCO 2001; Ainscow 2007; Ainscow/Miles 2008). Hieraus erwachsen das Ziel und zugleich die Aufgabe, einen organisatorischen Rahmen zu schaffen, in dem alle Schülerinnen und Schüler (unabhängig von ihren jeweiligen Unterstützungs- und Förderbedarfen) in Zukunft gemeinsam in heterogenen Lerngruppen beschult, gefördert und gefordert werden (Werning 2010). Um diesem Anspruch gerecht werden zu können, bedarf es der Entwicklung und Restrukturierung von organisationalen Strukturen der Institution Schule (European Agency for Development in Special Needs Education 2013) sowie der Unterrichtsmethoden im Hinblick auf individuelle Lernprozesse (World Health Organization 2011).

Der Transformationsprozess in Richtung flächendeckender schulischer Inklusion stellt nicht nur eine Herausforderung für die Bundesrepublik Deutschland dar, sondern auch für andere Nationen weltweit (Farell 2004; Ainscow 2005), so dass die hiermit verbundenen Schwierigkeiten auf den ersten Blick universell erscheinen mögen. Dennoch ist es notwendig, dass sich mögliche Lösungsstrategien an den jeweils spezifischen, historisch gewachsenen (kulturellen und organisationalen) Strukturen der einzelnen Nationen und Regionen orientieren (Artiles/Dyson 2005). So unterscheiden sich aufgrund der föderalen Struktur des Bildungswesens der Bundesrepublik Deutschland beispielsweise bereits die jeweiligen Formen und Stadien der Umsetzung schulischer Inklusion zwischen den einzelnen deutschen Bundesländern (Klemm 2015).

Für die praktische Umsetzung von inklusiver Bildung im schulischen Kontext stellen die beteiligten Lehrkräfte eine zentrale Akteursgruppe dar (Hintz et al. 2015). Ihre Haltung gegenüber heterogenen Lerngruppen sowie ihr dementsprechendes professionelles Handeln im praktischen Kontext können im Zusammenhang mit den anliegenden strukturellen Veränderungen entscheidende Gelingensbedingungen für einen inklusiven Unterricht darstellen (Lindsay 2007).

Im Rahmen des vorliegenden Artikels werden daher die Einstellungen von Lehrkräften fokussiert. Entsprechende Ergebnisse einer in Nordrhein-Westfalen

(NRW) unter Lehrkräften durchgeführten Fragebogenerhebung, zu den von ihnen wahrgenommenen Chancen und Befürchtungen einer inklusiven Schule, stehen hierbei im Mittelpunkt.

2.   Das (inklusive) Schulsystem in Nordrhein-Westfalen

Mit der Einführung des 9. Schulrechtsänderungsgesetzes (Schulministerium Nordrhein-Westfalen 2009) zielte das bevölkerungsreichste Bundesland Deutschlands, Nordrhein-Westfalen, für das Schuljahr 2013/14 erstmalig auf eine flächendeckende Umsetzung der Intention von Artikel 24 der UN-Konvention über die Rechte von Menschen mit Behinderung ab (Ministerium für Inneres und Kommunales des Landes Nordrhein-Westfalen 2013). Im Rahmen der *Kompetenzzentren für Sonderpädagogische Förderung im Bereich der Lern- und Entwicklungsstörungen* wurden hier bereits seit dem Jahre 2008 verschiedene Pilotprojekte mit Bezug zur schulischen Inklusion realisiert.

Im aktuellen Schulberichtsjahr (Schuljahr 2014/15) beläuft sich in Schulen der Primar- und Sekundarstufe I der Anteil von Schülerinnen und Schülern mit diagnostiziertem sonderpädagogischem Förderbedarf an der gesamten Schülerschaft auf 7,3 % (*Förderquote*). Die *Integrations-* beziehungsweise *Inklusionsquote*, die Auskunft über den Anteil von Schülerinnen und Schüler mit diagnostiziertem sonderpädagogischem Förderbedarf an allen Lernenden mit sonderpädagogischem Förderbedarf in allgemeinen Schulen gibt, liegt für die oben genannten Schulstufen aktuell bei 34,0 %. Entsprechend kann davon ausgegangen werden, dass circa zwei Drittel aller Lernenden mit diagnostiziertem sonderpädagogischem Förderbedarf weiterhin an speziellen Förderschulen unterrichtet werden. Ausgehend von der Gesamtheit aller Schülerinnen und Schülern mit sonderpädagogischem Förderbedarf, die in Schulen der Primarstufe und Sekundarstufe I unterrichtet werden, stellen die Förderschwerpunkte Lernen (32,4 %) sowie Emotionale und soziale Entwicklung (22,2 %) die beiden größten Untergruppen dar.

Verglichen mit Daten aus dem unmittelbar ersten Schuljahr (2009/10) nach der Ratifizierung der UN-Konvention über die Rechte von Menschen mit Behinderungen, lässt sich ein stetiger Anstieg sowohl der *Integrationsquote* (2009/10: 14,6 %) als auch der *Förderquote* (2009/2010: 6,1 %) erkennen (Ministerium für Schule und Weiterbildung des Landes Nordrhein-Westfalen 2015; siehe hierzu auch Baumgardt 2016 in diesem Band).

Die Entwicklung der *Integrationsquote* deutet auf immer heterogener werdende Lerngruppen in allgemeinen Schulen der Primar- und Sekundarstufe I hin. Dementsprechend ist zu erwarten, dass sich die Zusammensetzung der Schülerschaft im Sinne eines inklusiven Schulsystems weiterhin verändern wird.

Welche Chancen und Befürchtungen die Lehrkräfte bezüglich des Wandels hin zur schulischen Inklusion sehen, soll in den nächsten Abschnitten in Anlehnung an eine Untersuchung von Hintz et al. (2015) dargestellt werden.

3. Chancen und Befürchtungen schulischer Inklusion aus Sicht von Grundschul- und Förderlehrkräften

Ziel der oben genannten Studie war es, Chancen und Befürchtungen bezüglich einer inklusiven Schule aus Sicht von Grundschul- und Förderlehrkräften explorativ abzufragen, um daraus Potenziale beziehungsweise Bedarfe für notwendige Veränderungen abzuleiten und zu einem besseren Verständnis des Transformationsprozesses in Richtung eines inklusiven Schulsystems auf Ebene der Lehrkräfte beizutragen.

3.1 Stichprobe

Die bereits erwähnte Untersuchung ist Teil des größer angelegten Forschungsprojektes (»Schulen auf dem Weg in die Inklusion«; Hennemann/Wilbert/Hillenbrand 2014), welches in den Klassenstufen eins bis vier innerhalb eines Verwaltungsbezirkes Nordrhein-Westfalens durchgeführt wurde. Durch die Teilnahme an dem bereits weiter oben erwähnten Pilotprojekt »Kompetenzzentren für Sonderpädagogische Förderung im Bereich der Lern- und Entwicklungsstörungen« begann dieser Bezirk bereits relativ früh (im Schuljahr 2010/11) mit der Umsetzung inklusiver Bildungsprozesse im schulischen Setting.

Zum Zeitpunkt der Untersuchung (Schuljahr 2010/11) lag die *Förderquote* für den besagten Bezirk bei 6,0 %, die *Integrationsquote* bei 36,6 % (Ministerium für Schule und Weiterbildung des Landes Nordrhein-Westfalen 2015). Insgesamt befanden sich 84 öffentliche Schulen des Primarbereichs (1223 Lehrerinnen und Lehrer) und 17 öffentliche Förderschulen (369 Lehrkräfte) in der untersuchten Region. Um möglichst viele Lehrkräfte mit der Fragebogenerhebung zu erreichen, wurden im Jahr 2011 alle Schulleitungen der oben genannten Schulformen per E-Mail kontaktiert und gebeten, die Einladung zur Teilnahme an der Erhebung an ihre Lehrkräfte weiterzuleiten. Die Beteiligung an der Befragung war den Lehrkräften freigestellt.

Die realisierte Stichprobe umfasste 582 Teilnehmende, darunter 452 Grundschullehrkräfte (Rücklaufquote: 36,9 %) aus 66 öffentlichen Schulen des Primarbereichs sowie 130 Förderlehrkräfte (Rücklaufquote: 35,2 %) aus 13 öffentlichen Förderschulen (Tab. 1).

Stichprobe	Geschlecht (%)		Alter	Dauer der Tätigkeit als Lehrkraft (Insgesamt)	Dauer der Tätigkeit als Lehrkraft (aktuelle Schule)
	männlich	weiblich		$M\ (SD)^a$	
Förderlehrkräfte (n=130)	20,8	79,2	45,3	19,0	11,5
			(10,5)	(10,4)	(9,8)
Grundschullehrkräfte (n=452)	3,5	96,5	43,7	18,3	9,5
			(11,2)	(11,5)	(9,2)
Gesamt (N=582)	7,4	92,6	44,0	18,5	9,9
			(11,1)	(11,3)	(9,3)

[a] Mittelwert und Standardabweichung in Jahren.
Tab. 1: Stichprobenmerkmale

3.2 Methodisches Vorgehen

Die teilnehmenden Lehrkräfte wurden im Rahmen des oben genannten Projekts gebeten, einen Papierfragebogen, bestehend aus überwiegend geschlossen Fragen und einigen offenen Fragen, auszufüllen. Um die Verständlichkeit des Fragebogens zu überprüfen, wurde dieser vorab in einer Pilotphase unter Lehrkräften unterschiedlicher Professionen überprüft und entsprechend revidiert. Die in diesem Artikel vorgestellte Untersuchung thematisiert ausschließlich die Antworten der befragten Lehrkräfte auf die beiden folgenden offen formulierten Fragen:

1) *Welche Chancen sehen Sie als Lehrkraft bezüglich einer inklusiven Schule?*
2) *Welche Befürchtungen haben Sie als Lehrkraft bezüglich einer inklusiven Schule?*

Das offene Antwortformat (d. h. freie Textantworten ohne Antwortvorgaben) bot den teilnehmenden Lehrkräften die Möglichkeit, ihre subjektiv wahrgenommenen Chancen und Befürchtungen zum Thema frei auszudrücken.

3.3 Datenanalyse

Die aus der offenen Antwortform resultierenden Daten wurden in Anlehnung an Tashakkori und Teddlie (1998, S. 126) quantifiziert, um sie anschließend einer statistischen Analyse zu unterziehen. Zuerst erfolgte die kleinschrittige Kodierung der offenen Antworten. Im Anschluss daran wurden diese verschiedenen Basis-Codes thematisch zusammengefasst und auf zwölf untereinander trenn-

scharfe Kategorien reduziert. Angaben der Befragten, die keiner der erstellten
Kategorien zugeordnet werden konnten, weil sie nur von einzelnen Personen
genannt wurden, sind in einer dreizehnten Residualkategorie zusammengefasst
worden. In einem letzten Schritt wurden die gegebenen Antworten aller Teilnehmerinnen und Teilnehmer den genannten Kategorien zugeordnet (Tab. 2).

Chancen / Befürchtungen Kategorie	Beschreibung Positive oder negative Äußerungen hinsichtlich…
1. Fördermöglichkeiten der Schülerinnen und Schüler	möglicher Veränderungen von Lern- und Entwicklungschancen von Lernenden mit und ohne sonderpädagogischen Förderbedarf
2. Reaktionen / Erwartungen von Eltern	der Kooperation mit Eltern von Lernenden mit und ohne sonderpädagogischen Förderbedarf sowie ihre Reaktionen und Erwartungen
3. Unterrichtssituation und -qualität	der Unterrichtsqualität und ihr zukünftiger Wandel im Rahmen schulischer Inklusion
4. Soziales Klima und Miteinander	des sozialen Klimas in Lerngruppen bzw. soziale Interaktion zwischen Lernenden mit und ohne sonderpädagogischen Förderbedarf sowie den Lehrkräften
5. Veränderungen des Lehrerinnen- bzw. Lehrerberufs	der zukünftigen Entwicklung des Berufsbilds von Lehrkräften
6. Angemessenheit der eigenen Professionalität	der Fähigkeiten und professionellen Kompetenzen bezüglich der Umsetzung schulischer Inklusion
7. Zusammenarbeit zwischen Lehrkräften / Institutionen	der Kooperation und Zusammenarbeit zwischen Regelschul- und Förderlehrkräften sowie die Kooperation von Lehrkräften mit verschiedenen Institutionen
8. Arbeitsbelastung	der vermuteten Arbeitsbelastung sowie des psychischen und physischen Wohlbefindens
9. Ressourcen und Rahmenbedingungen	der allgemeinen Rahmenbedingungen sowie der Verfügbarkeit von notwendigen (materiellen und immateriellen) Ressourcen (z. B. finanziell, personell, zeitlich)
10. Wandel von Werten bzw. der Gesellschaft	gesellschaftlicher Veränderungen bzw. des Wandels von sozialen Werten / Normen
11. Wandel des Bildungssystems	zukünftiger Entwicklungen des deutschen Schul- und / oder Bildungssystems
12. Konzept der Inklusion / politischer Rahmen	des aktuellen Inklusionskonzepts sowie der zukünftigen Entwicklung inklusiver Bildung im Allgemeinen
13. Sonstiges	spezifischer Aspekte, die keiner der übrigen Kategorien zugeordnet werden konnten

Tab. 2: Beschreibung der Kategorien zu Chancen und Befürchtungen einer inklusiven
Schule

Aufgrund des offenen Frage- und Antwortformats bestand für die Befragten die Möglichkeit, verschiedene Themenschwerpunkte im Rahmen ihrer jeweiligen schriftlichen Ausführungen zu erwähnen. So konnte eine Antwort mehrere unterschiedliche Aspekte enthalten und entsprechend verschiedenen Kategorien zugeordnet werden. Falls eine schriftlich gemachte Angabe mit einer der aufgestellten Kategorien korrespondierte, wurde letztere mit »1« kodiert. Bei Kategorien, die in der Angabe des Befragten nicht genannt wurden, erfolgte eine Kodierung mit »0«. Das Überführen qualitativer Angaben in quantitative Daten und die entsprechende Kodierung ermöglichten es, diese auch in Form von Mehrfachantworten quantitativ auszuwerten.

Um die Angemessenheit des methodischen Vorgehens abzusichern, wurde eine zusätzliche Kodierung und Kategorisierung einer Zufallsstichprobe von 30 % aller Antworten durch einen weiteren Forscher vorgenommen. Die Überprüfung der Interrater-Reliabilität der zufällig ausgewählten Daten wies je nach Kategorie eine substantielle bis perfekte Übereinstimmung ($\kappa = 0{,}6$–1.0, $p < 0{,}001$) zwischen den beiden am Kodierungsprozess beteiligten Wissenschaftlern auf (vgl. Landis/Koch 1977).

Im Anschluss an diesen Schritt wurde eine Häufigkeitsauswertung aller gemachten Angaben bezüglich subjektiv wahrgenommener Chancen und Befürchtungen im Zusammenhang mit schulischer Inklusion durchgeführt. Um mögliche Unterschiede zwischen den beiden Gruppen von Lehrkräften hinsichtlich ihrer statistischen Bedeutsamkeit zu überprüfen, erfolgten die weiteren Analysen (aufgrund der nicht normalverteilten Daten) anhand des nichtparametrischen Mann-Whitney-U-Tests.

3.4 Ergebnisse

Die deskriptive Auswertung der beiden offenen Antwortfelder zeigte, dass die Fragen zu Chancen und Befürchtungen bezüglich schulischer Inklusion in Teilen nicht beantwortet wurden. Hinsichtlich der Chancen lagen Antworten von 49,3 % der Grundschullehrkräfte und 56,9 % der Förderlehrkräfte vor, wobei sich hier kein statistisch signifikanter Unterschied zwischen den Gruppen feststellen ließ. Mit Blick auf die von den Lehrkräften antizipierten Befürchtungen im Zusammenhang mit inklusiver Beschulung war die Antworthäufigkeit beider Gruppen im Vergleich ähnlich hoch. Ein Anteil von 75,9 % der Grundschullehrkräfte und 73,8 % der Förderlehrkräfte äußerten sich hierzu, wobei an dieser Stelle ebenfalls kein statistisch signifikanter Unterschied zwischen den Gruppen vorlag.

Obwohl die Antwortbereitschaft der Förderlehrkräfte zu den Chancen schulischer Inklusion insgesamt höher ausfiel, enthielten die von ihnen ge-

machten Angaben pro Antwort ($M = 1,59$) durchschnittlich weniger Themenschwerpunkte als die der Grundschullehrkräfte ($M = 1,75$). Diesbezüglich lag
jedoch kein statistisch signifikanter Unterschied zwischen den Gruppen vor.
Ähnliche Tendenzen zeigten sich hinsichtlich der Auswertung der genannten
Befürchtungen. Während die Förderlehrkräfte im Durchschnitt 1,88 Themenschwerpunkte pro gegebener Antwort nannten, wurden von Grundschullehrkräften pro gültiger Angabe durchschnittlich 2,09 Aspekte erwähnt.

3.5 Gemeinsamkeiten und Unterschiede zwischen den beiden Lehrkraftgruppen

Die deskriptive Auswertung der Daten machte sowohl Gemeinsamkeiten als
auch Unterschiede im Antwortverhalten der beiden Lehrkraftgruppen deutlich.
Auch die Ergebnisse des Mann-Whitney-U-Tests bestätigten das Vorliegen
statistisch signifikanter Unterschiede, was die Bewertung von Chancen (Abb. 1)
und Befürchtungen (Abb. 2) schulischer Inklusion betrifft.

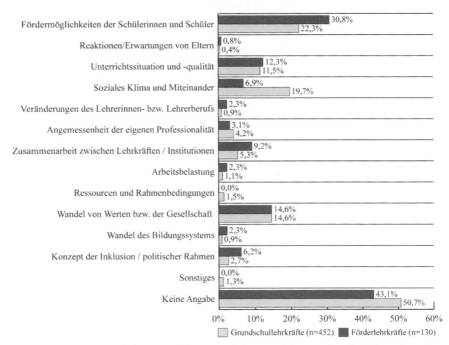

Abb. 1: Chancen bezüglich einer inklusiven Schule aus Sicht von Grundschul- und Förderschullehrkräften

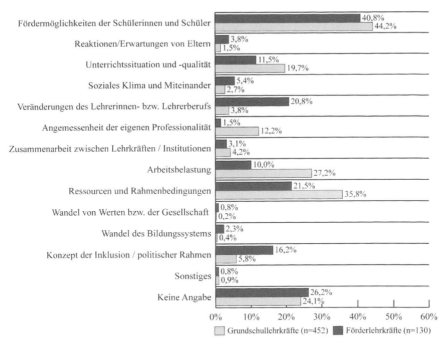

Abb. 2: Befürchtungen bezüglich einer inklusiven Schule aus Sicht von Grundschul- und Förderschullehrkräften

Bezüglich der wahrgenommenen Chancen erhofften sich beide Gruppen im Rahmen des inklusiven Reformprozesses auf schulischer Ebene primär eine verbesserte Qualität der *Förder- und Unterstützungsmöglichkeiten der Schülerschaft* (30,8 % der Förderlehrkräfte; 22,3 % der Grundschullehrkräfte), wobei sich kein statistisch signifikanter Unterschied feststellen ließ. Von beiden Gruppen wurde zu gleichen Teilen (14,6 %) die Chance eines Wandels gesellschaftlicher Wertevorstellungen durch schulische Inklusion hinsichtlich einer größeren Toleranz sowie einer steigenden Akzeptanz von Heterogenität gesehen (Kategorie: *Werte und Gesellschaft*). Aspekte, die der Kategorie *Unterrichtssituation und -qualität* zuzuordnen sind, wurden ebenfalls von beiden Lehrkraftgruppen ähnlich häufig genannt (12,3 % der Förderlehrkräfte sowie 11,5 % der Grundschullehrkräfte). Im Antwortverhalten zur Kategorie *Soziales Klima und Miteinander* zeigte sich ein statistisch signifikanter Unterschied zwischen den beiden befragten Gruppen: Während 19,7 % der Grundschullehrkräfte einen Wandel der sozialen Beziehungen sowohl zwischen Lehrkräften und Lernenden sowie innerhalb der Schülerschaft als Chance erwähnten, wurde dieser Aspekt nur von 6,9 % der Förderlehrkräfte angegeben. Einen positiven Einfluss von schulischer Inklusion auf die *Zusammenarbeit zwischen Lehr-*

kräften bzw. Institutionen nahmen 9,2 % der Förderehrkräfte, verglichen mit lediglich 5,3 % der befragten Grundschullehrkräfte, an.

Analog zu den bereits dargestellten Chancen erwies sich auch in Bezug auf die geäußerten Befürchtungen hinsichtlich schulischer Inklusion die Kategorie *Fördermöglichkeiten von Schülerinnen und Schülern* als die von beiden Lehrkraftgruppen meistgenannte (Förderlehrkräfte: 40,8 %; Grundschullehrkräfte: 44,2 %), wobei kein statistisch signifikanter Unterschied vorlag. In Bezug auf die insgesamt am zweithäufigsten genannte Befürchtung (*Ressourcen und Rahmenbedingungen*) fallen die Unterschiede zwischen den Gruppen größer aus. Während sich 35,8 % der Grundschullehrkräfte besorgt zeigten, dass ihnen im Zuge schulischer Inklusion nicht genügend Ressourcen zur Verfügung gestellt würden, äußerten sich im Vergleich nur 21,5 % der Förderlehrkräfte zu dieser Kategorie. Darüber hinaus befürchteten die Grundschullehrkräfte (27,2 %) im Vergleich zu den Förderlehrkräften (10 %) weitaus häufiger eine mit der Umsetzung schulischer Inklusion verbundene Erhöhung ihrer *Arbeitsbelastung*. Dieser Unterschied zwischen den beiden Gruppen erwies sich als statistisch signifikant. Auch im Hinblick auf die Kategorien *Unterrichtssituation und -qualität* sowie *Angemessenheit der eigenen Professionalität* wurden auf Seiten der Grundschullehrkräfte statistisch signifikant mehr Befürchtungen genannt. In etwa ein Fünftel aller befragten Grundschullehrkräfte (19,7 %) befürchtete eine Verschlechterung der Unterrichtssituation bzw. -qualität (Förderlehrkräfte 11,5 %). Bezogen auf die Angemessenheit der eigenen Professionalität fiel der Unterschied zwischen beiden befragten Lehrkraftgruppen noch deutlicher aus. Es sind fast ausschließlich Grundschullehrkräfte (12,2 %), die sich besorgt darüber äußerten, dass die eigenen professionellen Kompetenzen nicht ausreichen könnten, um schulischer Inklusion gerecht zu werden (Förderlehrkräfte 1,5 %).

Im Vergleich zu den Grundschullehrkräften gaben die Förderlehrkräfte insgesamt weniger Befürchtungen bezüglich schulischer Inklusion an, sie nannten in diesem Bereich jedoch auch zwei Kategorien signifikant häufiger. Zum einen sorgten sich die Förderlehrkräfte stärker um mögliche *Veränderungen des Lehrerinnen- bzw. Lehrerberufs* (20,8 % der Förderlehrkräfte; 3,8 % der Grundschullehrkräfte), zum anderen äußerten sie mehr Aspekte der Kategorie *Konzept der Inklusion bzw. politischer Rahmen* (Förderlehrkräfte: 16,2 %; Grundschullehrkräfte: 5,8 %).

5.　Diskussion und Ausblick

Durch den Transformationsprozess in Richtung schulischer Inklusion ergeben sich insbesondere aufgrund des traditionell stark auf Differenzierung ausgelegten deutschen Schulsystems verschiedene Herausforderungen auf unterschiedlichen Ebenen. Einen großen Stellenwert bei der praktischen Realisierung inklusiver Bildung nehmen die daran beteiligten Lehrkräfte als »operative Akteure« ein, die im Rahmen von Rekontextualisierungen (Fend 2008) offizielle Vorgaben in Abhängigkeit ihrer Möglichkeiten und Fähigkeiten sowie den jeweiligen Handlungsbedingungen individuell interpretieren und adaptieren.

Deshalb war es Ziel des vorliegenden Artikels, die wahrgenommenen Chancen und Befürchtungen hinsichtlich schulischer Inklusion aus Sicht der direkt am Prozess beteiligten Grundschul- und Förderlehrkräfte eines nordrhein-westfälischen Verwaltungsbezirks in Anlehnung an Hintz et al. (2015) darzustellen und hieraus Handlungsempfehlungen für die (inklusive) Praxis im schulischen Feld abzuleiten.

Im Rahmen der oben genannten Untersuchung zeigten sich je nach Themenschwerpunkt in den gemachten Angaben der teilnehmenden Grundschul- und Förderlehrkräfte sowohl Gemeinsamkeiten als auch Unterschiede zwischen den beiden Gruppen. Besonders hervorzuheben ist, dass sowohl hinsichtlich der Chancen als auch bezüglich der Befürchtungen im Zusammenhang mit schulischer Inklusion von beiden Gruppen am häufigsten Angaben gemacht wurden, die sich auf die Fördermöglichkeiten von Schülerinnen und Schülern bezogen.

Mit Blick auf die gruppenspezifisch erhobenen Chancen ist festzustellen, dass insbesondere die Förderlehrkräfte in signifikant höherem Maße positive Aspekte für die verbesserte Unterstützung aller Lernenden (unabhängig von einem festgestellten Förderbedarf) im Zusammenhang mit der schulischen Inklusion angeben. Die von Förderlehrkräften geäußerten Befürchtungen belegen jedoch auch, dass insbesondere der antizipierte Wandel ihres traditionellen Berufsbildes (Wegfall ursprünglicher Klassenleitungsfunktion zugunsten einer stärkeren Übernahme von Beratungsaufgaben) eine spezielle Sorge für sie darstellt. Zudem äußern sie in vergleichsweise höherem Maße Befürchtungen bezogen auf die bisherige Realisierung des Konzepts der schulischen Inklusion sowie hinsichtlich ungünstiger politischer Rahmenbedingungen.

Im Hinblick auf die befragten Grundschullehrkräfte zeigen die Ergebnisse zu den von ihnen empfundenen Chancen im Zusammenhang mit inklusiver Beschulung, dass diese im Vergleich sehr viel häufiger eine Verbesserung des sozialen Klimas und Miteinanders erwarten. Damit verbunden ist die Hoffnung auf weniger Ausgrenzung von Schülerinnen und Schülern sowie eine wachsende Toleranz untereinander.

Insgesamt artikulierten die Grundschullehrkräfte im Kontrast zu den Aussagen der Förderlehrkräfte vergleichsweise mehr Befürchtungen. Dieser Gruppenunterschied erwies sich in Bezug auf vier Kategorien als statistisch signifikant. Bezogen auf die Unterrichtssituation und -qualität besteht die Sorge, dass sich diese in heterogenen Klassenkontexten verschlechtern könnten und auch ein Absinken des allgemeinen Niveaus damit einherginge. Darüber hinaus befürchten sie in diesem Zusammenhang eine Zunahme von Unterrichtsstörungen. Eine weitere Herausforderung, die signifikant häufiger von den Grundschullehrkräften geäußert wird, betrifft die als ungünstig wahrgenommenen schulischen Rahmenbedingungen sowie die als unzureichend empfundenen zur Verfügung stehenden Ressourcen. Des Weiteren wurden Aspekte in Bezug auf die als negativ empfundene Erhöhung der Arbeitsbelastung vorgebracht. Auch das Gefühl der Überforderung und die Angst vor einem potentiellen Burnout sind Befürchtungen, die insbesondere für Grundschuhlehrkräfte im Mittelpunkt stehen. Ferner zweifeln sie vergleichsweise häufiger an der Angemessenheit ihrer Professionalität für das für sie neue Setting. Insbesondere das Unterrichten von in starkem Maße (leistungs-)heterogenen Lerngruppen und der professionelle Umgang mit störenden und herausfordernden Verhaltensweisen werden von den Grundschullehrkräften häufiger als von den Förderlehrkräften als Befürchtung genannt.

5.1   Limitationen der Studie

Zur Interpretation der Ergebnisse sowie zur Ableitung von praktischen Implikationen ist es notwendig, mögliche Limitationen der vorgestellten Untersuchung zu berücksichtigen. Insbesondere die Beschränkung der Stichprobe auf einen Verwaltungsbezirk Nordrhein-Westfalens sowie die querschnittliche Form des Untersuchungsdesigns schränken die Generalisierbarkeit der Ergebnisse ein. Ebenfalls bleibt unklar, in welchem Ausmaß die dargestellten Chancen und Befürchtungen bezüglich schulischer Inklusion tatsächlich die subjektiven Einstellungen der jeweiligen Personen widerspiegeln. Obwohl davon auszugehen ist, dass diese in hohem Maße mit ihren persönlichen Erfahrungen zusammenhängen, muss auch der Einfluss des institutionellen beziehungsweise schulorganisatorischen Kontexts berücksichtigt werden (Trautmann/Wischer 2011). Sowohl die Wahrnehmung von Chancen als auch von Befürchtungen könnten dadurch beeinflusst sein. Abschließend ist darauf hinzuweisen, dass bei der vorgenommenen Überführung von qualitativen in quantitative Daten, trotz gegenseitiger Überprüfung der Codierungen von zwei Forschern, eine etwaige Verzerrung nicht vollends ausgeschlossen werden kann.

5.2   Implikationen für die Praxis

Trotz der erwähnten Einschränkungen bieten die dargestellten Forschungsergebnisse Anknüpfungspunkte für weitere wissenschaftliche Bemühungen in Bezug auf die Einstellungen von Lehrkräften im Kontext eines sich wandelnden

Schulsystems. Weiterhin machen die Ergebnisse deutlich, dass aus Sicht der Befragten beider Lehrkraftgruppen mit der Umgestaltung des Schulsystems ähnliche, aber auch sehr unterschiedliche Chancen und Befürchtungen assoziiert werden. Hieraus lassen sich unterschiedliche Ansatzpunkte für die Praxis ableiten.

Die Befunde deuten darauf hin, dass der respektvolle, kollegiale Umgang zwischen Regelschul- und Förderlehrkräften als Grundlage der adäquaten Unterstützung aller Schülerinnen und Schüler angesehen werden kann. Im Zuge dessen gilt es, bisherige Unterrichtsweisen und Kooperationsstrukturen im sich wandelnden schulischen Kontext zu überdenken, denn die Aufgabe der bestmöglichen schulischen und sozial-emotionalen Unterstützung und Förderung aller Lernenden, unter besonderer Berücksichtigung individueller Herausforderungen und Potenziale, sollte in der gemeinsamen Verantwortung von Regel- und Förderlehrkräften liegen (KMK 2011; vgl. hierzu auch Batzdorfer/Kullmann 2016 in diesem Band).

In Anbetracht der dargestellten Herausforderungen erscheint es notwendig, insbesondere im Bereich der hochschulischen Ausbildung von Lehramtsstudierenden sowie in der Fort- und Weiterbildung von bereits in der Praxis tätigen Lehrkräften (mit und ohne sonderpädagogische Ausbildung) eine solide professionelle Basis für erfolgreiche schulische Inklusionsprozesse zu legen. Hierbei kann beispielsweise durch den Ausbau von pädagogischem, didaktischem, methodischem und diagnostischem Fachwissen die Qualifizierung von Lehrkräften so verbessert werden, dass sie die jeweils individuellen Stärken und Schwächen aller Schülerinnen und Schüler adäquat feststellen, angemessene Lernarrangements schaffen sowie alle Lernenden effektiv und zielorientiert unterrichten können (Barber/Mourshed 2007). Nach Kugelmass (2000) setzt die Anpassung an neue Erfordernisse im Schulalltag, die mit der Umsetzung von Inklusion einhergehen, eine klientelzentrierte Kompetenzerweiterung der Pädagoginnen und Pädagogen voraus.

Weiterhin ist eine positive Grundhaltung von Lehrkräften zum Themenkomplex der schulischen Inklusion sowie den damit einhergehenden (oftmals neuen) Tätigkeitsfeldern und Anforderungen förderlich (Avramidis/Norwich 2002; Dupoux/Wolamn/Estrada 2005; Forlin et al. 2011; Gebhardt et al. 2011). Unterstützend dazu verweisen aktuelle Studien auf einen positiven Einfluss der Selbstwirksamkeit sowie persönlicher Erfahrungen in inklusiven Settings auf die Einstellungen der Lehrkräfte gegenüber einer inklusiven Beschulung von Lernenden mit diagnostizierten Förderbedarfen (Avramidis/Norwich 2002; Forlin et al. 2011; Urton/Wilbert/Hennemann 2014). Nach Untersuchungen von Avramidis, Bayliss und Burdon (2000) sowie Romi und Leiser (2006) können zudem die Einstellungsmuster und Selbstwirksamkeitserwartungen der Lehrkräfte einen positiven Einfluss auf die erfolgreiche Implementierung und Weiterentwicklung inklusiver Prozesse auf schulischer Ebene haben. Die Ergebnisse einer Metaanalyse von de Boer, Pijl und Minnaert (2011) deuten zudem auf den positiven Einfluss von Fortbildungen und eigenen Erfahrungen im Kontext inklusiven Unterrichts auf die Einstellungen der Lehrkräfte gegenüber Inklusion hin und zeigen auf, dass diese beiden Ansatzpunkte hilfreich sein könnten, um Unsicherheiten oder eine geringe Zuversicht hinsichtlich inklusiver Beschulung abzubauen.

Mit Blick auf die institutionellen Rahmenbedingungen, die die übergeordneten Strukturen bilden, innerhalb derer die Lehrkräfte (inter-)agieren, lassen sich anhand der Ergebnisse weitere Herausforderungen für die Zukunft ableiten. Hier gilt es auf politischer Ebene den Rahmen so zu gestalten, dass die für das Ziel einer inklusiven Schule erforderlichen und von den Lehrkräften benötigten Ressourcen zur Verfügung gestellt werden. Auf diesem Wege könnte einigen, der im Rahmen der dargestellten Studienergebnisse geäußerten, Befürchtungen Rechnung getragen werden. Auch das Schaffen eines adäquaten Lern- und Arbeitsklimas kann zu höherem Wohlbefinden und zur weiteren positiven Entwicklung aller Beteiligten beitragen.

Zur tatsächlichen Realisierung einer wertschätzenden, transparenten und auf positive Interaktionen ausgerichteten Schulkultur, die über den einzelnen Klassenraum hinausgeht, bedarf es wirksamer schulweiter Ansätze, die ein positives Arbeits- und Lernklima auf allen Ebenen fokussieren.

Eine praktikable und zeitgleich evidenzbasierte Konzeption, die genau hierauf abzielt, stellt der so genannte *School-wide Positive Behavior Support* dar (Sugai/Horner 2006). Die angemessene schulweite Implementation dieses US-amerikanischen Ansatzes, der bereits in zahlreichen Studien evaluiert wurde (z. B. Bradshaw et al. 2008; Horner et al. 2009) kann dazu beitragen, ungünstigen Lern- und Entwicklungsverläufen vorzubeugen beziehungsweise ihr Auftreten zu verringern. Ebenso kann die wahrgenommene Belastung der Lehrkräfte hierdurch gemildert (Ross/Romer/Horner 2012) sowie gleichzeitig Schwierigkeiten im Rahmen des gemeinsamen Lernens von Schülerinnen und Schülern mit und ohne diagnostiziertem Förderbedarf im fachlichen und emotional-sozialen Bereich abgebaut werden. Wichtig ist hierbei, dass die konkrete Implementation dieses Ansatzes adressaten- bzw. schulspezifisch erfolgt, so dass adäquate und nachhaltige Formen der Unterstützung für alle am Lehr- und Lernprozess Beteiligten ermöglicht werden können.

Zusammenfassend »braucht es Veränderungen im Bereich des Professionalisierungsverständnisses, der Curricula, didaktischer Überlegungen, des Lernklimas und der Leistungsbewertung und Diagnostik« (Lang-Wojtasik 2013, S. 20), um die organisatorischen Grundlagen einer Schule für alle zu ermöglichen. Diese Veränderungen sind allerdings nur als erste Schritte im Prozess in Richtung inklusiver Beschulung aller Lernenden (auch und insbesondere mit und ohne diagnostiziertem Förderbedarf) zu verstehen. Das bedeutet, dass zukünftig ständige Anpassungen an sich wandelnde Strukturen und Herausforderungen erforderlich sein werden, um sich dem Ziel der Inklusion bestmöglich anzunähern.

Literatur

Ainscow, Mel (2005): Developing inclusive education systems: What are the levers for change? Journal of Educational Change 6 (2), S. 109–124.

Ainscow, Mel (2007): Taking an inclusive turn. Journal of Research in Special Educational Needs 7 (1), S. 3–7.

Ainscow, Mel/Miles, Susie (2008): Making education for all inclusive: Where next? Prospects 38 (1), S. 15–34.

Artiles, Alfredo J./Dyson, Alan (2005): Inclusive education in the globalization age. The promise of comparative cultural historical analysis. In: Mitchell, David R. (Hrsg.), Contextualizing inclusive education. London, S. 37–62.

Avramidis, Elias/Bayliss, Phil/Burden, Robert (2000): A survey into mainstream teachers' attitudes towards the inclusion of children with special educational needs in the ordinary school in one local educational authority. Educational Psychology 20 (2), S. 193–213.

Avramidis, Elias/Norwich, Brahm (2002): Teachers' attitudes towards integration/inclusion: A review of the literature. European Journal of Special Needs Education 17 (2), S. 129–147.

Barber, Michael/Mourshed, Mona (2007): How the world's best-performing school systems come out on to. London.

Batzdorfer, Veronika/Kullmann, Harry (2016): Neue Vielfalt im Klassenzimmer – Multiprofessionelle Kooperation als Herausforderung inklusiver Schulen. Beitrag in diesem Band (DIAGONAL 37).

Baumgardt, Iris (2016): Vielfalt im Klassenzimmer – Chancen und Herausforderungen auf dem Weg zur inklusiven Grundschule. Beitrag in diesem Band (DIAGONAL 37).

Bradshaw, Catherine P./Reinke, Wendy M./Brown, Louis/Bevans, Katherine/Leaf, Philip (2008): Implementation of school wide positive behavioral interventions and supports (PBIS) in elementary schools: Observations from a randomized trial. Education and Treatment of Children 31 (1), S. 1–26.

de Boer, Anke/Pijl, Sip J./Minnaert, Alexander (2011): Regular primary schoolteachers' attitudes towards inclusive education: A review of the literature. International Journal of Inclusive Education 15 (3), S. 331–353.

Deppe-Wolfinger, Helga/Prengel, Annedore/Reiser, Helmut (1990): Integrative Pädagogik in der Grundschule: Bilanz und Perspektiven der Integration behinderter Kinder in der Bundesrepublik Deutschland 1976–1988. München.

Dupoux, Errol/Wolman, Clara/Estrada, Elisa (2005): Teachers' attitudes toward integration of students with disabilities in Haiti and the United States. International Journal of Disability Development and Education 52 (1), S. 43–58.

European Agency for Development in Special Needs Education (2013): Organisation of provision to support inclusive education: Literature review. Odense.

Farell, Peter (2004): School Psychologists: Making inclusion a reality for all. School Psychology International 25 (1), S. 5–19.

Fend, Helmut (2008): Neue Theorie der Schule: Einführung in das Verstehen von Bildungssystemen. 2. Aufl. Wiesbaden.

Forlin, Chris/Earle, Chris/Loremann, Tim/Sharma, Umesh (2011): The sentiments, attitudes, and concerns about inclusive education revised (SACIE-R) scale for measuring pre-service teachers' perceptions about Inclusion. Exceptionality Education International 21 (3), S. 50–65.

Gebhardt, Markus/Schwab, Susanne/Reicher, Hannelore/Ellmeier, Barbara/Gmeiner, Sonja/Rossmann, Peter/Gasteiger-Klicpera, Barbara (2011): Einstellungen von LehrerInnen zur schulischen Integration von Kindern mit einem sonderpädagogischen Förderbedarf in Österreich. Empirische Sonderpädagogik 3 (4), S. 275–290.

Hennemann, Thomas/Wilbert, Jürgen/Hillenbrand, Clemens (2014): Wissenschaftliche Begleitung im Rahmen der Umsetzung zur inklusiven Schule im Kreis Mettmann (Mehrebenenanalyse 2010–2012). Abschlussbericht. Köln.

Hintz, Anna-Maria/Paal, Michael/Urton, Karolina/Krull, Johanna/Wilbert, Jürgen/Hennemann, Thomas (2015): Teachers' perceptions of opportunities and threats concerning inclusive schooling in Germany at an early stage of inclusion – Analyses of a mixed methodology approach. Journal of Cognitive Education and Psychology 14 (3), S. 357–374.

Horner, Robert R./Sugai, George/Smolkowski, Keith/Eber, Lucille/Nakasato, Jean/Todd, Anne W./Esperanza, Jody (2009): A randomized, wait-list controlled effectiveness trial assessing school-wide positive behavior support in elementary schools. Journal of Positive Behavior Interventions 11 (1), S. 133–144.

Klemm, Klaus (2012): Zusätzliche Ausgaben für ein inklusives Schulsystem in Deutschland. Gütersloh.

Klemm, Klaus (2015): Inklusion in Deutschland. Daten und Fakten. Gütersloh.

Klemm, Klaus/Preuss-Lausitz, Ulf (2011): Auf dem Weg zur schulischen Inklusion in Nordrhein-Westfalen. Empfehlungen zur Umsetzung der UN-Behindertenrechtskonvention im Bereich der allgemeinen Schulen. http://www.dgfe.de/fileadmin/Ordner Redakteure/Sektionen/Sek06_SondPaed/Studie_Klemm_Preuss-Lausitz_NRW_Inklu sionskonzept_2011.pdf (zuletzt abgerufen am 31.08.2016).

KMK (1994): Empfehlungen der Kultusministerkonferenz zur sonderpädagogischen Förderung in den Schulen der Bundesrepublik Deutschland. Beschluß der Kultusministerkonferenz vom 06.05.1994. http://www.kmk.org/fileadmin/Dateien/veroeffentli chungen_beschluesse/1994/1994_05_06-Empfehlung-sonderpaed-Foerderung.pdf (zuletzt abgerufen am 31.08.2016).

KMK (2011): Inklusive Bildung von Kindern und Jugendlichen mit Behinderungen in Schule. Beschluss der Kultusministerkonferenz vom 20.10.2011. www.kmk.org/file admin/veroeffentlichungen_beschluesse/2011/2011_10_20-Inklusive-Bildung.pdf (zuletzt abgerufen am 31.08.2016).

KMK (2016): Sonderpädagogische Förderung in Schulen 2005–2014. Statistische Veröffentlichungen der Kultusministerkonferenz – Dokumentation Nr. 210. Abrufbar unter:

https://www.kmk.org/fileadmin/Dateien/pdf/Statistik/Dokumentationen/Dok_210_ SoPae_2014.pdf (zuletzt abgerufen am 31.08.2016).

Kugelmass, Judy W. (2000): Subjective experience and the preparation of activist teachers: Confronting the mean old snapping turtle and the great big bear. Teaching and Teacher Education 16 (2), S. 179–194.

Landis, Richard J./Koch, Gary G. (1977): The measurement of observer agreement for categorical data. Biometrics 33 (1), S. 159–174.

Lang-Wojtasik, Gregor (2013): Schule als Adresse von Migration und Inklusion. Anregungen für eine differenzorientierte Bildungsarbeit. ZEP – Zeitschrift für internationale Bildungsforschung und Entwicklungspädagogik 36 (4), S. 16–22.

Lindsay, Geoff (2007): Educational psychology and the effectiveness of inclusive education/mainstreaming. British Journal of Educational Psychology 77 (1), S. 1–24.

Ministerium für Inneres und Kommunales des Landes Nordrhein-Westfalen (2013): Erstes Gesetz zur Umsetzung der VN-Behindertenrechtskonvention in den Schulen (9. Schulrechtsänderungsgesetz). Gesetz- und Verordnungsblatt (GV. NRW.) Ausgabe 2013 Nr. 34 vom 15.11.2013 Seite 613 bis 622. Düsseldorf. https://recht.nrw.de/lmi/ owa/br_vbl_detail_text?anw_nr=6&vd_id=14080&vd_back=N618&sg=0&menu= 1#NORM (zuletzt abgerufen am 31.08.2016).

Ministerium für Schule und Weiterbildung des Landes Nordrhein-Westfalen (2015): Statistische Daten und Kennziffern zur Inklusion – 2014/15. https://www.schulmi nisterium.nrw.de/docs/bp/Ministerium/Service/Schulstatistik/Amtliche-Schuldaten/ Inklusion_2014.pdf (zuletzt abgerufen am 31.08.2016).

Romi, Shlomo/Leyser, Yona (2006): Exploring inclusion preservice training needs: A study of variables associated with attitudes and self-efficacy beliefs. European Journal of Special Needs Education 21 (1), S. 85–105.

Ross, Scott W./Romer, Natalie/Horner, Robert H. (2012): Teacher well-being and the implementation of school-wide positive behavior interventions and supports. Journal of Positive Behavior Interventions 14 (2), S. 118–128.

Schulministerium Nordrhein-Westfalen (2009): Kompetenzzentren für sonderpädagogische Förderung im Bereich der Lern- und Entwicklungsstörungen. Unterricht und individuelle Förderung in den Pilotregionen. http://www.schulministerium.nrw.de/ docs/Schulsystem/Versuche/KsF/Kontext/Grundsatzpapier.pdf (zuletzt abgerufen am 31.08.2016).

Sugai, George/Horner, Robert R. (2006): A promising approach for expanding and sustaining school-wide positive behavior support. School Psychology Review 35 (2), S. 245–259.

Tashakkori, Abbas/Teddlie, Charles (1998): Mixed methodology: Combining qualitative and quantitative approaches. Thousand Oaks.

Trautmann, Matthias/Wischer, Beate (2001): Heterogenität als Herausforderung für das Lehrerhandeln im Unterricht. In: Trautmann, Matthias/Wischer, Beate (Hrsg.), Heterogenität in der Schule. Wiesbaden, S. 105–136.

UNESCO (2001): The open file on inclusive education. Paris.

United Nations (2006): Final report of the ad hoc committee on a comprehensive and integral international convention on the protection and promotion of the rights and dignity of persons with disabilities. http://www.un.org/esa/socdev/enable/rights/ahc8 docs/ahcfinalrepe.doc (zuletzt abgerufen am 31.08.2016).

United Nations (2015): Convention on the rights of persons with disabilities. Abrufbar unter: http://www.un.org/disabilities/default.asp?id=150 (zuletzt abgerufen am 31.08. 2016).

Urton, Karolina/Wilbert, Jürgen/Hennemann, Thomas (2014): Attitudes towards inclusion and self-efficacy of principals and teachers in German primary schools. Learning Disabilities: A Contemporary Journal 12 (2), S. 151–168.

Vitello, Stanley J./Mithaug, Dennis E. (1998): Inclusive schooling: National and international perspectives. Mahwah, NJ.

Werning, Rolf (2010): Inklusion zwischen Überforderung und Innovation. In: Frank, Jürgen/Hallwirth, Uta (Hrsg.), Heterogenität bejahen. Bildungsgerechtigkeit als Auftrag und Herausforderung für evangelische Schulen. Münster, S. 63–86.

World Health Organization (2011): World report on disability. Genf.

Birgit Papke[*]

Vielfalt in Kindertageseinrichtungen – Tatsache, Chance und Bedingung frühkindlicher Bildungsprozesse

Forderungen nach einem inklusiven Bildungssystem sind nicht neu, und sie richten sich keinesfalls ausschließlich auf die Teilhabe von Kindern mit festgestelltem besonderem pädagogischem Förderbedarf. Die Ratifizierung der Behindertenrechtskonvention der Vereinten Nationen (UN-BRK) durch die Bundesregierung im Jahr 2009 hat diese Forderungen nach einem inklusiven Bildungssystem von der Kindertageseinrichtung bis zur Universität in einer breiteren Öffentlichkeit verankert. Inklusion als Leitidee beschreibt einen umfassenden Systemwandel, der ohne veränderte Strukturen, Haltungen und Kompetenzen nicht auskommt und dessen Basis ein verändertes Bewusstsein und Verständnis des gesellschaftlichen Zusammenlebens unterschiedlicher und doch gleichberechtigter Menschen bildet – damit impliziert Inklusion ein Nachdenken über Vielfalt, Gleichheit und Gerechtigkeit. Einige Aspekte sollen im Folgenden für den Bereich der Kindertageseinrichtungen als Elementarbereich des Bildungssystems veranschaulicht werden.

1. Vielfalt in Kindertageseinrichtungen – eine Tatsache mit vielfältigen Facetten

Vielfalt in Kindertageseinrichtungen lässt sich zunächst anhand der Kinder beschreiben. Im Jahr 2015 besuchten in Deutschland im Bundesdurchschnitt 94,9 % der Drei- bis Fünfjährigen eine Kindertagesstätte oder einen Kindergarten. Die Zahl der unter Dreijährigen, die in Kitas betreut werden, nimmt kontinuierlich zu. Im genannten Zeitraum wurden 32,9 % der unter Dreijährigen dort oder in öffentlich geförderter Kindertagespflege betreut (vgl. Statistisches Bundesamt 2016). Je nach Blickwinkel teilen Kinder Gemeinsamkeiten mit an-

---

[*] Dr. phil. Birgit Papke, Universität Siegen, Fakultät II (Bildung – Architektur – Künste), Lehrkraft für besondere Aufgaben, Zentrum für Planung und Evaluation Sozialer Dienste (ZPE).

deren Kindern aus ihrer Gruppe oder es werden Unterschiede zwischen ihnen deutlich: In Kindertageseinrichtungen sind Jungen und Mädchen von 0 Jahren bis zur Einschulung und manchmal bis zum Ende der Grundschulzeit, wenn es Hortplätze gibt. Sie kommen aus Familien mit unterschiedlichen religiösen oder weltanschaulichen Hintergründen und sozio-ökonomischen Lebensbedingungen, aus unterschiedlichen Familienkonstellationen, manche haben Geschwister, manche sprechen zuhause andere Sprachen als in der Kita. Die Kinder haben unterschiedliche Interessen und Fähigkeiten, unter ihnen sind Kinder mit einem festgestellten sogenannten besonderen pädagogischen Förderbedarf und viele ohne diese Kategorisierung. So besuchten im Schuljahr 2013/2014 67,0 % der Kinder mit sogenanntem besonderem pädagogischem Förderbedarf eine inklusive Tageseinrichtung für Kinder. In der Grundschule waren es im gleichen Zeitraum nur 46,9 % – in beiden Fällen mit deutlichen Unterschieden zwischen den Bundesländern (vgl. Klemm 2015).

Vielfalt lässt sich nicht nur facettenreich beschreiben, auf Vielfalt kann man unterschiedlich reagieren. In der Pädagogik ist die Wahrnehmung von Vielfalt paradoxerweise oft ein Hinweis darauf, dass Pädagoginnen und Pädagogen durch bestimmte Kinder irritiert sind, die sich in irgendeiner Form unerwartet entwickeln (langsam, schnell, unregelmäßig in verschiedenen Bereichen, ...) oder scheinbar unpassend zu den Bedingungen der pädagogischen Programme verhalten (schüchtern, herausfordernd, ablehnend oder anhänglich, ...). Vielfalt wird dann vor dem Hintergrund der erwarteten Norm sichtbar. Dahinter stehen noch immer kulturell geprägte Vorstellungen von Kindheit und von Kindern, wie zum Beispiel die des entwicklungspsychologisch standardisierten Kindes (vgl. Dahlberg 2004). Dahlberg kritisiert, dass unter dem Vorzeichen einer normierten, linearen Entwicklung eine »Klassifikation von Kindern durch Auswahl derer, die bereits ein bestimmtes Stadium erreicht haben oder auch nicht« (Dahlberg 2004, S. 23) als fachlich angemessen und geboten erscheint. Existierende Vorstellungen von Kindheit und von Kindern wirken auf die pädagogischen Programme und Alltagsroutinen von Pädagoginnen und Pädagogen zurück und entscheiden dort über die Teilhabemöglichkeiten von Kindern, auch in den frühpädagogischen Kontexten.

2.   Vielfalt im Spiegel sozial- und erziehungswissenschaftlicher Diskurse

Auf einer theoretischen Ebene wird Vielfalt in der erziehungswissenschaftlichen Debatte aus unterschiedlichen Richtungen und von unterschiedlichen Denktraditionen her thematisiert. Zwei wesentliche Bezugspunkte sind die Konzepte Diversität und Inklusion.

Das Konzept der Diversität widmet sich in erster Linie Aspekten der Anerkennung und Wertschätzung von Verschiedenheit. Als handlungsleitendes Konzept, zum Beispiel im Feld der Qualifikation von Fachkräften oder der Organisationsentwicklung, geht es vor allem um die Sensibilisierung für die Verschiedenheit der Individuen, um die Einübung einer diversitätssensiblen Sicht mit dem Ziel, Diskriminierung zu vermeiden und Chancengerechtigkeit anzustreben. Als grundlegendes Verständnis gilt, dass die einzelnen Phänomene der Unterschiedlichkeit nicht auf per se gegebene Eigenschaften eines Individuums oder einer Gruppe zurückzuführen sind, sondern zu einem guten Teil gesellschaftlich hergestellt beziehungsweise diskursiv konstruiert sind und als solche wiederum als Unterscheidungsmerkmal hervorgehoben werden. Dabei lässt sich kein Mensch nur durch eine Dimension charakterisieren. Jede Person trägt Merkmale, die sie von anderen unterscheidet und solche, die sie mit anderen teilt. So kann Differenz als die Konstruktion eines Verhältnisses von Gleichheit und Verschiedenheit in einer Prozessperspektive beschrieben werden, wonach »sowohl Gleichheit als auch Verschiedenheit ausschließlich in der Lage sind, Aussagen über ein partielles Verhältnis, nie die generelle Beziehung mit allen Aspekten zu machen. Darum ist es erforderlich, einen Maßstab des Vergleichens, die Hinsicht, in welcher etwas gleich oder verschieden sei, zu bestimmen« (Prengel 2006, S. 33). Dabei ist das vergleichsentscheidende Merkmal nicht objektiv gegeben. Es spielen zu großen Teilen gesellschaftliche Normalitätsvorstellungen eine Rolle. Differenzlinien sind deshalb immer kritisch auf ihre Entstehung hin zu hinterfragen.

Diversität ist in dieser Tradition eng verbunden mit der Analyse von Konstruktionsmechanismen für Macht- und Ungleichheitsstrukturen. Ausgehend von Axel Honneths sozialphilosophischer Anerkennungstheorie formuliert Annedore Prengel mit dem Theorem der egalitären Differenz folgenden Differenzbegriff: »Egalitäre Differenz bedeutet, dass in Konzepten demokratischer Bildung durch integrative Pädagogik Gleichheit und Differenz neu in Beziehung zueinander gebracht werden. Gleichheit kommt allen Angehörigen der jüngeren Generation zu im Hinblick auf den Zugang zu einer Bildungsinstitution und im Hinblick auf gesellschaftliche Teilhabe. Differenz kommt allen Angehörigen der jüngeren Generation zu im Hinblick auf eine respektvolle Anerkennung ihrer individuellen Lern- und Lebensweisen und ihrer Kreativität. Von Gegensätz-lichkeit *Gleichheit versus Differenz* auszugehen wäre dabei eine falsche Alter-native, denn beide Prinzipien bedingen und steigern sich wechselseitig. Egalitäre Differenz meint Gleichberechtigung und Freiheit der Verschiedenen. Sie wi-derspricht damit der Zerstörung von Differenzen durch Gleichschaltung ebenso wie der Zerstörung von Gleichheit durch Hierarchisierung« (Prengel 2009, S. 141–142).

Gleichheit und Differenz sind demnach nicht essenzialistisch gegeben. Auch lässt sich ihr Verhältnis weder als Gegenpole beschreiben noch geht es um die Auflösung des einen oder des anderen.

Eine theoretische Grundposition von Inklusion liegt in der bewussten Ver-bindung der Aspekte von Vielfalt/ Unterschiedlichkeit und Gemeinsamkeit. So wird alleine über die Wertschätzung von Vielfalt noch keine grundsätzliche Entscheidung für Inklusion getroffen. Dies zeigt sich auf struktureller Ebene am Beispiel des gegliederten Schulwesens mit seiner Ausdifferenzierung in ver-schiedene, einer vermeintlichen Begabungsstruktur zugeordneten Bildungs-gänge in Haupt- und Realschule, Gymnasium und Förderschulen. Diese könnten zwar – ignorierte man die gesamte Kritik am Begabungsbegriff und die sozialen Implikationen von Bildungsresultaten (vgl. Roth 1969) – noch irgendwie als Ausdruck der Wertschätzung von Verschiedenheit gedeutet werden. Gleichzeitig negiert das System aber die Wertschätzung von Gemeinsamkeit und von Chancengerechtigkeit in hohem Maße. Für ein inklusives Verständnis auf allen Ebenen konstatiert Hans Wocken daher: »Verschiedenheit und Gemeinsamkeit sollen – so das theoretische Postulat – immer zugleich gegeben sein und sich in einem spannungsvollen Schwebezustand befinden« (Wocken 2014, S. 64).

3.   Vielfalt der Bedingungen

Vielfalt kann auch aus der Perspektive der Ungleichheit von Startbedingungen betrachtet werden. So gesehen sind vielfältige und verschiedene Entwicklungs-verläufe eigentlich nichts, was irritieren sollte, sondern sie sind auch ein Aus-druck verschiedener Lebensrealitäten. Der Kinderarzt Remo Largo fasst die Ergebnisse einer vier Jahrzehnte umfassenden Langzeitstudie zur Entwicklung von Kindern mit den Worten zusammen: »Jedes Kind ist ein Unikat. Die Kinder kommen schon einmalig auf die Welt und werden im Laufe ihres Lebens immer verschiedener« (Largo 2013, S. 78). Die individuellen Unterschiede, mit der Kinder geboren werden, verstärken sich durch ihre unterschiedlichen Lebens-bedingungen und Lebenserfahrungen, durch ihre unterschiedlichen Interessen und den damit verbundenen Lernerfahrungen sowie durch die zunehmende kontext-temporäre Variabilität von Kindern, also die Tatsache, dass sie in unterschiedlichen Situationen verschiedene Seiten von sich (nicht) zeigen können (Largo 2000, S. 18 ff.). Vielfältige Entwicklungsverläufe und zunehmende Individualität können in gewisser Weise als Normalfall angesehen werden. Das deutsche Bildungssystem baut überwiegend auf einem umgekehrten Verständnis auf – während in der Elementarpädagogik der Kindertageseinrichtungen die Entwicklung einer individuellen Persönlichkeit noch sehr betont wird, macht sich beim Übergang in die Schule bereits die Auffassung breit, Kinder gleichen Alters seien vergleichbar und müssten Vergleichbares leisten (vgl. Platte 2014).

Der Einfluss der unterschiedlichen Lebensrealitäten lenkt den Blick auf eine weitere zentrale Dimension in der Auseinandersetzung mit Vielfalt als pädagogische Kategorie – neben der expliziten Akzeptanz der Verschiedenheit der Kinder, die die traditionelle Orientierung an einer (fiktiv) homogenen Gruppe und der pädagogischen, didaktischen, strukturellen und administrativen Orientierung auf das gedachte Durchschnittskind dysfunktional erscheinen lassen, müssen auch Aspekte struktureller Benachteiligung von Familien und Kindern mitbedacht werden. In ihnen manifestieren sich unterschiedliche Zugangschancen zu und Teilhabemöglichkeiten innerhalb von Bildungsangeboten, denen angemessen begegnet werden muss, um allen Kindern die beste Entwicklung und Bildung zu gewährleisten. In gleichem Maße, wie die Wahrnehmung und Wertschätzung der Vielfalt der Kinder, braucht ein inklusives Bildungssystem bereits im Elementarbereich ein Bewusstsein für die Vielfalt der Bedingungen des Lebens und Aufwachsens sowie chancengerechte Reaktionen darauf.

4. Bildung als Chance und Vielfalt als eine ihrer Voraussetzungen

Unbestritten und zu Recht gilt gute Bildung als individuelle Chance. Die neuerlichen Auseinandersetzungen mit dem normativ schwierigen und inhaltlich mehrdeutigen pädagogischen Schlüsselkonzept der Bildung bergen aber insbesondere für die Elementarpädagogik auch Chancen auf theoretischer und konzeptioneller Ebene mit Blick auf die oben angesprochenen Herausforderungen. Denn obwohl der Deutsche Bildungsrat den (damals noch so genannten) Kindergarten bereits 1970 als Elementarbereich in den Strukturplan für das Bildungswesen aufnahm und trotz des gesetzlich verankerten Bildungsauftrags, wurde und wird der frühpädagogische Bereich häufig vornehmlich im Kontext arbeitsmarkt- und familienpolitischer Argumente der Kinderbetreuung gehandelt.

Bildung als Renaissance einer erziehungswissenschaftlichen Leitidee (vgl. Sander 2015) und Inklusion als Leitbegriff im Sinne einer Semantik für eine neue inhaltliche Selbstbeschreibung der Pädagogik (vgl. Krönig 2016) markieren in der Verknüpfung der Debatten um Bildung und Inklusion eine gewinnbringende Perspektive für die Pädagogik der frühen Kindheit (vgl. Platte 2014).

Unter dem Begriff der Bildung kann man alltagssprachlich wie auch in der Fachdebatte sehr unterschiedliche, mitunter widersprüchliche Vorstellungen vereinen. Diese reichen von dem Erwerb von Wissen und der Positionierung im gesellschaftlichen Feld bis zu der Idee der Emanzipation und der Befähigung zur Teilhabe in einer demokratischen Gesellschaft – umgekehrt können Bildungsvorstellungen und damit verbunden die Entwicklung von Bildungssystemen und Bildungsprogrammen auch unter den Vorzeichen von Ausschluss und Separation nachgezeichnet werden (vgl. Papke 2016). In konstruktivistischer Perspektive wird Bildung weniger normativ auf einer Ergebnisebene, sondern stärker auf Prozessebene als Resultat dialogischer Verhandlung von Weltverstehen und Weltsicht, als Ko-Konstruktion von Weltwissen gefasst (vgl. Liegle 2013). Bei unterschiedlichen Positionen im Detail gelten diese intraindividuellen Veränderungsprozesse kognitiver Strukturen, die Verknüpfungen, Ordnungsleistungen und Sinndeutungen als Bildungsprozesse – Bildung lässt sich beschreiben als Transformationsprozesse grundlegender Strukturen und Figuren des Welt- und Selbstbezugs (vgl. Koller 2012, vgl. Marotzki 2006). Dabei werden Bildungsprozesse evoziert durch die Erfahrung von Fremdheit, also durch die Konfrontation mit neuen Herausforderungen, die nicht einfach in die bestehenden kognitiven Kategorien eingeordnet werden können, die Unsicherheiten erzeugen und die eine Neubewertung bisheriger Deutungen und Einordnungen erfordern (vgl. Kokemohr 2007). Dabei ist nicht unumstritten, ob ausschließlich die Erfahrung von Fremdheit irritierend wirkt. Jedenfalls ist davon auszugehen, dass es einer spezifischen Qualität des (pädagogischen) Umfeldes und der (pädagogischen) Prozesse bedarf, damit Kinder Bildungserfahrungen machen können, die in eine Veränderung bisheriger Selbst- und Weltsichten münden. Gerade Kinder im Vorschulalter sind durch die Auseinandersetzung mit den vielfältigen Phänomenen in der Welt, mit sich selbst in der Welt sowie mit dem Bild von anderen in dieser Welt zu ständigen Neukonstruktionen ihrer Welt- und Selbstsichten aufgefordert. Dazu brauchen sie Sicherheit, Ermutigung zur Auseinandersetzung und Beteiligung an der gemeinsamen Konstruktion von Wissen über die Welt, von Regeln und Formen des Zusammenlebens.

Unter dem Aspekt, dass Irritationen der bereits aus der eigenen Familie bekannten Erfahrungs- und Deutungsmuster geradezu konstitutiv für Bildungsprozesse sind, wird Vielfalt in pädagogischen Gruppen zu einem Bildungspotenzial für alle Kinder. Rein strukturell wird dieses Potenzial im deutschen Bildungssystem zurzeit noch am deutlichsten durch die Kindertageseinrichtung repräsentiert. Vielfalt verliert vor dem Hintergrund eines konstruktivistisch-prozessorientierten Bildungsverständnisses den Stellenwert eines Störfaktors im Bildungsprozess, als welcher sie häufig noch immer in den aktuellen Debatten um die Möglichkeiten und Grenzen der Inklusion gehandelt wird.

Auf den Aspekt von Vielfalt als Potenzial weist die integrations- und inklusionspädagogische Forschung und Theoriebildung seit den 1980er Jahren hin, ohne dass ihr bisher im pädagogischen Kontext breitere Aufmerksamkeit gewidmet worden wäre. Ein kurzer Blick zurück: Einige der aus Elterninitiativen hervorgegangenen Modelle und Projekte gemeinsamer Erziehung von Kindern mit Behinderung und Kindern ohne Behinderung im Elementarbereich wurden wissenschaftlich evaluiert und ihre Ergebnisse leisteten einen wesentlichen Beitrag zu den Vorstellungen über die Bedingungen und Wirkungen von Lern-, Entwicklungs- und Bildungsprozesse von Kindern in heterogenen Gruppen in dem Kontext einer demokratischen und nicht aussondernden Gesellschaft. So präzisiert und erweitert die im Kontext der Evaluationsforschungen der 1980er und 1990er Jahre entwickelte Theorie integrativer Prozesse (vgl. Klein et al. 1987; Reiser 2007; Kron 2013) die oben genannten Überlegungen zu sozial-konstruktivistischen Bildungsvorstellungen in heterogenen Gruppen dahingehend, dass nicht nur die Auseinandersetzung mit Fremdheitserfahrung, sondern auch mit (unerwarteter) Erfahrung von Nähe und Ähnlichkeit persönlichkeitsbildende Relevanz hat. Grundsätzlich werden innerhalb des Theorieansatzes solche Prozesse als integrativ bezeichnet, »bei denen Einigungen zwischen widersprüchlichen innerpsychischen Anteilen, gegensätzlichen Sichtweisen, interagierenden Personen und Personengruppen zustande kommen« (Klein et.al. 1987, S. 37–38). Ein Kernelement der Theorie integrativer Prozesse ist dabei das Verständnis von Einigung: Einigung bedeutet nicht etwa die Auflösung von Gegensätzen, die in der unterschiedlichen Wahrnehmung oder Interpretation von Sachverhalten bestehen. Einigungsprozesse haben vielmehr eine dialektische Struktur, bestehend aus Schritten der Abgrenzung und Schritten der Annäherung. Sie »erfordern nicht einheitliche Interpretationen, Ziele und Vorgehensweisen, sondern vielmehr die Bereitschaft, die Positionen der jeweils anderen gelten zu lassen, ohne diese oder die eigene Position als Abweichung zu verstehen. Einigung bedeutet den Verzicht auf die Verfolgung des Andersartigen und stattdessen die Entdeckung des gemeinsam Möglichen bei Akzeptanz des Unterschiedlichen« (ebd.). Integrative Prozesse entstehen aus der Dynamik dialektischer Spannung von Gleichheit und Ungleichheit zwischen Individuen, die sich in der Interaktion durch die Spannung von Autonomie und wechselseitigem Bezug – von Abgrenzung und Annäherung – ausdrücken.

Was Kokemohr (2007) als Fremdheitserfahrung beschreibt, auf die Bildungsprozesse als Transformationsprozesse der eigenen Selbst- und Weltsicht geradezu angewiesen sind, wird in der Theorie integrativer Prozesse noch präzisiert: Hier gilt das Erleben von Gleichheit und Ungleichheit, Vielfalt, Gemeinsamkeiten und Unterschiedlichkeit als eine der wesentlichen Bedingungen für gelingende Entwicklungs- und Bildungsprozesse mit Blick auf eine demokratische und pluralistische Gesellschaft. Reiser (2007, S. 99) fasst den Kerngedanken der Theorie integrativer Prozesse zusammen, »als Einigungsprozesse in der konflikthaften Dynamik von Annäherung und Abgrenzung in der Auseinandersetzung mit dem Anderen auf der innerpsychischen Ebene, der interaktionalen Ebene, der institutionellen und der kulturell-gesellschaftlichen Ebene«. Dabei können Prozesse der Abgrenzung präzisiert werden als »sich seiner Position sicher werden« (Kron 2009, S. 186) und Prozesse der Annäherung als »die Position des Anderen verstehen und berücksichtigen« (ebd.).

Vielfalt kann also als Tatsache, als Chance und als Bedingung frühkindlicher Bildungsprozesse betrachtet werden. Dies bedeutet allerdings noch nicht, dass die vollständige Teilhabe aller Kinder in einer Kindertageseinrichtung einfach über die Gewährung von Zugangsrechten zu der Einrichtung sichergestellt wird. Das an der Universität Siegen koordinierte europäische Forschungsprojekt ›Early Childhood Education and Care‹ (ECEIS) untersuchte pädagogische Alltagssituationen in portugiesischen, schwedischen, französischen, ungarischen und deutschen Kindertageseinrichtungen (bzw. Vorschulen) (vgl. Kron/Papke/Windisch 2010). Inklusive Pädagogik erfordert das aktive Erkennen und den Abbau von Barrieren der Teilnahme und Teilhabe an allen Aktivitäten im Alltag der Kindertageseinrichtung. Der gemeinsame Besuch der gleichen Einrichtung bedeutet daher häufig noch gar nicht, dass alle Kinder und ihre Familien auch gleichermaßen Adressaten der pädagogischen Arbeit sind oder sie sich die Angebote in einer subjektiven Bedeutsamkeit erschließen können. Daher vereinbarte die Projektgruppe folgendes Verständnis: »Wir verstehen Inklusion als einen Prozess, der darauf abzielt, ein angemessenes Umfeld für alle Kinder zu schaffen. Das bedeutet für die pädagogische Arbeit, dass Konzepte, Programme und Aktivitäten an die Bedürfnisse und Interessen der Kinder anzupassen sind und nicht etwa umgekehrt die Kinder sich den von ihnen unabhängig entworfenen Vorstellungen anzupassen haben. Dies schließt die Gestaltung von Teilhabemöglichkeiten aller Kinder ein. Auf allgemeiner Ebene ist unser Verständnis von Inklusion, dass die Gesellschaft unter Berücksichtigung der Bedürfnisse aller ihrer Mitglieder solche Bedingungen zu entwickeln hat, die die Inklusion aller gewährleisten können« (Kron 2010, S. 15–16).

5. Vielfalt konkret – Ein Beispiel aus dem Alltag einer Kindertageseinrichtung

In unserem Forschungsprojekt beobachteten wir die gemeinsame Situation zweier Kinder und einer Erzieherin während der Freispielphase im Außengelände einer Kindertageseinrichtung – Benjamin, 3 Jahre und Moritz, 5 Jahre alt. Benjamin spricht sehr viel, Moritz kann vereinzelte Worte sprechen und hat in den letzten Monaten Laufen gelernt. Beide sind sehr interessiert und sehr ausdauernd im Umgang mit Werkzeug und technischen Geräten. Benjamin möchte mit einem Hammer Steine zerhacken. Gemeinsam mit einer Erzieherin entwickelt er die Idee, die Steinbröckchen später mit Kleister zu vermischen, um damit malen zu können. Er sitzt auf einem Betonweg und zerhaut Steine mit einem Hammer. Die Erzieherin beobachtet ihn. Als Moritz vorbeischlendert, lädt die Erzieherin ihn zum Mitmachen ein: »Moritz, wir machen ein Experiment«. Moritz kniet sich vor Benjamin und greift nach dessen Schutzbrille. Als die Erzieherin ihm einen eigenen Hammer und Schutzbrille anbietet, lehnt er ab und greift erneut nach Benjamins Brille. Benjamin beschwert sich. Die Erzieherin ermahnt Moritz zweimal. Er greift einen kleinen Stein, wirft ihn fort und lacht. Dann nimmt er einen Hammer und klopft auf einige Steine, die nach allen Seiten weg springen. Benjamin wendet sich an die Erzieherin: »Der macht das falsch«. Die Erzieherin antwortet: »Lass es ihn ausprobieren, du hast auch anfangs probiert«. Benjamin: »Er braucht auch eine Schutzbrille«. »Oh ja, da hast du recht«. Sie gibt Moritz eine Brille. Er schlägt inzwischen mit dem Hammer auf den Boden, Benjamin hämmert weiter auf den Stein. Nach einigen Minuten legt Moritz Hammer und Brille weg (vgl. ECEIS Autorenteam 2010, S. 123–124).

Ist dies eine gelungene Situation im Umgang mit Vielfalt? Moritz und Benjamin benötigen hier Unterstützung in ihren Interaktionen und gemeinsamen Aktivitäten. Dabei entsteht manchmal – so wie in der beobachteten Situation – eher ein Nebeneinander anstatt eines Miteinanders. Manchmal muss die Erzieherin Benjamin unterstützen, damit er an seinem Experiment weiterarbeiten kann, manchmal Moritz' Recht auf Teilnahme und auf seine eigene Auseinandersetzung mit dem Experiment hervorheben. Nach anfänglichen Schwierigkeiten arbeiten die Jungen eine Weile friedlich nebeneinander. Sie beschäftigen sich mit den gleichen Gegenständen und verbinden doch offensichtlich unterschiedliche Inhalte damit. Benjamin denkt sich in die Rolle eines »Erfinders von Steinfarbe« während Moritz ausprobiert, welchen Einfluss ein Hammer auf Steine haben kann. Benjamins Vorstellungen entsprechend macht Moritz alles falsch. Die Erzieherin macht Moritz' Verhalten für Benjamin verständlich: Er will es ausprobieren. Dieses Verhalten ist legitim bei einem Experiment. Indem Benjamin anschließend eine Schutzbrille für Moritz reklamiert, zeigt er, dass er dessen Teilnahme akzeptiert. Die Pädagogin interpretiert die Interessen und Absichten der Kinder und spricht sie laut aus. Dadurch hilft sie den Kindern zu lernen, dass Kinder unterschiedliche Interessen und Sichtweisen haben. Kinder bekommen die Möglichkeit, die Perspektiven anderer einzunehmen. Die Pädagogin akzeptiert Partizipation und Inklusion als prozesshaftes Geschehen, das nicht in Begriffen von »Vorhanden« oder »Nichtvorhanden« beschrieben werden kann. Das Spielen der Kinder nebeneinander aber mit Bezug auf die gleichen Materialien und in einem geteilten Kontext ist die Grundlage für gemeinsame Erfahrungen von Unterschiedlichkeit und Gemeinsamkeit. Es kann ein wichtiger Schritt in Richtung gemeinsamen Spiels sein.

6.   Fazit

Unter Bezugnahme auf inklusive Pädagogik wird viel mehr angesprochen als eine Wertschätzung von Vielfalt oder das didaktische Umgehen mit Verschiedenheit. Die Frage nach dem Gelingen und der Qualität individueller Bildungsprozesse in heterogenen Gruppen ist eng verknüpft mit der Frage nach der Art der Wahrnehmung und der konzeptionell verankerten Berücksichtigung der Verschiedenheiten sowie der Gleichheit von Individuen. Mit Blick auf einen pädagogischen Kernbereich, nämlich Bildung, lässt sich dies mit einem konstruktivistischen Bildungsverständnis präzisieren. Bildung als Auseinandersetzung mit Phänomenen und mit Bildern von sich selbst und von anderen Menschen in dieser Welt, findet im sozialen Dialog statt. Bildungsprozesse können dabei durchaus etwas Erschütterndes, Krisenhaftes haben – Kinder begegnen diesen Herausforderungen mit Interesse an Fremdem und Neuem, wenn Erwachsene gleichzeitig auch für die Rahmenbedingungen sorgen, die Kinder zur Erkundung der Welt und zur Irritation ihrer Weltsichten benötigen. Dies sind zum einen ganz allgemein solche Faktoren wie Schutz, Versorgung, Pflege, Beziehungs- und Bindungsangebote, reichhaltige Umwelten und thematische Anregungen. Es geht aber darüber hinaus auch darum, Kindern ein Umfeld zu schaffen, in dem sie sich in ihren eigenen Selbstwahrnehmungen und Identitäten angenommen und gestärkt fühlen. Erst Kinder, die sich ihrer (momentanen) Stärken, Schwächen und Positionen sicher werden dürfen, können auch die Stärken, Schwächen und Positionen anderer berücksichtigen, ohne sich selbst oder andere dabei abzuwerten.

Wenn mit Inklusion im Rahmen der Pädagogik früher Kindheit aber vermehrt Erfordernisse, Programme und Strategien des Erkennens und Förderns jener Kinder gemeint sind, deren Entwicklungsverläufe von der vermeintlichen Normalität abweichen, steht die gesellschaftliche Leitidee der Inklusion in der

Gefahr, im alltags- und praxisbezogenen Sprachgebrauch auf ein weiteres Synonym für kompensatorische Förderung reduziert zu werden.

Literatur

Dahlberg, Gunilla (2004): Kinder und Pädagogen als Co-Konstrukteure von Wissen und Kultur: Frühpädagogik in postmoderner Perspektive. In: Fthenakis, Wassilios E./ Oberhuemer, Pamela (Hrsg.): Frühpädagogik international. Bildungsqualität im Blickpunkt. Wiesbaden, S. 13–30.

ECEIS Autorenteam (2010): Das Arrangement (halb)strukturierter Spiel- und Lernsituationen. In: Kron, Maria/Papke, Birgit/Windisch, Marcus (Hrsg.), Zusammen aufwachsen. Schritte zur inklusiven Bildung und Erziehung. Bad Heilbrunn, S. 123–165.

Klein, Gabriele/Kreie, Gisela/Kron, Maria/Reiser, Helmut (1987): Integrative Prozesse in Kindergartengruppen. Über die gemeinsame Erziehung von behinderten und nicht behinderten Kinder. Weinheim.

Klemm, Klaus (2015): Inklusion in Deutschland. Daten und Fakten. Gütersloh: Bertelsmann Stiftung. Verfügbar unter www.bertelsmann-stiftung.de (zuletzt abgerufen am 17.07.2016).

Kokemohr, Rainer (2007): Bildung als Welt- und Selbstentwurf im Anspruch des Fremden. Eine theoretisch-empirische Annäherung an eine Bildungsprozesstheorie. In: Koller Hans-Christoph/Marotzki, Winfried/Sanders, Olaf (Hrsg.), Bildungsprozesse und Fremdheitserfahrung. Beiträge zu einer Theorie transformatorsicher Bildungsprozesse. Bielefeld, S. 13–68.

Koller, Hans-Christoph (2012): Bildung anders denken. Einführung in die Theorie transformatorischer Bildungsprozesse. Stuttgart.

Kron, Maria (2009): Gemeinsame Erziehung von Kindern mit und ohne Behinderung im Elementarbereich. Theorieansätze und Praxiserfahrungen. In: Eberwein, Hans/ Knauer, Sabine (Hrsg.), Integrationspädagogik. Weinheim, S. 178–190.

Kron, Maria (2010): Einleitung. In: Maria Kron et al. (Hrsg.): Zusammen aufwachsen. Schritte zur inklusiven Bildung und Erziehung. S. 11–16. Bad Heilbrunn.

Kron, Maria (2013): Bildungsinstitution Schule – Be- und Entgrenzung von Entwicklungen ihrer Schüler/innen. In: Buchmann, Ulrike/Diezemann, Eckhart (Hrsg.), Subjektentwicklung und Sozialraumgestaltung als Entwicklungsaufgabe. Frankfurt am Main, S. 307–318.

Kron, Maria/Papke, Birgit/Windisch, Marcus (Hrsg.) (2010): Zusammen aufwachsen. Schritte zur inklusiven Bildung und Erziehung. Bad Heilbrunn.

Krönig, Franz Kasper (2016): Inklusion und Bildung aus systemtheoretischer Perspektive. Inklusion als originärer pädagogischer Grundbegriff einer autonomiegewinnenden Selbstbeschreibung. In: Ottersbach, Markus/Platte, Andrea/Rosen, Lisa (Hrsg.): Inklusive Bildung im Abseits?! – Soziale Ungleichheiten als Herausforderung für inklusive Bildung. Wiesbaden, S. 63–78.

Largo, Remo H. (2000): Kinderjahre. München.

Largo, Remo H. (2013): Wer bestimmt den Lernerfolg: Kind, Schule, Gesellschaft? Weinheim.

Liegle, Ludwig (2013): Frühpädagogik. Erziehung und Bildung kleiner Kinder. Ein dialogischer Ansatz. Stuttgart.

Papke, Birgit (2016): Das bildungstheoretische Potenzial inklusiver Pädagogik. Meilensteine der Konstruktion von Bildung und Behinderung am Beispiel von Kindern mit Lernschwierigkeiten. Bad Heilbrunn.

Platte, Andrea (2014): Inklusion – Implikationen eines Leitbegriffs für die Pädagogik der frühen Kindheit. In: Braches-Chyrek, Rit/Sünker, Heinz/Röhner, Charlotte/Hopf, Michaela (Hrsg.), Handbuch frühe Kindheit. Opladen, S. 85–96.

Prengel, Annedore (2006): Pädagogik der Vielfalt. Verschiedenheit und Gleichberechtigung in Interkultureller, Feministischer und Integrativer Pädagogik. Wiesbaden.

Prengel, Annedore (2009): Zur Dialektik von Gleichheit und Differenz in der Bildung. Impulse der Integrationspädagogik. In: Eberwein, Hans/Knauer, Sabine (Hrsg.), Integrationspädagogik. Weinheim, S. 140–147.

Reiser, Helmut (2007): Inklusion – Vision oder Illusion? In: Katzenbach, Dieter (Hrsg.), Vielfalt braucht Struktur. Heterogenität als Herausforderung für die Unterrichts- und Schulentwicklung. Frankfurt am Main, S. 99–105.

Roth, Heinrich (Hrsg.) (1969): Begabung und Lernen. Gutachten und Studien der Bildungskommission des Deutschen Bildungsrats. Band 4. Stuttgart.

Sander, Wolfgang (2015): Was heißt »Renaissance der Bildung«? Zeitschrift für Pädagogik 61, S. 517–521.

Statistisches Bundesamt (2016): Kindertagesbetreuung, Betreuungsquote. https://www.destatis.de/DE/ZahlenFakten/GesellschaftStaat/Soziales/Sozialleistungen/Kindertagesbetreuung/Tabellen/Tabellen_Betreuungsquote.html (zuletzt abgerufen am 17.07.2016).

Wocken, Hans (2014): Inklusion als Implantat. Bayern integriert »Inklusion« in »Separation«. In: Wocken, Hans (Hrsg.), Bayern integriert Inklusion. Über die schwierige Koexistenz widersprüchlicher Systeme. Hamburg, S. 63–81.

Johannes Schädler & Martin F. Reichstein[*]

Irgendwann ist Schluss!? – Nebeneffekte der professionellen Unterstützung von Menschen mit herausforderndem Verhalten

1. Einleitung

In unterschiedlichen Gesellschaftsbereichen wird Vielfalt von Personengruppen mittlerweile nicht mehr als Problem, sondern als Chance verstanden, um gegebene Herausforderungen besser lösen zu können. Beispiele finden sich in diversitätssensiblen pädagogischen Konzepten genauso wie in Ansätzen kommunaler Diversitätspolitik bis hin zum Diversity Management in Unternehmen und Organisationen. Meuser (2013, S. 178) weist jedoch darauf hin, dass die wertschätzende Anerkennung von Vielfalt keineswegs grenzenlos ist. Innerhalb entsprechender Diskurse wird auch Behinderung grundsätzlich als Kategorie von Verschiedenheit anerkannt (vgl. bspw. Dobusch 2014, S. 268–270, Salzbrunn 2014). Vor allem im Umgang mit Menschen mit Behinderungen, die herausforderndes Verhalten zeigen, wird deutlich, dass Diversität akzeptiert wird, wenn sie nützlich ist, Wenn Unterschiedlichkeit aber stört, wird sie zur Differenz, die zum Ausschluss führt.

Aus guten Gründen erwarten Menschen, dass sich die anderen Menschen, mit denen sie ihren Alltag teilen, »normal« verhalten und umgekehrt. In diesem Sinne ist Normalität, das heißt die Erwartung, dass alle die in der Gesellschaft für bestimmte Situationen vorgegebenen Regeln einhalten, die Grundlage für gesellschaftliches Zusammenleben. Normalität ist kodifiziert in formalen Vorschriften, wie etwa staatlichen Gesetzen oder anderen verschrifteten Verhaltensvorgaben in Organisationen. Konformitätserwartungen wirken aber auch aus einer Fülle von stillschweigenden Übereinkünften heraus, die sich aus Traditionen oder aus anderen nicht weiter hinterfragten Annahmen über richtiges Verhalten im Alltag ergeben. Über Sozialisationsprozesse verschiedenster

---

* Univ.-Prof. Dr. Johannes Schädler, Universität Siegen, Fakultät II (Bildung – Architektur – Künste), Erziehungswissenschaft/Sozialpädagogik; Zentrum für Planung und Evaluation Sozialer Dienste (ZPE).
Martin F. Reichstein, M.A., Universität Siegen, Fakultät II (Bildung – Architektur – Künste), Zentrum für Planung und Evaluation Sozialer Dienste (ZPE).

Art lernen Menschen, was die Inhalte der wechselseitig zu erfüllenden Verhal-
tenserwartungen sind. Zur Erwartung der Normalität gehört aber auch die Erfahrung, dass sich andere Menschen nicht oder nur teilweise regelkonform
verhalten. Dies führt häufig zu kleineren oder größeren Missverständnissen und
Irritationen, deren Klärung nicht selten auch konflikthaft sein kann.

Offensichtlich ist abweichendes Verhalten ein universelles Phänomen und in
allen Gesellschaften bekannt. Genauso bekannt ist es, dass der Toleranzraum für
das, was (noch) als sozial hinnehmbares Verhalten gilt, dynamisch ist, gesellschaftlichen Entwicklungen unterliegt und von Milieu zu Milieu variieren kann.
Gleichwohl, »irgendwann ist Schluss« und die Grenzen des Tolerierten sind nicht
nur erreicht, sondern überschritten. Die Folgen von nicht konformem Verhalten
können für die Beteiligten sehr unterschiedlich sein: Als negativ wahrgenom-
menes auffälliges Verhalten in Alltagssituationen kann zu direkten unfreundli-
chen oder ausgrenzenden Reaktionen der an der Situation Beteiligten führen.
Wenn, wie zum Beispiel bei bestimmten Gewalthandlungen oder bestimmten
Formen des Diebstahls, gesetzliche Vorgaben verletzt werden, können massive
staatliche Sanktionen durch den Polizei- und Justizapparat ausgelöst werden.
Wenn nicht-normales Verhalten primär als soziales Problem wahrgenommen
wird, dann ist in westlichen Gesellschaften die Wahrscheinlichkeit hoch, dass
professionelle Akteure aus dem Sektor der Sozialen Arbeit auf den Plan gerufen
werden und mit ihren Methoden intervenieren.

Hier interessiert nun zunächst weniger, wie die in einer Gesellschaft bestehenden Handlungsvorschriften zustande kommen. Vielmehr soll der Frage
nachgegangen werden, welche professionellen Konzepte für nichtkonformes
Verhaltens vorgehalten werden, wenn es sich um Personen handelt, die aufgrund
einer Behinderung ein vergleichsweise hohes Maß an sozialer Abhängigkeit
aufweisen. Fokussiert wird dabei auf Einrichtungen für Menschen mit Behinderungen, die auf die geschlossene Unterbringung ihrer Klient/inn/en ausgelegt
sind. In diesem Rahmen erfährt das klassische Dilemma der Sozialen Arbeit von
Hilfe und Kontrolle eine besondere Ausprägung.

2. Auffälliges Verhalten und geschlossene Unterbringung

Menschen in modernen Gesellschaften leben mit einer Vielzahl sozialer Ab-
hängigkeiten. Die Die Lebenssituation von Menschen mit Behinderungen
zeichnet sich auch dadurch aus, dass sie mit einem noch höheren Maß an sozialer Abhängigkeit verbunden ist. Die erhöhte soziale Abhängigkeit von orga-
nisierter professioneller Hilfe hat in unterschiedlichen Lebensbereichen eine
verstärkte gesellschaftliche Beobachtung individuellen Verhaltens zur Folge.

Im Rahmen der professionellen Bearbeitung sozialer Problemlagen werden fachliche Standards gesetzt und damit verbundene Konzepte formuliert. Deren Ziel ist die Gewährung von Hilfeleistungen. Vor allem bei Personen mit Behinderungen, deren Verhalten stört, besteht jedoch die Gefahr, dass bei der Gestaltung konkreter Angebote sozialer Dienste der Fokus auf Hilfe in den Hintergrund tritt und die Durchsetzung gesellschaftlicher Kontrollinteressen zum eigentlichen Ziel wird. Diese Überlegungen werden hier am Beispiel geschlossener Unterbringungsformen für Menschen mit Behinderungen illustriert.

Erfahrungsgemäß ist es so, dass ähnliches Verhalten von Menschen in einem gesellschaftlichen Zusammenhang als (noch) tolerierte Abweichung normalen Verhaltens bewertet werden kann (z. B. Selbstverletzung durch extreme Formen des Piercings) oder als Kunstform, deren Ausdrucksstärke gerade in besonders exzentrischen Handlungen gesehen wird, wie zum Beispiel der Umgang mit Fäkalien in der Aktionskunst (so etwa die Ausstellung von 80 Tonnen getrocknetem Kot im Rahmen eines Werks von Mike Bouchet auf der Manifesta in Zürich; vgl. Goldmann 2016). In anderen gesellschaftlichen Zusammenhängen dagegen werden ähnliche Verhaltensweisen als nicht hinnehmbare Zumutung verstanden, die mehr oder weniger rasch massive Interventionen durch Agenturen Sozialer Arbeit, hier vor allem aus dem Bereich der Behindertenhilfe, zur Folge hat. Insbesondere scheint dies der Fall zu sein, wenn Menschen aufgrund von kognitiven oder anderen Beeinträchtigungen bereits eine hohe soziale Abhängigkeit aufweisen und zum Klientel sozialer Dienste gehören.

Wenn solche Personen gegenüber Anderen oder sich selbst Verhalten mit aggressiv-ausagierendem oder ängstlich-hemmendem Charakter zeigen, dann wird dies oft als eine nur schwer oder nicht mehr zu bewältigende Herausforderung für ihr direktes soziales Umfeld eingeschätzt. Dies betrifft Familienangehörige sowie Mitarbeiter/innen in Betreuungsangeboten gleichermaßen. Je nach Situation werden früher oder später freiheitsentziehende Maßnahmen bis hin zur geschlossenen Unterbringung als mögliche Reaktion in Betracht gezogen. Ob diese Maßnahmen, die mit schwerwiegenden Eingriffen in elementare Persönlichkeitsrechte einhergehen, zum Tragen kommen, ist wesentlich von den Einschätzung der beteiligten Professionellen aus dem Bereich der Sozialen Arbeit abhängig. Gleiches gilt für die Frage, welche Konsequenzen die Interventionen für die Betroffenen haben, das heißt in welcher Form und nach welchen Konzepten die freiheitsentziehenden Maßnahmen umgesetzt werden.

Aufgrund der Entwicklung entsprechender Fallzahlen in den vergangenen zwei Jahrzehnten erhält vor allem das Thema der geschlossenen Unterbringung von Menschen mit Behinderungen Brisanz. So hat sich beispielsweise die Zahl der Anordnungen beziehungsweise Genehmigungen von geschlossenen Unterbringungen nach § 1906 BGB in Nordrhein-Westfalen (NRW) in der Zeit von 1992 bis 2011 fast verdreifacht. Diese Fälle beziehen sich auf eine Intervention aufgrund von massiv selbstgefährdendem Verhalten. Konkret wird zweifellos

drastische Maßnahme der geschlossenen Unterbringung als erforderlich angesehen, wenn »auf Grund einer psychischen Krankheit oder geistigen oder seelischen Behinderung [...] die Gefahr besteht, dass [eine Person] sich selbst tötet
oder erheblichen gesundheitlichen Schaden zufügt« (§ 1906 Abs. 1 Nr. 1 BGB).
    1992 wurden in NRW 5.420 geschlossene Unterbringungen nach § 1906 BGB
genehmigt beziehungsweise angeordnet. 2011 erreichten die Fallzahlen mit
13.184 ihren Höhepunkt. Seitdem gehen sie wieder deutlich zurück, sind jedoch
im Vergleich zur Situation Anfang der 1990er Jahre immer noch hoch. 2014
ergingen in NRW 10.543 Anordnungen beziehungsweise Genehmigungen nach
§ 1906 BGB. Abb. 1 veranschaulicht die Entwicklung entsprechender der Fallzahlen zwischen 1992 und 2014 und zeigt insbesondere den Anstieg von 1992 bis
2011. Eine analoge Entwicklung zeigt Deinert (2015, S. 36) für das gesamte
Bundesgebiet. Auswertungsgrundlage sind dabei Zahlen des Bundesamtes für
Justiz. Auf derselben Datenbasis argumentiert wohl auch eine vom Land-
schaftsverband Westfalen-Lippe 2012 eingerichtete Arbeitsgruppe »Geschlossene Unterbringung im Rahmen der Eingliederungshilfe nach SGB XII« in ihrem
aktuell in Abstimmung befindlichen Abschlussbericht.

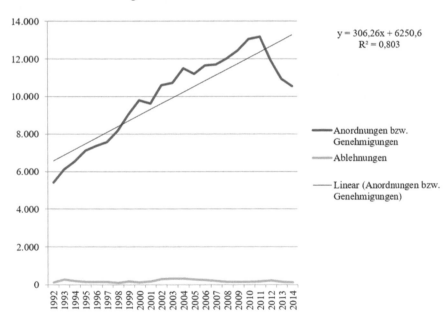

Abb. 1: Anordnungen bzw. Genehmigungen sowie Ablehnungen geschlossener Unterbringung
nach § 1906 BGB in NRW (1992–2014, Eigene Darstellung nach Zahlen des Justizministeriums
des Landes Nordrhein-Westfalen)

Die dargestellten statistischen Daten sind in ihrer Aussagekraft eingeschränkt, da sie die Entwicklung geschlossener Unterbringungen als Sammelkategorie abbilden. Sie lassen keine Rückschlüsse darüber zu, welchem Personenkreis die betroffenen Personen angehören, etwa welcher Anteil der Personen mit geschlossenen Unterbringungen nach § 1906 BGB sich im Bereich der Psychiatrie, der wohnbezogenen Eingliederungshilfe für Menschen mit Behinderungen oder der Altenhilfe, befindet. Im Februar 2013 wurde die maßgebliche Rechtsvorschrift in § 1906 BGB novelliert. Die in diesem Zusammenhang erhöhten Anforderungen für eine geschlossene Unterbringung sind möglicherweise die Ursache für den Rückgang der Fallzahlen ab 2013, die aber immer noch auf einem recht hohen Niveau sind. Dieser Aspekt erhält zugleich vor dem Hintergrund des Übereinkommens der Vereinten Nationen über die Rechte von Menschen mit Behinderungen (UN-BRK) auch menschenrechtliche Relevanz. In den 2015 erschienenen »Abschließenden Bemerkungen des Ausschusses über die Rechte von Menschen mit Behinderungen zum ersten Staatenbericht Deutschlands« wird nicht zuletzt die gegenwärtige Praxis geschlossener Unterbringung von Menschen mit Behinderungen kritisiert (Committee on the Rights of Persons with Disabilities 2015, S. 6).

Selbstgefährdendes Verhalten, hier illustriert durch die Entwicklung der Fallzahlen zur geschlossenen Unterbringung nach § 1906 BGB in NRW, stellt nur ein Beispiel für Verhaltensweisen dar, die von professionellen Helfer/inne/n in der Interaktion mit Menschen mit Behinderungen als »herausforderndes Verhalten« empfunden werden. Der Begriff hat sich mittlerweile, ausgehend vom englischsprachigen Fachdiskurs, als professionelle Kategorie etabliert. Im Rahmen der vorliegenden Auseinandersetzung mit professionellen Reaktionen auf abweichendes Verhalten bedarf diese Perspektive einer genaueren Darstellung.

3.   Herausforderndes Verhalten als professionelle Kategorie

Für Verhaltensweisen bei denen Menschen sich oder andere selbst-verletzen, intensive Unruhezeigen, Schreien, Angstzustände entwickeln, oder sich weitgehend sozial zurückziehen hat sich im Fachdiskurs der Heilpädagogik der Begriff »herausforderndes Verhalten« als Übersetzung der englischen Formulierung »challenging behavior« etabliert (Dieckmann et al. 2007; Theunissen 2014). Herausforderndes Verhalten steht für ein Verständnis, in dem anders als etwa »gestörtes Verhalten«, Verhaltensweisen eines Individuums erst im Interaktionsprozess von seiner Umgebung als problematisch wahrgenommen werden. Die neue Begrifflichkeit erhebt den Anspruch, Verhalten ohne Wertung ausschließlich zu beschreiben und auf implizite negative Zuschreibungen über das Wesen eines Verhaltens zu verzichten (vgl. Emerson/Einfeld 2011). Der Begriff will eine differenzierte Betrachtung von Verhaltensweisen ermöglichen und problematisches von sozial angepasstem Verhalten zu unterscheiden helfen. Zur Herausforderung als relationaler Begrifflichkeit gehören dabei untrennbar auch Personen in der sozialen Umgebung, die sich durch ein konkretes Verhalten herausgefordert sehen (Sigafoos et al. 2003, S. 3; Dieckmann et al. 2007, S. 16; Emerson/Einfeld 2011, S. 7). Aus dem interdependentem Verständnis folgt, dass ausschließlich individualtherapeutische Ansätze zur Bearbeitung herausfordernden Verhaltens nicht hinreichend sind (vgl. Sigafoos et al. 2003; Theunissen 2014, S. 28). Herausforderndes Verhalten ist also kein Wesensmerkmal eines Menschen, sondern Resultat eines interaktiven Wechselspiels zwischen Personen, das in der Zuschreibung einer Diagnose enden kann, wenn die Interaktion von Professionellen der Sozialen Arbeit gerahmt wird. Mit anderen Worten, es handelt sich um ein interdependentes begriffliches Konzept, mit dem sich die zugrundeliegenden Sachverhalte angemessener beschreiben lassen.

Wenn Menschen mit einer geistigen oder seelischen Behinderung herausforderndes Verhalten zeigen, dann verfügen die professionell damit befassten Akteure über etablierte Verfahren, die für die Betroffenen weitreichende Konsequenzen haben können. Es kann sich dabei um Kinder, Jugendliche oder Erwachsene mit Behinderungen handeln, für die von den sie betreuenden Fachkräften ein Unterbringungsbeschluss nach § 1906 BGB erwogen wurde, weil sie regelhaft und seit mindestens sechs Monaten herausforderndes Verhalten zeigen. Für den Fall, dass von fachlicher Seite eine geschlossene Unterbringung dann gegebenenfalls auch gerichtlich angeordnet wird, bestehen gesetzliche Festlegungen. Diese sehen eine solche drastische Maßnahme als erforderlich an, wenn »auf Grund einer psychischen Krankheit oder geistigen oder seelischen Behinderung [...] die Gefahr besteht, dass [eine Person] sich selbst tötet oder erheblichen gesundheitlichen Schaden zufügt« (§ 1906 Abs. 1 Nr. 1 BGB). Eine gerichtliche Anordnung der geschlossenen Unterbringung kann sich aber auch anderweitig begründen. Sie kann Personen betreffen, welche sich strafbar gemacht haben und bei denen aber eine eingeschränkte oder nicht gegebene Schuldfähigkeit festgestellt wurde, die wiederum zur Aufnahme in eine forensische Klinik führte. Nicht selten kommt es vor, dass solche Personen mit günstiger Sozialprognose dann aus dem Maßregelvollzug unter der Auflage beurlaubt werden, dass sie sich weiteren Rehabilitationsmaßnahmen in einer geschlossenen Einrichtung der Hilfen für Menschen mit Behinderungen unterziehen.

4. Hilfe und Kontrolle – Hilfe durch Kontrolle? Herausforderndes Verhalten und geschlossene Unterbringung als Problem Sozialer Arbeit

Im vorangegangenen Abschnitt wurde deutlich, dass herausfordernde Verhaltensweisen erst in der konkreten Interaktion zwischen einem Individuum und seiner Umwelt zum Problem werden und unter bestimmten Bedingungen professionelle Interventionen auslösen können. Gerade in der Sozialen Arbeit soll professionelles Handeln im Rahmen eines Arbeitsbündnisses stattfinden (Oevermann 2013, S. 119). Dabei konstituiert sich dieses Arbeitsbündnis in einem Spannungsfeld von Hilfe und Kontrolle (vgl. Kappeler 2007, S. 83; Staub-Bernasconi 2007, S. 36; Oevermann 2013, S. 138–139). Was bedeutet das?

4.1 Fachliche Standards der Hilfen für Menschen mit Behinderungen

Hilfen für Menschen mit Behinderungen in Deutschland sind zunächst sozialstaatliche Dienstleistungen. In der praktischen Erbringung findet ein wesentlicher Teil der konkreten Unterstützung innerhalb einer direkten Interaktion zwischen professionell Helfenden und ihren Klient/inn/en statt. Insofern gehören Hilfen für Menschen mit Behinderungen im Kern zum Bereich der Sozialen Arbeit. Problematisch an der Lebenswirklichkeit von Menschen mit kognitiver Beeinträchtigung und herausforderndem Verhalten ist nicht zuletzt, dass in ihrem Fall die Interaktion mit dem Umfeld nachhaltig beeinträchtigt ist. Ungeachtet dessen gilt, dass sich in den Hilfen für Menschen mit Behinderungen fachliche Standards entwickelt haben, an denen sich professionell Handelnde orientieren sollen.

Nicht zuletzt die neueren inklusionsorientierten Konzepte der *Offenen Hilfen* für Menschen mit Behinderungen formulieren die Forderung nach einer Personenzentrierung von Hilfen in Abkehr von einer reinen Versorgungslogik (zusammenfassend Schädler/Rohrmann 2016, 11 ff.).

Zentraler Ausgangspunkt des Inklusionsparadigmas (Abb. 2) ist die gesellschaftliche Zugehörigkeit von Menschen mit Behinderungen als Bürger/innen mit Rechten und Pflichten. Ziel sind also, analog zur Lebenssituation des Großteils der nichtbehinderten Bevölkerung, selbstbestimmte und individuell gewählte Lebensarrangements beziehungsweise bei Bedarf Unterstützungsarrangements. Aus diesen Standards ergeben sich unmittelbar Konsequenzen für die Gestaltung professioneller Beziehungsverhältnisse. Vor allem bedeuten sie eine Abkehr von Kontrolle und fremdbestimmenden Regulierungen zum Zweck einer wie auch immer gearteten Förderung, Rehabilitation oder Behandlung

(Teil-)stationäres Paradigma	Inklusionsparadigma
Von weitgehender Fremdbestimmung	zu weitgehender Selbstbestimmung
Vom ‚Platz'	zum ‚hilfreichen Arrangement'
Von der Planung nach der institutionellen Platzierung	zur personenzentrierten Planung vor Leistungserbringung
Vom Professionellen als ‚Manager/in der Wohngruppe'	zum/r Professionellen als individueller/m Assistenten/in
Von fehlender Gendersensibilität (‚Bewohner')	zur Gendersensibilität
Von der institutionellen Logik des Heims	zur privaten Logik der Wohnung
Von der Teilhabe in der Parallel-Welt der Sondereinrichtung	zur sozialen Teilhabe und Inklusion in die Gesellschaft
Von der institutionell vorgegebenen Ressourcenbegrenzung	zur Nutzung der Ressourcen des Sozialraums
Von der Zusammenarbeit mit einem Kostenträger	zur Zusammenarbeit mit mehreren Kostenträgern
Von der ‚Einrichtung'	zum ‚Dienst'

Abb. 2: Ausgewählte Dimensionen des Paradigmenwechsels in wohnbezogenen Hilfen (nach Schädler/Rohrmann 2016, S. 19)

(Theunissen 2013, S. 339). Dieser Anspruch an zeitgemäße Hilfen für Menschen mit Behinderungen ist unteilbar und gilt folglich auch für Menschen mit schweren Beeinträchtigungen oder für Menschen mit herausforderndem Verhalten (vgl. hierzu auch Theunissen 2013, S. 339).

4.2 Zur besonderen Problematik geschlossener Wohnangebote für Menschen mit Behinderungen

Ungeachtet der Forderung nach einer inklusionsorientierten Ausrichtung der Hilfen für Menschen mit Behinderungen jenseits von Kontrolle und Fremdbestimmung wird innerhalb der engeren Fachöffentlichkeit aktuell verstärkt über Einrichtungen diskutiert, die eine geschlossene Unterbringung dieses Personenkreises ermöglichen. Zielgruppe sind dabei vor allem Personen, die herausfordernde Verhaltensweisen zeigen. Grundsätzlich gilt, dass Menschen mit einer sogenannten geistigen Behinderung im Vergleich zur übrigen Bevölkerung verstärkt von Verhaltensauffälligkeiten betroffen sind. Die Gründe hierfür sind vielfältig, sie können auch eine individuelle Reaktion auf ungeeignete Hilfearrangements sein, gegen die sich betroffene wehren und dann als »Systemsprenger« auffällig werden (vgl. Hopfmüller 1998; Wüllenweber 2006, S. 209–210). Jedenfalls kann davon ausgegangen werden, dass als herausfordernd bewertetes Verhalten zum festen Bestandteil des Betreuungsalltags in Diensten der wohnbezogenen Eingliederungshilfe für Menschen mit geistigen und seelischen Behinderungen gehört. Entsprechende Ergebnisse lieferte eine repräsentative empirische Untersuchung in Einrichtungen und Diensten der wohnbezogenen Eingliederungshilfe in Nordrhein-Westfalen (Reichstein/ Schädler 2016). Im Zusammenhang mit der Diskussion um geschlossene Wohnangebote für Menschen mit Behinderungen wirft dieser Befund einige grundlegende Fragen über Wesen und Legitimation entsprechender Angebote auf.

Es ist bereits darauf verwiesen worden, dass sich Soziale Arbeit generell in einem Spannungsverhältnis von Hilfe und Kontrolle bewegt. Dieses Spannungsverhältnis lässt sich letztlich nicht vollständig auflösen (vgl. Kappeler 2007, S. 80–81). Dies gilt auch für den Arbeitsbereich der Hilfen für Menschen mit Behinderung. Allerdings tritt dieses Spannungsverhältnis in unterschiedlichen Settings Sozialer Arbeit in unterschiedlichem Ausmaß zutage. Beispielsweise kann für niedrigschwellige Angebote, wie etwa offene Beratungsangebote, zumindest vordergründig von einem deutlichen Fokus auf Hilfe bei einem geringen Maß an Kontrolle ausgegangen werden. Auf der anderen Seite ist bei geschlossenen Wohnangebote für Menschen mit Behinderungen das Verhältnis von Hilfe und Kontrolle von vorneherein prekär. Wenngleich die helfende Intention auch in diesen Settings nicht bestritten werden kann, so nimmt hier doch Kontrolle schon qua Konzept eine zentrale und deutlich sichtbare Bedeutung ein. Zugespitzt steht die Frage im Raum, ob hier nicht schlussendlich »Hilfe« beabsichtigt und »Kontrolle« realisiert wird.

Interventionen Sozialer Arbeit stellen immer auch Eingriffe in die Lebensverhältnisse von Klient/inn/en dar. Entsprechend sind solche Interventionen prinzipiell ethisch begründungsbedürftig (Wolf 2012, S. 72). Als besonders begründungspflichtig können in diesem Zusammenhang Interventionen gelten, die mit einer eingeschränkten Freiwilligkeit seitens der Klient/inn/en einhergehen. Diese liegt dann vor, wenn Soziale Arbeit nicht oder nicht in erster Linie helfend, sondern vor allem kontrollierend tätig wird – dann wächst auch die die Gefahr professioneller Übergriffigkeit. Eine geschlossene Unterbringung stellt immer auch einen substanziellen Eingriff in die Menschen- und Bürgerrechte der betroffenen Personen dar. Entsprechend hoch sind die gesetzlichen Hürden, die der Gesetzgeber in § 1906 BGB mit Blick auf diese Unterbringungsform vorsieht.

5.   Schlussbetrachtungen

Die vorangegangenen Überlegungen zur Problematik von Hilfe und Kontrolle auf der einen Seite und zur geschlossenen Unterbringung von Menschen mit herausforderndem Verhalten auf der anderen Seite haben ein professionelles Dilemma aufgezeigt. Dabei ist herausgearbeitet worden, dass konkrete Interventionen und Betreuungssettings besonders für Personen konzipiert werden, die erhöhte soziale Abhängigkeit und exzentrische Verhaltensweise in sich verbinden. Die auf dieser Basis entstandenen Einrichtungen stehen in der Gefahr, vornehmlich auf Kontrolle ihrer Klient/inn/en und weniger auf deren Hilfe abzuzielen. Zugespitzt könnte man sagen, dass in solchen speziellen Settings die Hilfe in Form von Kontrolle erbracht und Kontrolle zum Ziel der Hilfe wird. Vor diesem Hintergrund verwundert es nicht, dass gerade geschlossene Wohnangebote für Menschen mit Behinderungen kontrovers diskutiert werden. Dies gilt umso mehr, als die UN-Behindertenrechtskonvention und der damit verbundene (fach-)öffentliche Diskurs das Augenmerk auf die menschenrechtliche Situation von Menschen mit Behinderungen gerichtet haben (vgl. beispielsweise Eichholz 2015, S. 343).

Die Standards moderner Hilfen für Menschen mit Behinderungen verlangen professionell handelnden Mitarbeiter/inne/n ein Aufgabenverständnis ab, ihre Klient/inn/en dabei zu unterstützen, soziale Zugehörigkeit zu entwickeln (vgl. Theunissen 2013, S. 343). Diese Haltung verlangt in besonderem Maße eine Hinwendung zum Einzelfall. Demgegenüber besteht die Gefahr, dass die Gestaltung individueller Hilfearrangements auf Platzierungsentscheidungen reduziert wird. Der Blick auf geschlossene Wohnangebote für Menschen mit Behinderungen zeigt, dass der fachliche Diskurs zu herausforderndem Verhalten gegenwärtig vor allem durch ein hohes Maß an Einrichtungsorientierung gekennzeichnet ist. Fokussiert wird entsprechend weniger auf die Probleme, die

die betroffenen Menschen ›haben‹, als vielmehr auf die Probleme, die der Einrichtungsalltag ›macht‹.

Die hohe Einrichtungsorientierung des Diskurses deutet jedoch noch auf eine tiefergehende Problematik hin. Für Menschen mit erhöhter sozialer Abhängigkeit, die durch Soziale Dienste die bereits klientifiziert sind, besteht das Risiko, dass einzelne hervortretende Merkmale oder Verhaltensweisen bei der Bewertung durch Professionelle übermäßig gewichtet werden. Dies liegt möglicherweise daran, dass Professionelle sich rasch in der Verantwortung sehen, gesellschaftlichen Kontrollfunktionen wahrzunehmen.

Klient/in Sozialer Arbeit zu sein bedeutet letztlich, in erhöhtem Maße unter gesellschaftlicher Beobachtung zu stehen. Das bedeutet auch, dass der Toleranzspielraum für das, was als Normalität noch akzeptiert beziehungsweise als Vielfalt wertgeschätzt wird, deutlich kleiner wird. Abweichendes Verhalten löst unter diesen Bedingungen schneller Sanktionen aus, die dazu führen, dass betroffenen Klient/inn/en elementare Menschen- und Bürgerrechte vorenthalten werden. Dies sollten die Ausführungen zu herausforderndem Verhalten und der Diskurs um geschlossene Wohneinrichtungen für Menschen mit herausforderndem Verhalten deutlich machen.

Literatur

Bundesrepublik Deutschland: Bürgerliches Gesetzbuch in der Fassung der Bekanntmachung vom 2. Januar 2002 (BGBl. I S. 42, 2909; 2003 I S. 738), das durch Artikel 3 des Gesetzes vom 24. Mai 2016 (BGBl. I S. 1190) geändert worden ist. BGB.

Bundesrepublik Deutschland: Das Neunte Buch Sozialgesetzbuch – Rehabilitation und Teilhabe behinderter Menschen – (Artikel 1 des Gesetzes vom 19. Juni 2001, BGBl. I S. 1046, 1047), das zuletzt durch Artikel 104 des Gesetzes vom 8. Juli 2016 (BGBl. I S. 1594) geändert worden ist. SGB IX.

Bundesrepublik Deutschland: Gesetz zu dem Übereinkommen der Vereinten Nationen vom 13. Dezember 2006 über die Rechte von Menschen mit Behinderungen sowie zu dem Fakultativprotokoll vom 13. Dezember 2006 zum Übereinkommen der Vereinten Nationen über die Rechte von Menschen mit Behinderungen. UN-BRK.

Committee on the Rights of Persons with Disabilities (2015): Abschließende Bemerkungen über den ersten Staatenbericht Deutschlands. Berlin: Deutsches Institut für Menschenrechte.

Deinert, Horst (2015): Betreuungszahlen 2012–2013. Amtliche Erhebungen des Bundesamtes für Justiz, der Sozialministerien der Bundesländer, der überörtlichen Betreuungsbehörden, der Bundesnotarkammer sowie des Statistischen Bundesamtes. Köln.

Dieckmann, Friedrich/Haas, Gerhard/Bruck, Birgit (2007): Herausforderndes Verhalten bei geistig behinderten Menschen. Zum Stand der Fachdiskussion. In: Dieckmann, Friedrich (Hrsg.), Beratende und therapeutische Dienste bei geistiger Behinderung und herausforderndem Verhalten. Stuttgart, S. 15–40.

Dobusch, Laura (2014): Diversity (Management-)Diskurse in Organisationen. Behinderung als »Grenzfall«? In: Soziale Probleme 25 (2), S. 268–285.

Eichholz, Reinald (2015): Die Denkbremse. Schaden durch pädagogische und politische Missdeutungen der Behindertenrechtskonvention. Behindertenpädagogik 54 (4), S. 343–356.

Emerson, Eric/Einfeld, Steward L. (2011): Challenging behavior. 3. Aufl. Cambridge.

Hopfmüller, Elisabeth (1998): Integration der Nichtintegrierbaren? Systemsprenger oder das Salz der Erde. In: Dörner, Klaus (Hrsg.), Ende der Veranstaltung. Anfänge der Chronisch-Kranken-Psychiatrie. Gütersloh, S. 91–100.

Goldmann, Marie-Luise (2016): Wie wir verlernten, uns über Scheiße zu empören. Welt Online. Berlin. 22.07.2016. http://www.welt.de/kultur/kunst-und-architektur/article1 57205858/Wie-wir-verlernten-uns-ueber-Scheisse-zu-empoeren.html (zuletzt abgerufen am 25.07.2016).

Kappeler, Manfred (2007): Das ambivalente Verhältnis von Unterstützung und Kontrolle in der Sozialen Arbeit am Beispiel der Kategorien Hilfe und Prävention. In: Knopp, Reinhold/Münch, Thomas (Hrsg.), Zurück zur Armutspolizey? Soziale Arbeit zwischen Hilfe und Kontrolle. Berlin, S. 77–98.

Meuser, Michael (2013): Diversity Management. Anerkennung von Vielfalt? In: Pries, Ludger (Hrsg.), Zusammenhalt durch Vielfalt? Bindungskräfte der Vergesellschaftung im 21. Jahrhundert. Wiesbaden, S. 167–181.

Oevermann, Ulrich (2013): Die Problematik der Strukturlogik des Arbeitsbündnisses und der Dynamik von Übertragung und Gegenübertragung in einer professionalisierten Praxis von Sozialarbeit. In: Becker-Lenz, Roland/Busse, Stefan/Ehlert, Gudrun/Müller-Hermann, Silke (Hrsg.), Professionalität in der Sozialen Arbeit. 3. Aufl. Wiesbaden, S. 119–147.

Reichstein, Martin F./Schädler, Johannes (2016): Zur Lebens- und Betreuungssituation von Menschen mit kognitiver Beeinträchtigung und herausforderndem Verhalten in Nordrhein-Westfalen. Ergebnisse einer Onlinebefragung in Einrichtungen und Diensten für Menschen mit Behinderungen. Siegen. http://www.uni-siegen.de/zpe/pu blikationen/schriften/pdf/zpe_schriftenreihe_nr_43_komplett.pdf (zuletzt abgerufen am 11.08.2016).

Salzbrunn, Monika (2014): Vielfalt/Diversität, Bielefeld.

Schädler, Johannes/Rohrmann, Albrecht (2016): Unentschieden – wie das Recht auf ein Leben in einer eigenen Wohnung zur Glückssache wird. In: Theunissen, Georg/Kulig, Wolfram (Hrsg.), Inklusives Wohnen. Bestandsaufnahme, Best Practice von Wohnprojekten für Erwachsene mit Behinderung in Deutschland. Stuttgart, S. 11–30.

Sigafoos, Jeff/Arthur, Michael/O'Reilly, Mark (2003): Challenging behaviour and developmental disability. London.

Staub-Bernasconi, Silvia (2007): Soziale Arbeit. Dienstleistung oder Menschenrechtsprofession? Zum Selbstverständnis Sozialer Arbeit in Deutschland mit einem Seitenblick auf die internationale Diskussionslandschaft. In: Lob-Hüdepohl, Andreas/Lesch, Walter (Hrsg.), Ethik Sozialer Arbeit. Ein Handbuch. Paderborn, S. 20–54.

Theunissen, Georg (2013): Empowerment und Inklusion behinderter Menschen. 3. Aufl. Freiburg im Breisgau.

Theunissen, Georg (2014): Positive Verhaltensunterstützung. Eine Arbeitshilfe für den pädagogischen Umgang mit herausforderndem Verhalten bei Kindern, Jugendlichen und Erwachsenen mit Lernschwierigkeiten, geistiger Behinderung und autistischen Störungen. 4. Aufl. Marburg.

Wolf, Klaus (2012): Sozialpädagogische Interventionen in Familien. Weinheim.

Wüllenweber, Ernst (2006): Krisen und soziale Probleme von Menschen mit geistiger Behinderung – programmatische Ansätze zum Verständnis kritischer Lebenslagen. In: Wüllenweber, Ernst/Theunissen, Georg/Mühl, Heinz (Hrsg.), Pädagogik bei geistigen Behinderungen. Ein Lehrbuch für Studium und Praxis. Stuttgart, S. 199–211.

Michael Müller[*]

Warum es wichtig ist, wie wir Vielfalt bewerten. Individuelle Ursachen von gesellschaftlichen Ausgrenzungsprozessen

1. Einleitung

Die deutsche Gesellschaft ist heute de facto eine multikulturelle Gesellschaft, deren kulturelle Dynamik sich zum einen aus einer Mischung von Zu- und Abwanderung, zum anderen aber auch aus den unterschiedlichen kulturellen und biografischen Hintergründen der dauerhaft in Deutschland lebenden Menschen heraus ergibt. Dabei durchdringt diese Vielfalt zunehmend alle gesellschaftlichen Bereiche, also die Politik, Unternehmen, staatliche Institutionen wie Schulen, Universitäten oder die Polizei, aber auch private Konstellationen wie Familien und Freundeskreise. Vielfalt beziehungsweise Vielfältigkeit bezieht sich dabei nicht auf einzelne Aspekte des Lebens wie das (soziale) Geschlecht, eine gegebenenfalls vorhandene Behinderung, die Religion oder die Herkunft, sondern sie betrifft beispielsweise ebenso die Unterschiedlichkeit zwischen Jungen und Alten, Gebildeten und weniger Gebildeten, Menschen aus dem Osten oder aus dem Westen. Daraus ergibt sich eine ständige Herausforderung des Umgangs mit dieser Vielfalt:

> »Die Diversität der Weltanschauungen und Identitäten durch Globalisierung, demographischen Wandel, Mobilität und Migration führen uns zu neuen gesellschaftlichen Erfahrungen und stellen uns vor die Herausforderung, mit dieser Vielfalt, ihren Chancen und Risiken im Privat- und im Berufsleben umzugehen.« (van Keuk et al. 2010).

Dass dabei Vielfalt gleichzeitig als Bereicherung wie als Risiko gedeutet wird, lässt sich durchaus rational begründen. Vielfalt kann Unsicherheiten erzeugen, die, je nach gesellschaftlichem Teilbereich, mit finanziellen Risiken (z. B. in Unternehmen), ideologischen Risiken (z. B. in Vereinen) oder auch praktischen Herausforderungen (z. B. in Familien) einhergehen können. Dabei ist mit

---

[*] Dipl.-Päd. Michael Müller (Lecturer), Fakultät I (Philosophische Fakultät), Soziologie – Empirische Sozialforschung.

ideologischen Risiken die Irritation durch die Auseinandersetzung mit dieser Vielfalt gemeint, deren Ausgang nicht kontrollierbar erscheint. Entscheidend aus Sicht dieses Aufsatzes ist hierbei, dass die wahrgenommene Höhe des Risikos beziehungsweise der Chance abhängig von einem subjektiven Bewertungsprozess ist. Die individuellen Bewertungen können von der Einschätzung von »Vielfalt als Chance« bis hin zu »Vielfalt als Bedrohung« reichen, auch wenn beide Einschätzungen auf demselben objektiven Tatbestand basieren. Dabei fokussiert der Aufsatz die gesellschaftlichen Bereiche, in denen durch Vielfalt tatsächliche oder vermeintliche »ideologische Risiken« bestehen. Ein aktuelles Beispiel ist die erhöhte Migration nach Deutschland und Europa, die zwar auch als (wirtschaftliche) Chance gedeutet wurde (Aiyar 2016), in Teilen des medialen und gesellschaftlichen Diskurs aber, durch rechtspopulistische Agitation verstärkt, als Bedrohung des »deutschen Volks« oder gleich des »Abendlandes« gedeutet wird. Eine medial sichtbare Form waren beziehungsweise sind die Demonstrationen von PEGIDA in Dresden (Patzelt/Klose 2016).

2.   Theoretische Hinführung

Die Untersuchung von gesellschaftlicher Vielfalt (*Diversity*) hat längst den wissenschaftlichen Diskurs erreicht (Zick/Küpper 2010; Sayhk et al. 2016). Ein Fokus der wissenschaftlichen Auseinandersetzung ist dabei jedoch die Organisation beziehungsweise das Management von Vielfalt (unter anderem zum Diversity Management siehe Krell 2008). Es geht dabei darum, wie Unternehmen oder Organisationen mit der vorhandenen Vielfalt so umgehen können, dass dies positive Effekte auf die Arbeitsergebnisse haben kann oder zumindest diese nicht verschlechtert.

Definiert wird Vielfalt dabei zum Beispiel als das Vorhandensein unterschiedlicher Identitäten in einer Organisation (Cox/Smolinski 1994). Daran anschließend betont Cox (2001) die reziproke Dynamik von unterschiedlichen Identitäten, wenn Vielfalt als Austauschprozess sozialer und kultureller Identitäten begriffen wird. Identität selbst lässt sich dabei stets als soziale Identität begreifen (Tajfel/Turner 1986), sodass in erster Linie die tatsächlichen oder vermeintlichen Gruppenzugehörigkeiten einzelner Individuen ausschlaggebend für die Konstruktion von Identitäten sind. Ein etwas anderer Fokus bei der Definition von Vielfalt ergibt sich durch die Betrachtung von Ely und Thomas (2001). Die Autoren verstehen Vielfalt als Arbeitseinstellung bzw. Arbeitsperspektive in den sozialen Kontexten, in denen Mitglieder unterschiedlicher sozialer Gruppen aufeinandertreffen und somit auch angehalten sind zu kooperieren. Esty et al. (1995) sehen das Anerkennen und Verstehen von unterschiedlichen Werten und Ritualen anderer Gruppen von Menschen als »Diversity« an. Dabei verlaufen die Gruppenkonstruktionen neben den oben genannten sozialen Kategorien wie Alter und Ethnizität, auch an Merkmalen wie der körperlichen oder mentalen Fähigkeit oder anhand der sexuellen Orientierung.

Somit lässt sich zusammenfassend festhalten, dass Vielfalt zum einen die vorhandenen Unterschiedlichkeiten von sozialen Kategorisierungen und Identitäten von Menschen in Organisationen oder Gesellschaften beschreibt, zum anderen aber auch die Bewertungen zu dieser Vielfalt beinhaltet.

Im Folgenden steht der letztgenannte Aspekt im Mittelpunkt. Die *Bewertung von Vielfalt* wird dabei als soziale Einstellung begriffen, selbst wenn sie sich als individuelle Einstellungen zeigt und somit durch Befragungen auch erfassen lässt. Eine soziale Einstellung ist eine durch soziale Interaktionen, soziales Lernen oder generell durch Sozialisationsprozesse erworbene Haltung zu etwas, in diesem Fall zu kultureller Vielfalt im Allgemeinen (nachfolgend wird mit dem Terminus »*Bewertung von Vielfalt*« das Konzept bezeichnet, welches in der zugrunde gelegten Untersuchung mit Aussagen zur Bewertung von kultureller Vielfalt in einem Land oder einer Gesellschaft erfasst wurde). Bei der Frage nach den individuellen Ursachen einer solchen Einstellung ist darüber hinaus jedoch Folgendes zu beachten: Wenn etwas heute nicht genau bestimmbar ist, morgen aber konkrete Auswirkungen haben kann, dann ist die Bewertung dieses Risikos und des Ausgangs auch von (ideologischen) Überzeugungen abhängig, die nicht direkt auf den Gegenstand selbst bezogen sein müssen. Aus (sozial-)psychologischer Sicht sind diese Überzeugungen beziehungsweise Haltungen zum einen als Persönlichkeitsmerkmale zu begreifen (Judge et al. 1999; Rammstedt/Danner 2016), zum anderen als soziale Einstellungen (Bohner 2002). Es sind also unter anderem generelle Einstellungen, die Menschen dazu veranlassen, eine Entwicklung oder eine Auswirkung von etwas in eine bestimmte Richtung hin anzunehmen, gerade dann, wenn noch nicht klar ist, in welche Richtung sich etwas entwickeln wird. Das vermeintliche Risiko des negativen Ausgangs wird dabei in Abhängigkeit von generellen Überzeugungen gegebenenfalls überschätzt. Somit sind auch bei der Frage nach der *Bewertung von Vielfalt* ideologische Überzeugungen zu untersuchen.

Damit steht die *Bewertung von Vielfalt* selbst im Fokus: Welche individuellen Merkmale, neben den bereits erwähnten Sozialisationsprozessen und Persönlichkeitsmerkmalen, sind für die positive oder negative *Bewertung von Vielfalt* ursächlich? Dies erscheint im Besonderen relevant, da auch andere gesellschaftliche Gegebenheiten in ihrer durch die subjektive Bewertung entstehenden Wirkung von den Überzeugungen der Menschen abhängig sein können. Es ist zum Beispiel plausibel anzunehmen, dass die Auswirkungen einer globalen Finanzkrise auf die Zukunftsangst des Einzelnen, neben sozioökonomischen Variablen, auch von generalisierten Einstellungen der Person abhängig sind.

Zick et al. (2011) gehen in ihrer Arbeit jedoch nur so weit, dass sie davon ausgehen, dass »[...]Vorurteile gerade in krisenhaften Situationen beispielsweise bei Finanzkrisen, Naturkatastrophen oder Missernten entwickelt oder abgerufen [werden], da in solchen Situationen das Bedürfnis nach Erklärung besonders groß ist« (Zick et al. 2011, S. 38). Darüber hinaus konnte jedoch bereits gezeigt werden, dass individuelle Bewertungen von etwas Externem (in diesem Fall von Artikeln oder Autoren) von generalisierten Einstellungen mit abhängig sein können (Crawford et al. 2013).

Bei der Frage, welche generellen Einstellungen ausschlaggebend für Bewertungen dieser Art sein können, konnte gezeigt werden, dass der *Autoritarismus* einer Person mit einer generellen Bewertung der »Welt als Bedrohung« einhergeht (Duckitt 2002). Findet also eine globale Krise statt, wird das individuelle Maß des Autoritarismus einer Person vermutlich mit ursächlich dafür sein, wie diese Krise individuell gedeutet und wie sie sich infolgedessen auf Entscheidungen und Handlungen des Einzelnen auswirken wird. Derselbe psychologische Mechanismus wird nun bei der Bewertung von gesellschaftlicher Vielfalt erwartet. Die objektive Vielfalt an Lebensvorstellungen, kulturellen Traditionen, sexueller Orientierungen, etc. wird je nach Einstellungsorientierung als Chance, Bedrohung, wünschenswerter Zustand oder »Untergang des Abendlandes« (wie bei Demonstrationen der PEGIDA) gedeutet werden. Dabei ist zunächst unerheblich, nach welchen Kriterien sich diese Vielfalt konstituiert. Denkbar ist es jedoch, dass gerade die Veränderungen in Bereichen des Lebens, die psychologisch gesehen sehr nah am Individuum sind, im Besonderen zu Irritationen führen können. Somit könnte die sexuelle Orientierung oder ein egalitärer Umgang mit »Gender« zu ablehnenden Haltungen dieser Vielfältigkeit gegenüber führen, da diese Lebensbereiche emotional mit der eigenen Person verknüpft sind. Dies kann jedoch an dieser Stelle nicht weiter ausgeführt werden und bedarf zudem eher einer psychoanalytischen Betrachtungsweise.

Zwei generelle Einstellungssets werden in diesem Aufsatz als zentrale Ursachen der *Bewertung von Vielfalt* angesehen: zum einen der bereits erwähnte *Autoritarismus* (Altemeyer 1981), zum anderen die *Soziale Dominanzorientierung* (Sidanius/Pratto 1999), die auch in der erwähnten Arbeit von Crawford et al. (2013) eine Rolle spielte.

Autoritarismus erfasst in der hier verwendeten Konzeptualisierung die Haltung von Personen, gegenüber Autoritäten folgsam (*autoritäre Unterwürfigkeit*) und gegenüber Minderheiten beziehungsweise vermeintlichen Außenseitern aggressiv-abwertend eingestellt zu sein (*autoritäre Aggression*). Parallel dazu wird ein *Konventionalismus* angenommen, der ein starres Festhalten an gesellschaftlichen Konventionen beinhaltet. Nach der Konzeption von Altemeyer (1981) sind diese drei Dimensionen allerdings auf der Messebene eine Dimension. In dem hier für diese Analyse verwendeten Datensatz sind ausschließlich die *autoritäre Unterwürfigkeit* und *Aggression* explizit gemessen, während der *Konventionalismus* in beiden Aspekten implizit angenommen wird. Die *Soziale Dominanzorientierung* erfasst hingegen eine Haltung, die gesellschaftliche Hierarchien zwischen Gruppen als positiv einschätzt (Sidanius/Pratto 1999; Pratto et al. 2006). Menschen mit einer sozial-dominanten Einstellung favorisieren demnach Hierarchien in Organisationen oder Gesellschaften, sodass sie es als richtig ansehen, wenn einige (gesellschaftliche) Gruppen weiter oben, andere hingegen weiter unten stehen. Beide sozialen Einstellungen hängen zusammen, lassen sich aber als unterschiedliche Konzepte begreifen (Duckitt 2002).

Da hier danach gefragt wird, welche Folgen eine negative *Bewertung von Vielfalt* haben kann, muss zunächst geklärt werden, was unter diesen Folgen zu verstehen ist. Da repräsentative Aussagen über die Bevölkerung in Deutschland getroffen werden sollen, bieten sich Vorurteile als Konzept für die Operationalisierung möglicher negativen Folgen an, da sich Vorurteile in repräsentativen Umfragen erfassen lassen und sie als mögliche Ursachen von gesellschaftlichen Ausgrenzungsprozessen zu verstehen sind.

Zudem haben sich die beiden individuellen Variablen (*Autoritarismus, Soziale Dominanzorientierung*) in der Vorurteilsforschung als äußerst relevant für die Erklärung von abwertenden Einstellungen gezeigt (Zick et al. 2011; Hodson/Dhont 2015). Wenn nun die *Bewertung von Vielfalt* ebenfalls durch diese Einstellungen bedingt ist, würde eine Verknüpfung zwischen der Vorurteilsforschung und der Forschung zur Akzeptanz von Vielfalt gelingen. Inhaltlich könnte so gezeigt werden, dass generelle Einstellungen auch per se für die Bewertung von Vielfalt im Allgemeinen ursächlich sind. Darüber hinaus könnte deutlicher werden, warum autoritäre und sozial-dominante Einstellungen abwertende Einstellungen forcieren. Die *Bewertung von Vielfalt* könnte die verbindende Variable dazwischen repräsentieren.

Abwertende Einstellungen werden somit in diesem Aufsatz als Vorurteile gegenüber unterschiedlichen gesellschaftlichen Gruppen verstanden, die in den oben erwähnten Teilbereichen der Gesellschaft vorzufinden sind und deren Integration und Gewährleistung von Teilhabe zum friedlichen Zusammenleben, zum unternehmerischen Erfolg oder allgemein zum Gelingen einer modernen demokratischen Gesellschaft beitragen können. Abwertende Einstellungen diesen Gruppen gegenüber erschweren dies jedoch dauerhaft. Dabei wird hier konzeptionell nicht davon ausgegangen, dass gesellschaftliche Gruppen als essenzialistische Entitäten in der Gesellschaft vorhanden sind, sondern erst durch soziale und individuelle Konstruktionsprozesse Gruppen gedanklich sozial konstituiert werden.

Führt also eine negative *Bewertung von Vielfalt* zu einer erhöhten Abwertung von gesellschaftlichen Teilgruppen, so ist davon auszugehen, dass die positiven

Möglichkeiten der Integration und Teilhabe dadurch eingeschränkt – wenn nicht
sogar vollständig verhindert – werden. Ein gruppenbasierter Ansatz geht zudem
davon aus, dass auch einzelne Personen, zum Beispiel ein neuer Mitarbeiter in
einem Unternehmen, zumindest anfangs als Mitglied einer sozialen Gruppe
verstanden wird und somit überwiegend über seine (vermeintliche) Gruppen-
mitgliedschaft definiert wird. Er kann dabei als vermeintlicher Prototyp dieser
Gruppe verstanden werden (Hogg 2001).

Um dies generell zu überprüfen, wird das Konzept der *Gruppenbezogenen
Menschenfeindlichkeit (GMF)* (Zick et al. 2008) als Operationalisierung von
abwertenden Einstellungen gegenüber unterschiedlichen gesellschaftlichen
Gruppen verwendet. Das Konzept geht davon aus, dass abwertende Einstellungen gegenüber spezifischen Gruppen zusammenhängen, also meist gleichzeitig
vorhanden sind. Wenn also eine Person fremdenfeindlich eingestellt ist, ist
anzunehmen, dass sie gleichzeitig rassistisch, sexistisch oder antisemitisch
eingestellt ist. Diese Kombination aus abwertenden Einstellungsfacetten wird als
Syndrom Gruppenbezogene Menschenfeindlichkeit verstanden. In der ur-
sprünglichen Konzeption bildet eine Ideologie der Ungleichwertigkeit den Kern
dieses Syndroms (Heitmeyer 2002).

Im Weiteren wird zusammenfassend folgendes Modell (Abb. 1) empirisch
geprüft. Zunächst wird untersucht, welche individuellen Merkmale (Sozialindikatoren wie *Einkommen*, *Bildung* und *Geschlecht*) die beiden generellen beziehungsweise generalisierten Einstellungen beeinflussen, um dann zu untersuchen, wie die positive *Bewertung von Vielfalt* wiederum von diesen Einstellungen abhängt (zu möglichen Sozialindikatoren in diesem Kontext siehe Zick/
Küpper 2016). In einem zweiten Schritt, rechnerisch allerdings gleichzeitig, wird
dann geprüft, ob die positive *Bewertung von Vielfalt* abschwächend auf abwertende Einstellungen wirkt, welche als integrations- und teilnahmeerschwe-
rend und somit auch als wirtschaftlich schädlich angesehen werden. Die *Bewertung von Vielfalt* fungiert dabei rechnerisch als Mediator (MacKinnon 2002)
zwischen den generalisierten und den abwertenden Einstellungen, sodass geprüft werden kann, ob ein Teil des erwarteten direkten Effektes der generalisierten Einstellungen auf die abwertende Einstellungen durch die *Bewertung von
Vielfalt* mediiert, also vermittelt wird. Die direkten Effekte sind bereits in
zahlreichen Studien nachgewiesen worden (Hodson/Dhont 2015).

Abb. 1: Theoretisches Modell des Zusammenhangs von generalisierten Einstellungen, der Bewertung von Vielfalt und abwertenden Einstellungen

Geprüft werden also folgende zentrale Hypothesen:
- H_1: *Autoritäre* und *soziale dominante Einstellungen* reduzieren die positive *Bewertung von Vielfalt*, erhöhen aber gleichzeitig abwertende Einstellungen gegenüber gesellschaftlichen Gruppen.
- H_2: Die positive *Bewertung von Vielfalt* reduziert abwertende Einstellungen gegenüber gesellschaftlichen Gruppen.
- H_3: Die *Bewertung von Vielfalt* mediiert partiell die Effekte der generalisierten Einstellungen auf die abwertenden Einstellungen.

Neben den in den Hypothesen formulierten Zusammenhängen werden Auswirkungen der Sozialindikatoren geprüft.

3. Methodik

Die in Kapitel 2 vorgestellten Hypothesen werden anhand einer repräsentativen Bevölkerungsstichprobe überprüft. In dem verwendeten Datensatz (Heitmeyer et al. 2013) aus 2011 des Projekts zur *Gruppenbezogene Menschenfeindlichkeit* liegen $N = 2.000$ Fälle vor, 53,65 % der befragten Personen sind weiblich, 13,1 % haben einen Migrationshintergrund (*gerechnet ohne polnische oder russische Großeltern*), das Haushaltsnettoeinkommen liegt im Durchschnitt zwischen 2.000 € und 2.500 €. Hohe Einkommen über 5.000 € ($N = 109$) sind für diesen Wert ausgeschlossen, weil sich ein genauer Mittelwert nicht angeben lässt, da das Einkommen klassiert erfasst wurde. Der formale Bildungsabschluss von 50 % der befragten Personen entspricht einem Realschulabschluss oder höher, sodass die Stichprobe bezüglich der Höhe der Abschlüsse nach oben verzerrt ist, also nicht genau der realen Verteilung der Schulabschlüsse in der Bevölkerung in Deutschland entspricht.

Die in den Hypothesen H_1 bis H_3 verwendeten Konstrukte werden im Folgenden zunächst auf ihre deskriptiv statistischen Verteilungen hin überprüft. Bei der Variablen *Bewertung von Vielfalt* werden die Mittelwerte der zugrunde gelegten Skala zur Messung dieser Einstellung zunächst jedoch differenziert nach den Sozialindikatoren berichtet (Tab. 1), während die Lage- und Streuungsmaße des gemessenen *Autoritarismus*, der *Sozialen Dominanzorientierung*, der *Bewertung von Vielfalt insgesamt* und der verwendeten *GMF-Facetten* dann in Tab. 2 dargestellt sind. Die bei allen Skalen verwendeten bipolare Likert-Skala umfasst eine Skalenbreite von 1 (stimme überhaupt nicht zu) bis 4 (stimme voll und ganz zu).

4.   Ergebnisse

Wie in Tab. 1 berichtet, unterscheiden sich Männer (M=3,26, SD=0,71) und
Frauen (M=3,25, SD=0,67) nicht bei den Zustimmungswerten zu einer positi-
ven Bewertung von Vielfalt. Gleiches gilt im Wesentlichen für die drei gebildeten
Altersgruppen. Die unter 30-Jährigen (M=3,24, SD=0,64), die 30 bis 50-Jährigen
(M=3,25, SD=0,68) und die über 50-Jährigen (M=3,26, SD=0,70) weisen na-
hezu identische Mittelwerte bei dieser Skala auf. Eine ansteigende Tendenz der
Zustimmungswerte ist jedoch sowohl bei den Bildungsabschlüssen als auch bei
den Einkommensgruppen erkennbar: Je höher der Abschluss oder höher das
Einkommen, desto höher fällt die Zustimmung zu einer positiven Bewertung
von Vielfalt aus.

N=2.000	Bewertung von Vielfalt Skalenmittelwert (Standardabweichung)				
Sozialindikator					
Geschlecht	männlich 3,26 (0,71)	weiblich 3,25 (0,67)			
Alter	< 30 J. 3,24 (0,64)	30–50 J. 3,25 (0,68)	> 50 J. 3,26 (0,70)		
Bildungsabschluss	Volks-schul-abschluss 3.18 (0,73)	Haupt-schul-abschluss 3,01 (0,76)	Mittlere Reife 3,14 (0,69)	Abitur 3,35 (0,63)	Studium 3,41 (0,64)
Einkommen	Bis 1500 € 3,18 (0,73)	1500 € – 3499 € 3,26 (0,67)	3500 € – 4999 € 3,32 (0,64)		

Tab. 1: Deskriptive Statistik der Skala Bewertung von Vielfalt im Gruppenvergleich nach
Geschlecht, Alter, Bildungsabschluss und Einkommen

Zusätzlich fällt auf, dass die Bewertung von Vielfalt bei den befragten Personen
insgesamt positiv ausfällt (M=3,26, SD=0,69) und sich innerhalb der Gruppen
keine auffallenden Streuungsunterschiede der Zustimmungswerte ergeben (die
Standardabweichung ist in allen Gruppen fast konstant bei SD=ca. 0,70). Die
Zustimmung zu dieser Skala erreicht im Vergleich zu den anderen Variablen im
Mittel den höchsten Zustimmungswert (Tab. 2). Gleichzeitig findet aber vor
allem der Autoritarismus Zustimmung, was weder generell für den deutschen
Kontext, noch im Vergleich zu anderen europäischen Ländern überrascht (Zick
et al. 2011).

N=2.000	Lage- und Streuungsmaße		
Konstrukt	Mittelwert	Standardabweichung	Cronbach's α
Bewertung von Vielfalt	3,26	0,69	0,77
Autoritarismus	2,73	0,70	0,75
Soziale Dominanzorientierung	1,74	0,38	0,63
GMF-Facetten			
Fremdenfeindlichkeit	2,28	0,82	0,85
Rassismus	1,76	0,67	0,57
Traditioneller Antisemitismus	1,57	0,69	0,71
Islamfeindlichkeit	1,96	0,86	0,76
Abwertung Asylsuchender	2,70	0,69	0,47
Traditioneller Sexismus	1,67	0,67	0,71
Homosexuellenfeindlichkeit	1,82	0,85	0,83
Etabliertenvorrechte	2,26	0,83	0,65
Behindertenabwertung	1,59	0,58	0,81

Tab. 2: Lage- und Streuungsmaße der verwendeten Konstrukte (bipolare Likertskala von 1 bis 4)

Die niedrigsten Zustimmungswerte weisen die Behindertenabwertung und der traditionelle Antisemitismus auf. Zu beachten ist, dass hier die Zustimmungswerte zum sekundären Antisemitismus (Bergmann 2001; Benz 2004) nicht dargestellt sind, der grundsätzlich über weit höhere Zustimmungswerte verfügt. Eine nähere Diskussion der Zustimmungswerte zu den GMF-Facetten muss unterbleiben, da eine Zusammenhangsanalyse mit anderen Variablen Kern der Analyse ist.

Bezüglich der Reliabilität der Messungen zeigen die Cronbach's alpha Werte fast durchgehend ausreichend hohe interne Konsistenzen der Skalen an, mit Ausnahme der *Abwertung Asylsuchender* (α=0,47) und des *Rassismus* (α=0,57). In der nachstehenden komplexen Modellierung kann allerdings gezeigt werden, dass bei Verwendung dieser Konstrukte in der gewählten Form dennoch ein akzeptabler Modellfit erreicht wurde (Abb. 3). Daher werden die Konstrukte beibehalten.

Da die abwertenden Einstellungen nicht separat auf ihre Zusammenhänge mit den generalisierten Einstellungen und der *Bewertung von Vielfalt* untersucht werden sollen, sondern unter Verwendung des Konzepts der *Gruppenbezogenen Menschenfeindlichkeit* (*GMF*, Zick et al. 2008), ist zunächst zu prüfen, in welcher Form abwertende Einstellungen gegenüber unterschiedlichen Gruppen in diesem Datensatz zusammenhängen und ob sich diese von den erklärenden Konstrukten abgrenzen lassen. Dazu wird eine *konfirmatorische Faktorenanalyse* (Reinecke 2005) durchgeführt, um zu überprüfen, welche Vorurteilsfacetten (z. B. Fremdenfeindlichkeit, Rassismus, Homosexuellenfeindlichkeit) trennscharfe Konstrukte sind und ob die rechnerische Abgrenzung zu den erklärenden Faktoren (*Autoritarismus*, *Soziale Dominanzorientierung*, *Bewertung von Vielfalt*) gewährleistet ist. In diesem Zusammenhang wird aus den einzelnen

Faktoren der Vorurteilseinstellungen rechnerisch ein gemeinsamer latenter
Faktor GMF gebildet, der rechnerisch ein Faktor höherer Ordnung ist. In einem
zweiten Schritt werden die in den Hypothesen H_1 bis H_3 formulierten Zusammenhänge anhand eines *Strukturgleichungsmodells* (Reinecke 2005) überprüft.
Dabei wird auch auf mögliche Mediationseffekte hin getestet (MacKinnon et
al. 2002; Geiser 2009). Des Weiteren werden die Sozialindikatoren *Alter, Geschlecht (Mann/Frau)* und *Bildung* (Höhe des Bildungsabschlusses) sowie das
Haushaltsnettoeinkommen als weitere erklärende Variablen verwendet. Abb. 2
verdeutlicht graphisch das mathematische Vorgehen in zwei Schritten.

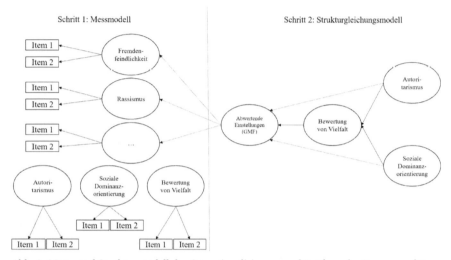

Abb. 2: Mess- und Strukturmodell der Operationalisierung und Prüfung der Zusammenhänge
(Darstellung ohne Alter, Geschlecht, Bildung und Einkommen als weitere erklärende Variablen)

Die Ergebnisse des ersten Schrittes sind in Abb. 3 dargestellt. Der Modellfit zeigt
eine ausreichende Passung zwischen Modell und Daten an, sodass Schritt zwei
durchgeführt werden kann (Abb. 4).

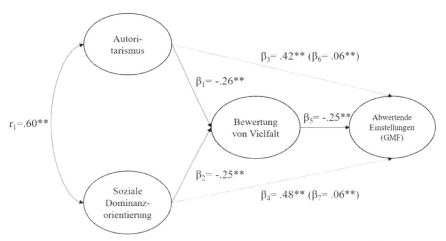

Abb. 3: Latentes Messmodell (Konfirmatorische Faktorenanalyse), N=2.000. Chi^2 = 1315,49, df = 383, CFI = 0,95, RMSEA = 0,04, SRMR = 0,04, MLR

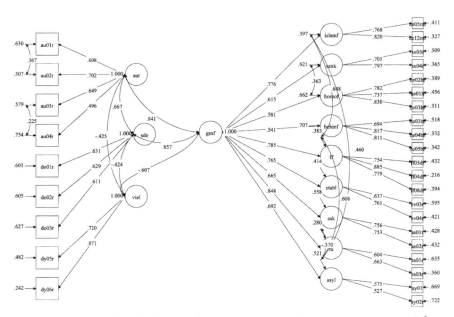

Abb. 4: Latentes Strukturgleichungsmodell mit Mediationseffekten (SEM), N=1.705, Chi^2 = 1676,12, df = 587, CFI = 0,93, RMSEA = 0,03, SRMR = 0,04, MLR

Tab. 3 zeigt die standardisierten Zusammenhänge im Strukturgleichungsmodell zwischen den generalisierten Einstellungen (*Autoritarismus, Soziale Dominanzorientierung*), der *Bewertung von Vielfalt* und den *abwertenden Einstellungen (Faktor GMF)* an.

N=1.705 MLR-Schätzer	Unabhängige Variablen + Mediator			Abhängige Variable
	Autoritarismus	Soziale Dominanzorientierung	Bewertung von Vielfalt	GMF Faktor (2. Ordnung)
Sozialindikatoren[°],[°°]				
Alter	0,08*	n.s.	n.s.	0,11**
Geschlecht	n.s.	n.s.	n.s.	-0,07**
Volkshochschulabschluss	n.s.	-0,08*	n.s.	n.s.
Mittlere Reife	-0,10*	-0,23**	n.s.	n.s.
Abitur	-0,30**	-0,37**	n.s.	n.s.
Studium	-0,43**	-0,46**	n.s.	n.s.
Niedriges Einkommen	0,09**	n.s.	n.s.	n.s.
Hohes Einkommen	-0,06*	n.s.	n.s.	n.s.
Generalisierte Einstellungen				
Autoritarismus			-0,26**	0,42**
Soziale Dominanzorientierung			-0,25**	0,48**
Mediator				
Bewertung von Vielfalt				-0,25**
Mediationseffekte				
Autoritarismus → Bewertung von Vielfalt (*Mediator*) → Faktor GMF				0,06**
Soziale Dominanzorientierung → Bewertung von Vielfalt (*Mediator*) → Faktor GMF				0,06**
R^2 (Determinationskoeffizient)	0,20	0,12	0,21	0,92

[°] Die notwendige Basiskategorie ist »kein Schulabschluss«. Die Werte der Variablen Volkshochschulabschluss, Mittlere Reife, Abitur, Studium sind in Folge dessen im Vergleich zu den Personen ohne Schulabschluss zu interpretieren.
[°°] Hier ist die Basiskategorie das mittlere Einkommen.

Tab. 3: Ergebnisse des Strukturgleichungsmodells, inklusive Mediationseffekte (N=1.705)

Die in H_1 formulierten Zusammenhänge konnten eindeutig bestätigt werden. Sowohl der *Autoritarismus* (β_1=-.26**) als auch die *Soziale Dominanzorientierung* (β_2=-.25**) reduzieren die positive *Bewertung von Vielfalt*, während beide Einstellungssets *abwertende Einstellungen (Faktor GMF)* erhöhen (Autoritarismus: β_3=.42** / Soziale Dominanzorientierung: β_4=.48**). Beide Einstellungen selbst korrelieren mit $r = 0{,}60$**.

Die Ergebnisse sind zur graphischen Darstellung in Abb. 5 noch einmal dargestellt.

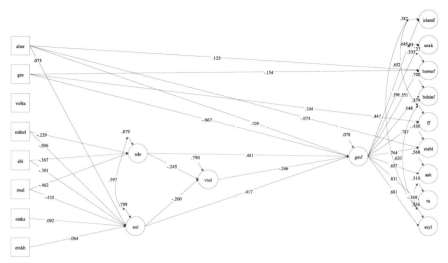

Abb. 5: Strukturgleichungsmodell mit Bewertung von Vielfalt als Mediator (SEM), Darstellung ohne Alter, Geschlecht, Bildung und Einkommen (N=1.705)

Auch der erwartete Effekt aus H_2 konnte in diesem Modell bestätigt werden. Die positive *Bewertung von Vielfalt* reduziert den *Faktor GMF* (β_5=-.25**).

Bezüglich der in H_3 angenommenen partiellen Mediationseffekte zeigt die Analyse, dass der Effekt von *Autoritarismus*, ebenso wie der Effekt der *Sozialen Dominanzorientierung*, partiell durch die positive *Bewertung von Vielfalt* mediiert wird. Der indirekte Effekt vom *Autoritarismus* (β_6=.06**) wie auch der Effekt der *Sozialen Dominanzorientierung* (β_7=.06**) sind somit neben den direkten Effekten der beiden Variablen auf den *Faktor GMF* signifikant. Da also sowohl die direkten, als auch die indirekten Effekte signifikant sind, ist die Hypothese einer partiellen Mediation bestätigt. Wären hingegen nur die indirekten und nicht die direkten Effekte signifikant, läge eine vollständige Mediation vor.

Neben den eigentlich interessierenden Hypothesen wurden *Alter, Geschlecht*, der höchste *Bildungsabschluss* sowie das *Einkommen* als Sozialindikatoren auf ihre Zusammenhänge mit den verwendeten Konstrukten hin überprüft. Tab. 3 ist zu entnehmen, dass das Alter und das Geschlecht nur marginale Effekte aufweisen. So verstärkt das zunehmende Alter die Zustimmung zum *Autoritarismus* ($\beta = 0,08$**) und zu dem *Faktor GMF* ($\beta = 0,11$**). Das Geschlecht (*weiblich*) reduziert ausschließlich den *Faktor GMF* ($\beta = -0,07$**), Frauen sind also leicht weniger feindlich eingestellt als Männer. Die Bildungsabschlüsse reduzieren bei zunehmender Höhe den *Autoritarismus* und die *Soziale Domi-nanzorientierung* in höherem Maße, sie sind allerdings nicht auf die *Bewertung von Vielfalt* signifikant bezogen. Darüber hinaus erhöht ein niedriges Ein-kommen in Vergleich zu einem mittleren Einkommen den *Autoritarismus* ($\beta =$ 0,09**), während ein höheres Einkommen, wiederum im Vergleich zu einem mittleren Einkommen, diesen reduziert ($\beta = -0,06$**).

Die Ergebnisse sind jedoch streng genommen nur korrelativ und nicht kausal zu interpretieren.

5.   Diskussion der Ergebnisse

Ausgehend von der oben formulierten These, dass die *Bewertung von Vielfalt* abhängig von ideologischen Überzeugungen ist, konnte das getestete Modell erste Hinweise auf einen möglichen Wirkungsmechanismus aufzeigen. Sowohl der *Autoritarismus* als auch die *Soziale Dominanzorientierung* reduzieren eine positive *Bewertung von Vielfalt* und schaffen somit die Basis für eine Haltung, die wiederum konkrete Abwertungseinstellungen (*Faktor GMF*) verstärken kann. Unter Berücksichtigung dieser Einstellungen erscheinen die Effekte der Sozialindikatoren auf die *Bewertung von Vielfalt* nicht mehr relevant zu sein (Tab. 3). Dies bleibt allerdings näher zu untersuchen.

Die kausalen Annahmen können allerdings mit diesen Daten letztendlich nicht überprüft werden. Es ist plausibel anzunehmen, dass auch die zu diesem Modell konstruierbare gegenteilige Wirkungsrichtung anzunehmen ist. Wenn einmal *abwertende Einstellungen* vorhanden sind, werde diese die positive *Be-wertung von Vielfalt* reduzieren. Da allerdings dieser Mechanismus trivial er-scheint, ist der in dieser Arbeit postulierte Mechanismus innovativer und somit diskussionswürdiger.

Die Ergebnisse eröffnen verschiedene Ansatzpunkte zur Intervention. Da die *Bewertung von Vielfalt* mit dem *Faktor GMF* zusammenhängt, konnte gezeigt werden, dass unterschiedliche Facetten abwertender Einstellungen mit der ge-nerellen *Bewertung von Vielfalt* zusammenhängen. Somit liegt es nahe, wenn es das Ziel ist, ausgrenzende Einstellungen zu reduzieren, bei der *Bewertung von Vielfalt* sowohl präventiv als auch interventiv anzusetzen. Gelingt es, die *Be-wertung von Vielfalt* zu verändern, also eine positive Bewertung derselbigen zu induzieren, ist anzunehmen, dass sich die Zustimmungen zu abwertenden Haltungen gegenüber verschiedenen gesellschaftlichen Gruppen verringern. Anstatt also separat präventiv oder interventiv beispielsweise gegen Fremden-feindlichkeit, Rassismus oder Homosexuellenfeindlichkeit vorzugehen, könnte die *Bewertung von Vielfalt* ein Schlüssel zur Veränderung sein. Welche päd-agogischen oder gesellschaftlichen Handlungsstrategien oder -konzepte dazu am besten geeignet sind, kann in dieser Untersuchung jedoch nicht gezeigt werden. Anzunehmen ist jedoch, dass die *Bewertung von Vielfalt*, verstanden als eine soziale Einstellung, emotionale, kognitive und konative Elemente enthält und jegliche Intervention eben diese drei Elemente enthalten sollte. Es wird nicht genügen, auf einer rein kognitiven, also zum Beispiel argumentativen Ebene, die Vorzüge von Vielfalt zu verdeutlichen.

Da gezeigt werden konnte, dass sich die *Bewertung von Vielfalt* als Einstellung messen lässt, liegt eine weitere mögliche Anwendung nahe. Unternehmen, die ein Interesse an positiv gelebter Diversity aufweisen, könnten vorab ihre möglichen neuen Mitarbeiter mit dieser Skala klassifizieren. Wie also mögliche Mitarbeiter über Vielfalt denken, könnte ein Indikator dafür sein, wie sie sich in späteren interkulturellen oder anders diversen Interaktionen verhalten werden. Dies bleibt allerdings empirisch genauer zu überprüfen.

Interessant ist zudem, dass die angeführten Sozialindikatoren nur marginale direkte Effekte auf die abwertenden Einstellungen aufweisen. Dieser Umstand stützt die Sinnhaftigkeit der Berücksichtigung ideologischer Überzeugungen und Einstellungen, er stützt also die sozialpsychologische Perspektive auf die untersuchten Phänomene.

6.   Fazit und Ausblick

Wie oben bereits erwähnt, kann diese Analyse keine kausalen Hypothesen prüfen. Dazu wären Längsschnittdaten im Paneldesign oder eine experimentelle Prüfung nötig. Somit sollte diese Analyse als erster Schritt verstanden werden, um sich der *Bewertung von Vielfalt* und deren Auswirkungen zu nähern.

Meist ist zudem nicht nur die Einstellungsebene, sondern vor allem das Verhalten von Personen relevant. Wie also Einstellungen dieser Art mit Verhalten korrespondieren, bleibt weiter zu untersuchen. Meta-Analysen konnten bereits zeigen, dass Einstellungen substanziell mit Verhalten zusammenhängen (siehe dazu beispielsweise Kraus 1995), aber neben den Einstellungen weitere Faktoren ausschlaggebend sind. Somit ist auch im Falle der *Bewertung von Vielfalt* davon auszugehen, dass diese nur ein Faktor neben anderen ist, die für einen integrativen, kooperativen Umgang in unterschiedlichen gesellschaftlichen Kontexten ursächlich sind.

Weitere Untersuchungen sollten also diverse Kontexte untersuchen, um nachzuweisen, in welchen Situationen Diversitätseinstellungen ihre Wirkung entfalten und in welchen Situationen Einstellungen vielleicht von eher geringerer Bedeutung sind.

Literatur

Aiyar, Shekhar/Barkbu, Bergljot/Batini, Nicoletta/Berger, Helge/Detragiache, Enrica/Dizioli, Allan et al. (2016): The refugee surge in Europe: Economic challenges. Staff Discussion Notes 16 (2), S. 1.

Altemeyer, Bob (1981): Right-wing authoritarianism. Winnipeg.

Benz, Wolfgang (2004): Was ist Antisemitismus? Bonn.

Bergmann, Werner (2001): Antisemitismus in beiden Teilen Deutschlands von 1945 bis heute. In: Schubarth, Wilfried/Stöss, Richard (Hrsg.), Rechtsextremismus in der Bundesrepublik Deutschland. Opladen, S. 131–154.

Bohner, Gerd/Wänke, Michaela (2002): *Attitudes and attitude change* (Social Psychology). Hove, UK.

Cox Jr, Taylor (2001): Creating the multicultural organization: a strategy for capturing the power of diversity. San Francisco.

Cox Jr, Taylor/Smolinski, Carol (1994): Managing diversity and glass ceiling initiatives as national economic imperatives. Federal Publications, S. 1–35.

Crawford, Jarret T./Jussim, Lee/Cain, Thomas R./Cohen, Florette (2013): Right-wing-authoritarianism and social dominance orientation differentially predict biased evaluations of media reports. Journal of Applied Social Psychology 43 (1), S. 163–174.

Duckitt, John/Wagner, Claire/Du Plessis, Ilouize/Birum, Ingrid (2002): The psychological bases of ideology and prejudice: Testing a dual process model. Journal of Personality and Social Psychology 83 (1), S. 75–93.

Ely, Rrobin. J./Thomas, David A. (2001): Cultural diversity at work: The effects of diversity perspectives on work group processes and outcomes. Administrative Science Quarterly 46 (2), S. 229–273.

Esty, Katharine C./Griffin, Richard/Hirsch, Marcie Schorr (1995): Workplace diversity: A manager's guide to solving problems and turning diversity into a competitive advantage. Avon, MA.

Geiser, Christian (2009): Datenanalyse mit Mplus. Eine anwendungsorientierte Einführung. Wiesbaden.

Heitmeyer, Wilhelm (2002): Deutsche Zustände. Frankfurt am Main.

Heitmeyer, Wilhelm/Zick, Andreas/Kühnel, Steffen/Schmidt, Peter/Wagner, Ulrich/Mansel, Jürgen/Reinecke, Jost (2013): Group-oriented animosity against people (GMF-Survey 2011): GESIS Data Archive, Cologne. ZA5576 Data file Version 1.0.0, doi:10.4232/1.11807.

Hodson, Gordon/Dhont, Kristof (2015): The person-based nature of prejudice: Individual difference predictors of intergroup negativity. European Review of Social Psychology 26 (1), S. 1–42.

Hogg, Michael A. (2001): A social identity theory of leadership. Personality and social psychology review 5 (3), S. 184–200.

Judge, Timothy A./Higgins, Chad A./Thoresen, Carl J./Barrick, Murray R. (1999): The Big Five personality traits, general mental ability and career success across the life span. Personnel Psychology 52 (3), S. 621–652.

Kraus, Stephen J. (1995): Attitudes and the prediction of behavior: A meta-analysis of the empirical literature. Personality and Social Psychology Bulletin 21 (1), S. 58–75.

Krell, Gertraude (2008): Diversity Management: Chancengleichheit für alle und auch als Wettbewerbsfaktor. In: Krell, Gertraude (Hrsg.), Chancengleichheit durch Personalpolitik. Wiesbaden, S. 63–80.

MacKinnon, David P./Lockwood, Chondra M./Hoffman, Jeanne M./West, Stephen G./ Sheets, Virgil (2002): A comparison of methods to test mediation and other intervening variable effects. Psychological Methods 7 (1), S. 83–104.

Patzelt, Werner J./Klose, Joachim (Hrsg.) (2016): PEGIDA. Warnsignale aus Dresden. Unter Mitarbeit von Werner J. Patzelt, Philipp Currle, Lisa Pflugradt, Sven Segelke, Laura Weißenhorn, Clemens Pleul et al. Dresden.

Pratto, Felicia/Sidanius, Jim/Levin, Shana (2006): Social dominance theory and the dynamics of intergroup relations: Taking stock and looking forward. European Review of Social Psychology 17 (1), S. 271–320.

Rammstedt, Beatrice/Danner, Daniel (2016): Die Facettenstruktur des Big Five Inventory (BFI). Diagnostica, S. 1–15. http://dx.doi.org/10.1026/0012-1924/a000161.

Reinecke, Jost (2005): Strukturgleichungsmodelle in den Sozialwissenschaften. München.

Saylık, Ahmet/Mahmut, Polatcan/Numan, Saylık (2016): Diversity management and respect for diversity at schools. International Journal of Progressive Education 12 (1), S. 51–63.

Sidanius, Jim/Pratto, Felicia (2001): Social dominance. An intergroup theory of social hierarchy and oppression. Cambridge, UK – New York.

Tajfel, Henri/John C. Turner (1986): The social identity theory of intergroup behavior. In: Worchel, Stephen/Austin, William G. (Hrsg.), Psychology of Intergroup Relations. Chicago, IL, S. 7–24.

van Keuk, Eva/Ghaderi, Cinur/Joksimovic, Ljiljana/David, Dagmar M. (Hrsg.) (2010): Diversity. Transkulturelle Kompetenz in klinischen und sozialen Arbeitsfeldern. Stuttgart.

Virchow, Fabian/Langebach, Martin/Häusler, Alexander (Hrsg.) (2017): Handbuch Rechtsextremismus. Wiesbaden.

Zick Andreas/Küpper Beate (2010): Vorurteile und Toleranz von Vielfalt – von den Fallen alltäglicher Wahrnehmung. In: van Keuk, Eva/Ghaderi, Cinur/Joksimovic, Ljiljana/ David, Dagmar M. (Hrsg.), Diversity. Transkulturelle Kompetenz in klinischen und sozialen Arbeitsfeldern. Stuttgart, S. 54–65.

Zick, Andreas/Hövermann, Andreas/Küpper, Beate (2011): Die Abwertung der Anderen. Eine europäische Zustandsbeschreibung zu Intoleranz, Vorurteilen und Diskriminierung. Berlin.

Zick, Andreas/Küpper, Beate (2016): Rechtsextreme und menschenfeindliche Einstellungen. In: Virchow, Fabian/Langebach, Martin/Häusler, Alexander (Hrsg.), Handbuch Rechtsextremismus. Wiesbaden, S. 83–114.

Zick, Andreas/Wolf, Carina/Küpper, Beate/Davidov, Eldad/Schmidt, Peter/Heitmeyer, Wilhelm (2008): The syndrome of group-focused enmity: The interrelation of prejudices tested with multiple cross-sectional and panel data. Journal of Social Issues 64 (2), S. 363–383.

Wolfgang Bergem[*]

Die Flüchtlingskrise als Identitätskrise. Multiple Identitäten als Voraussetzung und Merkmal erfolgreicher Integration von Migrantinnen und Migranten

Elf Monate liegen zwischen den beiden Sommerpressekonferenzen, in denen sich Bundeskanzlerin Angela Merkel 2015 und 2016 den Fragen der Hauptstadtjournalisten stellte. Im Mittelpunkt ihres Auftritts vor den Vertreterinnen und Vertretern der Medien am 31. August 2015 standen die Flucht von (damals für das laufende Jahr für Deutschland prognostizierten) bis zu 800.000 Menschen vor allem aus Syrien, dem Irak, Afghanistan, Somalia und Eritrea vor Bürgerkrieg und Menschenrechtsverletzungen, deren Aufnahme und Verteilung, Versorgung und Integration. Im Blick auf die »oft beschworene zivile Gesellschaft«, die »bei uns Wirklichkeit« sei, bekundete die Regierungschefin, es mache sie »stolz und dankbar zu sehen, wie unzählige Menschen in Deutschland auf die Ankunft der Flüchtlinge reagieren« und sich ehrenamtlich in der Flüchtlingshilfe engagieren (Bundesregierung 2015). Die um einen Monat vorgezogene Bundespressekonferenz vom 28. Juli 2016 stand deutlich unter dem Eindruck der in den vorangegangenen Tagen verübten Anschläge von Würzburg und Ansbach, die die Bundeskanzlerin als »islamistischen Terror« verurteilte, und dem Amoklauf eines deutschen Jugendlichen mit iranischen Wurzeln und rechtsextremistischem Weltbild in München. Merkel stellte diese Anschläge in eine Reihe mit dem Terroranschlag von Nizza, dem Mord an einem katholischen Priester bei Rouen, dem Massaker an Homosexuellen in Orlando sowie den terroristischen Anschlägen in Belgien und in der Türkei, in denen »zivilisatorische Tabus gebrochen« worden seien. Elf Monate nach ihrem berühmt gewordenen Satz »Wir schaffen das« wiederholte Merkel ihre Überzeugung, dass Deutschland stark genug sei, um diese »historische Bewährungsaufgabe in Zeiten der Globalisierung« zu meistern und neben der Integration der Flüchtlinge auch die neue Herausforderung des islamistischen Terrors zu bewältigen, die richtigen Maßnahmen zu treffen und den Bürgerinnen und Bürgern Sicherheit zu geben (Bundesregierung 2016). In dem knappen Jahr zwischen

[*] apl. Prof. Dr. Wolfgang Bergem, Universität Siegen, Fakultät I (Philosophische Fakultät), Politikwissenschaft – Politische Systeme und vergleichende Politikwissenschaft.

diesen beiden Pressekonferenzen standen Migration und kulturelle Diversität, Fluchtursachen und Aufnahmekapazitäten, Integration und Identität im Mittelpunkt politischer wie privater Diskussionen, des medialen wie des akademischen Diskurses.

Laut UN-Flüchtlingskommissar brachte 2015 ein drastischer Anstieg von Menschen auf der Flucht die Gesamtzahl der Flüchtlinge, Binnenvertriebenen und Asylsuchenden weltweit auf über 65 Millionen, rund die Hälfte davon Kinder, und damit auf einen noch nie dagewesenen Höchststand. Europa hat insgesamt 4,4 Millionen Schutzsuchende aufgenommen, 2,5 Millionen davon in der Türkei (UNHCR 2016). Im Jahr 2015 kamen 1,1 Millionen Flüchtlinge nach Deutschland (BMI 2016); im ersten Halbjahr 2016 wurden hingegen nur noch rund 222.000 Asylsuchende im EASY-System des Bundesamts für Migration und Flüchtlinge registriert, wobei Syrien unter den Herkunftsländern immer noch den ersten Platz einnimmt (BAMF 2016).

Die aktuelle Flüchtlingskrise weist als ein zu erklärendes Krisenphänomen wie als ein zu bearbeitendes Handlungsfeld von Politik und Gesellschaft mehrere Dimensionen auf: So kann sie als Krise der Institutionen zwischenstaatlicher Konfliktregulierung, als Krise staatlicher Steuerungsfähigkeit, als Krise intergouvernementaler und supranationaler Kooperation im Rahmen der Europäischen Union und als Krise politischer Kommunikation verstanden werden oder auch als kulturelle Krise und hierin vor allem als Krise kultureller und politischer Identität. Im vorliegenden Beitrag wird die gegenwärtige Flüchtlingskrise als Krise der Fähigkeit ins Auge gefasst, die Wahrnehmung und den Entwurf personaler und kollektiver Identität mit der Tatsache und den Herausforderungen der Einwanderung von Menschen in bisher ungewohnter Größenordnung sowie der politischen, gesellschaftlichen und politisch-kulturellen Integration der Migrantinnen und Migranten zu vereinbaren.

Identität von Einzelnen und von mehreren

Bevor die sich seit 2015 zuspitzende Flüchtlingskrise als Krise der Identität perspektiviert wird, sollen zumindest in einigen Zügen Verständnis und Verwendung von *Identität* geklärt werden, immerhin eines Begriffs, den Edmund Husserl in seinen *Logischen Untersuchungen* von 1901 für »absolut undefinierbar« hielt, auch nicht essenziell als »Grenzfall der Gleichheit« (1984, S. 118), und über den Ludwig Wittgenstein 1913 an Bertrand Russell schrieb: »Identity is the very Devil« (1980, S. 241). *Identität* bringt die Vorstellung von Integration und Kohärenz zum Ausdruck. Der Begriff steht für den Glauben an die Gemeinschaft und kann ein Gefühl der Sicherheit vermitteln; er dient als Chiffre für die Sehnsucht nach Heimat, den Schmerz über Verlust und das Verlangen nach

Sinn. In Situationen eines Orientierungsverlusts und einer Entwurzelung artikuliert der Terminus das Problem der Unbehaustheit, er dient als Vehikel für die Berufung auf das Eigene und die Forderung nach Differenz zu etwas Anderem.

Anders als in der philosophischen Verwendung des Identitätsbegriffs, bei der objektive Identität als ein seinsmäßiges Prädikat im Zentrum steht, anders aber auch als im psychologischen Identitätsverständnis, bei dem Identität vor allem als eine in der Adoleszenz zu erringende Entwicklungsstufe eines Einzelnen angesehen wird, erhält die sozialwissenschaftliche Verwendung des Begriffs der Identität ihren spezifisch sozialwissenschaftlichen Sinn erst dadurch, dass die Vorstellung von einer mit einem Individuum verbundenen Identität auf mehrere Personen, auf Gruppen oder Gesellschaften übertragen wird. Demnach kann *kollektive Identität* als eine Metaphorisierung personaler Identität verstanden werden; von der vorausgesetzten Identität eines Einzelnen wird auf die Existenz der Identität eines aus mehreren Einzelnen bestehenden Kollektivs geschlossen, die als kultureller Kitt Gruppen bis hin zu Großgruppen wie Nationen oder religiöse Gemeinschaften integrieren kann. Im Blick auf Gruppenidentität ist individuelle Identität also gleichsam originär. Der Begriff kollektiver Identität dient wie der Begriff personaler Identität der Definition von Gemeinsamkeit *und* Unterscheidung. Er benennt, was einen Einzelnen mit bestimmten anderen Einzelnen verbindet und gleichzeitig von wiederum anderen Einzelnen trennt. Die auf diese Weise zur Vergemeinschaftung *oder* zur Abgrenzung dienende und dabei zum Abstraktum generalisierte Mehrzahl von Individuen, diese Gruppe von Personen beziehungsweise das Kollektiv von Menschen kann selbst ja nicht Träger von Identität oder von sonst irgendetwas sein, sondern nur die Einzelnen vermögen dies, die sich dieser Gruppe zugehörig fühlen. Der Begriff der kollektiven Identität setzt die Übertragung der Vorstellung einer Übereinstimmung und Gleichheit von einem Einzelnen auf eine Gruppen von Einzelnen voraus; es handelt es sich also um eine tropische Figur uneigentlichen Sprechens.

Diese Vorstellung einer Übereinstimmung und Gleichheit umschließt Selbigkeit und Selbstheit, die beiden Valenzen von Identität, die John Locke in seiner Kennzeichnung von Identität als »the same with it self and no other« zusammengefasst (1987, S. 328) und die Paul Ricœur als Dialektik von »mêmeté« und »ipséité« beschrieben hat (vgl. 1990, S. 137–180). Wenn kollektive Identitäten durch die wechselseitige Bezüglichkeit von Integration nach innen und Distinktion nach außen ausgebildet werden, geschieht dies stets in der doppelten Konfiguration von *idem* und *ipse*, als *sameness* und *selfhood*. In Bezug auf die einzelnen Mitglieder einer Gruppe steht die Selbigkeit im Vordergrund, denn der Begriff der Identität drückt hier aus, dass eine Person im Blick auf bestimmte Aspekte mit anderen Personen übereinstimmt, insoweit mit diesen identisch ist. Der dadurch konstituierten Gruppenidentität kommt aber durchaus die Qualität von Selbstheit zu, denn die Identität von Gruppen, vor allem von – etwa religiös, ethnisch, regional oder national begründeten – Großkollektiven, kann auch bei Wechsel der Gruppenmitglieder, über mehrere oder gar viele Generationen hinweg selbst bei deren komplettem Austausch, relativ konstant bleiben. Durch die für eine bestimmte Gruppe spezifische Sozialisation und Enkulturation ist diese Konstanz auch bei Wechsel der Mitglieder eines Kollektivs kein Widerspruch.

Das Eigene und das Andere

Ähnlich der Ausprägung der Identitäten von Individuen entstehen auch die Identitäten von Gruppen aus der Reziprozität einer nach innen gerichteten Integration und einer nach außen orientierten Abgrenzung, aus der Wechselseitigkeit der Herstellung – oder auch: der Wahrnehmung – einer kohärenten Einheit um einen als »das Eigene« angesehenen Kern und der Konstitution – oder auch: der Beobachtung – von Differenz zu umgebenden Einzelnen bzw. zu als »das Andere« angesehenen Gruppen von Einzelnen. Analog zur Ausbildung personaler Identität durch die Bestimmung der Beziehung zwischen der eigenen Person und anderen Personen wird kollektive Identität durch die Definition des Verhältnisses zwischen der Gruppe, der man sich selbst (gerade) zugehörig fühlt, und den realen oder fiktiven Kennzeichen einer anderen oder mehrerer anderer Gruppen generiert, durch das Benennen von Unterschieden zu ihnen und von Übereinstimmungen mit ihnen. Entscheidend für die Entstehung und Festigung kollektiver Identitäten sind somit sowohl innere Homogenisierung im Rekurs auf Gemeinsamkeiten (etwa ethnischer Art in Abstammung, Geschichte oder Religion oder demotischer Art in Willensbekundungen, Wertüberzeugungen oder politischen Zielsetzungen) als auch Unterscheidung von und Grenzziehung zu anderen Gemeinschaften.

Der Prozess einer Abgrenzung der Gruppe, zu der jemand Bindungen empfindet, von anderen Gruppen bei gleichzeitiger Aufwertung der eigenen und Abwertung anderer Gruppen wird mit dem Begriff »othering« bezeichnet (Spivak 1985, S. 252–257). Der mit Außenabgrenzung verknüpfte Vorgang des *Othering* ist eine der Voraussetzungen für gruppenspezifische Diskriminierung in einer Gesellschaft, für feindselige Haltungen gegenüber Angehörigen bestimmter Gruppen wie im Fall von Fremdenfeindlichkeit. Das bei der Ausbildung der Identität einer Gruppe unweigerlich vorhandene Distinktionspotenzial kann kollektive Identität als politisch prekäre Freund-Feind-Schematisierung ausformen, wenn Abgrenzung und Ausgrenzung als einfache, aber in der Verneinung von Anderem ziemlich zuverlässig funktionierende Prinzipien einer eher passiven und reagierenden Identifikation an die Stelle einer eigenständigen, aktiven und mühevolleren Identifikation treten, bei der man sich an selbst geschöpften und in Willensakten bestätigten normativen Grundlagen, an politischen Programmatiken, Zukunftsentwürfen oder an erinnerungskulturell entwickelten Bezugspunkten orientieren würde, die eine Gruppe aus sich selbst heraus und nicht durch Differenz zu anderen definierten. Solche Feindbildzeichnungen enthalten ein Steigerungspotenzial für innergesellschaftliche Konflikte, Gewalt und kriegerische Auseinandersetzungen, wenn die Abwertung des Anderen gegenüber der Anerkennung des Eigenen dominiert. Die Entwertung von Anderem überwiegt gegenüber einer Selbst- und Fremdanerkennung des Eigenen besonders dann, wenn dieses Andere als Bedrohung des Eigenen wahrgenommen oder diese Bedrohung nur behauptet wird und das Andere sich dadurch zunächst zum Fremden und dann zum Feind wandelt. Ob der zum Feind gesteigerte Andere eine Entsprechung in der Wirklichkeit hat, ob dieser Feind also real ist oder imaginiert, ist für das die Selbst-Identifikation der betreffenden Gruppe kennzeichnende Verhältnis von Inklusion und Exklusion fast irrelevant.

Vielfalt als Chance, Verlust und Gefahr

Auch wenn die Identitätsangebote einer in Freunde und Feinde gruppierenden Weltwahrnehmung derzeit auf relativ großes Interesse zu stoßen scheinen und auch medial verstärkt werden, ist doch die zum Feindbild eskalierbare Wahrnehmung des Anderen als fremd und als Kontrastfolie zur Generierung eigener Orientierung nicht *das* Signum heutiger Identitätsformationen in generellem Sinn. Schließlich gehören Menschen immer mehreren Gruppen verschiedener Art an und bilden ihre Identität daher in Orientierung an unterschiedlichen Bezugsrahmen kollektiver Identität aus. Die Pluralität von für Identität formativen Kategorien bedingt individuell komplexe und situativ variable Prozesse der Identifikation. Identifikationsrahmen wie Geschlecht, Familie, Generation, soziales Milieu oder Beruf, religiöse, konfessionelle oder weltanschauliche Bindungen, nationale, regionale und ethnische Zugehörigkeiten sowie Staatsbürgerschaft, aber auch Affiliationen zu Wertehierarchien, Parteien, Verbänden oder sozialen Bewegungen können – abhängig von konkreten Kommunikations- und Interaktionssituationen – dauerhaft oder vorübergehend im Vordergrund stehen oder mit anderen Referenzrahmen der Identifikation spezifische Kombinationen formen.

Dabei liegt jedoch keine Nullsummenkonstellation vor; die Bezugsrahmen der Identität stehen weniger sich gegenseitig exkludierend und alternativ zueinander als vielmehr komplementär bis konkurrierend. Sie können sich ergänzen und gegenseitig verstärken, wenn zum Beispiel zwei Formationen politischer Identität in denselben oder ähnlichen normativen Fundamenten begründet sind wie im Fall deutscher verfassungspatriotischer Identität und europäischer demotischer Identität. Sie können sich aber auch wechselseitig bedingen und in Form gegenläufiger Erwartungen und Anforderungen an den Einzelnen konfligieren; eine solche gegenseitige Begrenzung zeigt sich etwa im Konkurrenzverhältnis zwischen schottischer und britischer Identität zumindest bei der Anhängerschaft der Scottish National Party. Eine auf diese Weise multiple Identität ist ein facettenreiches, teils widerspruchsvolles und durchaus konflikthaftes Gebilde. Homogene und monolithische Identität wird hier nicht mehr erwartet, die Radikalisierung oder Fanatisierung einer Identifikation über die Negation eines Anderen bis hin zur Feindbildprojektion ist hier nicht vorgesehen.

Im Falle diversifiziert-kohärenter Identitäten erweist sich die Außenabgrenzung als geringer denn bei homogen strukturierten Identitäten. Scharfe Freund-Feind-Schematisierungen sind in der Pluralität identitiver Referenzrahmen nicht mehr plausibel zu vermitteln. Die Vielfalt von Gemeinschaftserfahrungen, die in den diskutierten Schlüsselbegriffen wie multiple, hybride, synkrete, gebrochene, Mehrfach- oder Patchwork-Identität zum Ausdruck kommt, wird in den Diskursen über Identität von den einen als fruchtbare Mischung und Chance zur Individualisierung begrüßt, von den anderen als fehlgehende Fragmentierung und Verlust von Einheit beklagt und von wiederum anderen als dräuende Gefahr und zu bewältigende Herausforderung beschworen.

Identität in liberalen Demokratien

Das beschriebene System wechselseitiger Bedingungen und Begrenzungen zwischen verschiedenen kollektiven Identitäten im Sinne von *checks and balances* im Prozess der Ausbildung personaler Identität ist für liberal-demokratische Gesellschaften kennzeichnend und wesensmäßig. Die den jeweiligen Zugehörigkeiten von Individuen zu verschiedenen Kollektiven korrespondierende individuell spezifische Kombination von mehreren kollektiven Identitäten wird geradezu zur Stabilitätsbedingung liberaler Demokratien in kulturell von Vielfalt geprägten Gesellschaften. Im Gegensatz zu fundamentalistischen Auffassungen, denen zufolge die Identität eines Einzelnen und einer Gruppe in Abstammung und Herkunft fest verwurzelt ist und als statisches sowie hermetisches Erbe tradiert wird, erscheint in westlich-liberaler Sicht personale wie kollektive Identität als plurales, dynamisches und offenes Gebilde.

In dem Jahrzehnt zwischen dem Ende des Kalten Krieges und den Terroranschlägen vom 11. September 2001, nach dem Verblassen der ideologisch begründeten dichotomen Strukturierung der Welt im Ost-West-Konflikt also und vor dem Entstehen neuer Feindbilder im Rahmen der Herausforderung und

Bekämpfung des islamistischen Terrorismus, wurde eine Reihe von Konzep-
tualisierungen von Identität entwickelt, die auf kulturelles *cross-over*, Verknüpfung und Vermischung abheben: Wolfgang Welsch beschrieb mit seinem
Konzept der »Transkulturalität« ein Verhältnis der Kulturen, das nicht mehr
Distinktion und Separation hervorhebt, sondern Verflechtung, Interaktion und
Gemeinsamkeit (vgl. Welsch 1994; 1995), und postulierte: »Es gibt nicht nur
kein strikt Fremdes, sondern auch kein strikt Eigenes mehr« (Welsch 1994,
S. 158); Walter Reese-Schäfer konstatierte »Mehrfachidentitäten« sowie eine
politisch gebotene »Identitätsvervielfältigung« (1997, S. 326), Laurence Gross-
berg »multiple identities« (1996, S. 89), und Heiner Keupp eine »Patchwork-
Identität« (1997, S. 11). Stuart Hall hat in dieser Zeit einen neuen Typus der
Identität, der sich auf Differenz gründet und sich durch die Erfahrung aner-
kannter Heterogenität, Transformation und Kreuzung kultureller Traditionen
ständig neu reproduziert, als »Hybridbildung« beschrieben (1994, S. 41) und
festgestellt, aufgrund ihrer Entstehung aus »sehr spezifischen historischen
Formationen [...] und kulturellen Repertoires der Enunziation« sei kulturelle
Identität »immer hybrid« (Hall 2000, S. 32). Homi Bhabha erkannte anstelle
homogener Nationalkulturen und der mit ihnen verbundenen holistischen
Identitätsangebote zunehmend Hybridität als »Umwertung des Ausgangpunktes
kolonialer Identitätsstiftung durch Wiederholung der diskriminatorischen
Identitätseffekte« (2000, S. 165), die als zu bearbeitendes Feld der Aushandlung
von Differenz Handlungsfähigkeit freisetze. Heute stellt sich angesichts einer
Wiederbelebung national, ethnisch und zumal religiös begründeter hermetisch-
homogener Identitätsentwürfe – auch als Bewegung gegen die beschriebenen
Trends einer Vervielfältigung und Vermischung – der Eindruck her, dass die auf
Transkulturalität und hybride Identität abzielenden Konzeptionen ziemlich
akkurat die Situation kollektiver Identität in den liberalen Demokratien der
modern auf- und postmodern abgeklärten Gesellschaften des Westens beschreiben, alle anderen Situationen von Identität jedoch nicht.

Vielfalt in der Flüchtlingskrise

Gegen die hier vertretene These, der zufolge auf Freund-Feind-Schematisierungen gestützte Identitätsbildungen an sich zwar ein universelles Phänomen,
jedoch in liberalen Demokratien systematisch weniger notwendig und empirisch weniger ausgeprägt als in autoritären Diktaturen sind, argumentiert Jean-
Christophe Rufin, gerade die liberalen Demokratien, denen ansonsten kein
starkes inneres Prinzip Zusammenhalt und Sicherheit verleihe, seien auf Feinde
als »ihre wertvollsten Verbündeten« angewiesen (1994, S. 242). Solange sie
Feinde habe, triumphiere die *dictature libérale* durch ihre »Nachgiebigkeit«,

durch ihre »Autonomie« im Sinne einer Unabhängigkeit »vom Einverständnis der Menschen, die ihr angehören«, durch ihre Fähigkeit zur Konversion von Feindschaft in Stabilität: »Aus der größtmöglichen Gefügsamkeit zieht sie die gleichen Vorteile wie aus der erbittertsten Feindschaft« (ebd., S. 244). Auch mit seiner Berufung auf eine »unsichtbare politische Hand«, die »feindselige Meinungen und Handlungen in vorteilhafte Impulse« verwandeln könne (ebd., S. 245 und 254), bleibt Rufin jedoch die Antwort schuldig, was mit der Stabilität liberaler Demokratien geschieht, wenn die Feindbilder, die diese Stabilität in seiner Sicht alleine verbürgen, durch unmittelbare Kontakte, neue Erfahrungen und Prozesse kultureller Interaktion in Frage gestellt und dekonstruiert werden.

Grundlage dieser Dekonstruktion ist die individuell und gesellschaftlich beziehungsweise kulturell verankerte Disposition, mit Vielfalt überhaupt umgehen und distinktionale, auf Abgrenzungen gegen Anderes und Fremdes setzende Identitätsentwürfe einfügen zu können in ein Ensemble von Partialidentitäten. Die politisch und gesellschaftlich problematische Steigerungsanfälligkeit einer konkreten Ausformung kollektiver Identität hin zur Freund-Feind-Schematisierung kann damit eingehegt werden durch eine Konstellation der Konkurrenz oder auch der Komplementarität zwischen verschiedenen kollektiven Identitäten, die in der personalen Identität eines Individuums jeweils einzigartig kombiniert sind.

Das Eskalationspotenzial von Feindbildprojektionen hingegen, bei denen die Abwertung des Anderen die Anerkennung des Eigenen dominiert, da dieses Andere als Bedrohung des Eigenen perzipiert wird und dadurch zum Fremden und zum Feind mutiert, für Konfliktaustragungen wurde und wird aktuell in den teils spontanen, teils populistisch orchestrierten Formen des Protests gegen die Aufnahme von Flüchtlingen in Deutschland und anderen Staaten der EU deutlich. Für eine gelingende Integrationspolitik ist die Fähigkeit und Bereitschaft zur Ausbildung von Identitäten in Vielfalt Voraussetzung und Kennzeichen. In diesem Sinne bleibt zu wünschen, dass die willkommenskulturelle Parole der Kanzlerin »Wir schaffen das« in der letzten Sommerpressekonferenz ihrer dritten Amtsperiode im kommenden Jahr 2017 mit mehr Zuversicht ausgesprochen und aufgenommen werden kann, als es 2016 möglich war.

Literatur

Bergem, Wolfgang (2011): Nation, Nationalismus und kollektive Identität. In: Salzborn, Samuel (Hrsg.), Staat und Nation. Die Theorien der Nationalismusforschung in der Diskussion. Stuttgart, S. 165–185.

Bergem, Wolfgang (2016): Wann ist das Distinktionspotenzial religiöser Identitäten anfällig für eine Eskalation zur Freund-Feind-Schematisierung? In: Werkner, Ines-Jacqueline/Hidalgo, Oliver (Hrsg.), Religiöse Identitäten in politischen Konflikten. Wiesbaden, S. 125–143.

Bhabha, Homi K. (2000): Die Verortung der Kultur. Mit einem Vorwort von Elisabeth Bronfen. Tübingen (englische Erstausgabe 1994).

Bundesamt für Migration und Flüchtlinge [BAMF] (2016): Asylzahlen und Halbjahresbilanz. 08.07.2016. http://www.bamf.de/SharedDocs/Meldungen/DE/2016/20160707-asylgeschaeftsstatistik-juni.html?nn=1367522 (zuletzt abgerufen am 31.07.2016).

Bundesministerium des Innern [BMI] (2016): 2015: Mehr Asylanträge in Deutschland als jemals zuvor, 06.01.2016. http://www.bmi.bund.de/SharedDocs/Pressemitteilungen/DE/2016/01/asylantraege-dezember-2015.html (zuletzt abgerufen am 31.07.2016).

Bundesregierung (2015): Im Wortlaut: Sommerpressekonferenz von Bundeskanzlerin Merkel. Thema: Aktuelle Themen der Innen- und Außenpolitik. 31.08.2015. https://www.bundesregierung.de/Content/DE/Mitschrift/Pressekonferenzen/2015/08/2015-08-31-pk-merkel.html (zuletzt abgerufen am 31.07.2016).

Bundesregierung (2016): Im Wortlaut: Bundespressekonferenz von Bundeskanzlerin Merkel. Thema: Aktuelle Themen der Innen- und Außenpolitik. 28.07.2016. https://www.bundesregierung.de/Content/DE/Mitschrift/Pressekonferenzen/2016/07/2016-07-28-bpk-merkel.html (zuletzt abgerufen am 31.07.2016).

Grossberg, Laurence (1996): Identity and Cultural Studies: Is That All There Is? In: Hall, Stuart/du Gay, Paul (Hrsg.), Questions of Cultural Identity. London, S. 87–107.

Hall, Stuart (1994): Rassismus und kulturelle Identität. Ausgewählte Schriften 2, hg. und übersetzt von Ulrich Mehlem u. a. Hamburg.

Hall, Stuart (2000): Cultural Studies. Ein politisches Theorieprojekt. Ausgewählte Schriften 3, hg. und übersetzt von Nora Räthzel. Hamburg.

Husserl, Edmund (1984): Logische Untersuchungen, Bd. 2,1: Untersuchungen zur Phänomenologie und Theorie der Erkenntnis. Text der 1. und der 2. Auflage ergänzt durch Annotationen und Beiblätter aus dem Handexemplar, in: Gesammelte Werke, Bd. 19/1, hg. von Ursula Panzer. Den Haag u. a. (Erstausgabe 1901).

Keupp, Heiner (1997): Diskursarena Identität: Lernprozesse in der Identitätsforschung. In: Keupp, Heiner/Höfer, Renate (Hrsg.), Identitätsarbeit heute. Klassische und aktuelle Perspektiven der Identitätsforschung. Frankfurt am Main, S. 11–39.

Locke, John (1987): An Essay Concerning Human Understanding, hg. von Peter H. Nidditch. Oxford (Erstausgabe 1690).

Reese-Schäfer, Walter (1997): Supranationale und transnationale Identität – zwei Modelle kultureller Integration in Europa. Politische Vierteljahresschrift 2, S. 318–329.

Ricœur, Paul (1990): Soi-même comme un autre. Paris.

Rufin, Jean-Christophe (1994): Die Diktatur des Liberalismus. Reinbek bei Hamburg (französische Erstausgabe 1994).

Spivak, Gayatri Chakravorty (1985): The Rani of Sirmur: An Essay in Reading the Archives. History and Theory 24 (3), S. 247–272.

UNHCR. The UN Refugee Agency, 2016: Flucht und Vertreibung 2015 drastisch gestiegen. 20.06.2016. http://www.unhcr.de/home/artikel/276e4e75b3c815528feb15b5876448b0/flucht-und-vertreibung-2015-drastisch-gestiegen.html (zuletzt abgerufen am 31.07.2016).

Welsch, Wolfgang (1994): Transkulturalität. Lebensformen nach der Auflösung der Kulturen. In: Luger, Kurt/Renger, Rudi (Hrsg.), Dialog der Kulturen. Die multikulturelle Gesellschaft und die Medien. Wien – St. Johann im Pongau, S. 147–169.

Welsch, Wolfgang (1995): Transkulturalität. Zur veränderten Verfaßtheit heutiger Kulturen. Zeitschrift für Kulturaustausch 1, S. 39–44.

Wittgenstein, Ludwig (1980): Briefwechsel mit B. Russell, G. E. Moore, J. M. Keynes, F. P. Ramsey, W. Eccles, P. Engelmann und L. von Ficker, hg. von Brian F. McGuinness und Georg Henrik von Wright. Frankfurt am Main.

Rainer Geißler[*]

Ein Effekt der Flüchtlingskrise: Deutschland ist angekommen – von einem Gastarbeiterland über ein Zuwanderungsland wider Willen zu einem modernen Einwanderungsland

Man kann die Gesellschaft von heute besser verstehen,
wenn man weiß, wie sie geworden ist.

Die seit über einem Jahr andauernde Flüchtlingskrise hat Deutschland eine große Fülle von schwierigen und schwer zu lösenden Problemen eingebracht, aber sie hat auch große Vorteile in ihrem Gefolge: Deutschland ist quasi über Nacht auf seinem langen holprigen Weg von einem Gastarbeiterland über ein Zuwanderungsland wider Willen zu einem modernen Einwanderungsland geworden. Im Folgenden werden wichtige Facetten dieser Entwicklung skizziert und ab und zu mit dem klassischen Einwanderungsland Kanada verglichen, das seit 1971 den Multikulturalismus als offizielle Leitlinie zum Umgang mit den Einwanderern praktiziert.

In den letzten fünfzig Jahren sind Migrantinnen und Migranten zu einem wichtigen Bestandteil der deutschen Sozialstruktur geworden. 1960 lebten erst knapp 700.000 Ausländer und Ausländerinnen in der Bundesrepublik. Dazu kamen noch knapp 400.000 deutschstämmige Aussiedler und Aussiedlerinnen aus der damaligen Sowjetunion und anderen Ländern Ost- und Südosteuropas. Beide Gruppen zusammen machten nur etwa 2 % der bundesdeutschen Bevölkerung aus. Nach der letzten Volkszählung, dem Zensus 2011, leben in Deutschland im Jahr 2011 knapp 6 Millionen Ausländer und Ausländerinnen und weitere 9 Millionen so genannte Deutsche mit Migrationshintergrund, wie sie seit 2005 in den offiziellen deutschen Statistiken heißen. Bis 2004 wurden die Deutschen mit Migrationshintergrund in den deutschen Statistiken nicht erfasst. Und die Schulstatistiken sind bis heute in der Regel reine Ausländerstatistiken geblieben. Zu den Deutschen mit Migrationshintergrund gehören (Spät-)Aussiedler, eingebürgerte ehemalige Ausländer sowie in Deutschland geborene Deutsche mit mindestens einem Elternteil, der zugewandert oder in Deutschland als Ausländer geboren ist. Die Migrantinnen und Migranten – so werde ich die 15 Millionen Personen mit Migrationshintergrund der sprachlichen Einfachheit halber ab und zu nennen – stellen heute 19 % der Bevölkerung

---

[*] Univ.-Prof. Dr. em. Rainer Geißler, Fakultät I (Philosophische Fakultät), Soziologie.

Deutschlands. Das multi-ethnische Segment der deutschen Sozialstruktur hat sich also fast verzehnfacht (vgl. Geißler 2014, S. 270). Und es ist absehbar, dass es sich in den beiden nächsten Jahrzehnten weiter vergrößern wird.

Die Migrantinnen und Migranten sind nicht gleichmäßig auf die Bundesrepublik verteilt, sondern konzentrieren sich auf die alten Bundesländer und dort wiederum auf Großstädte und industrielle Ballungszentren. In den neuen Ländern (ohne Berlin) leben 2011 nur knapp 500.000 der 15 Millionen Menschen mit Migrationshintergrund (3,9 % der Wohnbevölkerung) im Vergleich zu 13,7 Millionen (21,4 % der Wohnbevölkerung) in Westdeutschland (ohne Berlin). 2011 wohnen allein in München 457.000 Migranten – fast so viele wie in den gesamten neuen Ländern. Ostdeutschland ist eine weitgehend mono-ethnische Gesellschaft geblieben.

Der international bekannte kanadische Migrations- und Multikulturismusforscher Augie Fleras – er war Mitarbeiter in unserem Projekt »Mediale Integration von ethnischen Minderheiten in Deutschland, USA und Kanada« im Rahmen des Siegener DFG-Forschungskollegs »Medienumbrüche« – hat den Begriff des modernen Einwanderungslandes am Beispiel Kanada wie folgt definiert: Die Einwanderung wird von einer Mehrheit in Politik und Bevölkerung als nützlicher Vorteil für Wirtschaft und Gesellschaft wahrgenommen, und es existiert eine gut aufeinander abgestimmte Migrations- und Integrationspolitik (Abb. 1; vgl. dazu auch Geißler 2003). Die folgende Darstellung der Geschichte von Migration und Integration wird deutlich machen, dass Deutschland vor der Flüchtlingskrise noch ein erhebliches Stück von einem modernen Einwanderungsland entfernt war.

1. **Akzeptanz der Einwanderung** Einwanderung wird als eine auf lange Frist vorteilhafte Investition und als Aktivposten (asset) der Gesellschaft wahrgenommen.
2. **Migrationspolitik** Es gibt eine Politik, die Einwanderung steuert.
3. **Integrationspolitik** Es gibt Programme, die die Niederlassung und Integration von Migrantinnen und Migranten unterstützen.
4. **Einheit von Migration und Integration** Migrations- und Integrationspolitik sind gut aufeinander abgestimmt.

Abb. 1: Kriterien eines modernen Einwanderungslandes (Fleras 2010, S. 16)

1. Phasen der Geschichte von Migration und Integration – vor der Flüchtlingskrise

Die deutsche Nachkriegsgeschichte von Migration und Integration lässt sich vor der Flüchtlingskrise recht klar in vier Phasen unterteilen: in die Gastarbeiterphase (1955–1973), die Phase der ersten Integrationsversuche (1973–1981), die Abwehrphase (1981–1998) und die Akzeptanzphase (1998–Mitte 2015).

1.1 Gastarbeiterphase (1955–1973)

Die Jahre 1955 bis 1973 markieren die Periode der Gastarbeiterphase, die man auch »Anwerbephase« nennen kann. Um ihren Arbeitskräftebedarf zu decken, warb die aufblühende westdeutsche Wirtschaft Menschen aus den Mittelmeer-Ländern an und schloss entsprechende Abkommen mit Italien (1955), Spanien und Griechenland (1960), der Türkei (1961), Marokko (1963), Portugal (1964), Tunesien (1965) und Jugoslawien (1968) ab. Wie begehrt und hochwillkommen Ausländerinnen und Ausländer seinerzeit in Deutschland waren, macht das folgende Ereignis deutlich: Die zweimillionste Gastarbeiterin, eine Jugoslawin, wurde 1972 in München vom Präsidenten der Bundesanstalt für Arbeit und vom bayrischen Arbeitsminister mit Sekt und Blumen begrüßt und mit einem tragbaren Fernsehgerät beschenkt.

Die zuständigen deutschen Stellen, die Entsendeländer und nicht zuletzt die Betroffenen selbst gingen anfangs vom so genannten Rotationsprinzip aus: Die angeworbenen Arbeitnehmerinnen und Arbeitnehmer sollten nach einigen Jahren in ihre Herkunftsländer zurückkehren und – bei Bedarf der deutschen Wirtschaft – durch neue Gastarbeiter ersetzt werden. Die große Mehrheit hielt sich an diese Regelung. So kamen zwischen 1955 und 1973 circa 14 Millionen Ausländer in die Bundesrepublik, und etwa elf Millionen kehrten wieder in ihre Heimat zurück (Bade 1994, S. 19).

1.2 Erste Integrationsversuche (1973–1981)

Ölkrise, Wirtschaftsrezession und drohende Arbeitslosigkeit veranlassten die Bundesregierung im Jahr 1973, einen bis zum Jahr 2000 gültigen Anwerbestopp zu verhängen. Damit wurde eine Phase der Konsolidierung und ersten Integrationsversuche eingeleitet. Obwohl die Zahl der ausländischen Arbeitnehmer von 2,6 Millionen im Jahr 1973 innerhalb von drei Jahren unter die Zwei-Millionen-Grenze sank und diese erst in den 1990er Jahren wieder überschritten wurde, nahm die ausländische Wohnbevölkerung durch Familiennachzug und hohe Geburtenraten weiter zu (Familienmigration).

Gleichzeitig wiederholte sich in Deutschland ein Phänomen, das die Schweiz bereits zwei Jahrzehnte vorher erfahren hatte; der Schweizer Schriftsteller Max Frisch hat es auf die einprägsame Formel gebracht: »Man hat Arbeitskräfte gerufen, und es kommen Menschen.« Es wurde deutlich, dass das rein ökonomisch gedachte Rotationsprinzip die menschlichen Aspekte der Arbeitsmigration außer Acht gelassen hatte. Die angeworbenen Migranten wurden immer häufiger von kurzfristigen »Gastarbeitern« zu länger verweilenden Arbeitnehmern oder auch bleibewilligen Einwanderern. Die deutsche Gesellschaft stand damit vor der Herausforderung, den bleibewilligen Teil der Arbeitsmigranten einzugliedern. Die sozialliberale Regierung unter Helmut Schmidt trug dieser Aufgabe Rechnung, indem sie 1978 das Amt des Integrationsbeauftragten – die genaue Bezeichnung lautete »Beauftragter der Bundesregierung für die Integration der ausländischen Arbeitnehmer und ihrer Familienangehörigen« – einrichtete und mit Heinz Kühn, einem prominenten ehemaligen Ministerpräsidenten von Nordrhein-Westfalen, besetzte. Kühn – er wird heute meist fälschlicherweise als »Ausländerbeauftragter« bezeichnet – verfasste ein Jahr nach Amtsantritt ein beeindruckendes Memorandum zur Integration der ausländischen Arbeitnehmer und ihrer Familien. Wer es heute liest, meint, es sei gestern geschrieben worden. So heißt es dort zum Beispiel: »Den (vermutlich in großer Zahl) bleibewilligen Einwanderern, namentlich der zweiten und dritten Generation, muss das Angebot einer vorbehaltlosen und dauerhaften Integration gemacht werden … Bereits jetzt haben gravierende Bildungs- und Ausbildungsnachteile einen großen Teil der ausländischen Jugendlichen in eine Außenseiterrolle gedrängt, die nicht nur für den Einzelnen schwerste persönliche Probleme schafft, sondern auch bereits in den Kriminalstatistiken evident wird.« Es müsse mehr Geld für Bildung und Ausbildung der jungen Ausländer ausgegeben werden. Wenn dies nicht geschehe: »Möglicherweise werden dann anstelle eines Lehrers zwei Ordnungskräfte notwendig«. Allerdings blieb Kühn ein ungehörter Rufer in der Wüste.

1.3   Abwehrphase (1981–1998)

Mit dem Beginn der 1980er Jahre wurde ein neues, bis heute andauerndes Migrationsphänomen offensichtlich: die Anziehungskraft Deutschlands für Asylsuchende aus den Krisengebieten der europäischen und außereuropäischen Welt, wo Krieg, Elend und Unterdrückung herrschen. 1980 verdoppelte sich die Zahl der Asylbewerber gegenüber dem Vorjahr und überstieg mit 108.000 erstmals die 100.000-Linie. Die Politiker reagierten darauf mit einer Wende in der Ausländerpolitik: Die zaghaften Integrationsbemühungen Ende der 1970er-Jahre schlugen um in »ein Rennen nach einer Begrenzungspolitik« (Meier-Braun 1995, S. 17). Der Konsolidierungsphase mit ersten Integrationsversuchen folgte eine fast zwei Jahrzehnte dauernde »Abwehrphase«. Dabei geriet die Integration der Arbeitsmigranten immer mehr in Vergessenheit, obgleich die stille Metamorphose vom Gastarbeiter zum Einwanderer kontinuierlich voran schritt. Umfragedaten zeigen, dass immer mehr Zuwanderer aus den ehemaligen Anwerbeländern ihren Lebensmittelpunkt in Deutschland gefunden hatten und sich darauf einrichteten, auf längere Zeit oder auch auf Dauer in der Bundesrepublik zu leben. Konkrete Rückkehrabsichten äußerten 2002 nur noch – mit leichten Unterschieden zwischen den ethnischen Gruppen – zwischen 10 und 14 %, von der jüngeren Generation unter 25 Jahren lediglich zwischen 1 und 7 % (Venema/Grimm 2002, S. 155–156 und S. 206). Von allen ausländischen Kindern und Jugendlichen unter 18 Jahren waren Anfang 2004 bereits 69 % in Deutschland geboren (Lagebericht 2005, S. 316 und S. 320).

Die Verwandlung der Gastarbeiter zu Einwanderern vollzog sich eher im Stillen, die öffentliche Aufmerksamkeit konzentrierte sich stattdessen auf Asylsuchende und Flüchtlinge. Mit der Krise und dem Zusammenbruch der sozialistischen Systeme nahm der Zuwanderungsdruck eine neue Qualität an: Zu den Asylsuchenden aus den Armuts- und Konfliktregionen der Dritten Welt kamen viele Menschen, die die geöffneten Grenzen im Osten dazu nutzten, den Krisen und dem Krieg in Ost- und Südosteuropa zu entkommen.

Die Zahl der Asylsuchenden stieg zu Beginn der 1990er Jahre stark an und erreichte 1992 mit 438.000 Antragstellenden den Höhepunkt. Deutschland gehörte zu den bevorzugten Zielen der nach Westeuropa strebenden Menschen, wenn auch die Zahl der Asylsuchenden pro Kopf der Bevölkerung in vielen europäischen Gesellschaften noch höher lag. So kamen zum Beispiel im Gipfeljahr 1992 in Schweden auf 1.000 Bewohner zehn Anträge auf Asyl, in Deutschland lediglich fünf (zur Situation heute siehe Abschnitt 4). Mit der Änderung des Asylrechts durch die »Drittstaatenregelung« im Jahre 1993 ging die Zahl der Asylsuchenden schlagartig zurück. Sie fiel nahezu kontinuierlich von über 71.000 (2002) auf 19.000 im Jahr 2007, steigt aber seitdem wieder an. 2013 wurden 127.000 Anträge auf Asyl gestellt, und 2014 waren es bereits 203.000 (BAMF 2015).

Im Hinblick auf die Gesamtzahl der Ausländerinnen und Ausländer lässt sich allerdings sagen: Das erneute starke Wachstum von 4,5 Millionen im Jahr 1988 auf 7,3 Millionen im Jahr 1996 ist weniger auf Flüchtlinge, sondern hauptsächlich auf den vermehrten Einsatz ausländischer Arbeitskräfte zurückzuführen. Die Zahl der erwerbstätigen Ausländer nahm zwischen 1987 und 1993 um fast zwei Drittel von 1,8 Millionen auf drei Millionen zu (vgl. Geißler 2014, S. 270). Die Arbeitgeber brauchten zusätzliche Arbeitsmigranten und nutzten die

Schlupflöcher, die ihnen der Anwerbestopp gelassen hatte. Hinter der Fassade des unrealistischen Dogmas »Deutschland ist kein Einwanderungsland« boomte die Ausländerbeschäftigung.

Zusammenfassend lässt sich die Entwicklung wie folgt charakterisieren: Deutschland ist seit den 1960er Jahren aus ökonomischen, demographischen und humanitären Gründen de facto zu einem Zuwanderungsland geworden – allerdings über zwei Jahrzehnte zu einem »Zuwanderungsland wider Willen«. Die Politik auf Bundes- und Landesebene war zu sehr mit Begrenzung und Abwehr befasst und hatte es darüber versäumt, ein durchdachtes Konzept zur Eingliederung der Migrantinnen und Migranten zu entwickeln und der deutschen Bevölkerung bei der Bewältigung der Integrationsprobleme zu helfen.

Der Migrationsforscher Klaus J. Bade (1994, S. 28) wies auf die Folgen dieser Versäumnisse hin: »Die lange anhaltende Konzeptions- und Perspektivlosigkeit im Gesamtbereich von Migration, Integration und Minderheiten hatte zweifelsohne beigetragen zur Eskalation … (von) … Fremdenangst und schließlich auch Fremdenfeindlichkeit«. In den 1990er Jahren dürfte das Ignorieren der Integrationsproblematik auf Bundes- und Landesebene auch damit zusammengehangen haben, dass Deutschland durch die über Nacht hereingebrochene Wiedervereinigung eine Integrationsaufgabe von ganz anderen Dimensionen zu bewältigen hatte und immer noch hat. Auf lokaler Ebene – sozusagen »vor Ort« – hatte es in vielen Städten wie zum Beispiel Stuttgart, Frankfurt am Main oder Berlin durchaus große und erfolgreiche Bemühungen gegeben, die vielen Migrantinnen und Migranten angemessen am städtischen Leben teilnehmen zu lassen.

1.4   Akzeptanzphase (1998–Mitte 2015)

Der Regierungswechsel von Kohl zu Schröder im Herbst 1998 läutete eine neue Periode ein – ich bezeichne sie als Akzeptanzphase. »Es besteht Einigkeit darüber, dass die Bundesrepublik Deutschland kein Einwanderungsland ist und nicht werden soll« (BMI 1998, 10). In diese klaren Worte fasste Manfred Kanther, der letzte Innenminister der Regierung Kohl, 1998 das Dogma der Abwehrphase. Kurz danach versprach Gerhard Schröder in seiner Regierungserklärung »eine entschlossene Politik der Integration … Die Realität lehrt uns, dass in Deutschland in den vergangenen Jahrzehnten eine unumkehrbare Zuwanderung stattgefunden hat«. Und unter den Regierungen Merkel wird dieser Weg mit noch mehr Konsequenz und Einfallsreichtum fortgesetzt. »Integration ist eine Schlüsselaufgabe dieser Zeit« – auf diese Formel komprimierte Angela Merkel das Problem in der Regierungserklärung zu ihrem Amtsantritt im November 2005. Selbst die hartnäckigsten Verfechter der Position »Deutschland ist kein

Einwanderungsland« änderten den Slogan subtil ab in »Deutschland ist kein klassisches Einwanderungsland«.

Die Akzeptanzphase beruht auf zwei Grundeinsichten:

(1) Deutschland hat Einwanderer aus demographischen und ökonomischen Gründen gebraucht, braucht sie heute und wird sie auch in absehbarer Zukunft brauchen.

(2) Wer Einwanderer braucht, muss diese in die Kerngesellschaft integrieren. Wenn dies nicht geschieht, gibt es Probleme und Konflikte.

Diese Grundeinsichten waren bei vielen Migrations- und Integrationsforscherinnen und -forschern schon seit langen Jahren vorhanden. Sie kamen zum Beispiel im »Manifest der 60 – Deutschland und die Einwanderung« (Bade 1993) zum Ausdruck – ein von 60 Professorinnen und Professoren unterzeichnetes Plädoyer für eine neue Migrations- und Integrationspolitik.

Seit der Jahrtausendwende werden die beiden Grundeinsichten von großen Teilen der politischen Eliten mit durchaus unterschiedlichen Nuancen akzeptiert und in politische Maßnahmen umgesetzt. Die Reform des Staatsangehörigkeitsrechts erleichtert seit 2000 die Einbürgerung und ermöglicht jungen Ausländern und Ausländerinnen durch das »Optionsmodell« bis spätestens zum 23. Lebensjahr die doppelte Staatsangehörigkeit. Die derzeit regierende Große Koalition hat 2014 die Optionspflicht für etwa 95 % der jungen Migranten und Migrantinnen – so die Integrationsbeauftragte Aydan Özogus (SPD) – abgeschafft. Wer in Deutschland sechs Jahre lang eine Schule besucht hat oder eine Schule oder Berufsausbildung erfolgreich abgeschlossen hat, kann Bürger zweier Staaten bleiben. 2005 trat das erste Zuwanderungsgesetz – nicht Einwanderungsgesetz! – der deutschen Geschichte in Kraft. Im selben Jahr wurde in Nordrhein-Westfalen das erste Integrationsministerium eines Bundeslandes geschaffen und mit Armin Laschet (CDU) besetzt, der ein Jahr später einen »Aktionsplan Integration« vorlegte. Darin forderte er unter anderem erstmals, in den Schulen die Abiturienten und Abiturientinnen mit Migrationshintergrund zu einem Lehramtsstudium zu ermutigen, um die erheblichen Bildungsnachteile der Migrantenkinder zu mildern. Inzwischen existieren in weiteren sechs westdeutschen Ländern Ministerien oder Senatorenämter, zu deren Amtsbezeichnung das Etikett »Integration« gehört. 2006 beginnen zwei Serien von bisher 9 Islamkonferenzen und 9 Integrationsgipfeln, um – zum Teil in durchaus nicht unumstrittener Art – Integrationsprobleme auch mit Vertretern der Migranten und Migrantinnen und ihrer Organisationen zu besprechen. Auf Initiative der Integrationsbeauftragten Maria Böhmer (CDU) entwickelten zahlreiche Arbeitsgruppen mit Vertretern und Vertreterinnen aus Politik und Zivilgesellschaft (darunter auch Migranten und Migrantinnen) in den Jahren 2006/07 einen »Nationalen Integrationsplan« (NIP), dem 2011 ein »Nationaler

Aktionsplan« (NAP) folgte (hieran wirkten die beiden Leiter des Forschungs-
projekts »Massenmedien und Integration ethnischer Minderheiten in
Deutschland«, Horst Pöttker und Rainer Geißler, in zwei Berliner Arbeitsgruppen mit) – beides ebenfalls Premieren in der deutschen Geschichte. Er-
wähnenswert ist auch der Paradigmenwechsel im öffentlichen Diskurs über
Migration und Integration. Aus einem Diskurs über »unerwünschte Ausländer«,
in dem das realitätsfremde Dogma »Deutschland ist kein Einwanderungsland«
dominierte und der Begriff Integration nicht vorkam, ist ein Diskurs über das
Wie der als notwendig erkannten Migration und Integration geworden (Geißler
2010b).

Mit diesen Grundeinsichten und den damit zusammenhängenden politischen
Maßnahmen war Deutschland dem kanadischen Modell einer modernen Einwanderungsgesellschaft schon ein erhebliches Stück näher gerückt.

2.   Eine fast unübersehbare Vielfalt

Das multiethnische Segment ist in sich ausgesprochen vielgestaltig, differenziert
und dynamisch. Die verschiedenen Gruppen von Migranten unterscheiden sich
nicht nur durch ihre unterschiedlichen ethnokulturellen Wurzeln, sondern auch
durch Unterschiede in den Zuwanderungsmotiven, im Rechtsstatus und im Grad
der Eingliederung in die Mehrheitsgesellschaft.

2.1   (Spät-)Aussiedler und (Spät-)Aussiedlerinnen

(Spät-)Aussiedler (vgl. Worbs et al 2013; ein kurzer Überblick bei Geißler 2014,
S. 282–287) und ihre Familien stellen 2011 mit 4,2 Millionen fast die Hälfte der
Migranten und Migrantinnen mit deutschem Pass. Seit 1950 werden deutsch-
stämmige Einwanderer aus dem Osten und aus Südosteuropa nicht mehr
Flüchtlinge oder Vertriebene genannt, sondern »Aussiedler«, seit 1993 »Spät-
aussiedler«. Sie sind so genannte »deutsche Volkszugehörige« im Sinne des
Grundgesetzes (Art. 116) und erhalten nach ihrer Einreise die deutsche Staats-
angehörigkeit.

Aussiedler sind geschichtsträchtige Migranten, sie verbinden das moderne
deutsche Einwanderungsland mit seinen lange zurückliegenden Perioden als
Auswanderungsland. Fast die Hälfte der (Spät-)Aussiedler (knapp 2,4 Millionen) kommt aus den Staaten der ehemaligen Sowjetunion. Es sind in der Regel
Nachkommen der deutschen Auswanderer, die seit Katharina der Großen – einer
deutschen »Heiratsmigrantin« auf dem russischen Zarenthron (1762–1796) –
angeworben worden waren, um unbesiedeltes, aber fruchtbares russisches Land,

insbesondere an der Wolga (»Wolga-Deutsche«), zu kultivieren. Nach dem Überfall Hitlers auf die Sowjetunion wurden sie von Stalin als angebliche Kollaborateure verfolgt und in die asiatischen Teile seines Imperiums vertrieben – insbesondere nach Kasachstan und Sibirien. Die zweitgrößte Gruppe – knapp 1,5 Millionen – stellen die deutschen Minderheiten aus Polen, 430.000 sind Remigranten aus Rumänien. Teile ihrer Vorfahren, zum Beispiel die »Siebenbürger Sachsen«, waren bereits im 12. Jahrhundert vom ungarischen König als Siedler in das Gebiet des heutigen Rumäniens geholt und mit Privilegien ausgestattet worden.

Die Zuzüge unterlagen erheblichen Schwankungen. Polendeutsche siedelten bereits seit den 1950er Jahren in relativ großer Zahl über. Seit Ende der 1990er Jahre ist ihre Zuwanderung so gut wie abgeschlossen. Die Rumäniendeutschen nutzten den Zusammenbruch des kommunistischen Regimes und zogen insbesondere in der kurzen Zeit von 1989 bis 2004 nach Deutschland. Auch die Russlanddeutschen profitierten von der Öffnung des »Eisernen Vorhangs« im Zuge der Perestroika. Sie wanderten als letzte der drei Gruppen ein, seit 1992 stellten sie fast allein das gesamte Kontingent der Spätaussiedler. 2006 ist aber auch ihre Einwanderung so gut wie beendet. Von den 4,5 Millionen eingewanderten (Spät-)Aussiedlern seit 1950 leben 2011 noch 3,2 Millionen in Deutschland. In ihren Familien wurden nach der Einreise in Deutschland eine Million Kinder geboren.

2.2   Arbeitsmigranten und Arbeitsmigrantinnen

Kräftige Spuren hat die Gastarbeiterphase hinterlassen (Tab. 1). 6 Millionen – das sind 38 % der Bevölkerung mit Migrationshintergrund – stammen aus früheren Anwerbestaaten. Migranten aus der Türkei (2,9 Millionen), aus den Staaten des früheren Jugoslawien (1,4 Millionen) und aus Italien (780.00) besetzen die Spitzenplätze in der Liste mit den größten Migrantengruppen ohne (Spät-)Aussiedler.

Auch die früheren Gastarbeiter und ihre Nachkommen aus Griechenland (knapp 400.000), Spanien (160.000), Portugal (159.000) und Marokko (150.000) gehören zu den größten Einwanderergruppen. Die Angaben für Jugoslawien enthalten außerdem eine nicht genau quantifizierbare Zahl von Flüchtlingen aus den Kriegswirren beim Zerfall Jugoslawiens, und auch unter den Zuwanderern und Zuwanderinnen aus der Türkei befinden sich zahlreiche Flüchtlinge, insbesondere Kurden. Eine weitere Million – darunter vermutlich auch ein Teil Heiratsmigranten und -migrantinnen – sind Einwanderer aus den wichtigsten europäischen Nachbarländern – Österreich, Niederlande, Frankreich und Vereinigtes Königreich – sowie aus den USA. Noch mehr – nämlich knapp

1,3 Millionen – sind aus dem postsozialistischen Osteuropa – aus Polen, Rumänien und der Ukraine – zugewandert.

Herkunftsland	insges. in 1.000	Ausländer in 1.000	Deutsche in %
Türkei[1]	2.929	1.721	41
Ex-Jugoslawien[2]	1.393	1.022	27
Italien	780	604	23
Polen	712	392	45
Russische Föderation	422	240	43
Griechenland	392	317	19
Kroatien	360	270	25
Rumänien[3]	336	104	69
Kosovo	302	209	31
Serbien	286	224	22
Österreich	282	185	34
Niederlande	229	168	27
Bosnien-Herzegowina	228	171	25
Ukraine	220	157	29
Frankreich	174	118	32
Vietnam	170	96	44
Kasachstan[3]	165	55	67
Spanien	160	113	29
Portugal	159	129	19
USA	159	93	42
Vereinigtes Königreich	150	102	32
Marokko	150	59	61
Iran	146	54	63
Afghanistan	145	62	57
Personen mit Migrationshintergrund insgesamt ohne (Spät-)Aussiedler	11.754	7.191	39

[1] davon heute schätzungsweise mindestens 500.000 Kurden (Basar 2003, S. 83)
[2] die Staaten des ehemaligen Jugoslawien – Kroatien, Kosovo, Serbien und Bosnien-Herzegowina – sind nochmals separat aufgelistet, weil sie zu den größten Gruppen gehören
[3] eventuell einschließlich einer nicht quantifizierbaren Zahl von Spätaussiedlern

Tab. 1: Die größten Migrantengruppen nach Herkunftsländern 2011 (ohne [Spät-]Aussiedler) (StBA 2012, S. 60 und S. 100, sowie Auskünfte des Statistischen Bundesamtes zu einigen Herkunftsländern)

2.3   Flüchtlingsgruppen – vor der Flüchtlingskrise

In den Migrationsstatistiken lässt sich nicht eindeutig erkennen, wie viele der 15 Millionen Menschen mit Migrationshintergrund Flüchtlinge sind, aber sie geben dazu einige Hinweise (vgl. Geißler 2014, S. 279 ff.). Der Mikrozensus hat die 15- bis 74-jährigen Migrantinnen und Migranten letztmals 2008 nach dem

Hauptgrund ihrer Einwanderung gefragt. Von ihnen gaben 570.000 »politische oder humanitäre Gründe, Asyl« an. Die Angaben sind unvollständig, weil die Jüngeren unter 15 Jahren und die in Deutschland geborenen Kinder der Flüchtlingsfamilien fehlen.

Die Flüchtlinge kommen aus vielen Ländern und Kulturen und unterscheiden sich insbesondere auch durch den unterschiedlichen Rechtsstatus:

- Mindestens gut 360.000 sind anerkannte Flüchtlinge mit unbefristeter Aufenthalts- oder Niederlassungsgenehmigung, Arbeitserlaubnis, Rechten auf soziale Sicherung sowie Ansprüchen auf Eingliederungshilfen.
- Etwa 51.000 Flüchtlinge erhielten in den Jahren 2007 und 2008 ein vorläufiges Bleiberecht. Voraussetzung dazu war, dass sie sich mindestens 6 bis 8 Jahre in Deutschland aufgehalten hatten sowie dauerhaft beschäftigt und nicht von staatlichen Unterstützungen abhängig waren. Ende 2013 lebten weitere 43.000 Ausländer und Ausländerinnen in Deutschland, denen der »subsidiäre Schutz« gegen eine Abschiebung gewährt wird, weil ihnen nach der Ausreise »eine schwerwiegende Gefahr für Leib, Leben oder Freiheit« droht.
- Etwa 160.000 sind »geduldete« – so der rechtliche Ausdruck – Flüchtlinge in höchst prekärer Situation ohne Perspektive: Auf Grund verschiedener rechtlicher Regelungen wird die Ausreisepflicht nicht umgehend durchgesetzt. Ihre Zukunft bleibt im Dunkeln. Die gesetzlichen Grundlagen für »subsidiären Schutz« und »Duldung« waren vor der Flüchtlingskrise diffus und zum Teil widersprüchlich, weil sie in verschiedenen Paragraphen in mehreren Gesetzen verankert waren, die zudem noch häufig verändert wurden (so die telefonische Auskunft eines zuständigen Mitarbeiters im Nürnberger Bundesamt für Migration und Flüchtling, BAMF, vor der Flüchtlingskrise).
- 164.000 Asylbewerber, deren Verfahren am 31.12.2014 noch nicht abgeschlossen war, unterliegen strikten Reglementierungen, die in den letzten Jahren etwas gelockert wurden. Ihre Unterstützung nach dem Asylbewerberleistungsgesetz wurde 2012 angehoben, weil sie in der bisherigen Form nach einem Urteil des Bundesverfassungsgerichts nicht dem in Deutschland rechtlich festgelegten menschenwürdigen Existenzminimum entsprach.

2.4 »Illegale«

Als »Illegale« werden Ausländer und Ausländerinnen bezeichnet, die ohne Genehmigung oder mit gefälschten Papieren eingereist sind oder nach Ablauf ihrer Aufenthaltsgenehmigung nicht ausgereist oder »untergetaucht« sind. Mit der Ost-Erweiterung der EU im Jahr 2004 dürfte die Zahl der Illegalen kleiner geworden sein, weil sich Migranten und Migrantinnen aus den neuen Mitgliederstaaten nunmehr legal in Deutschland aufhalten können. Nach einer Schätzung des Hamburger Weltwirtschaftsinstituts leben 2009 zwischen 138.000 und 330.000 Menschen illegal in Deutschland (BAMF 2012, S. 167). Ihre Lebensbedingungen sind ausgesprochen prekär und belastend. 2011 wurde die Meldepflicht von Schulen und anderen Erziehungseinrichtungen abgeschafft, so dass die »Entdeckungsgefahr« beim Schulbesuch der Kinder weitgehend verschwunden ist.

3. Soziallage – Lebenschancen – Integration

3.1 Starke tendenzielle Unterschichtung

Die Lebenschancen der Migranten und Migrantinnen werden wesentlich beeinflusst von der starken tendenziellen Unterschichtung der deutschen Sozialstruktur durch Zuwanderer: Migranten sind in den unteren Schichten häufiger und in den höheren Schichten seltener platziert als Einheimische. 2009 gehören gut 15 % der Ausländer im Vergleich zu 6 % der Deutschen ohne Migrationshintergrund der Unterschicht an; sie bestreiten ihren Lebensunterhalt überwiegend durch staatliche Mindestunterstützung (Sozialgeld, Arbeitslosengeld II, Sozialhilfe). Weitere 38 % leben in Familien von Un- und Angelernten (Deutsche 22 %). Die Schichtzugehörigkeit der Deutschen mit Migrationshintergrund ist nicht wesentlich besser als diejenige der Ausländer: 16 % leben von staatlicher Mindestunterstützung und weitere 30 % in Familien von Un- und Angelernten. Besonders stark betroffen von den Unterschichtungstendenzen sind die Migranten aus der Türkei (Geißler 2014, S. 290).

Eine Sonderauswertung der Daten von PISA 2006 ermittelt die durchschnittlichen Unterschiede im sozioökonomischen Status zwischen den Familien der 15-Jährigen von Einheimischen und Migranten im europäischen Vergleich (Geißler 2010a, S. 33). Dabei wird deutlich, dass die Statuskluft in Deutschland besonders stark ausgeprägt ist. Unter den 15 wichtigsten Einwanderungsländern der OECD belegt Deutschland zusammen mit Luxemburg den ersten Rang. In einigen europäischen Nachbarländern – Vereinigtes Königreich, Frankreich, Schweden und Norwegen – sind die Statusunterschiede zwischen Einheimischen und Migranten nur etwa halb so groß wie in Deutschland, und in klassischen Einwanderungsländern wie Kanada, Australien und Neuseeland fehlen sie völlig. Die starke tendenzielle Unterschichtung ist eine Hypothek, die uns die frühere Gastarbeiterpolitik, das lange Fehlen einer zukunftsorientierten Migrationspolitik und die damit zusammenhängenden Integrationsversäumnisse hinterlassen haben.

Die starke Unterschichtung beeinträchtigt die Lebenschancen der Migranten und Migrantinnen in mehreren Bereichen.

3.2 Arbeitslosigkeit – Armut

Ausländische Erwerbstätige arbeiten überproportional häufig in krisenanfälligen Branchen (schrumpfendes produzierendes Gewerbe, Stahl und Bau) und in Positionen mit niedrigen Qualifikationsanforderungen. Daher ist ihr Risiko, den Arbeitsplatz zu verlieren und in der Folge unter die Armutsgrenze zu geraten, besonders hoch. 2013 beträgt ihre Arbeitslosenquote 14,4 % und liegt um das 2,3-fache über der Quote der Deutschen mit 6,2 % (BfA 2014, S. 33). Ihre relativ niedrigen Einkommen – sie entsprechen denjenigen der Deutschen mit ähnlichen Qualifikationen, eine direkte Lohndiskriminierung besteht also nicht – und die hohen Arbeitsplatzrisiken haben zur Folge, dass viele Migranten an oder unter die Armutsgrenze gedrückt werden. 2010 lebten 32 % der Ausländer und 26 % aller Menschen mit Migrationshintergrund in relativer Armut (60 %-Mediangrenze; der Median ist ein Mittelwert, der die Bevölkerung in zwei gleich große Hälften teilt; er wird seit Ende der 1990er Jahre in der OECD zur Armutsmessung benutzt), von den einheimischen Deutschen waren es 12 % (Integrationsbeauftragte 2011, S. 87).

3.3 Bildung und Ausbildung

Bildung ist der Schlüssel zur Integration der Migrantennachkommen. Im allgemeinbildenden Schulwesen konnten die zweite und dritte Generation der Ausländer und Ausländerinnen ihre Bildungsdefizite in den drei letzten Jahrzehnten deutlich vermindern (Tab. 2). Aber auch 2014 ist ihr Risiko, auf eine Förderschule für Lernbehinderte überwiesen zu werden oder das Schulsystem ohne Hauptschulabschluss zu verlassen, mindestens doppelt so hoch wie bei Deutschen. Ein hoher Anteil von 30 % erwirbt immer noch den Hauptschulabschluss im Vergleich zu 16 % der Deutschen. Beim Abitur ist die Situation fast genau umgekehrt: 35 % der Deutschen erreichen diesen Abschluss, aber nur 15 % der Ausländer. Da die deutschen Schulstatistiken immer noch Ausländerstatistiken sind, fehlen entsprechende Zahlen für junge Menschen mit und ohne Migrationshintergrund.

	ohne Haupt- schul- abschluss	Haupt- schul- abschluss	Real- schul- abschluss	Fach- hoch- schul- reife	Allg. Hoch- schul- reife	alle Abschlüsse
Ausländer 1983	31	44	19	2	4	100
1993	19	39	29	4	9	100
2003	17	36	32	7	9	101
2014	12	30	42	0.3	15	99
Deutsche 2014	5	16	44	0.1	35	100

Tab. 2: Schulabschlüsse von jungen Ausländern 1983–2014 (in Prozent). 1983: früheres Bundesgebiet; ab 1993: Deutschland (Quellen: berechnet nach BMBF 2004, S. 86–87 und S. 94–95 [1983, 1993]; StBA 2003; StBA 2015, S. 414–415 [2014])

Zwischen den verschiedenen Nationalitäten bestehen erheblich Unterschiede beim Besuch der Sekundarstufe. Von den Schülerinnen und Schülern der ehemaligen Anwerbeländer gehen im Schuljahr 2011/12 die Kroaten, Slowenen und Spanier am häufigsten auf ein Gymnasium. Bosnier, Griechen und Tunesier liegen im Mittelfeld, während Italiener und Türken zusammen mit den Serben, Mazedoniern und Marokkanern die Schlusslichter bilden. Nicht alle Ausländer sind benachteiligt. So besuchen junge Menschen aus einigen Flüchtlingsländern – aus Vietnam, dem Iran sowie aus Russland und der Ukraine (unter Letzteren machen jüdische Einwanderer große Anteile aus) – fast so häufig ein Gymnasium wie Deutsche oder sogar häufiger (Geißler/Weber-Menges 2008, S. 17; Geißler 2014, S. 300).

Die Unterschiede zwischen Migranten und Einheimischen beim Schulbesuch sind zum Teil auf entsprechende Unterschiede in den Schulleistungen zurückzuführen. Die umstrittene so genannte »institutionelle Diskriminierung« der jungen Migranten und Migrantinnen – ihre Benachteiligung im Bildungssystem trotz guter Schulleistungen – war noch bis vor kurzem empirisch nachweisbar. Neuere Studien belegen jedoch, dass sie inzwischen so gut wie verschwunden ist (Geißler 2015, S. 196). Die weiterhin bestehenden Leistungsunterschiede zwischen jungen Menschen mit und ohne Migrationshintergrund sind zu großen Teilen Unterschichtungseffekte. So schneiden zum Beispiel 15-jährige Einheimische beim Lesen um 96 PISA-Punkte und in Mathematik um 93 Punkte besser ab als die in Deutschland geborene zweite Generation aus zugewanderten Familien. Das entspricht immerhin dem Lernfortschritt von mehr als zwei Jahren. Vergleicht man dann junge Einheimische und Angehörige der zweiten Generation mit gleichem sozioökonomischem Status, dann halbiert sich die Kluft auf 48 beziehungsweise 45 Punkte, also auf gut ein Jahr Lernfortschritt (OECD 2007, S. 257).

Die tendenzielle Unterschichtung ist in Deutschland, wie bereits erwähnt, nicht nur besonders stark, sondern ihre Folgen sind hier auch besonders verhängnisvoll. Denn internationale Vergleichsstudien wie PISA, IGLU oder TIMSS zeigen, dass Deutschland zu denjenigen Gesellschaften der OECD gehört, wo die Schulleistungsunterschiede der Jugendlichen aus verschiedenen Schichten besonders weit auseinanderklaffen (zu den Bildungsnachteilen der Migrantenkinder und ihren Ursachen vgl. Geißler 2015).

Alarmierend sind die Probleme der jungen Migranten in der beruflichen Ausbildung (Abb. 2). 2010 stehen immer noch 38 % der ausländischen 25- bis 34-Jährigen sowie ein Drittel der 1. Generation, die mit ihren Eltern eingewandert ist, ohne beruflichen Abschluss da. Für viele junge Migranten ist damit der Weg in die Arbeitslosigkeit und Randständigkeit, für einige auch in die Kriminalität vorprogrammiert. Die Situation, die Heinz Kühn bereits vor 37 Jahren diagnostizierte und kritisierte, hat sich bis heute nicht entscheidend verändert.

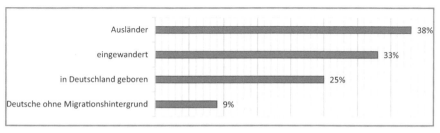

Abb. 2: 25- bis 34-jährige Migranten ohne beruflichen Abschluss oder Hochschulabschluss 2010 (Quelle: eigene Grafik nach Daten bei Integrationsbeauftragte 2011, S. 47)

3.4 Kulturelle, soziale und politische Integration

Zu den wichtigen Erkenntnissen der internationalen Identitätsforschung gehört, dass ein großer Teil der Einwanderer bikulturelle, hybride Persönlichkeiten ausbildet. Nach einer repräsentativen Studie der Bertelsmann-Stiftung (2009) versuchen in Deutschland fast drei Viertel (74 %) der Migranten und Migrantinnen, die Werte und Traditionen ihres Herkunftslandes mit den deutschen zu verbinden. In diesem Zusammenhang ist ein Ergebnis der internationalen Forschung in 12 Ländern – darunter auch Deutschland – wichtig: Bikulturell orientierte Jugendliche sind am besten integriert – erheblich besser als herkunftsorientierte, aber auch besser als assimilierte (Berry et al. 2006).

Regelmäßige Kontakte zwischen Migranten und Einheimischen gehören inzwischen auch im privaten Bereich zur alltäglichen Normalität. Viele Migrantinnen und Migranten, insbesondere unter den Jüngeren, zählen auch Einheimische zu ihren drei engsten Freunden. Bei türkischen und griechischen Migranten ist der Anteil derjenigen, die enge Freundschaften ausschließlich zu

Angehörigen der eigenen ethnischen Gruppe pflegen, besonders hoch (Haug 2010, S. 26 ff.).

In der breiten Mehrheit der westdeutschen Bevölkerung hat die Akzeptanz der Migranten und Migrantinnen seit den 1980er Jahren über zwei Jahrzehnte langsam, aber nahezu kontinuierlich zugenommen. Nach dem Integrationsbarometer des SVRIM (Sachverständigenrat deutscher Stiftungen für Migration und Integration) gaben 2010 gut zwei Drittel der Migranten an, keinerlei Benachteiligungen in Schule und Ausbildung, bei der Arbeitssuche und am Arbeitsplatz sowie bei Behörden und Ämtern erfahren zu haben; mehr als drei Viertel berichteten dasselbe über die Nachbarschaft. Sehr starke oder eher starke Diskriminierungen erwähnten 10 bis 11 % in Hinblick auf die drei ersten Bereiche und 5 % in Hinblick auf die Nachbarschaft, am häufigsten die Einwanderer und deren Nachkommen aus der Türkei. Fast alle fühlten sich in Deutschland sehr wohl (60 %) oder eher wohl (35 %), damit übertrafen sie sogar noch geringfügig die Einheimischen (93 %) (SVRIM 2010, S. 46 ff.).

Eine Minderheit der Deutschen hat weiterhin deutliche Vorbehalte gegenüber Migranten. Nach einer Langzeitstudie der Friedrich-Ebert-Stiftung ist der Anteil der »Ausländerfeinde« in Westdeutschland zwischen 2002 und 2012 geringfügig von 24 % auf 22 % zurückgegangen. In Ostdeutschland ist er allerdings von 30 % auf 38 % angestiegen (Decker/Kiess/Brähler 2012, S. 50). Besonders drastisch sind die Ost-West-Unterschiede am rechten gewalttätigen Rand. Der Verfassungsschutz geht weiterhin davon aus, dass die Hälfte der etwa 10.000 gewaltbereiten Rechtsextremisten in den neuen Ländern lebt (BMI o. J., S. 58). Es kommt nicht von ungefähr, dass der Nationalsozialistische Untergrund (NSU) in Thüringen entstanden ist, dass die Mörder als »Zwickauer Terror-Trio« mit einer Heimstatt in Sachsen bekannt geworden sind und dass Pegida zuerst in Dresden demonstrierte.

Seit den 1990er Jahren beginnt so allmählich auch die politische Integration der Migranten und Migrantinnen. Die uneingeschränkten politischen Teilnahmerechte – das passive und aktive Wahlrecht – wird nur den Einwanderern und Einwanderinnen mit deutscher Staatsbürgerschaft gewährt. Bei der Bundestagswahl 2013 hatten gut 9 % der Wahlberechtigten einen Migrationshintergrund (StBA 2013). Dazu gehören alle (Spät-)Aussiedler und (Spät-)Aussiedlerinnen, sie stellen die größte Gruppe.

Nach dem Beginn der Gastarbeiterphase hat es vier Jahrzehnte gedauert, ehe 1994 die zwei ersten Abgeordneten aus Einwandererfamilien – Cem Özdemir für Bündnis 90/Die Grünen und Leyla Onur für die SPD – in den Bundestag gewählt wurden. 2013 haben nach den Recherchen des Mediendienstes Integration 37 Abgeordnete des neu gewählten Bundestages einen Migrationshintergrund, sie stellen 5,9 % aller Parlamentarier und Parlamentarierinnen (vgl. Mediendienst Integration 2013).

In den Landesparlamenten sieht es deutlich ungünstiger aus: Von den 1.825 Abgeordneten der 16 Landesparlamente stammten 2009 lediglich 39 (2,1 %) aus eingewanderten Familien. Auch in den 77 deutschen Großstädten mit mindestens 100.000 Einwohnern, wo im Durchschnitt circa ein Viertel der Einwohner einen Migrationshintergrund hat, stellten die Migranten im Jahr 2011 lediglich 198 von 4.670 Ratsmitgliedern (4,2 %). 2006 waren es erst 116 (vgl. Geißler 2014, S. 294–295).

4. Ein modernes Einwanderungsland – ein Effekt der Flüchtlingskrise

Vor 2015 lebten in Deutschland circa 300.000 Asylbewerber und -bewerberinnen, deren Verfahren noch nicht abgeschlossen war oder die entweder »subsidiären Schutz« erhielten beziehungsweise »geduldet« waren. 2015 schnellte die Zahl der eingewanderten Flüchtlinge auf 890.000 hoch – die mit Abstand höchste Zahl in der deutschen Nachkriegsgeschichte. 2016 hat sich die Situation etwas entspannt: Bis Ende September wurden beim Nürnberger Bundesamt für Migration und Flüchtlinge (BAMF) 210.000 Flüchtlinge registriert (FAZ vom 01. 10. 2016). Gemessen an der Zahl der Einwohner sind andere europäische Länder noch stärker betroffen als Deutschland: Auf 1.000 Einwohner kommen 2015 in Deutschland 5,4 Asylbewerber – in Ungarn sind es 17,7, in Schweden 16, in Österreich 9,9, in Norwegen 5,9 und in Finnland 5,4 (Eurostat nach Mediendienst Integration 2016).

Die Flüchtlingskrise – wie der enorme Anstieg der Flüchtlingszahlen in der EU genannt wird – hat Deutschland quasi über Nacht in ein modernes Einwanderungsland verwandelt. Es lassen sich drei Einflüsse der Krise auf den Umgang mit den Problemen von Migration und Integration ausmachen:

(1) Die Akzeptanz von Migration und Integration – Politik und Bevölkerung akzeptieren mehrheitlich: Deutschland ist ein Einwanderungsland.

(2) Intensive Bemühungen in Politik und Gesellschaft um die Integration der Einwanderer – auf allen politischen Ebenen und in vielen wirtschaftlichen und gesellschaftlichen Bereichen.

(3) Veränderungen der medialen Präsentation von Migration und Integration ins Positive – der bereits im letzten Jahrzehnt zurückgehende so genannte »Negativismus« in der medialen Darstellung von Migranten verwandelt sich in einen »Positivismus«.

4.1   Die Akzeptanz von Migration und Integration

Beim so genannten »Bürgerdialog« mit 60 ausgewählten Teilnehmern und
Teilnehmerinnen am 4. Juni 2015 sprach Angela Merkel erstmals einen Satz, der
vorher nie in ihren Reden gefallen war: »Deutschland ist ein Einwanderungs-
land«. Die *Frankfurter Allgemeine Zeitung* nennt ihn zu Recht »historische
Worte« (FAZ vom 05. 06. 2015). Weitere historische Worte fielen auf dem CDU-
Parteitag am 14. 12. 2015: In einer kämpferischen Rede verteidigte Merkel ihre
Entscheidung im August, die Grenzen zu öffnen, um die Flüchtlinge aus Ungarn
aufzunehmen. Sie machte deutlich, dass es dabei nicht nur um den Nutzen von
Flüchtlingen beim absehbaren steigenden Mangel an Fachkräften ging, sondern
auch um Menschlichkeit. »Das war nicht mehr und nicht weniger als ein hu-
manitärer Akt. Es kommen keine Menschenmassen, es kommen einzelne
Menschen zu uns.« Dieser humanitäre Aspekt spielt auch bei der enormen
Hilfsbereitschaft in großen Teilen der Bevölkerung bei der Betreuung der
Flüchtlinge, die unter Abschnitt 4.2 kurz skizziert wird, die zentrale Rolle.

Bei einer repräsentativen Umfrage im Frühjahr 2016 fanden es mehr als 80 %
richtig, Menschen Zuflucht zu gewähren, die vor einem bewaffneten Konflikt aus
ihrem Heimatland fliehen. Allerdings war die Aufnahmebereitschaft begrenzt:
Eine knappe Mehrheit von 55 % sprach sich dafür aus, die Flüchtlinge zurück-
zuschicken, wenn sich die Situation in ihrem Herkunftsland verbessert hat und
die Fluchtursachen beseitigt sind (DIW Wochenbericht Nr. 21, 2016).

4.2   Intensive Bemühungen um die Integration der Einwanderer und
Einwanderinnen

Bereits vor der Flüchtlingskrise gab es hier und da Bemühungen um eine angemessene Integration der vielen Migranten und Migrantinnen – insbesondere
in den westdeutschen Großstädten mit hohen Migrantenanteilen. Stellvertretend für bundesstaatliche Einrichtungen sei hier das Nürnberger Bundesamt für
Migration und Flüchtlinge (BAMF) erwähnt. Unter seinem letzten Präsidenten
Manfred Schmidt wurde dort ein durchaus modernes Konzept der Integration
vertreten und viele Tagungen zu ihren verschiedenen Aspekten durchgeführt.
Seine Hauptaufgabe – die Bearbeitung der Anträge auf Asyl – litt allerdings unter
einem eklatanten Mangel an Personal. Schmidt wurde zu Beginn der Flüchtlingskrise zu Unrecht heftig kritisiert und trat resigniert zurück.

Mit der Flüchtlingskrise stiegen die Zahl und Vielfalt der staatlichen und
gesellschaftlichen Bemühungen um eine angemessene Integration der geflüch-
teten Menschen enorm an. Dabei war oder wurde allen Beteiligten und Beob-
achtern Folgendes klar: Gute Deutschkenntnisse sind die Grundvoraussetzung

für eine angemessene Bildung und Ausbildung. Diese ist wiederum die Grundvoraussetzung für die Integration in die Arbeitswelt. Hingewiesen wurde auch darauf, dass die Kenntnis wichtiger Teile der deutschen Verfassung und des damit zusammenhängenden Werte- und Rechtssystems (zum Beispiel die gesellschaftliche Stellung der Frau oder das Verbot der Anwendung von Gewalt) zu einer gelungenen Integration gehören. Ab und zu wurden in diesem Zusammenhang auch einige notwendige Kenntnisse aus der neueren deutschen Geschichte angeführt – das besondere Verhältnis zu Israel und die damit zusammenhängende Ächtung des Antisemitismus sowie die Geschichte der deutschen Teilung.

Viele staatliche Einrichtungen in Bund, Ländern und Gemeinden sowie zahlreiche gesellschaftliche und wirtschaftliche Organisationen bieten eine große Fülle von entsprechenden Eingliederungshilfen an. Zahlreich sind auch Aus- und Fortbildungsangebote für die beruflichen und freiwilligen Helferinnen und Helfer bei der Integration. Beispielhaft sei die Ausbildung/Zusatzausbildung für Lehrerinnen und Lehrer im Schulfach »Deutsch als Zweitsprache« (DaZ) erwähnt. Vor der Flüchtlingskrise führte DaZ in der Lehrerausbildung an deutschen Hochschulen ein Nischendasein. Zu diesen Nischen gehörte auch die Universität Siegen. Bereits 2007 publizierte Gesa Siebert-Ott zusammen mit einer Kollegin aus Freiburg das Buch »Deutsch als Zweitsprache« (Kniffka/Siebert-Ott 2007; 2012) und führte entsprechende Lehrveranstaltungen durch. Inzwischen ist das Kürzel DaZ bundesweit bekannt geworden. An mehr als der Hälfte der deutschen Hochschulen werden heute Lehrerinnen und Lehrer in diesem Fach aus- oder fortgebildet. Das Bundesbildungsministerium hat dafür zusätzliche Mittel zur Verfügung gestellt.

4.3 Veränderungen der Präsentation von Migration und Integration im Mediensystem – vom Negativismus zum Positivismus

Die Darstellung von Migration und Integration in den Medien war vor der Flüchtlingskrise durch eine große Fülle von Inhaltsanalysen recht gut erforscht (vgl. Geißler/Pöttker 2009). Diese kommen zu einem übereinstimmenden Ergebnis: Migranten werden häufiger in negativen als in positiven Kontexten präsentiert. Die Kommunikationsforschung spricht daher vom »Negativismus« der Darstellung dieser Probleme. Dieser Negativismus hat drei wichtige Facetten:

(1) Migranten bedrohen die öffentliche Sicherheit. Sie werden sehr häufig als Kriminelle und Gewalttäter dargestellt – als Terroristen, Schläger, Geiselnehmer, Erpresser, Mörder, Sexualstraftäter.

(2) Migranten kosten den deutschen Steuerzahler Geld. Sie belasten die sozialen
     Sicherungssysteme und die öffentlichen Haushalte.
(3) Migranten sind Problemgruppen – sie machen den Deutschen Probleme
     und haben selbst viele Probleme (Genaueres dazu bei Geißler 2013).

Eine Studie aus dem Siegener Forschungskolleg belegt eine kleine interessante
Entwicklung ins Positive im letzten Jahrzehnt (Fick 2009). Ein Vergleich der
Darstellung von Migranten und Migrantinnen in den beiden Siegener Lokal-
zeitungen – *Siegener Zeitung* und *Westfälische Rundschau* – in den Jahren 1996
und 2006 fördert Folgendes zutage: Der Negativismus hat sich etwas abge-
schwächt. So werden zum Beispiel 2006 Migranten immer noch häufig als Kriminelle präsentiert, nämlich in 30 % aller Artikel über Migranten, aber 1996 war
dies noch in 42 % der Artikel der Fall. Interessant sind die Unterschiede zwischen Lokalteil und überregionalem Teil. Während der Negativismus im über-
regionalen Teil in etwas abgeschwächter Form fortlebt, überwiegen im Lokalteil
des Jahres 2006 inzwischen die positiven Kontexte. Migranten und Migrantinnen werden häufig als wichtige Arbeitnehmer oder erfolgreiche Selbstständige
dargestellt, als gute Nachbarn, als integrierte oder integrationswillige Bürger
und Bürgerinnen, die sich zivilgesellschaftlich, kulturell oder schulisch engagieren.

Empirische Forschung zu den Medieninhalten braucht Zeit. Daher liegen
bisher keine Ergebnisse zur Flüchtlingskrise vor. Die folgende Skizze zur Reaktion der Medien beruht auf persönlichen Beobachtungen und Eindrücken. Die
Flüchtlingskrise hat in allen traditionellen Medien – in Presse, Radio und
Fernsehen – eine Flut von Meldungen und Kommentaren zum Thema Migration
und Integration ausgelöst: über die Bedeutung der Flüchtlinge für den Fachkräftemangel in der Wirtschaft, über die komplexen Prozesse und Probleme bei
ihrer Integration in die deutsche Wirtschaft, Gesellschaft und Kultur, über die
intensiven Bemühungen um Integration durch staatliche, wirtschaftliche und
gesellschaftliche Institutionen. Jeden Tag berichten die Medien über die enorme
Hilfsbereitschaft bei großen Teilen der Bevölkerung im Sinne des treffenden
einfühlsamen Merkel-Satzes »Es kommen keine Menschenmassen, es kommen
einzelne Menschen zu uns«.

Beispielhaft für die zahlreichen positiven Medienberichte sei die *Siegener
Zeitung* erwähnt. Dort haben bis heute täglich mehrere Artikel Schlagzeilen wie
»Beratungsstellen für Flüchtlinge. Unter anderem ein psychosoziales Zentrum
soll bald in der Krönchenstadt entstehen« – »Einigkeit im Ziel, uneins beim Weg.
IHK schlägt konkrete Maßnahmen vor. Qualifizierung ist der Schlüssel« – »Spiel,
Spaß und Integration. Kurs für Flüchtlinge und ihre Mütter vermittelt Sprache
als Schlüsselkompetenz« – »Willkommensklasse mit 19 Kindern gestartet. In-

tegration mit Migranten-Kindern: Schulen kooperieren« – »Fahrräder für die Integration. Hobbybastler machen Neunkirchener Flüchtlingsfamilien mobil«.

5. Multikulturalismus in Kanada – ein Modell für Deutschland für den Umgang mit migrantischer Verschiedenheit?

Zum Schluss soll nochmals ein kurzer Blick nach Kanada geworfen werden. 1971 erhob der berühmte kanadische Premierminister Pierre Trudeau den Multikulturalismus zu der bis heute gültigen Staatsideologie für das Miteinander von Einheimischen und Migranten (die eigentlichen »Einheimischen« Kanadas, die heute »First Nations« genannten Ureinwohner, sind allerdings weiterhin zu einem kümmerlichen Dasein am gesellschaftlichen Rand verdammt; vgl. dazu die Titelgeschichte im *Maclean's*, dem kanadischen *Der Spiegel*, vom 02.02. 2015: »Canada has a bigger race problem than America«). Zu den wichtigen Grundprinzipien der multikulturellen »Philosophie« gehören die drei folgenden Punkte (vgl. Fleras/Elliot 2002; Geißler 2003):

(1) Ein prinzipielles Ja zur ethno-kulturellen Diversity – am besten zu übersetzen mit ethno-kultureller Verschiedenheit. Diese bereitet durchaus Probleme, aber unter dem Strich bringt sie der Gesellschaft mehr Nutzen als Schaden. Sie wird von einer deutlichen Mehrheit in Politik und Bevölkerung als ökonomische Kraftquelle und kulturelle Bereicherung angesehen.

(2) Ein tolerantes Miteinander nach dem Prinzip Einheit-in-Verschiedenheit (unity-within-diversity). Den Pol Einheit bildet ein Kern von Gemeinsamkeiten: eine gemeinsame Sprache und die Kenntnis und Anerkennung der Verfassung und Gesetze sowie der Werte, die diesen rechtlichen Regeln zugrunde liegen. Der Pol Verschiedenheit ist das eingeschränkte Recht der Migranten auf Bewahrung ihrer mitgebrachten sozialen und kulturellen Besonderheiten, soweit diese nicht gegen den Pol Einheit verstoßen. Die Frage, wo die Grenze zwischen Einheit und Verschiedenheit verläuft – die Kanadier nennen sie die »multikulturelle Linie« (multicultural line) – ist ab und zu umstritten und wird durch Gerichte, in letzter Instanz durch den Supreme Court entschieden.

In der deutschen Diskussion taucht hin und wieder das Konzept der »deutschen Leitkultur« auf, so zum Beispiel im Entwurf des bayrischen Integrationsgesetzes, der sich derzeit in der parlamentarischen Beratung befindet. Er definiert die Leitkultur als »identitätsbildende Prägung unseres Landes«. Der Begriff der Leitkultur ist einseitig auf den Pol Einheit ausgerichtet und entspricht nicht dem Umgang eines modernen Einwanderungslandes mit seinen Einwanderern. Ihm fehlt der Hinweis auf die

mögliche Vielfalt und Unterschiedlichkeit der mitgebrachten Kulturen, die dem Einheitspol nicht widersprechen.
(3) Die Management-Annahme: Multikulturalismus entwickelt sich nicht von selbst, sondern bedarf erheblicher politischer und gesellschaftlicher Anstrengungen.

Sieht man einmal von der Diskussion um die deutsche Leitkultur ab, dann hat sich Deutschland durchaus zu einem multikulturellen Einwanderungsland entwickelt. Beim Umgang mit den Flüchtlingen in der derzeitigen Krise agiert Deutschland – quasi gezwungen durch seine andere geografische Lage – in einem Punkt sympathischer als Kanada. Die traditionelle Einwanderungspolitik Kanadas ist ausgesprochen utilitaristisch. Sein berühmtes Punktesystem zur Steuerung der Migration soll den Nutzen von Bewerbern für die kanadische Wirtschaft und Gesellschaft sowie deren Anpassungsfähigkeit und -bereitschaft ermitteln (dazu Geißler 2007). Im Wahlkampf des Herbstes 2015 weigerte sich der amtierende konservative Premierminister Stephen Harper zunächst, Flüchtlinge aufzunehmen. Die geografische Lage Kanadas macht es möglich, die Einwanderung von Flüchtlingen genau zu steuern. Als sein sozialliberaler Herausforderer Justin Trudeau – der Sohn des »Multikulturalismus-Erfinders« – ankündigte, er werde nach einem Wahlsieg den Zuzug von einigen Tausend Flüchtlingen genehmigen, zog Harper nach: Binnen 4 Jahren sollten 10.000 Syrer und Iraker einwandern dürfen, das heißt im Durchschnitt pro Jahr 2.500. Nach seinem Wahlsieg versprach der neue sozialliberale Regierungschef Justin Trudeau die Aufnahme von 25.000 Syrern bis zum Jahresende 2015. Inzwischen hat die Regierung beschlossen, 2015 und 2016 insgesamt 50.000 Flüchtlinge ins Land zu lassen, darunter 35.000 Syrer. Bei knapp 36 Millionen Einwohnern sind das 0,7 Flüchtlinge pro 1.000 Einwohner im Jahr 2015 (zu den Vergleichszahlen für Europa siehe Abschnitt 4). Zudem ist bei etwa der Hälfte der Flüchtlinge die Zulassung zur Einwanderung daran gebunden, dass Verwandte oder Bekannte von ihnen bereits in Kanada wohnen und für Unterhalt und Integration sorgen. Der derzeitige kanadische Minister für Einwanderung, Flüchtlinge und Staatsangehörigkeit John McCallum sagte zu dieser Situation, die Türen Kanadas seien für Flüchtlinge »weit geöffnet«. Humanitäre Motive nach dem inzwischen berühmten Satz Merkels »Es kommen keine Menschenmassen, es kommen einzelne Menschen zu uns« sind allerdings bei der fast ausschließlich nutzenorientierten Einwanderungspolitik der kanadischen Regierung kaum zu erkennen.
    Vielfalt als Chance? Deutschland ist nach einer langen, ein halbes Jahrhundert dauernden wechselvollen Migrationsgeschichte durch die Flüchtlingskrise quasi über Nacht zu einem modernen Einwanderungsland gereift. Es sieht in der migrantischen Vielfalt eine Chance: Diese bringt durchaus viele Probleme mit sich, aber sie leistet einen wichtigen und notwendigen Beitrag

zur Bewältigung des demografisch bedingten und ökonomisch schmerzlichen Fachkräftemangels.

Literatur

Bade, Klaus Jürgen (1994): Ausländer, Aussiedler, Asyl in der Bundesrepublik Deutschland. Bonn.

Bade, Klaus Jürgen (Hrsg.) (1993): Das Manifest der 60. Deutschland und die Einwanderung. München.

BAMF (Bundesamt für Migration und Flüchtlinge) (2012): Migrationsbericht 2010. Nürnberg.

BAMF (Bundesamt für Migration und Flüchtlinge) (2015): 202.834 Asylanträge im Jahr 2014. 14.01.2015. http://www.bamf.de/SharedDocs/Pressemitteilungen/DE/2015/2015 0114-0001-pressemitteilung-bmi-asylzahlen-dezember.html?nn=1366068 (zuletzt abgerufen 01.09.2016).

Basar, Cahit (2003): Kurden in Deutschland. In: NAVEND – Zentrum für Kurdische Studien e.V. (Hrsg.), Politische und soziale Partizipation in Deutschland. Bonn, S. 77–83.

Berry, John W./Phinney, Jean S./Sam, David L./Vedder, Paul (2006): Immigrant youth in cultural transition. Acculturation, identity and adaptation across national contexts. Mahwah, NJ.

Bertelsmann-Stiftung (2009): Zuwanderer in Deutschland. Gütersloh.

BfA (Bundesagentur für Arbeit) (2014): Analyse des Arbeitsmarktes für Ausländer Juni 2014. Nürnberg.

BMBF (Bundesministerium für Bildung und Forschung) (Hrsg.) (2004): Grund- und Strukturdaten 2003/2004. Berlin.

BMI (Bundesministerium des Inneren) (Hrsg.) (1998): Ausländer- und Asylpolitik in der Bundesrepublik Deutschland. Bonn.

BMI (Bundesministerium des Innern) (o.J.): Verfassungsschutzbericht 2007. Niestetal.

Decker, Oliver/Kiess, Johannes/Brähler, Elmar (2012): Die Mitte im Umbruch. Rechtsextreme Einstellungen in Deutschland 2012. Bonn.

Fick, Patrick (2009): Der Wandel der Darstellung von Migranten am Beispiel Siegener Lokalmedien in den Jahren 1969 und 2006. In: Geißler, Rainer/Pöttker, Horst (Hrsg.), Massenmedien und die Integration ethnischer Minderheiten in Deutschland. Band 2: Forschungsbefunde, S. 235–269.

Fleras, Augie (2010): Das konventionelle Nachrichtenparadigma als systematischer Bias. In: Geißler, Rainer/Pöttker, Horst (Hrsg.), Medien und Integration in Nordamerika. Bielefeld, S. 11–58.

Fleras, Augie/Ellliott, Jean L. (2002): Engaging diversity. Multiculturalism in Canada. 2. Aufl. Toronto.

Geißler, Rainer (2003): Multikulturalismus in Kanada – Modell für Deutschland? Aus Politik und Zeitgeschichte 51 (26), S. 19–25.

Geißler, Rainer (2007): Steuerung der Migration in Kanada – das Punktesystem. Was können wir vom Beispiel Kanada lernen? Statement zum Workshop der Friedrich-

Ebert-Stiftung »Zuwanderung von Fachkräften und Hochqualifizierten«. 26.11.2007. Berlin.

Geißler, Rainer (2010a): Die Sozialstruktur Deutschlands. Aktuelle Entwicklungen und theoretische Modelle. Bonn.

Geißler, Rainer (2010b): Mediale Integration von ethnischen Minderheiten. Der Beitrag der Massenmedien zur interkulturellen Integration. In: Abteilung Wirtschafts- und Sozialpolitik der Friedrich-Ebert-Stiftung (Hrsg.), Zur Rolle der Medien in der Einwanderungsgesellschaft. Bonn, S. 8–22.

Geißler, Rainer (2013): Migranten und Medien. In: Meier-Braun, Karl Heinz/Weber, Reinhold (Hrsg.), Deutschland Einwanderungsland. Begriffe – Fakten – Kontroversen. Stuttgart.

Geißler, Rainer (2014): Die Sozialstruktur Deutschlands. 7. Aufl. Wiesbaden.

Geißler, Rainer (2015): Verschenkte Bildungsressourcen und ihre Ursachen – leistungsfremder sozialer Filter, tendenzielle Unterschichtung und unterentwickelte Förderkultur. In: Barz, Heiner/Jung, Matthias (Hrsg.), Ausländische Fachkräfte gesucht. Voreilig? Notwendig? Willkommen? Düsseldorf.

Geißler, Rainer/Pöttker Horst (Hrsg.) (2009): Massenmedien und die Integration ethnischer Minderheiten in Deutschland. Band 2: Forschungsbefunde. Bielefeld.

Geißler, Rainer/Weber-Menges, Sonja (2008): Migrantenkinder im Bildungssystem: doppelt benachteiligt. Aus Politik und Zeitgeschichte 56 (49), S. 14–22.

Haug, Sonja (2010): Interethnische Kontakte, Freundschaften, Partnerschaften und Ehen von Migranten in Deutschland. Nürnberg.

Integrationsbeauftragte (Die Beauftragte der Bundesregierung für Migration, Flüchtlinge und Integration) (Hrsg.) (2011): Zweiter Integrationsindikatorenbericht. Paderborn.

Kniffka, Gabriele/Siebert-Ott, Gesa (2012): Deutsch als Zweitsprache. Lehren und Lernen. 3. Aufl. Paderborn.

Lagebericht (2005): 6. Bericht der Beauftragten der Bundesregierung für Migration, Flüchtlinge und Integration über die Lage der Ausländerinnen und Ausländer in Deutschland. Bundestagsdrucksache 15/5826. Berlin.

Mediendienst Integration (2013): https://mediendienst-integration.de.

Mediendienst Integration (2016): https://mediendienst-integration.de.

Meier-Braun, Karl-Heinz (1995): 40 Jahre »Gastarbeiter« und Ausländerpolitik in Deutschland. Aus Politik und Zeitgeschichte 43 (35), S. 14–22.

OECD (2007): Die OECD in Zahlen und Fakten 2007. Paris.

StBA (Statistisches Bundesamt) (2012): Fachserie 1. Reihe 2.2. Bevölkerung mit Migrationshintergrund. Ergebnisse des Mikrozensus 2011. Wiesbaden.

StBA (Statistisches Bundesamt) (2013): Pressemitteilung am 13.08.2013.

StBA (Statistisches Bundesamt) (2015): Fachserie 11. Reihe 1. Bildung und Kultur. Allgemeinbildende Schulen. Schuljahr 2014/2015. Wiesbaden.

SVR (Sachverständigenrat zur Begutachtung der gesamtwirtschaftlichen Entwicklung) (2011): Herausforderungen des demografischen Wandels. Wiesbaden.

SVRIM (Sachverständigenrat deutscher Stiftungen für Integration und Migration) (2010): Einwanderungsgesellschaft 2010. Jahresgutachten 2010 mit Integrationsbarometer. Berlin.

Venema, Matthias/Grimm, Claus (2002): Situation der ausländischen Arbeitnehmer und ihrer Familienangehörigen in der Bundesrepublik Deutschland. Repräsentativuntersuchung 2001. Offenbach – München.

Worbs, Susanne/Bund, Eva/Kohls, Martin/Babka von Gostomski, Christian (2013): (Spät-)Aussiedler in Deutschland. Eine Analyse aktueller Daten und Forschungsergebnisse. BAMF Forschungsbericht 20. Nürnberg.

Claus Grupen[*]

Vielfalt als Chance

[*] Univ.-Prof. em. Dr. Claus Grupen, Universität Siegen, Fakultät IV (Naturwissenschaftlich-Technische Fakultät), Physik.

Vielfalt ...

BUSINESS

NETWORK

GLOBAL

PARTNERS

FUN

SYNERGY

RELATIONS

FRIENDS

... als Chance